Herausgegeben in Verbindung mit
der Heinrich-Heine-Gesellschaft

Heine-Jahrbuch 2012

51. Jahrgang

Herausgegeben von Sabine Brenner-Wilczek
Heinrich-Heine-Institut
der Landeshauptstadt Düsseldorf

Verlag J. B. Metzler
Stuttgart · Weimar

Anschrift der Herausgeberin:
Sabine Brenner-Wilczek
Heinrich-Heine-Institut
Bilker Straße 12–14, 40213 Düsseldorf

Redaktion: Christian Liedtke

Bibliografische Information der Deutschen Nationalbibliothek
Die Deutsche Nationalbibliothek verzeichnet diese Publikation in der
Deutschen Nationalbibliografie; detaillierte bibliografische Daten
sind im Internet über <http://dnb.d-nb.de> abrufbar.

ISBN 978-3-476-02460-2
ISBN 978-3-476-00815-2 (eBook)
DOI 10.1007/978-3-476-00815-2

Dieses Werk einschließlich aller seiner Teile ist urheberrechtlich geschützt. Jede Verwertung außerhalb der engen Grenzen des Urheberrechtsgesetzes ist ohne Zustimmung des Verlages unzulässig und strafbar. Das gilt insbesondere für Vervielfältigungen, Übersetzungen, Mikroverfilmungen und die Einspeicherung und Verarbeitung in elektronischen Systemen.

© 2012 Springer-Verlag GmbH Deutschland
Ursprünglich erschienen bei J. B. Metzler'sche Verlagsbuchhandlung
und Carl Ernst Poeschel Verlag GmbH in Stuttgart 2012
www.metzlerverlag.de
info@metzlerverlag.de

Inhalt

Siglen IX

Aufsätze

I.

Joseph A. Kruse · Heine, Preußen und Berlin 1
Katy Heady · Nur Ideenschmuggel? Heine und die Zensur
　in den 1820er Jahren.. 21
Carsten Rohde · »Krieg gegen die Materie« – »Rehabilitation der Materie«.
　Zur Problematik des ›ganzen Menschen‹ bei Friedrich Schiller
　und Heinrich Heine.. 32
Renate Lachmann · Heine und Puškin............................... 53

II.

Francis Maillard · Madame C. Beaumarié: das Album, das Reisetagebuch
　und der Zufall 86
Gabriele Schneider und Renate Sternagel · »Man kann mit dem Schreiben
　garnicht nachkommen vor Erleben«.
　Auszüge aus dem Briefwechsel zwischen Fanny Lewald und
　Adolf Stahr im Herbst des Revolutionsjahrs 1848................... 99

Kleinere Beiträge

Wilhelm Gössmann · Die Bedeutung der ästhetischen Erfahrung
　bei Heinrich Heine... 131

Christian Liedtke · Heinrich Heines Eintrag im Fremdenbuch
der Grube »Dorothea« bei Clausthal 137
Martin Hollender · Frau Staatsrath Schleiden, Madame Helbert
und ein entwendeter Heine-Brief................................ 144
Sylvia Steckmest · Isaak Heine und die Untersuchung wegen angeblicher
Wechselfälschung während der Handelskrise 1799.................. 155

Reden zur Verleihung der Ehrengabe der Heinrich-Heine-Gesellschaft 2012

Joseph A. Kruse · Grußwort 165
Lothar Müller · Der abwesende Zeitzeuge. Laudatio auf
Dževad Karahasan 170
Dževad Karahasan · Emigrieren ins Leben......................... 179

Heinrich-Heine-Institut. Sammlungen und Bestände. Aus der Arbeit des Hauses

Christian Liedtke · »Eine ganze Ladung Schmeichelworte«.
Neue Heine-Briefe (Berichtszeitraum 2005–2012) 185
Karin Füllner · »Emanzipazion der ganzen Welt«. 14. Forum
Junge Heine Forschung 2011 mit neuen Arbeiten über Heinrich Heine.. 215

Buchbesprechungen

Ludwig Börne · Das große Lesebuch. Hrsg. von Inge Rippmann.
(Joseph A. Kruse) 221
Dietmar Goltschnigg/Hartmut Steinecke (Hrsg.) · Heine und die Nachwelt.
Geschichte seiner Wirkung in den deutschsprachigen Ländern.
Bd. 3: 1957–2006 (Sabine Brenner-Wilczek) 223
Ralph Häfner (Hrsg.) · Heinrich Heine und die Kunstkritik seiner Zeit
(Christian Liedtke) 226
Astrid Henning · Die erlesene Nation. Eine Frage der Identität –
Heinrich Heine im Schulunterricht der frühen DDR
(Bernd Kortländer) 229
Bernd Kortländer/Enno Stahl (Hrsg.) · Zensur im 19. Jahrhundert.
Das literarische Leben aus Sicht seiner Überwacher (Peter Stein) 231

Inhalt

Ariane Martin/Isabelle Stauffer (Hrsg.) · Georg Büchner und
   das 19. Jahrhundert (Jan von Holtum) 234
Sikander Singh · Einführung in das Werk Heinrich Heines.
Renate Stauf: Heinrich Heine: Gedichte und Prosa.
   (Sandra Heppener) 237
Anne Stähr · »...eine Mischung von Sinnlichkeit und Witz...«.
   Ironische Inszenierung der Geschlechter in Heinrich Heines »Lutezia«
   (Madleen Podewski) 243
Sigrid Weigel (Hrsg.) · Heine und Freud. Die Enden der Literatur
   und die Anfänge der Kulturwissenschaft (Robert Steegers) 247

Nachruf

Philippe Alexandre · Elisabeth Genton (1.4.1923, Braunschweig – 2.11.2011,
   Nancy) 249

Heine-Literatur 2011/2012 mit Nachträgen 251

*Veranstaltungen des Heinrich-Heine-Instituts und der Heinrich-Heine-
Gesellschaft e.V. Januar bis Dezember 2011* 273

Ankündigung des 16. Forum Junge Heine Forschung 285

Abbildungen 287

Hinweise für die Manuskriptgestaltung 289

Mitarbeiter des Heine-Jahrbuchs 2012 291

Siglen

B	= Heinrich Heine: Sämtliche Schriften. Hrsg. von Klaus Briegleb. Bd. 1–6. München 1968–1976.
DHA	= Heinrich Heine: Historisch-kritische Gesamtausgabe der Werke. In Verbindung mit dem Heinrich-Heine-Institut hrsg. von Manfred Windfuhr im Auftrag der Landeshauptstadt Düsseldorf. Bd. 1–16. Hamburg 1973–1997.
Galley/Estermann	= Heinrich Heines Werk im Urteil seiner Zeitgenossen. Hrsg. von Eberhard Galley und Alfred Estermann. Bd. 1-6. Hamburg 1981–1992.
Goltschnigg/Steinecke	= Heine und die Nachwelt. Geschichte seiner Wirkung in den deutschsprachigen Ländern. Texte und Kontexte, Analysen und Kommentare. Hrsg. von Dietmar Goltschnigg und Hartmut Steinecke. Bd. 1–3. Berlin 2006–2011.
HJb	= Heine-Jahrbuch. Hrsg. vom Heinrich-Heine-Institut Düsseldorf. (bis 1973: Heine-Archiv Düsseldorf) in Verbindung mit der Heinrich-Heine-Gesellschaft. Jg. 1-32 Hamburg 1962–1994; Jg. 33 ff. Stuttgart, Weimar 1995 ff.
Hirth	= Heinrich Heine: Briefe. Erste Gesamtausgabe nach den Handschriften. Hrsg. und eingel. von Friedrich Hirth. Bd. 1–6. Mainz, Berlin 1949–1950.
Höhn	= Gerhard Höhn: Heine-Handbuch. Zeit, Person, Werk. Stuttgart, Weimar ^{1}1987, ^{2}1997, ^{3}2004.
auf der Horst/Singh	= Heinrich Heines Werk im Urteil seiner Zeitgenossen. Begründet von Eberhard Galley und Alfred Estermann. Hrsg. von Christoph auf der Horst und Sikander Singh. Bd. 7–12. Stuttgart, Weimar 2002–2006.
HSA	= Heinrich Heine: Werke, Briefwechsel, Lebenszeugnisse. Säkularausgabe. Hrsg. von den Nationalen Forschungs- und Gedenkstätten der klassischen deutschen Literatur in Weimar (seit 1991: Stiftung Weimarer Klassik) und dem Centre National de la Recherche Scientifique in Paris. Bd. 1–27. Berlin, Paris 1970 ff.
Mende	= Fritz Mende: Heinrich Heine. Chronik seines Lebens und Werkes. 2. bearb. u. erw. Aufl. Stuttgart, Berlin, Köln, Mainz 1981.
Werner/Houben	= Begegnungen mit Heine. Berichte der Zeitgenossen. Hrsg. von Michael Werner in Fortführung von H. H. Houbens »Gespräche mit Heine«. Bd. 1, 2. Hamburg 1973.

Aufsätze

I.

Heine, Preußen und Berlin

Von Joseph A. Kruse, Berlin

1. Historische Verortung: Preußische Wandlungen

Offenbar braucht es vor allem der Gedenkanlässe, um das historische Bewusstsein einer breiteren Öffentlichkeit zu wecken und über die Verortung unserer historischen Bedingungen samt den zugehörigen kulturellen Folgen mit ihren Höhen wie Tiefen nachzudenken. Ob der kritische Verstand es immer gut findet oder nicht: Die runden Geburts- oder Sterbedaten sind es vor allem, die eine ganze Maschinerie in Gang setzen. Welche unterschiedlichen Erinnerungen fließen 2012 nicht zu einem preußischen Strom mit Berliner Auswirkungen zusammen! Berlin wurde vor 775 Jahren gegründet. Friedrich II., der auch der Große genannt wird, erblickte am 24. Januar 1712, also vor 300 Jahren, das Licht der Welt. Vor 250 Jahren fand am 22. Juni 1762 die Hochzeit des Berliner Philosophen und Seidenfabrikanten Moses Mendelssohn mit der Hamburger Kaufmannstochter Fromet Gugenheim statt, Ausgangsdatum für eine deutsch-jüdische Symbiose unermesslichen Reichtums in jeglichem Sinn: nämlich von Bankiers, Künstlern und Gelehrten. Vor 200 Jahren erweckte das Emanzipationsedikt vom 11. März, das allen Juden in Preußen die Gleichstellung zusprach, die größten Hoffnungen, womit wir geradewegs bei dem im kurz darauf preußisch gewordenen Düsseldorf als jüdischer Schüler das katholische Lyzeum besuchenden Heinrich Heine wären. Sein und seiner beiden Brüder höherer Schulbesuch (übrigens waren sie die einzigen Jungen aus der israelitischen Gemeinde, was für den Bildungs- und Anpassungswillen der Heines spricht) blieb vor allen Dingen ein Verdienst der Franzosenzeit.

In seiner bewunderten »Deutschen Geschichte des 19. und 20. Jahrhunderts«, erstmalig 1958 erschienen, hat der am 27. März 1909 in München geborene und am 7. April 1996 in Leverkusen gestorbene Golo Mann, Sohn des Literatur-Nobelpreisträgers Thomas Mann und seiner Frau Katja geb. Pringsheim, unseren Dichter Heinrich Heine häufig erwähnt, ihm gar im 3. Kapitel wie vorher Joseph Görres und anschließend Karl Marx einen eigenen Abschnitt gewidmet. Die erste Nennung allerdings, am Ende des ersten Abschnitts mit der Überschrift »Alte und neue Götter (1815–1848)« im besagten 3. Kapitel, verdient als Subtext auch für die folgenden Überlegungen herangezogen zu werden, da darin Heines Stellung im Gesamt der historischen Entwicklung im Deutschland des 19. Jahrhunderts plastisch vor Augen geführt wird:

> Heute will man wohl den gesellschaftlichen Prozeß selber planen und meistern. Daran war kein Gedanke im frühen 19. Jahrhundert. Diese Dinge ließ man gehen, wie sie gingen. Und so geschah es, daß eine politische Ordnung, die um 1816 der gesellschaftlichen Wirklichkeit leidlich adäquat war, im Laufe der Jahrzehnte ihre Nützlichkeit mehr und mehr einbüßte; bis, um die Mitte des Jahrhunderts, eine tiefe Unruhe entstand. Steter Tropfen, nicht kurzer Wolkenbruch, höhlt den Stein. Von der Postkutsche zu Eisenbahn und Dampfschiff und Telegraph; vom Glauben der Väter zum nackt sich hervorwagenden Atheismus und Materialismus; von Goethe zu Heine, von Hegel zu Marx, vom »Faust« zum »Kommunistischen Manifest« – das ist eine ungeheure Bewegung der Gesellschaft und des Geistes.[1]

Im Heine-Abschnitt heißt es dann über den »unsterblich[en]« Dichter, ohne den man sich nicht mit »moderner deutscher Geschichte« befassen könne: »Heine machte das Schwierige leicht.«[2] Das ist zweifellos eine Formel, die jedem Heine-Publikum einleuchtet.

Von solchen durch Golo Mann angesprochenen Bewegungen – übrigens ein Lieblingswort des Jungen Deutschlands und Heines, des sich in die politischen wie sozialen Umwandlungen einmischenden Geistes, den Heine in der Tat besessen hat – soll im Folgenden mit Blick auf sein Werk also die Rede sein. Was Preußen betrifft, gehört er unzweifelhaft, so Thomas Nipperdey, neben Joseph Görres und Karl Marx, zu den drei großen rheinischen Preußenfeinden seines Jahrhunderts.[3] Das hat seine Gründe.

2. Politische Umbrüche: »Ideen. Das Buch Le Grand«

Der geträumte Weltuntergang, den, wie manche romantische Autoren zuvor, unter anderem auch der Zeitgenosse Georg Büchner in seinem Predigtmärlein des »Woyzeck« ins poetische Bild bringt[4], ist es, der in Heines frühem autobiographischen Reisebild »Ideen. Das Buch Le Grand« aus dem zweiten »Reisebilder«-Band von 1827 die Chiffre darstellt für die historischen Veränderungen in seinem ihm vertrauten Heimatort Düsseldorf am Rhein von der kurfürstlich pfälzisch-bayrischen Zeit zu der des Franzosenkaisers Napoleon. Nur das aus dem Bürgerwillen mit seinen gespendeten Silberlöffeln vor Generationen zustande gekommene Bronzedenkmal des Kurfürsten Johann Wilhelm auf dem Marktplatz bietet der kindlichen Verunsicherung Halt. Aber dieser Umbruch, der anfangs schulfrei verschafft sowie völlige Veränderungen von überkommenen Zeichen und angestammter Sprache mit sich bringt und später sogar den Einzug des Kaisers und seinen den üblichen Menschen untersagten Ritt durch die Hofgartenallee geradezu als Menschwerdung Gottes einschließt, kommt durch den gescheiterten Russlandfeldzug an ein Ende. Vom an den Rhein zurückgekehrten, erniedrigten und alt wie krank gewordenen Tambour Le Grand, einem der »Waisenkinder des Ruhmes« (DHA VI, 198), hatte der junge Schüler schon viel gelernt. Jetzt, als studentischer Gast im verlorenen Paradies der Geburtsstadt, hört er auf dem Rasen des Hofgartens noch einmal die Botschaften der Trommel, die er, um deren Wissen von einer freiheitlichen Weltgeschichte ganz und gar in sich aufzunehmen und sie nicht in die falschen Hände geraten zu lassen, gleich nach dem miterlebten Tod des Tambours als Liebesdienst zersticht. »[...] sie sollte keinem Feinde der Freyheit zu einem servilen Zapfenstreich dienen«, heißt es (DHA VI, 200). Der Autor ist nun im Besitz der eigentlichen, hinter den Geschehnissen liegenden Wahrheit und wird sie verkünden. Zuvor jedoch hatte nämlich die preußische Zeit begonnen:

> [...] wo man sonst Französisch sprach, ward jetzt Preußisch gesprochen, sogar ein kleines preußisches Höfchen hatte sich unterdessen dort angesiedelt, und die Leute trugen Hoftitel, die ehemalige Friseurinn meiner Mutter war Hoffriseurinn geworden, und es gab jetzt dort Hofschneider, Hofschuster, Hofwanzenvertilgerinnen, Hofschnapsladen, die ganze Stadt schien ein Hoflazareth für Hofgeisteskranke. Nur der alte Kurfürst erkannte mich, er stand noch auf dem alten Platz; aber er schien magerer geworden zu seyn. Eben weil er immer mitten auf dem Markte stand, hatte er alle Misere der Zeit mit angesehen, und von solchem Anblick wird man nicht fett. (DHA VI, 196 f.)

Des von Heine hoch verehrten E.T.A. Hoffmanns skurrile und von der Berliner Zensur kritisch beäugte Welt lässt grüßen. Derart intensiv haben übrigens später nur noch Günter Grass in der »Blechtrommel« von 1959 und Dieter Forte in seiner Romantrilogie »Das Haus auf meinen Schultern« von 1999 der Stadt Düsseldorf den weltliterarischen Stempel des Abbilds historischer Veränderungen aufgedrückt.

Der preußischen Zeit mitsamt »den verzauberten Städten« (DHA VI, 197) und dem Preußentum kann Heine dann sein ganzes Leben lang nicht mehr entrinnen. Darum verlässt er im Mai 1831 hauptsächlich Deutschland und bleibt ein Vierteljahrhundert bis zum Tod am 17. Februar 1856 in Paris, wo er auf dem Montmartre-Friedhof eindrucksvoll begraben liegt. Durch Berlin und Preußen hat er sich klar machen können, was es bedeutet, deutscher Jude zu sein. Von Preußen und preußisch wimmelt es in seinen Werken und in den Briefen von und an ihn.[5] Auch die Heine-Forschung hat sich dieses Themas immer wieder angenommen.[6] Für ihn war und blieb Preußen bereits jener »›Träger von Militarismus und Reaktion in Deutschland‹«, wie es noch im Bannspruch der Alliierten heißt.[7] Sein Versepos »Deutschland. Ein Wintermährchen« von 1844 als Bericht über seine Herbstreise aus dem Jahr zuvor ist vor allem und zunächst eine Auseinandersetzung mit Preußen, das er im Erscheinungsjahr nicht einmal mehr betreten darf, weil ein Steckbrief ihn verfolgt.

Auch eine wenig später geplante Reise nach Berlin, um sich von seinem Bonner Kommilitonen, dem berühmten Arzt Johann Friedrich Dieffenbach, seines Augenleidens wegen behandeln zu lassen, ist, wie ihm der vermittelnd tätig gewordene Alexander von Humboldt Ende Januar 1846 rät, nicht mehr möglich:

> Ich habe mit Wärme gehandelt und habe mir keine Art des Vorwurfs zu machen – aber es ist mir garnichts geglückt. Die Verweigerung ist sogar so bestimmt gewesen, daß ich, Ihrer persönlichen Ruhe wegen, Sie ja bitten muß, den Preußischen Boden nicht zu berühren. (HSA XXVI,142 f.)

So schreibt der kosmopolitische Gelehrte aus Berlin an den kranken deutschen Dichter in Paris. Der hat allerdings auf seine Weise nicht locker gelassen. Die Poesie kämpft gegen ein System, das dem Schriftsteller tödliche Stöße versetzt hat, im Endeffekt jedoch unterliegt. So hatte es bereits der Schluss des »Wintermährchens«, sich auf die Nachhaltigkeit von Aristophanes und Dante berufend, verkündet, und so hat Heines weltweiter Ruhm und literarischer Einfluss auf ganze Schriftstellergenerationen in verschiedensten Nationalliteraturen sich ebenfalls als widerständig erwiesen und als überlebensfähiger gezeigt als ein deutsches Staatengebilde.

Die preußische Zeit Heines beginnt also in Folge des Wiener Kongresses als gesteigertes Diminutiv einer kleinstädtischen, aber dennoch Residenz gebliebenen rheinischen Miniaturwelt mit allem biedermeierlichen Brimborium von Titeln und Handlungen. Und sie kommt nach Frankfurter und Hamburger Abstechern trotz des Examensortes Göttingen mit der aus Diskretionsgründen gleichzeitig weit genug entfernten, aber dennoch nahe genug gelegenen Konversionsgelegenheit zum Protestantismus, nämlich Heiligenstadt im gerade preußisch gewordenen katholischen Eichsfeld, ohne zwei relativ neu gegründete preußische Universitäten für sein breit angelegtes Jurastudium nicht aus: Heine hat außer in Göttingen auch in Bonn und Berlin studiert und sich vor allem dort, will sagen an beiden Stellen in die Literatur hineingearbeitet, was nicht ohne Variabilität abging. Das wirkliche Leben verlangte von Heine dabei verschiedene Rollen, was Wunder, dass er im kleinen Welttheater des »Buchs Le Grand« gleich mehrere Masken und Rollen bedient. Autobiographie und theatralisch träumerische Sendung verschmelzen miteinander. Ganze Partien seiner »Reisebilder«-Prosa benötigen die preußische Kulisse als Kontrast. Das gilt auch immer wieder für sein späteres Schaffen. Berlin und Preußen oder umgekehrt lautet oft genug die Formel.

Die große Wunde Heines liegt jedoch in der Zurücknahme des am 11. März 1812 erlassenen Emanzipationsedikts zugunsten der bürgerlichen Gleichstellung der Juden in Preußen ein gutes Jahrzehnt später, nachdem seit dem Wiener Kongress überhaupt eher Rückschritte konstatiert werden mussten. Wie hoffnungsvoll hatte die Düsseldorfer Schulzeit sich angelassen, obgleich er, wie das »Memoiren«-Fragment zur Genüge zeigt, nie vergessen hat, dass die Stockschläge, die er damals empfing, mit jenem nebulösen Großvater zu tun hatten, der nach den Worten seines Vaters »ein kleiner Jude« war und »einen großen Bart« hatte. Davon erzählte er auf Nachfrage seinen Mitschülern arglos und diese richteten daraufhin ein Tohuwabohu an, wofür er dann auch noch haftbar gemacht wurde (DHA XV, 75). Die Hamburger Kaufmannszeit war zwar aus Gründen der Wirtschaftskrise und der väterlichen Erkrankung sang- und klanglos versunken. Das Studium aber versprach endlich der bereits früh ins Werk gesetzten Poesie auf die rechten Beine zu helfen. August Wilhelm von Schlegel gar, der große Shakespeare-Übersetzer, nahm sich der Dichtkunst des Eleven zu Anfang der Bonner Studienzeit erfolgreich an. Berlin brachte ihm in den frühen 1820er Jahren die Bekanntschaft und Freundschaft seines rheinischen Landsmannes ein, der zur preußischen Grauen Eminenz aufgestiegen war und Karl August Varnhagen von Ense hieß. Und dieser war mit der 14 Jahre älteren, Heine ebenfalls zugetanen hochberühmten Rahel verheiratet, Konvertitin aus dem Judentum und mütterliche Freundin des ihr zweifellos interessant erscheinenden genialen jungen Dichters.

Die deutsch-jüdische Identität hatte ihm schon länger als Konflikt zwischen geliebter Sprache und Ausgrenzungstendenzen der Mehrheitsgesellschaft zu schaffen gemacht.[8] Da half auch nicht der Beitritt zum Berliner »Verein für Cultur und Wissenschaft der Juden« sowie dessen wissenschaftlichem Institut, wobei er sogar in der Unterrichtsanstalt aktiv als Lehrer mindestens für Geschichte mitarbeitete.[9] Aber die wesentliche Zurücknahme von jüdischen Möglichkeiten in akademischen Ämtern von Lehre und Bildung am 18. August 1822 machte die klaglose Eingliederung noch unmöglicher. Die Taufe bzw. der »Taufzettel« wurde in der Tat zum »Entre Billet zur Europäischen Kultur« (DHA X, 313) und war damit nicht etwa eine halb frei, halb emphatisch empfundene romantische Wahl, wie sie im Blick auf beide Konfessionen von manchen seiner jüdischen Verwandten und Freunde gelegentlich auch wahrgenommen werden mochte. Die Rede vom gebrochenen Herzen, wie sie im Lebensrückblick »Enfant perdü«

das ergreifende Ende bildet (DHA III, 121 f.), ist nicht zufällig eine heinesche Metapher, die ja nicht ohne weiteres den umgehenden Tod und das unweigerliche Vergessen impliziert, sondern durchaus die Unvereinbarkeit von Welt und lebendig-liebendem Individuum beschreibt. Was im »Buch Le Grand« als Weltuntergang begann, in Selbstmordabsichten des Helden, der unerfüllbaren Liebe wegen, weiterging, fand nicht etwa ein trostvolles Ende durch den Wegfall einer vorher ständig lauernden Verunsicherung. Nein, der Dichter hat gerade durch deren Verstärkung in seiner preußischen »Heimath« (HSA XX, 430), eine bewusste Formulierung und ernst zu nehmende Vorstellung, die immerhin dem Gedächtnis stets eingeschrieben blieb, Vertrauensbruch und Untreue erlebt. Natürlich hat dieser zitierte Wink mit Preußen als Heimat, wie er im Brief vom 4. Januar 1831 an Varnhagen eingebaut wird, damit dieser ihn in einer förderlichen Pressenotiz zugunsten von Heines Stellenwunsch als Syndikus in Hamburg möglicherweise einbaut, eine strategische Absicht. Aber praktisch-politische Gegebenheiten müssen nicht von vornherein herzlos sein.

Obendrein allerdings, wie sich zwar nicht gerade in Hamburg zeigen sollte, wo getaufte Familienmitglieder problemlos öffentliche Ämter bekleideten, war es längst keine Frage mehr der Religion allein, sondern der ursprünglichen Herkunft. Denn Heine blieb trotz Anpassungsversuchs im Rahmen eines durch Taufe und Promotion besiegelten Studienabschlusses zweifellos weiterhin Außenseiter, was sein mit ihm schließlich zerstrittener literarischer Zwillingsbruder Ludwig Börne aus Frankfurt am Main für sich selber ebenfalls stets empfunden hat.[10] Wahrscheinlich war einiges daran möglicherweise seiner Disposition und seinem dichterischem Genie geschuldet. Er selber vermochte nur die Ausgrenzung aufgrund der jüdischen Abstammung dabei zu entdecken. Mit solchen subtilen Vermutungen aus erwartbaren Mechanismen und ausgrenzenden Erlebnissen lässt sich schwer umgehen.

3. Erste preußische Erfahrungen: »Briefe aus Berlin«

Der Schreibzeit nach liegen Heines »Briefe aus Berlin« von 1822 vor seinen fast ein halbes Jahrzehnt später formulierten Kindheitserinnerungen im »Buch Le Grand«. Dennoch lenkt in der ersten Auflage des zweiten »Reisebilder«-Bandes von 1827 der Schluss des »Buchs Le Grand« ganz bewusst auf die in der zweiten Auflage dann weggelassenen drei Teile aus seinen von ihm offenbar damals nicht mehr hoch geschätzten »Briefen aus Berlin« hin, so dass infolgedessen die Überleitung am Schluss des »Buchs Le Grand« eher unverständlich wird, ursprünglich jedoch ein enger Zusammenhalt von langem Vorlauf und kurzer Auflösung gestiftet war. Das 20. und Schlusskapitel des »Buchs Le Grand« resümiert noch

Die Königliche Universität Berlin, die Heine von 1821 bis 1823 besuchte.
Stahlstich von F. Hirchenhein nach einer Zeichnung von C. Würbs (um 1830)

einmal die bis zu den erneut auftauchenden Selbstmordgedanken führende unglückliche Liebesgeschichte, von der das »Buch Le Grand« unter anderem neben strategischen Überlegungen zum Schriftstellerberuf eben auch handelt. »Bis auf den letzten Augenblick spielen wir Comödie mit uns selber. Wir maskieren sogar unser Elend, und während wir an einer Brustwunde sterben, klagen wir über Zahnweh.« Das Elend ist der Begleiter des Ich-Erzählers von Anfang an. Es zersprengte endlich sein Herz. Bevor er aber diesen Satz zu Ende führt, wird unter anderem auf Carl Maria von Webers »Freischütz« angespielt, dessen erfolgreiche Berliner Uraufführung Heine in Berlin miterlebt hatte: »Wir wollen von andern Dingen sprechen, vom Jungfernkranz, von Maskenbällen, von Lust und Hochzeitfreude – lalarallala, lalarallala, laral la – la – la. –» (DHA VI, 222) Damit endet das »Buch Le Grand«.

Auch wenn aus einer Manuskriptnot eine Tugend gemacht wurde, soll doch der Rückgriff auf die früheste Art und Weise, sich in den Charakter von Reisebildern hineinzuschreiben, als stillschweigendes Kompliment an den prosaischen Beginn seiner Schriftstellerlaufbahn verstanden werden. Die drei »Briefe aus Berlin« sind datiert vom 26. Januar, 16. März und 7. Juni 1822 und intonieren jene Schreibart, durch die Heine das Feuilleton bis heute beeinflusst hat. Der altkluge Student kann sich austoben. So heißt es ziemlich am Anfang des zweiten Briefes:

> Ich habe es längst gewußt, daß eine Stadt wie ein junges Mädchen ist, und ihr holdes Angesicht gern wiedersieht im Spiegel fremder Korrespondenz. Aber nie hätte ich gedacht, daß Berlin bey einem solchen Bespiegeln sich wie ein altes Weib, wie eine ächte Klatschlise, gebärden würde. Ich machte bey dieser Gelegenheit die Bemerkung: Berlin ist ein großes Krähwinkel. (DHA VI, 19)

Noch ist alles unbeschwert, kann alles miteinander in Beziehung oder besser in eine hoffnungsvolle Unordnung, in die unterhaltsame Gleichzeitigkeit von Assoziationen gesetzt werden. Tiefe und Oberfläche wechseln miteinander ab, so dass die ironische Witzstruktur, von der Heines Werke leben, schon eindeutig in den »Briefen aus Berlin« ausprobiert, ja, bereits in den ersten Abschnitten verkündet worden ist: »Nur verlangen Sie von mir keine Systematie; das ist der Würgengel aller Korrespondenz.« Und: »Assoziazion der Ideen soll immer vorwalten.« (DHA VI, 9) So erscheint es nicht als verwunderlich, dass gerade eine literarische Anthologie über Berlin aus dem Jahre 2012 sich noch gern auf diese Briefe beruft.[11]

Heine ist nicht nur ein begeisterter Berichterstatter in einem ihn begeisternden Berlin, wo er bunte Eindrücke empfängt und die Assoziationen schweifen lassen kann, er lässt auch die kleinstädtische Umwelt wie anschließend in Lüneburg, wo seine Familie nach dem Düsseldorfer Fiasko von Bankrott und Krankheit des Vaters Unterschlupf gefunden hat, wissen, mit wem sie es nach diesen geradezu weltstädtischen Erfahrungen zu tun hat. Er kann sich jedenfalls als Schüler Hegels ausgeben und darauf berufen, ein nicht unerfolgreicher Berliner Autor zu sein, dessen erste Bände, »Gedichte« von 1822 und »Tragödien, nebst einem lyrischen Intermezzo« von 1823, immerhin bei Berliner Verlagen wie Maurer oder Dümmler erschienen sind, von den Kontakten zum gubitzschen Journal »Der Gesellschafter oder Blätter für Geist und Herz« ganz abgesehen.

Aus guten frühen Erfahrungen erwachsen jedoch nach und nach deutliche Vorbehalte wegen Unterdrückung, Zensur und Bespitzelung, was freilich kein ausschließlich preußisches Problem darstellte.[12] Berlin und Preußen bleiben ein Wechselbad der Gefühle. Natürlich gehören briefliche Äußerungen wie die an Varnhagen vom 28. November 1827 aus München: »Ich sehne mich nach einem Lande, das noch nicht entdeckt ist. Manchmal auch nach Berlin« (HSA XX, 307) zu jenen rätselhaften Liebeserklärungen an eine Welt, die dennoch ein Abgrund bleibt, aber wenigstens einige erfreuliche Bewohner hat. Denn Heine fährt im selben Atemzug fort: »Besonders wenn ich Brief von Ihnen erhalte und von Frau v. Varnhagen sprechen höre.« Auf der »Reise von München nach Genua«, als der Süden bereits verführerische Hoffnungen geweckt hat, versieht er Berlin, das keinen »Lokalpatriotismus« besitze, mit der pragmatischen Erklärung:

> Berlin ist gar keine Stadt, sondern Berlin giebt bloß den Ort dazu her, wo sich eine Menge Menschen, und zwar darunter viele Menschen von Geist, versammeln, denen der Ort ganz gleichgültig ist; diese bilden das geistige Berlin. (DHA VII, 16 f.)

Denken wir allein an die zahlreichen Berliner Salons mit ihrer unkonventionellen Mischung, woran nicht zuletzt die jüdische Intelligenz das Ihre beitrug.

Das Wort Biedermeierzeit klingt harmloser als die Realität war. Geduckte Anpassung und Untertanenmentalität konnten wahrlich nicht von allen erwartet werden und erzeugten einen unerträglichen Zustand. Die Zahl der Emigranten, zu denen Heine schließlich nach einem Vorspiel als Korrespondent in Paris dann nach dem Bundestagsbeschluss gegen das Junge Deutschland von 1835 schließlich auch gehörte, wuchs. Das Leben in Deutschland, wie wir auch aus vielen anderen Quellen wissen, war kein Zuckerschlecken. Und Preußen marschierte vorne an. Was Wunder also, wenn Heines Kritik an Preußen offen und harsch ausfiel. Aber gerade das war nicht selbstverständlich, sondern sein mutig erarbeitetes Markenzeichen.

4. Erzähltes und gereimtes Preußen: Friedrich der Große, seine Nachfolger und andere Bezüge

Im erzählten, also im Prosawerk mit Einschluss seiner publizistischen Texte, aber auch in Versen hat Heine Preußen vielfach aufs Korn genommen, dass einem gelegentlich Hören und Sehen vergeht. Unsere bisherigen Exempel sind nachgerade harmlos. Gründe für die aus Enttäuschung erwachsene literarische Rebellion gegenüber Preußen besaß er, wie nicht oft genug wiederholt werden kann, reichlich. Man mag wie im Falle Hamburgs zwar ebenfalls von einer Hassliebe sprechen. Denn ohne Heimatgefühle ging auch sein Verhältnis zu Preußen nicht vonstatten. Aber prinzipiell erfüllten die preußischen Zensur- und Lebensbedingungen nicht jenen notwendigen Freiraum, in dem ein Schriftsteller arbeiten und bleiben konnte. In einem von ihm verworfenen Fortsetzungsfragment der »Harzreise«, die ihrerseits genau die Schwelle bedeutet, auf der zwischen Wanderung im Herbst 1824 und Erscheinen des Reisebilds im Jahre 1826 der Wechsel vom Judentum zum Christentum vollzogen wurde, heißt es in einem Textstück zum Ilsenstein:

> Was verdankt man nicht alles den Juden! Daß man ihnen das Christenthum selbst verdankt, will ich nicht erwähnen, da noch wenig Gebrauch davon gemacht worden ist. Aber die Erfind<un>g der Wechsel, des Agio und des Kreuzes [an dem er sich hatte festhalten können, J. A. K.]! Ist man ihnen nicht den größten Dank schuldig? Und doch will ihr deutsches

Stiefvaterland ihnen nicht mahl gewähren statt des Handels mit alten Hosen auch mahl zur Abwechslung königl<ich> preuß<ische> Referendaren od<er> Advokaten zu werden! Der Jude .... soll leben! Die Kaiserin Helena soll leben! Das Kreuz auf dem Ilsenstein soll leben! (DHA VI, 229)

Solche ironisch grundierten religionshistorischen wie volkswirtschaftlichen Verknüpfungen bestimmen später dann die Reden von Hirsch-Hyazinth in den »Bädern von Lukka«, dem der Erzähler die Kulissen seines kleinen Hamburger »Stiefvaterländchen[s]« auf italienischem Boden ausmalt (DHA VII, 92). Bekanntlich war aber auch der Übertritt in die Mehrheitsgesellschaft durch Annahme ihrer vorgeschriebenen Religion in zwei Konfessionen für die jüdische Bevölkerungsgruppe keine unverbrüchliche Assimilation. Das sollte sich schließlich auf furchtbare Weise in der vom Rassenwahn gesteuerten systematischen Verfolgung der Juden zur Zeit des Nationalsozialismus zeigen.

Die Kritik an den preußischen Königen, Preußen und Berlin hat sich in satirischen Gedichten entladen, wie sie beispielsweise als Nachträge unter dem Zyklusnamen »Zur Ollea« in der dritten Auflage der »Neuen Gedichte« von 1852 zu finden sind (DHA II, 100–108), darunter etwa »Maulthierthum«, oder im lyrischen Nachlass das lange Berlin-Gedicht »Die Menge thut es.« (DHA III, 328–330) und die Fabel »König Langohr I.« (DHA III, 330–334). Zum dynastischen Troste sei gesagt, dass die Bayern mit Heines in anderem Zusammenhang erschienenen Verse über Ludwig I. als »Lobgesänge auf König Ludwig« auch nicht gut dabei wegkamen (DHA II, 142–146). Dass man solche Verse damals Majestätsbeleidigung nannte, liegt auf der Hand. Besonders aber jener im so wichtigen hoch politischen Jahr 1844 auch als Flugblatt auftauchende und in keiner zeitgenössischen Gedichtsammlung Heines zu publizierende, weil das sofortige Verbot herausfordernde Text über die schlesischen Weber überhöht alle persönlichen Angriffe auf allzu menschliche Eigenschaften preußischer Würdenträger samt den noch so verderblichen innerstaatlichen Folgen zu einer auf die nackten Füße gestellten sozialen Metaphysik größten Ausmaßes, wie man Heines lyrische Organisation nach dem Muster seiner Weltuntergangsvorstellung nennen könnte. Die besonders während der Befreiungskriege beschwörend im Munde geführte Trias von Gott, König und Vaterland wird nun für die Deutschlands Leichentuch webenden schlesischen Weber zur entmythologisierten Leerformel und zur gesprengten Hülle eines verweigerten und zerstörten Lebensglücks.

Die schlesischen Weber

Im düstern Auge keine Thräne,
Sie sitzen am Webstuhl und fletschen die Zähne:
Altdeutschland wir weben dein Leichentuch,

> Wir weben hinein den dreyfachen Fluch –
> Wir weben, wir weben!
>
> Ein Fluch dem Gotte, zu dem wir gebeten,
> In Winterkälte und Hungersnöthen;
> Wir haben vergebens gehofft und geharrt,
> Er hat uns geäfft und gefoppt und genarrt –
> Wir weben, wir weben!
>
> Ein Fluch dem König, dem König der Reichen,
> Den unser Elend nicht konnte erweichen,
> Der den letzten Groschen von uns erpreßt,
> Und uns wie Hunde erschießen läßt –
> Wir weben, wir weben!
>
> Ein Fluch dem falschen Vaterlande,
> Wo nur gedeihen Schmach und Schande,
> Wo jede Blume früh geknickt,
> Und Fäulniß und Moder den Wurm erquickt –
> Wir weben, wir weben!
>
> Das Schiffchen fliegt, der Webstuhl kracht,
> Wir weben emsig Tag und Nacht –
> Altdeutschland, wir weben dein Leichentuch,
> Wir weben hinein den dreyfachen Fluch,
> Wir weben, wir weben! (DHA II, 150)

Die Armut wehrt sich und erzwingt eine radikale Revolution, den Umsturz des Gewohnten, die Verneinung des Bündnisses von Thron und Altar. Es handelt sich immer um Menschen, die betroffen sind, vor Armut sterben oder als Rebellen erschossen werden. Auch bei diesem Gedicht ist in abgewandelter Form, was die Affen, Hunde und Würmer angeht, von einem »Bestiarium«[13] zu sprechen, das für die zugespitzte Preußen-Satire bzw. die Verhöhnung der Königsgestalten zusammen mit der Urform der Botanik, der Blume, die Metaphern liefert. Das Gefängnis mit seinem Moder wird letztendlich überwunden, das alte Deutschland begraben werden. Für die weltweite Wirkung dieses Gedichtes spricht, dass, so paradox es manchmal erscheinen mag, die chinesischen Schulkinder neben dem »Loreley«-Gedicht eben dies vom dreifachen Fluch der schlesischen Weber auswendig lernen.

Zu großen Verehrungsgesten ließ Heine sich, außer im Falle Napoleons, überhaupt selten hinreißen. Selbst Friedrich der Große, dessen Namen wir gleichsam automatisch mit Schlesien verbinden, wird in den zahlreichen, nach verschiedenen Kriterien in der Düsseldorfer Heine-Ausgabe aufgeführten Verweisen (vgl. DHA XVI, 442 f.) eher vorsichtig-skeptisch und distanziert betrachtet, wenn auch gelegentlich durchaus gewürdigt. Die Fortsetzung der Berliner Charakteristik aus der »Reise von München nach Genua« spricht davon, dass »wahrlich mehrere Flaschen Poesie dazu nöthig« seien, »wenn man in Berlin etwas anderes sehen« wolle »als todte Häuser und Berliner. Hier ist es schwer, Geister zu sehen.« Die Stadt, heißt es weiter,

> [...] enthält so wenig Alterthümlichkeit, und ist so neu; und doch ist dieses Neue schon so alt, so welk und abgestorben. Denn sie ist größtentheils [...] nicht aus der Gesinnung der Masse, sondern Einzelner entstanden. Der große Fritz ist wohl unter diesen wenigen der vorzüglichste, was er vorfand, war nur feste Unterlage, erst von ihm erhielt die Stadt ihren eigentlichen Charakter, und wäre seit seinem Tode nichts mehr daran gebaut worden, so bliebe ein historisches Denkmal von dem Geiste jenes prosaisch wundersamen Helden, der die raffinirte Geschmacklosigkeit und blühende Verstandesfreyheit, das Seichte und das Tüchtige seiner Zeit, recht deutsch-tapfer in sich ausgebildet hatte. Potsdam z. B. erscheint uns als ein solches Denkmal, durch seine öden Straßen wandern wir wie durch die hinterlassenen Schriftwerke des Philosophen von Sanssouci. (DHA VII, 17)

Dort, in Potsdam, gäbe es genug Lächerliches und man unterdrücke »hie und da eine aufsteigende Lachlust, als fürchteten wir plötzlich einen Schlag auf den Rücken zu bekommen, wie von dem spanischen Röhrchen des alten Fritz«. Solche Furcht befalle einen »nimmermehr in Berlin, da fühlen wir, daß der alte Fritz und sein spanisches Röhrchen keine Macht mehr üben« (DHA VII, 18).

Prosaisch wundersam (in der Kombination mit den zeitgenössischen Errungenschaften von Aufklärung trotz einiger Rückständigkeit) – das ist in der Tat eine passende Charakteristik für einen König, dessen Biographie zwischen Unglück, wohl auch Widersprüchen, aber dennoch, im Vergleich zum sonstigen 18. Jahrhundert, überragender Regierungsverantwortung, zwischen wissenschaftlich-künstlerischer Begabung und hagestolzartiger Sonderlichkeit verlief.[14] Heine besaß übrigens wie dieser König eine spezielle Eigenschaft, die der Herausgeber von Friedrichs Briefen an seinen Kammerdiener Fredersdorf im Jahre 1926 ausdrücklich hervorhebt. Allerdings trifft bei Heine diese schwer zu unterdrückende Begabung eher auf die Behandlung seiner Gegner zu, während er die ihm nahe stehenden Menschen schonender bedachte. Aber Friedrichs schlimmster »innerer Feind« in der Behandlung seiner Freunde sei »sein unseliger Hang zu verletzendem Spott« gewesen. »Auch das«, so meint der wohlwollende Kommentator, der dem jüngeren König zum wenige Jahre älteren Fredersdorf, der von 1708 bis 1758 lebte, ein geradezu väterliches Verhältnis attestiert,

> [...] war sicher nicht böse gemeint, ja er war sich im Augenblick der Tat gar nicht bewußt, welches Unheil er anrichtete. Die angeborene Schärfe der Beobachtung, die – gefördert durch die Erlebnisse seiner Kinderstube – natürlich auch alle Schwächen der Menschen schnell herausfand, in Verbindung mit dem Unvermögen, seinen blendenden Augenblickseinfall sich zu verbeißen, war die Quelle dieser Begabung und Neigung zur kränkenden

Satire, die die Betroffenen, gerade weil sie von Friedrich kam, gar oft wie einen Schlag aufs Herz empfanden.[15]

Die Briefe an Fredersdorf, den Friedrich um 28 Jahre überlebte, zeigen dagegen einen fürsorglich liebevollen und jahrelang mit dem kränklichen Vertrauten ungemein geduldigen Freund, insofern ist allein schon wegen des Klassenunterschieds das väterliche Moment (das man auch brüderlich oder einem Sohne gemäß, jedenfalls familiär nennen könnte) nicht ganz abwegig. Man vermöchte sogar den Gedanken zu hegen und zu vermuten, wenn Friedrich solche Umsicht und Anteilnahme zur gleichen Zeit seiner regierenden Königin hätte angedeihen lassen, wäre diese gar zur kinderreichen Konkurrentin seiner Erzfeindin, der »Kaiserin-Königin« Maria Theresia, wie Theodor Schieder die Habsburgerin in seiner Friedrich-Biographie[16] häufig nennt, erblüht. Wie die Dinge aber lagen, blieb es im Privatleben bei der einzig öffentlich gewordenen Verehrung vor allem seiner Hunde, einer Vorliebe, die von manchen, auch gelegentlich von Heine, nicht nur als reine Tierliebe aufgefasst wurde. Man denke z. B. an »Der Wechselbalg« (DHA II, 122 u. 741), »wo Heine auf Sodomie-Gerüchte über Friedrich II. anspielt« (DHA III, 987).

Doch auch die Vorliebe Friedrichs für Italien hätte Heine gefallen. Derselbe beschönigend betuliche Kommentator sagt in Bezug auf Friedrichs Beziehung zum Grafen Algarotti und den Brief des Königs an diesen vom Sommer 1753, wie sehr in ihm »der alte Drang der deutschen Seele nach dem Süden lebte, und wie er sich nach dem Anblick der Landschaft und der steinernen Zeugen der Antike sehnte.«[17] Solche Sehnsucht nach dem Süden hätte tatsächlich Heines Beifall gefunden. Man denke nur an seine »Memoiren des Herren von Schnabelewopski«. Umso mehr auch begriff dieser darum den Widerspruch zwischen preußischem Klima und italienisch natürlichem Wohlleben. Am 30. Mai 1829 schreibt er beispielsweise während seiner Potsdamer Zeit an seine Berliner Freundin Friederike Robert, die mit Rahel Varnhagens Bruder Ludwig verheiratet war:

> Ein ganz einsamer Robinson bin ich hier nicht mehr. Einige Offizire sind bey mir gelandet, Menschenfresser. Gestern Abend im Neuen Garten [der übrigens von Friedrich Wilhelm II., Neffe und Nachfolger Friedrichs des Großen, angelegt worden war, J. A. K.] gerieth ich sogar in eine Damengesellschaft, und saß zwischen einigen dicken Potsdammerinnen, wie Apoll unter den Kühen des Admet. (HSA XX, 358)

Heine kommt dann auf seinen Besuch des Parks von Schloss Sanssouci zu sprechen und verwendet dabei genau den Vergleich zwischen dem deutschen und italienischen Klima wie in seiner kurz darauf erschienenen »Reise von München nach Genua«, wo er der »Obstfrau« in Trient mit einem versteckten Hinweis auf Goethes Sehnsucht nach dem Land, wo die Zitronen blühen, erklären muss, »daß bey uns keine Zitronen wachsen«, dass es »in unserem Lande [...] sehr frostig und feucht« sei: »unser Sommer ist nur ein grünangestrichener Winter, sogar die Sonne muß bey uns eine Jacke von Flanell tragen, wenn sie sich nicht erkälten will; [...] das einzige reife Obst, das wir haben, sind gebratene Aepfel.« (DHA VII, 43 f.)

Was Friedrichs des Großen Refugium angeht, berichtet Heine seiner schönen Freundin: »Vorgestern war ich in Sanssouzi, wo alles glüht und blüht, aber wie! du heiliger Gott! das ist alles nur ein gewärmter, grünangestrichener Winter, und auf den Terrassen stehen Fichtenstämmchen, die sich in Orangenbäume maskirt haben.« Er beschreibe jetzt, »krank und elend wie ich bin«, die »glänzendste Zeit meines Lebens, eine Zeit, wo ich, berauscht vor Uebermuth und Liebesglück, auf den Höhen der Appeninen umherjauchzte, und große wilde Thaten träumte, wodurch mein Ruhm sich über die ganze Erde verbreite«. Heine erinnert an den Tod seines Vaters, der ihn ja seine Italienreise von August bis Dezember 1828 abbrechen ließ, er sei »zahm« geworden seither, und folgert: »Ich bin so niedergeschlagen, so zusammengedrückt, so beengt« (HSA XX, 358 f.). Und gerade das eben ist seine preußische Erfahrung am Ende der deutschen Periode.

Von den antipreußischen oder besser antihohenzollernschen Gedichten, zu denen beispielsweise auch das späte tiermetaphorische »Die Wahl-Esel« gehört (DHA III, 340 ff.), sei nur die offenbar Ende 1846 entstandene »Schloßlegende« herangezogen, die eine Entstehungshistorie zur Begründung des Berliner Herrscherhauses von Gottes Gnaden aus den mythologisch antiken Tiefen oder besser gesagt ungeordneten Abgründen entwirft. Dieses Gedicht erhielt von Heine auch eine auf Turin bezogene verschlüsselte Fassung, erschien anfangs durchaus in den Ausgaben der 1870er Jahre seines Stammverlages Hoffmann und Campe, Hamburg, wurde schließlich aber fortgelassen. Die wissenschaftlichen Heine-Ausgaben von Ernst Elster schlossen die Strophen in den 1880er und 1890er Jahren ebenfalls aus. Der Herausgeber nahm das Gedicht erst in der Fragment gebliebenen zweiten Ausgabe von 1925 auf, weil es, wie Elster bemerkt, »damals durch Staatsanwalt verboten« war (DHA III, 983). Man wird angesichts dieser Strophen unbedingt daran denken müssen, wie sehr Heine die Beschreibung der künstlerischen Plastiken in einem anderen Poem als Deutung der Welt- und Kulturgeschichte begreift. Das zeigt sich nämlich im späten sommernächtlichen Traumgedicht an die Mouche (DHA III, 391 ff.). Dort »hadern« am Ende die lebendig gewordenen Bildhauerarbeiten des Frieses aus der antiken und biblischen Welt, das den Marmorsarkophag des toten Dichters schmückt, als eindrucksvolle Protagonisten von Wahrheit und Schönheit auf schier unlösbare Weise miteinander. Unser Leben empfängt seine Bedeutung eindeutig aus den Konflikten von Überlieferungen und Weltanschauungen genauso wie aus Ängsten und Träumen.

Die als Vorlage des Gedichts »Schloßlegende« von Heine erfundene Steinmetzarbeit am Berliner Schloss stützt sich dagegen auf die Zentaurensage mit ihrer vorzeitlichen Mixtur von Mensch und Pferd. Ironisch gesehen hat erst der letzte zeitgenössische Hohenzoller Friedrich Wilhelm IV., der sogenannte Romantiker auf dem Thron, den wir mit der Vollendung des Kölner Doms verbinden, durch sein, allerdings bigottes Christentum, die Tierwelt verlassen und wurde als ganzer Mensch geboren:

> Schloßlegende
>
> Zu Berlin, im alten Schlosse,
> Sehen wir, aus Stein gemetzt,
> Wie ein Weib mit einem Rosse
> Sodomitisch sich ergötzt.
>
> Und es heißt: daß jene Dame
> Die erlauchte Mutter ward
> Uns'res Fürstenstamms; der Saame
> Schlug fürwahr nicht aus der Art.
>
> Ja, fürwahr, sie hatten wenig
> Von der menschlichen Natur!
> Und an jedem Preußenkönig
> Merkte man die Pferdespur.
>
> Das Brutale in der Rede,
> Das Gelächter ein Gewieher,
> Stallgedanken, und das öde
> Fressen – jeder Zoll ein Thier!
>
> Du allein, du des Geschlechtes
> Jüngster Sprößling, fühlst und denkst
> Wie ein Mensch, du hast ein ächtes
> Christenherz, und bist kein Hengst. (DHA III, 239)

Auf einen Hieb in Richtung der bekannten Trunksucht Friedrich Wilhelms IV. verzichtet Heine hier. Besonders angesehen und beliebt war dieser Text, wie das Weberlied, vor allem in der zeitgenössischen und anschließenden sozialistischen Bewegung, die damit das Gottesgnadentum der Monarchie ad absurdum geführt sah. Schocktherapien besitzen ihren jeweils eigenen Sinn im öffentlichen Bewusstsein. Heine jedenfalls verfuhr nicht ständig nach dem krassen Hauruck-Verfahren. Für ihn blieb das Leben trotz seines mutigen Widerstandes und häufigen Rühmens denn doch, wie es in von ihm eliminierten »Wintermährchen«-Strophen angesichts der von der Zeit verschlungenen Hamburger Freudenmädchen heißt, durch und durch ein »Ungethüm«, eine antik-mythische »unersättliche« Hydra mit stets nachwachsenden, Köpfen (DHA IV, 295 f.).

Als Resümee der Preußenfeindschaft Heines sei wiederum in einem chronologischen Sprung, diesmal mehr als zehn Jahre zurück, jene Verdammung aus der Vorrede zu den »Französischen Zuständen« von 1833, wenige Jahre nach dem ja nicht ganz freiwilligen Wechsel nach Paris als Korrespondent, herangezogen, die gerne zitiert wird, um Heines Leiden an und Kampf gegen Preußen zu belegen. Diese Vorrede mag man gar zu den hellsichtig pazifistischen und ein Gleichgewicht der Kräfte beschwörenden Stellungnahmen rechnen. Wenn wir es dahin brächten, schreibt Heine weit vor Kurt Tucholsky,

> [...] daß die große Menge die Gegenwart versteht, so lassen die Völker sich nicht mehr von den Lohnschreibern der Aristokratie zu Haß und Krieg verhetzen, das große Völkerbündniß, die heilige Allianz der Nazionen, kommt zu Stande, wir brauchen aus wechselseitigem Mißtrauen keine stehenden Heere von vielen hunderttausend Mördern mehr zu füttern, wir benutzen zum Pflug ihre Schwerter und Rosse, und wir erlangen Friede und Wohlstand und Freyheit. Dieser Wirksamkeit bleibt mein Leben gewidmet; es ist mein Amt. (DHA XII, 65)

Solche biblisch grundierte Utopie mündet schließlich in einer Beschreibung der problematischen Rolle Preußens:

> Es ist wahr, noch vor kurzem haben viele Freunde des Vaterlandes die Vergrößerung Preußens gewünscht, und in seinen Königen die Oberherren eines vereinigten Deutschlands zu sehen gehofft, und man hat die Vaterlandsliebe zu ködern gewußt, und es gab einen preußischen Liberalismus und die Freunde der Freyheit blickten schon vertrauensvoll nach den Linden von Berlin. Was mich betrifft, ich habe mich nie zu solchem Vertrauen verstehen wollen. Ich betrachtete vielmehr mit Besorgniß diesen preußischen Adler, und während Andere rühmten wie kühn er in die Sonne schaute, war ich desto aufmerksamer auf seine Krallen. Ich traute nicht diesem Preußen, diesem langen frömmelnden Kamaschenheld mit dem weiten Magen, und mit dem großen Maule, und mit dem Corporalstock, den er erst in Weihwasser taucht, ehe er damit zuschlägt. Mir mißfiel dieses philosophisch christliche Soldatenthum, dieses Gemengsel von Weißbier, Lüge und Sand. Widerwärtig, tief widerwärtig war mir dieses Preußen, dieses steife, heuchlerische, scheinheilige Preußen, dieser Tartüff unter den Staaten. (DHA XII, 68)

Heines Anspielung auf das bekannte Lustspiel seines französischen Lieblingsdramatikers Molière mit einem scheinheiligen Schurken als Titelheld spricht für sich. Die anschließenden Sätze vertiefen diese kritische Perspektive und öffnen den Blick auf Parallelen einer historisch gesehen auch späteren Epoche der jüngsten europäischen Geschichte. Heine schreibt:

> Endlich, als Warschau fiel, fiel auch der weiche fromme Mantel, worin sich Preußen so schön zu drapiren gewußt, und selbst der Blödsichtigste erblickte die eiserne Rüstung des Despotismus, die darunter verborgen war. Diese heilsame Enttäuschung verdankt Deutschland dem Unglück der Polen.

> Die Polen! Das Blut zittert mir in den Adern, wenn ich das Wort niederschreibe, wenn ich daran denke, wie Preußen gegen diese edelsten Kinder des Unglücks gehandelt hat, wie feige, wie gemein, wie meuchlerisch. (DHA XII, 68 f.)

Hier gerät Heines Beschreibung Preußens in der Tat gleichzeitig zu einer Prophetie deutscher Perversion im 20. Jahrhundert mit ihren Vorboten nochmals verstärkter nationalistischer Provenienz bereits am Ende des 19. Jahrhunderts, wobei es nur um vergleichbare Verhältnisse und nicht etwa um stringente Ursächlichkeiten geht. An solchen Folgen jedenfalls hat die Welt noch lange zu tragen, und wir müssen uns zweifellos ständig ihrer Gründe bewusst bleiben. Heine seinerseits hatte längst europäische und kosmopolitische Perspektiven friedlicher Koexistenz als Möglichkeit für eine heile Welt im Auge und als notwendige Utopie öfter in geradezu paradiesischen Entwürfen geprobt.[18] Ohne solche Erkenntnisse und daraus erwachsene Forderungen wären noch so mühsame Fortschritte gar nicht möglich. Es bleibt jeweils zu hoffen, dass sie durch befürchtete mögliche Rückschritte nicht gänzlich zunichte gemacht werden.

5. Scheitern und Distanz: Emanzipationsdefizite bis zum Ende des Kaiserreichs

Wenigstens einen großangelegten und kenntnisreichen, jedoch die Urteile seiner Zeit unheilvoll prägenden preußischen Text aus der Geschichte der Heine-Wirkung wollen wir in aller gebotenen Kürze heranziehen, auch wenn er, der Tatsache nach, sattsam bekannt ist. Aber das Bekannte bedarf der beständigen Reflexion, da es nicht umsonst so häufig benutzt und betrachtet wird. Es hat ohne Zweifel und in der Regel das allgemeine Bewusstsein ausdrücklich bestimmt. Darum sei hier aus der in aller Differenzierung vernichtenden, mit einer nicht zu leugnenden Eleganz versehenen Heine-Polemik des preußischen Staatshistorikers Heinrich von Treitschke zitiert.

Heinrich von Treitschke, geboren am 15. September 1834 in Dresden als Sohn eines hohen sächsischen Militärs, studierte in Bonn und Leipzig, wurde bereits 1863 Professor in Freiburg im Breisgau, 1866 in Kiel, 1867 in Heidelberg und trat 1874 die Nachfolge Rankes in Berlin an. Von 1871 bis 1884 war der ursprünglich nationalliberale, dann konservative Historiker Mitglied des Reichstages. Er starb am 28. April 1896 in Berlin. Die Charakteristik aus dem Werk »Heine und die Nachwelt«, dem wir die Heine-Polemik entnehmen, die ihrerseits aus seiner »Deutschen Geschichte im 19. Jahrhundert« stammt (die in fünf Teilen in Leipzig von 1879–1894 erschien; die Auszüge stammen aus Teil 3–5, 1885, 1889 und 1894), lautet mehr als deutlich: »Sein ausgeprägter, pathetischer Deutschnationalismus und Antisemitismus (»Ein Wort über unser Judentum«, 1880) wirkte maßgeblich bis ins ›Dritte Reich‹ nach.«[19]

> Seine verlassenen Landsleute bethörte Heine durch jenen Zauber des Fremdartigen, dem die weitherzige deutsche Natur so selten widersteht. So lange die Deutschen dichteten, hatte sich ihnen die schöne Form immer erst aus dem reichen Inhalt ergeben, und wie viele unserer großen Dichter waren nie dazu gelangt, für ihre hohen Gedanken die rechte künstlerische Form zu finden. In Heine erschien uns zum ersten male ein Virtuos der Form, der nach dem Inhalt seiner Worte gar nicht fragte. Er rühmte sich seiner ›göttlichen Prosa‹, einer Prosa, welche freilich, weil sie beständig nach dem Effekt haschte, mit den Jahren immer manierirter wurde, aber die sorgsame Feilung nie vermissen ließ. Durch diesen gesucht nachlässigen, schillernden, flunkernden Stil suchte er seinen Lesern Alles, gleichviel was, mundgerecht zu machen. Er besaß was die Juden mit den Franzosen gemein haben, die Anmuth des Lasters, die auch das Niederträchtige und Ekelhafte auf einen Augenblick verlockend erscheinen läßt, die geschickte Mache, die aus niedlichen *Riens* noch einen wohlklingenden Satz zu bilden vermag, und vor Allem jenen von Goethe so oft verurtheilten unfruchtbaren Esprit, der mit den Dingen spielt ohne sie zu beherrschen. Das Alles war undeutsch von Grund aus.[20]

Über das »Wintermährchen« heißt es: »Grade dies Gedicht, eines der geistreichsten und eigenthümlichsten aus Heine's Feder, mußte den Deutschen zeigen was sie von diesem Juden trennte. Die arischen Völker haben ihren Thersites, ihren Loki, einen Ham, der seines Vaters Scham entblößt, kennen nur die Sagen der Orientalen.« Für Treitschke war Heine ein Verfertiger von »Schmutzereien«, besonders wenn die Texte »Preußen und sein Herrscherhaus« betrafen und nach seiner Meinung »jeder Hauch künstlerischer Anmuth, feinen Scherzes« fehlte, sondern nur das »blödsinnige Wuthgeheul jüdischen Hasses« zu vernehmen sei. Für ihn blieb auch der kranke Heine, trotz einiger Anerkennung, »ein Dichter, der Schönheit ebenso mächtig wie der Niedertracht«.[21] Die Schlussstrophe der »Schloßlegende« wusste er in diesem Zusammenhang übrigens durchaus effektvoll zu zitieren. Dieses Gedicht mit seinem satirischen Gründungsmythos des regierenden preußischen Hauses war dem gelehrten Historiker selbstverständlich nicht entgangen.

Das Schlusswort soll allerdings ein anderer Kenner der deutschen Geschichte, nämlich Thomas Nipperdey, behalten. Er wurde am 27. Oktober 1927 in Köln geboren und starb am 14. Juni 1992 in München. Nipperdey galt als konservativer Sozialdemokrat und verehrte vor allem das Werk von Thomas Mann. Er beschwört in seiner »Deutschen Geschichte 1800–1866. Bürgerwelt und starker Staat« aus dem Jahre 1983 voller Sympathie »die beiden großen Dichter der ›Opposition‹« und postuliert damit schlicht den unverzichtbaren Quellenwert literarischer Werke. Nipperdey bezieht sich nämlich auf Georg Büchner, »der das Recht der Revolution und ihre schier ausweglose Tragik zugleich unvergeßlich zur Sprache«

bringe – »Und Heinrich Heine, getaufter Jude, an seiner erzwungenen Außenseiterrolle leidend, mit dem romantischen Gefühls-, Schmerz- und Liedton, der seine Resonanz und Popularität begründet, aber mit der sich präsentierenden und reflektierenden Subjektivität rational, skeptisch, ironisch, gebrochen«, Heine habe »in der neuen Form des Feuilletons eine ganz neue Prosa entwickelt und mit ihr [...] mit Vehemenz gegen die deutschen ›Zustände‹, die Unfreiheit der politischen, die Ungleichheit der gesellschaftlichen Ordnung« gekämpft. »Jenseits seiner Meinungen« sei Heine »als Dichter vor allem modern, weil er zuerst die moderne Erfahrung von der Fraglichkeit, der Gebrochenheit, dem Umbruch von Gefühl und Stimmung, seiner Aufhebung in der Reflexion zur Sprache bringt, ja noch die Gebrochenheit der Aussage.«[22]

Die Auseinandersetzung mit und das Leiden an Preußen haben einen Großteil dazu beigetragen, dass Heines Schreibart war, wie sie uns immer noch anspricht, und dass aus dem durch große Bitterkeiten gespeisten historischen Abstand ein solches Loblied Heines im historischen Kontext schließlich doch möglich geworden ist: so vielsagend und ansprechend formuliert, und zwar während, ja, teilweise vor mancher öffentlichen Akzeptanz durch Denkmäler, Memorialzeichen und Benennungen, denen Heines Genius auf ehemaligem preußischen Boden an vielen Orten, dabei mehrmals in Berlin, endlich, wenngleich vielfach verspätet, teilhaftig geworden ist.

Anmerkungen

1 Golo Mann: Deutsche Geschichte des 19. und 20. Jahrhunderts. Frankfurt a.M. 1958, hier Ausgabe von 1974, S. 114. – Es sei auch auf die Preußen-Arbeiten von Hans-Joachim Schoeps (30.1.1909–8.7.1980) verwiesen, den ebenfalls emigrierten Altersgenossen und auch in manchen anderen Lebenslagen als Schicksalsgefährten zu betrachtenden Erlanger Gelehrten: Preussen. Geschichte eines Staates. Bilder und Zeugnisse. Frankfurt a.M., Berlin 1981 und: Das andere Preußen. Konservative Gestalten und Probleme im Zeitalter Friedrich Wilhelm IV. 5. neu bearb. Aufl. Berlin 1981. Vgl. auch Ders.: Ein unbekannter Agentenbericht über Heinrich Heine. – In: HJb 6 (1967), S. 67–80, wiederabgedr. in Werner/Houben II, 278 ff.

2 Mann: Deutsche Geschichte [Anm. 1], S. 166 f.

3 Vgl. Thomas Nipperdey: Deutsche Geschichte 1800–1866. Bürgerwelt und starker Staat. München 1983, hier die Ausgabe von 1994, S. 393 f.

4 Vgl. Joseph A. Kruse: Romantische Weltuntergänge – auch bei Heine und Büchner. – In: Romantik im Vormärz. Hrsg. von Burghard Dedner und Ulla Hoffstätter. Marburg 1992, S. 13–28, hier S. 21 f.

5 Vgl. z.B. das im Internet zugängliche »Heinrich-Heine-Portal« (2004–2009), aber auch bereits das differenzierte und anregende Register von Klaus Briegleb, B VI/2, 814.

6 Vgl. z.B. Höhn ³2004, das Sachregister mit neun Bezügen. – Der Verf. selbst hat einerseits Heines »Briefe aus Berlin« revidiert hrsg. und mit einem Nachwort versehen (Frankfurt a.M. und

Leipzig 1991) und andererseits »Heinrich Heine in Potsdam 1829« beschrieben (Kleist-Museum Frankfurt/Oder 2004, Frankfurter Buntbücher 38). Vgl. z. B. auch Klaus Briegleb: Heine und Preußen. Notierungen zur ›Vorrede‹ vom 18. Oktober 1832. – In: Ders.: Opfer Heine? Versuche über Schriftzüge der Revolution. Frankfurt a. M. 1986, S. 45–70 und Susanne Ledanff: »Berlin ist gar keine Stadt«. Der Ursprung eines Topos. Heines »Briefe aus Berlin«. – In: HJb 38 (1999), S. 1–28.

7 Vgl. Schoeps: Preußen [Anm. 1], S. 668.

8 Vgl. Jan-Christoph Hauschild/Michael Werner: »Der Zweck des Lebens ist das Leben selbst«. Heinrich Heine. Eine Biographie. Köln 1997, S. 77 ff., Mende, 10 u. 30.

9 Vgl. Edith Lutz: Der »Verein für Cultur und Wissenschaft der Juden« und sein Mitglied H. Heine. Stuttgart, Weimar 1997, insbes. S. 133–168. Aus Erinnerungsgründen sei das gerade stattgefundene 50jährige Gedenken an die Wiederbegründung der Jüdischen Volkshochschule Berlin am 12. März 2012 erwähnt, die die Tradition der 1919 ins Leben gerufenen »Freien Jüdischen Volkshochschule« fortführt und somit auch im weitesten Sinn die im Kulturverein angelegten Wurzeln aufgreift. Vgl. Britta Klar: »Es gibt eine jüdische Kultur, jetzt und hier«. Heute wird die Jüdische Volkshochschule Berlin 50 Jahre alt. Das feiert sie mit einem Festakt. – In: Berliner Morgenpost, Montag, 12. März 2012, Berlin, S. 13.

10 Vgl. Inge Rippmann (Hrsg.): Ludwig Börne. Das große Lesebuch. Frankfurt a. M. 2012 (Abschnitt: »wie gebannt in diesem magischen Judenkreise«. Börne, Anwalt und Kritiker der Juden, S. 57–79).

11 Jürgen Engler: Berlin literarisch. Berlin 2012, S. 105 u. 166–170.

12 Vgl. etwa Bärbel Holtz: Eine mit »Intelligenz ausgerüstete lebendig wirksame Behörde«. Preußens zentrale Zensurbehörden im Vormärz. – In: Zensur im 19. Jahrhundert. Das literarische Leben aus Sicht seiner Überwacher. Hrsg. von Bernd Kortländer und Enno Stahl. Bielefeld 2012, S. 153–176.

13 Vgl. Höhn ³2004, S. 159 f. (Abschnitt: Kleines Bestiarium des Nachmärz).

14 Vgl. schon die sehr sachliche und umfassende Biographie von Theodor Schieder: Friedrich der Große. Ein Königtum der Widersprüche. Frankfurt a. M., Berlin, Wien 1983, wo die Charakteristik des Untertitels freilich zu sehr überhand nimmt.

15 Die Briefe Friedrich des Großen an seinen vormaligen Kammerdiener Fredersdorf. Hrsg. und erschlossen von Johannes Richter. Berlin 1926, S. 190.

16 Schieder: Friedrich der Große [Anm. 14], Register mit zahlreichen Verweisen, darunter vielmals diese Titulatur.

17 Richter (Hrsg.): Briefe Friedrich des Großen [Anm. 15], S. 293 f.

18 Vgl. Joseph A. Kruse: »...alle edeln Herzen des europäischen Vaterlandes«. Heine und Europa. – In: Ders.: Heine-Zeit. Stuttgart, Weimar 1997, S. 186–205.

19 Goltschnigg/Steinecke I, 579.

20 Ebd., S. 251 f.

21 Ebd., S. 255.

22 Nipperdey: Deutsche Geschichte [Anm. 3], S. 578.

Nur Ideenschmuggel?
Heine und die Zensur in den 1820er Jahren

Von Katy Heady, Southampton

Im Jahre 1819 führte das Karlsbader Pressegesetz ein Zensursystem im deutschen Bund ein, das zu den umfassendsten im damaligen Europa gehörte. Das Gesetz führte die Vorzensur für Schriften unter 20 Bogen (circa 320 Seiten) ein und verpflichtete alle Staaten des deutschen Bundes dazu, gegen die Veröffentlichung von »anstößigen« Schriften vorzugehen. Außerdem behielt sich der Bund das Recht vor, selbst Maßnahmen gegen anstößige Literatur zu ergreifen, darunter notfalls die Anwendung militärischer Gewalt.[1]

Heinrich Heine war eines der bekanntesten Opfer des deutschen Zensursystems zwischen 1819 und 1848. Immer wieder brachten ihn seine Versuche, Opposition zur herrschenden politischen, religiösen und sexuellen Ideologie auszudrücken, in Konflikt mit der deutschen Zensur. Die Zensurmaßnahmen, unter denen Heine litt, reichen von der Vorzensur einzelner Zeitschriftenartikel bis hin zum Gesamtverbot seiner Schriften während der Bundeskampagne gegen die Schriftsteller des sogenannten »Jungen Deutschland« im Jahre 1835.[2]

Es ist bekannt, dass die Zensurbedrohung einen tief greifenden Einfluss auf den Schreibstil Heines ausübte. Das Motiv der esoterischen Kommunikation taucht immer wieder in seinen literarischen Werken auf, und seine Schriften enthalten zahlreiche Hinweise auf die Relevanz eines »Ideenschmuggels« für seine eigene Schreibpraxis.[3] Dementsprechend hat sich die Forschung sowohl mit den Strategien, die Heine verwendete, um seine subversiven Inhalte vor der Zensur zu verbergen, als auch mit der Suche nach verborgenen kritischen Botschaften in seinen Schriften gründlich beschäftigt.[4]

Diese Arbeiten leisten einen wichtigen Beitrag zum Verständnis und zur Interpretation von Heines Werken, dabei hat aber die Forschung anderen Aspekten von Heines Beziehung zu der Staatszensur weniger Aufmerksamkeit geschenkt. In dieser Untersuchung werde ich am Beispiel der »Reise von München nach Genua« zeigen, dass Heine trotz der Zensur viele subversiven Ideen in seinen Schriften der 1820er Jahre relativ zugänglich zum Ausdruck bringen konnte. Dabei werde ich mich auch mit den Strategien beschäftigen, die Heine verwendete, um seine deutlich subversiven Aussagen vor Zensureingriffen zu schützen.

> Nº. 288.
>
> # Morgenblatt
> ## für gebildete Stände.
>
> Montag, 1. December 1828.

> Darf eine solche Menschenstimme hier,
> Wo Geistesfülle mich umgab, ertönen?
> Doch ach! für dießmal dank ich dir,
> Dem ärmlichsten von allen Erdensöhnen.
>
> Göthe.

Reise nach Italien.

Von H. Heine.

I.

Ich bin der höflichste Mensch von der Welt. Ich thue mir was darauf zu gute, niemals grob gewesen zu seyn auf dieser Erde, wo es so viele unerträgliche Schlingel gibt, die sich zu einem hinsetzen und ihre Leiden erzählen oder gar ihre Verse deklamiren; mit wahrhaft christlicher Geduld habe ich immer solche Misere ruhig angehört, ohne nur durch eine Miene zu verrathen, wie sehr sich meine Seele ennuyirte. Gleich einem büßenden Braminen, der seinen Leib dem Ungeziefer Preis gibt, damit auch diese Gottesgeschöpfe sich sättigen, habe ich dem fatalsten Menschengeschmeiß oft tagelang Stand gehalten und ruhig zugehört, und meine innern Seufzer vernahm nur er, der die Tugend belohnt.

Aber auch die Lebensklugheit gebietet uns höflich zu seyn, und nicht verdrießlich zu schweigen, oder gar Verdrießliches zu erwiedern, wenn irgend ein schwammiger Kommerzienrath oder dürrer Käsekrämer sich zu uns setzt, und ein allgemein europäisches Gespräch aufängt mit den Worten: „es ist heute eine schöne Witterung." Man kann nicht wissen, wie man mit einem solchen Philister wieder zusammentrifft, und er kann es uns dann bitter eintränken, daß wir nicht höflich geantwortet: die Witterung ist sehr schön. Es kann sich sogar fügen, lieber Leser, daß du zu Cassel an der Table d'hôte neben besagtem Philister zu sitzen kömmst, und zwar an seine linke Seite, und er ist just der Mann, der die Schüssel mit braunen Karpfen vor sich stehen hat und lustig austheilt; hat er nun eine alte Pique auf dich, dann reicht er die Teller immer rechts herum, so daß auch nicht das kleinste Schwanzstückchen für dich übrig bleibt. Denn ach! du bist eben der Dreyzehnte bey Tisch, welches immer bedenklich ist, wenn man links neben dem Trancheur sitzt und die Teller rechts herumgereicht werden. Und keine Karpfen bekommen, ist ein großes Uebel, nächst dem Verlust der Nationalkokarde vielleicht das größte. Der Philister, der dir dieses Uebel bereitet, verhöhnt dich noch obendrein, und offerirt dir die Lorbeeren, die in der braunen Sauce liegen geblieben; ach! was helfen einem alle Lorbeeren, wenn keine Karpfen dabey sind! und der Philister blinzelt dann mit den Aeuglein, und kichert und lispelt: es ist heute eine schöne Witterung.

Ach, liebe Seele, es kann sich sogar fügen, daß du auf irgend einem Kirchhofe neben diesem selben Philister zu liegen kömmst, und hörst du dann am jüngsten Tage die Posaune erschallen und sagst zu deinem Nachbar: „guter Freund, reichen Sie mir gefälligst die Hand, damit ich aufstehen kann, das linke Bein ist mir eingeschlafen von dem langen Liegen," dann bemerkst du plözlich das wohlbekannte Philisterlächeln und hörst die höhnische Stimme: es ist heute eine schöne Witterung.

Erstdruck von Heinrich Heines »Reise nach Italien« im »Morgenblatt für gebildete Stände« (1828)

Die »Reise von München nach Genua« basierte auf Heines Reise in der zweiten Hälfte des Jahres 1828 durch das österreichische Tirol und Norditalien, das zu dieser Zeit unter habsburgischer Besatzung stand. Eine Reihe von Berichten über die Reise erschien im Dezember 1828 und im November 1829 in Johann

Friedrich Cottas »Morgenblatt für gebildete Stände«, und aus diesen Artikeln wurde Heines »Reise von München nach Genua«, die Ende 1829 im dritten Band der »Reisebilder« veröffentlicht wurde. Der Band wurde in der Conrad-Müller-Druckerei in Hamburg gedruckt und lag mit seinen 25 ½ Bogen deutlich über der 20-Bogen-Grenze, über der es im vergleichsweise liberalen Hamburg keine Vorzensur gab.[5] Obwohl die Gefahr bestand, dass das Buch nach seiner Veröffentlichung verboten werden könnte, wurde es in den meisten norddeutschen Staaten jahrelang geduldet. Besonders wichtig war die anfängliche Duldung des dritten »Reisebilder«-Bandes in Preußen, weil es das größte Absatzgebiet für Bücher in Norddeutschland war. Erst 1833 befahl die preußische Regierung die Beschlagnahme der zweiten Ausgaben des dritten und vierten Bandes der »Reisebilder« als Teil einer allgemeinen Unterdrückungsaktion gegen die oppositionelle Literatur nach der Julirevolution von 1830.[6]

Bemerkenswert ist die Duldung der »Reise von München nach Genua« in den Jahren vor 1833 vor allem wegen ihres unmissverständlich oppositionellen Charakters. Der Text kritisiert den Adel sowie die katholische Kirche und enthält drei Kapitel, in denen der Erzähler von einem Besuch auf dem Schlachtfeld von Marengo berichtet und dabei seine revolutionäre Ideologie explizit erörtert. In diesen Kapiteln beschreibt der Erzähler »die Emanzipazion der ganzen Welt« als die »große Aufgabe unserer Zeit«, lobt die Französische Revolution als wichtigen Schritt auf dieses Ziel hin und freut sich auf die Befreiung der Menschheit von dem Einfluss des Adels und der »geistlichen Zöllner«. Am Ende des dritten Marengo-Kapitels steht Heines berühmte Selbstdarstellung als »braver Soldat im Befreyungskriege der Menschheit« (DHA VII, 68–74).

Angesichts dieser deutlichen Aussagen kann man sich nur schwer vorstellen, dass die preußischen Zensurbehörden nichts vom politischen Inhalt der »Reise von München nach Genua« wussten. Zu jener Zeit war Heine als oppositioneller Autor ziemlich bekannt, und die politische Tendenz des Werkes wurde in mehreren zeitgenössischen Rezensionen erwähnt.[7] Wichtig ist aber auch, dass die preußischen Zensurbehörden nicht automatisch auf die Veröffentlichung einer kritischen Schrift mit einem Verbot reagierten. Zum Beispiel befasste sich das preußische Oberzensurkollegium im Jahr 1827 mit dem oppositionellen Inhalt von Heines »Ideen. Das Buch Le Grand«, entschied sich aber schließlich gegen ein Verbot des zweiten Bandes der »Reisebilder«, in dem es veröffentlicht wurde.[8] Diese Entscheidung kann man auf die weit verbreitete (und wohl gerechtfertigte) Ansicht zurückführen, dass das Interesse des Publikums an einem Buch steigt, wenn man es verbietet.[9] Daher mussten die Behörden die Gefahr, die von einem oppositionellen Buch ausging, gegen das Risiko abwägen, durch ein Verbot mehr Interesse an einem Buch zu wecken.

Am 17. November 1829, einen Monat vor dem Erscheinen des dritten Bandes der »Reisebilder«, schrieb Heine einen Brief an Karl Immermann, in dem er sein neues Buch als »zahm geschrieben, nicht im mindesten demagogisch, sogar gut russisch, was jetzt so viel ist wie ultrapreußisch« (HSA XX, 367) vorstellte. Das mag überraschen, angesichts des deutlich politischen Charakters des Textes, der Peter Stein die »Reise von München nach Genua« als den Beginn von Heines Phase des »rücksichtslosen Schreibens«[10] beschreiben ließ. Wenn man die subversiven Inhalte des Textes näher ansieht, wird klar, dass Heine beim Verfassen der »Reise von München nach Genua« konsequent eine Reihe von Prinzipien anwandte, um das Werk weniger gefährlich aussehen zu lassen. Diese Strategien verbergen die anti-restaurativen Botschaften des Textes zwar nicht, aber sie milderten deren Intensität und Energie ab und schwächten das aufrührerische Potential des Werkes.

Das erste Anzeichen dafür, dass die Zensurbedrohung einen Einfluss auf die Gestaltung dieses Reiseberichts hatte, war Heines Zurückhaltung in der Wortwahl. Wenn man frühe Fassungen des Textes ansieht, fällt auf, dass Heine wiederholt aggressive und provozierende Wörter aus Passagen, in denen die Verbündeten der Restauration angegriffen werden, vor der Veröffentlichung tilgte. Im Kapitel XI, zum Beispiel, gibt es eine Passage über die Unterwürfigkeit der Tiroler, deren erste Fassung die Kluft zwischen dem Adel und dem einfachen Volk unterstreicht:

> [D]er starrste Aristokrat liebt es zuweilen mit dem Plebs [...] auf du u[nd] du zu konversiren wenn er nur sicher ist, daß dieser nie die Kluft vergist, die Gott selbst zwischen die verschiedenen Stände gestiftet (DHA VII, 685).

Der Schutz der bestehenden sozialen Ordnung war in den meisten Zensurgesetzen verankert[11], und deshalb hätten diese Zeilen als subversiv gegolten. Dennoch entwirft auch die umgearbeitete und veröffentlichte Version dieses Satzes ein klares Bild von der herablassenden Haltung des Adels. Der wesentliche Unterschied zwischen den zwei Fassungen liegt in der Wortwahl: außer dem mäßigen Begriff »starrsten« enthält die folgende Aussage keine aufreizenden Wörter – und täuscht bis zum subtilen Stimmungsumschwung im letzten Nebensatz einen milden und unkritischen Ton vor:

> [D]ie starrsten Aristokraten sind froh, wenn sie Gelegenheit finden zur Herablassung, denn dadurch eben fühlen sie, wie hoch sie gestellt sind. (DHA VII, 35)

Eine ähnliche Tilgung negativ besetzter Wörter aus der veröffentlichten Fassung finden wir bei der Schilderung eines Traumes, den der Erzähler während seines Aufenthalts in Trient hatte. Er träumte, dass die Stadt nur noch von Blumen bewohnt war, und seine Beschreibung dieser neuen Gesellschaft befasst sich unter anderem mit deren Adel. In einer frühen Fassung des Kapitels lesen wir, wie eine aristokratische Lilie den »elende[n] Graspobel« rügt (DHA VII, 770). Die provozierende Formulierung »elender Graspobel« gibt es in der veröffentlichen Passage zwar nicht mehr, aber trotzdem wird ein Eindruck von aristokratischem Snobismus vermittelt. In der letzten Fassung des Kapitels schildert Heine »jene Liljen, die nicht arbeiten und nicht spinnen und sich doch eben so prächtig dünken wie König Salomon in all seiner Herrlichkeit« (DHA VII, 51).

Trotz des ausdrücklichen Schutzes der christlichen Religion in den preußischen Zensurgesetzen[12] fällt auf, dass die Darstellung der katholischen Kirche in der »Reise von München nach Genua« weitaus anstößiger ist als die des Adels. Es gibt auch andere Anzeichen, die verraten, dass die preußischen Zensurbehörden beim Schutz der Kirche nicht immer streng verfuhren. Eine Forschungsarbeit über die österreichische Zensur in diesem Zeitraum berichtet, dass die österreichischen Zensurbehörden in Bezug auf den Schutz der katholischen Religion mit der preußischen Zensur unzufrieden waren.[13] Auch als Christian Dietrich Grabbe zusammen mit seinem Verleger Georg Ferdinand Kettembeil 1827 sein Lustspiel »Scherz, Satire, Ironie und tiefere Bedeutung« für die Veröffentlichung vorbereitete, waren sie wegen der Reaktion der preußischen Behörden auf das Werk besorgt. Sie entschieden, dass es politisch zu gefährlich war, den Teufel sich als »Generalsuperintendent« (ein hochrangiger Geistlicher vieler protestantischer Kirchen) ausgeben zu lassen. Stattdessen einigten sie sich darauf, dass der Teufel – als sicherere Alternative – die Rolle eines katholischen Kanonikus spielen sollte.[14]

In der »Reise von München nach Genua« wird die katholische Kirche wie der Adel mit der gleichen Kombination von sprachlicher Zurückhaltung und offener Missachtung behandelt. Der religionsfeindliche Charakter des Textes lässt sich nicht übersehen: Ein Priester wird sehr unschmeichelhaft dargestellt, das Ende der katholischen Kirche vorausgesagt, und es kommt sogar eine Passage vor, in der sich der Erzähler mit dem Erlöser vergleicht. In der ersten Version dieses letzten Beispiels verwendete Heine die provokante Formulierung »gekreuzigter Heiland«, die ihm dann offensichtlich zu gefährlich vorkam, als er den Text für die Veröffentlichung vorbereitete, weswegen er sie strich. Dennoch vermittelt der virtuos aufgebaute Satz, der stattdessen erschien, denselben Inhalt. Obwohl der Text jetzt keine explizite Hinweise auf den Heiland enthält, nimmt der Erzähler trotzdem seine Rolle unmissverständlich ein und deutet außerdem auf die sinnlichen Freuden des Sündigens hin: »[...] ich leide für das Heil des ganzen Menschengeschlechts, ich büße dessen Sünden, aber ich genieße sie auch« (DHA VII, 26).

Durch Heines Vermeidung aufreizender Formulierungen bei seinen Angriffen auf zwei wichtige Verbündete der Restauration – den Adel und die Kirche – wurden diese Angriffe zwar nicht versteckt, bekamen aber einen ruhigeren und milderen Ton. Bei seiner Behandlung der deutschen Regierungen und der Restauration selbst verfuhr Heine dagegen weitaus vorsichtiger. Der Text stellt zwar manchmal Adel und Kirche als Symbole für die Restauration dar, was es Heine erlaubt, die restaurative Politik indirekt anzugreifen. Dennoch fällt auf, dass die »Reise von München nach Genua« keine explizite Kritik an der Restauration, den deutschen Monarchen oder den politischen und sozialen Missständen in den deutschen Ländern enthält. In den politisch gewagten Marengo-Kapiteln werden solche Themen nicht einmal erwähnt. Diese Zurückhaltung Heines spiegelt die Ängste der damaligen Regierungen wider, die auch in den Zensurgesetzen ihren Ausdruck fanden. Diese räumten dem Schutz des Staates eine Sonderstellung ein und enthielten zahlreiche spezifische Vorschriften, die diesen Schutz gewährleisten sollten.[15]

Es mag daher überraschen, dass Heine es überhaupt wagte, in den Marengo-Kapiteln seine Begeisterung für die Französische Revolution auszudrücken und sich für die Befreiung der Menschheit auszusprechen. Wenn man aber die Gestaltung solcher Passagen untersucht, scheinen sie wenig geeignet, Opposition gegen die deutschen Regierungen zu stiften. Heine stellt zum Beispiel den Kampf für die Befreiung der Menschheit als eine internationale Angelegenheit dar und nennt sie »Teil der sogenannten Geisterpolitik«. In einer besonders energischen Passage, in der der Erzähler die »große Aufgabe unserer Zeit« ankündigt, benutzt er statt des politisch bedeutungsschweren Begriffs »Freiheit« das Wort »Emanzipation«, das man eher mit der Bauernbefreiung verbindet, einer Bewegung, die in der ersten Hälfte des 19. Jahrhunderts von den meisten deutschen Regierungen gefördert wurde.[16] Folglich erscheint die Freiheitsbegeisterung des Erzählers auf den ersten Blick keineswegs als Angriff auf die deutschen Regierungen.

Obwohl keine expliziten Attacken auf die deutschen Regierungen in der »Reise von München nach Genua« vorkommen, drückt das Werk trotzdem eine klare Missbilligung für ihre Vorgangsweisen aus. An zahlreichen Stellen lenkt der Text die Aufmerksamkeit des Lesers auf staatliche Unterdrückungsmaßnahmen. Dabei ist immer klar erkennbar, welche Regierung diese Maßnahmen angeordnet hat; die Namen der verantwortlichen Staaten werden aber nie genannt. Dass Heine diese Strategie bewusst anwandte, legt die Umschreibung einer Passage im Kapitel VII nah, in der der Erzähler über das Verbot von Karl Immermanns dramatischem Gedicht »Trauerspiel in Tirol« berichtet. Die erste Version des Berichts lautet »Das Trauerspiel in Tyrol ist von der Oestreichischen Regierung in Tyrol verboten«

(DHA VII, 665); im dritten Band der »Reisebilder« dagegen erfahren wir nur: »Das Trauerspiel in Tyrol [ist] in Tyrol verboten worden« (DHA VII, 27).

Ähnlich verfährt Heine an den Stellen, wo er ein Schlaglicht auf die politische Repression der Norditaliener durch ihre österreichischen Besatzer werfen will. Aussagen wie »Dem armen geknechteten Italien ist ja das Sprechen verboten« (DHA VII, 49), bringen die Entrüstung des Autors über die Unterdrückung der Norditaliener unmissverständlich zum Ausdruck. Außerdem kommen österreichische Soldaten an mehreren Stellen innerhalb italienischer Stadt- und Landschaftsschilderungen vor, was keinen Zweifel an der Identität der Unterdrücker lässt. Aber indem Heine die österreichische Regierung nicht explizit als den Verantwortlichen für das politische Leid Norditaliens nennt, vermeidet er es, die habsburgische Monarchie als Zielscheibe für politische Unzufriedenheit zu präsentieren.

Auch die Auslassung anderer kritischer Informationen erlaubte es Heine, subversive Ideen an mäßig aufmerksame Leser zu vermitteln. Die Wichtigkeit dieser Strategie wird durch Heines Umschreibung einer sehr brisanten Passage im Kapitel X bestätigt. In dem Abschnitt geht es um die Versprechen, die deutsche Könige ihren Untertanen während der Befreiungskriege machten, aber nicht hielten. Wegen seiner politischen Brisanz konnte das Kapitel im »Morgenblatt« nicht veröffentlicht werden, und Heine musste es umarbeiten, damit es im dritten Band der »Reisebilder« erscheinen konnte.

In beiden Versionen erfahren wir von einem Sklavenschiff, das sich in einem heftigen Gewitter befindet. Da sich der Kapitän des Schiffes der Gefährlichkeit dieser Situation bewusst ist, verspricht er seinen Sklaven Freiheit, wenn sie ihm helfen, das Schiff zu retten. Die Sklaven nehmen sein Angebot an, aber sobald der Sturm vorbei ist, werden sie wieder angekettet. In der ersten Version, die nicht veröffentlicht wurde, wird diese Geschichte explizit als Allegorie präsentiert für das während der Befreiungskriege gegebene, aber nicht eingelöste Versprechen des preußischen Königs, seinem Volk eine Verfassung zu geben. Nachdem der Text darüber berichtet, wie die Tiroler die gebrochenen Versprechen der österreichischen Regierung duldeten, wird die Geschichte des Sklavenschiffs mit mehreren spezifischen Hinweisen auf andere zeitgenössische Herrscher und ihre Versprechen eingeführt:

> Die Leute mögen mit Recht zufrieden seyn, Oestreichs Capitän war nicht in so große<r> Noth, wie seine Collegen und hat nicht großes versprochen, nicht Unbedingtes, nicht Himmel und göttliche Freyheit. Anders verhält es sich mit anderen Leuten und mit anderen Schiffen. Ich kenne ein Sklavenschiff [...]. (DHA VII, 326)

Im dritten Band der »Reisebilder« dagegen wird die Geschichte mit den folgenden vagen und allgemeinen Sätzen eingeleitet: »Tröstet Euch, arme Schelme! Ihr seyd nicht die Einzigen, denen etwas versprochen worden. Passirt es doch oft auf großen Sklavenschiffen [...].« (DHA VII, 33)

Diese zweite Version drückt zwar keine direkte Verbindung zwischen der Sklavenschiff-Allegorie und der versprochenen preußischen Verfassung aus, und der heiter-tröstende Ton, den der Erzähler anschlägt, steht in ironischem Kontrast zur wahren Botschaft der Passage. Aber trotzdem bleibt, dank der Gestaltung des Kapitels, die Bedeutung der Sklavenschiff-Geschichte deutlich. Zum einen folgt die Allegorie auch in der Fassung der »Reisebilder« einer Passage, die sich mit den nicht gehaltenen Verprechen befasst, die den Tirolern vom österreichischen Kaiser gegeben worden waren. Zweitens wird gleich nach dem Sklavenschiffabsatz eine Ode von Horaz zitiert, die, wie der Erzähler erklärt, den Staat mit einem Schiff vergleicht. Kurz danach berichtet der Erzähler davon, wie sein alter Lehrer nur den Kopf schüttelte, als er von der Völkerschlacht bei Leipzig erfuhr. Diese Geste wird mit den Worten kommentiert: »Jetzt weiß ich was dieses Schütteln bedeutete [...].« (DHA VII, 34). Sie erinnert an die enttäuschten Hoffnungen der deutschen Liberalen nach den Befreiungskriegen.

Das Verfassungsversprechen des preußischen Königs blieb den ganzen Vormärz hindurch ein brisantes Thema.[17] Daher scheint es wenig plausibel, dass Heine glaubte, die Bedeutung der Sklavenschiff-Allegorie in der »Reisebilder«-Version vor den Zensurbehörden versteckt zu haben. Aber obwohl die Allegorie auch in der letzten Fassung zugänglich bleibt, verliert sie durch die vage Einleitung an Schärfe und Intensität und wird dadurch weniger provozierend. Folglich drückt die letzte Fassung des Kapitels zwar deutlich eine Missbilligung für die ausbleibende preußische Verfassung aus, doch fehlt es ihr an der herausfordernden Qualität wirksamer Propaganda.

In der letzten Version von Kapitel X wird die Kraft von Heines oppositionellen Botschaften durch ihre Zersplitterung und die Zerstreuung ihrer Elemente weiter abgeschwächt. Während der Sinn der Sklavenschiff-Erzählung in der ersten Fassung durch eine kurze und prägnante Einleitung vermittelt wird, sind in der veröffentlichten Version die Hinweise auf ihre Bedeutung über mehrere Absätze verstreut. Ähnliches gilt für die Darstellung der österreichischen Besetzung Norditaliens: Jeder Hinweis auf die von den Italienern erlittene Unterdrückung wird durch mehrere Seiten von der nächsten Erwähnung österreichischer Soldaten getrennt. Auch an anderen Stellen ist es auffallend, dass die Elemente brisanter Botschaften in der »Reise von München nach Genua« nur in begrenzter Konzentration vermittelt werden.

Ein frappantes Beispiel für diese Strategie findet sich im Kapitel XXVII, und zwar in einer Passage, die bedrohliche Implikationen für die österreichische Regierung hatte. Die Passage beginnt mit der Behauptung, der Zustand ihres

Landes sei »die schmerzlichste Wunde in der Brust der Italiener«. Dann berichtet der Erzähler über den Eindruck, den die Italiener auf einen britischen Touristen gemacht hatten: »Einer meiner Britten hielt die Italiener für politisch indifferent, weil sie gleichgültig zuzuhören schienen, wenn wir Fremde über die katholische Emanzipazion und den Türkenkrieg politisirten [...].« (DHA VII, 65) Als nächstes erfahren wir, dass ein Brite einen Italiener über die angebliche Gleichgültigkeit seiner Landsleute gegenüber der Politik befragte. Der Mann wies diesen Vorwurf zurück, indem er auf die leidenschaftliche Reaktion der Italiener auf die Musik hinwies:

> Ach! seufzte er hinzu, Italien sitzt elegisch träumend auf seinen Ruinen, und wenn es dann manchmal bey der Melodie irgend eines Liedes plötzlich erwacht und stürmisch emporspringt, so gilt diese Begeisterung nicht dem Liede selbst sondern vielmehr den alten Erinnerungen und Gefühlen, die das Lied ebenfalls geweckt hat [...]. (DHA VII, 65)

Da diese Worte einen Vorwurf der politischen Gleichgültigkeit widerlegen sollen, so liegt es auf der Hand, dass die Musikbegeisterung der Italiener auf deren politische Leidenschaft zurückzuführen sei. Dank der revolutionären Anklänge der Begriffe »erwacht und stürmisch emporspringt«, die Heine verwendet, um die Aufregung der Italiener zu beschreiben, sowie der früheren Schilderung über deren angeblichen Schmerz über den Zustand ihres Landes, erhält diese politisch motivierte Musikbegeisterung einen aufsässigen Charakter.

Die Logik der Passage vermittelt den Eindruck, dass die österreichische Herrschaft in Norditalien bedroht ist. Dabei hält Heine mit beeindruckender literarischer Virtuosität die verschiedenden Elemente, die nur zusammengestellt zu diesem Schluss führen, weit auseinander. Der einzige Hinweis auf das »Unglück« der Italiener erscheint vier Zeilen vor dem Vorwurf der politischen Gleichgültigkeit. Danach kommen zwei Zeilen, die den Hintergrund zu diesem Gespräch geben, bevor der Vorwurf ein zweites Mal erwähnt wird, aber jetzt in einer Formulierung, die auf den ersten Blick nichts mit Politik zu tun hat: »Ihr Italiener [...] scheint für alles abgestorben zu seyn, außer für Musik, und nur noch diese vermag Euch zu begeistern.« (DHA VII, 65) Erst nach dieser Aussage – 76 Wörter nach dem Vorwurf der politischen Gleichgültigkeit – werden wir über die wahre Bedeutung der der Musikbegeisterung der Italiener aufgeklärt.

Wir sehen hier also, dass sich Heinrich Heines Reaktion auf die Zensurbedrohung in den 1820er Jahren nicht im Verstecken subversiver Botschaften vor der Zensur erschöpfte. Die »Reise von München nach Genua« bringt zahlreiche kritische Gedanken unmissverständlich zum Ausdruck, die aber sowohl in ihrem Inhalt als auch in ihrer Formulierung von Zensurrücksichten beschränkt werden. Die Mehrheit der provokativen Botschaften beziehen sich auf Themen – wie die katholische Kirche, die österreichische Besetzung Norditaliens und den Adel –, die keine direkte Bedrohung für die Stabilität des preußischen Staates darstellten, wo Heine den größten Teil seiner Bücher abzusetzen hoffte. Außerdem verwendet Heine eine Reihe von Methoden – die Bewahrung einer unkritischen Stimmung, die Vermeidung negativer Begriffe, die Auslassung kritischer Informationen und die Zersplitterung und Zerstreuung gefährlicher Ideen –, um die Schärfe und Heftigkeit solcher Aussagen zu vermindern und sie so weniger bedrohlich für den preußischen Staat zu machen. Somit verhinderte die Zensur zwar nicht den Ausdruck oppositioneller Ideen, aber verringerte deutlich die Präzision, Aggression und Gründlichkeit, mit denen Autoren wie Heine ihre subversiven Ideen vermitteln konnten. Trotz dieser erheblichen Einschränkungen hatte die Zensur nicht nur eine negative Wirkung auf Heines Schriften. Die Beispiele aus der »Reise von München nach Genua« haben uns gezeigt, wie Zensurrücksichten den Autor immer wieder dazu zwangen, seine kritischen Passagen auf eine kunstvolle, subtile und oft leicht ironische Weise zu gestalten. Dass sich Heine dieses positiven Einflusses der Zensur auf seinen Schreibstil bewusst war, erfahren wir aus einem Bericht über seine angebliche Reaktion auf die Abschaffung der Zensur im Jahre 1848:

> Ach! Ich kann nicht mehr schreiben, denn wir haben keine Censur! Wie soll ein Mensch ohne Censur schreiben, der immer unter Censur gelebt hat? Aller Styl wird aufhören, die ganze Grammatik, die guten Sitten.[18]

Anmerkungen

Der Aufsatz ist eine umgearbeitete und gekürzte Fassung eines Kapitel aus dem Buch: Literature and Censorship in Restoration Germany. Repression and Rhetoric. Rochester, NY 2009.

1 Vgl. Ernst Huber (Hrsg.): Dokumente zur deutschen Verfassungsgeschichte. Stuttgart 1961–66. Bd. I, S. 90 ff.
2 Vgl. Bernd Kortländer: Heinrich Heine. Stuttgart 2003, S. 278 ff.
3 Vgl. z. B. Heines Bemerkungen zur »Assoziazion der Ideen« am Anfang der »Briefe aus Berlin« (DHA VI, 9).
4 Vgl. z. B. Nobert Altenhofer: Harzreise in die Zeit. Zum Funktionszusammenhang von Traum, Witz und Zensur in Heines früher Prosa. Düsseldorf 1972; René Anglade: Die Engländer in der Hofkirche. Zugleich ein kleiner Beitrag zur Poetik Heines – In: Euphorion 78 (1984), S.415–434 und Elvira Grözinger: Die ›doppelte Buchhaltung‹. Einige Bemerkungen zu Heines Verstellungsstrategien in den »Florentinischen Nächten«. – In: HJb 18 (1979), S.65–83.
5 Vgl. DHA VII, 547 ff.
6 Vgl. ebd., 1465 f.

7 Mehrere zeitgenössische Rezensionen der »Reise von München nach Genua«, die die politische Tendenz des Werkes begrüßen, sind abgedruckt in: Galley/Estermann II, 361, 401, 405–407, 411–415, 417–419.

8 Vgl. DHA VI, 715 f.

9 Diese Ansicht wird u. a. in Bemerkungen eines Kommentators im »Morgenblatt« zum Verbot des vierten »Reisebilder« Bandes im Jahr 1831 geäußert. Vgl. Galley/Estermann II, 39 f.

10 Peter Stein: ›Prototyp einer Denk- und Schreibweise‹: Heinrich Heines »Reisebilder« als Auftakt zur ›Julirevolution der deutschen Literatur‹. – In: Heinrich Heine. Ästhetische-politische Profile. Hrsg. von Gerhard Höhn. Frankfurt a.M. 1991, S. 60.

11 Vgl. z.B. Huber: Dokumente [Anm. 1], Bd. I, 95 f. und Julius Marx: Die österreichische Zensur im Vormärz. Wien 1959, S. 75.

12 Vgl. Allerhöchste Kabinettsorder vom 28sten Dezember 1824. – In: Gesetz-Sammlung für die Königlichen Preußischen Staaten. 1825. Berlin o.J. [1825], S. 2 (Nr. 909).

13 Julius Marx: Die amtlichen Verbotslisten. Neue Beiträge zur Geschichte der österreichischen Zensur im Vormärz – In: Mittelungen des österreichischen Staatsarchivs 11 (1958), S. 432.

14 Vgl. Christian Dietrich Grabbe: Werke und Briefe. Historisch-kritische Gesamtausgabe in sechs Bänden. Emsdetten 1960–1973. Bd. V, S. 165 und Bd. I, S. 572.

15 Vgl. z.B. Huber: Dokumente [Anm. 1], Bd. I, S. 96; Margarete Kramer: Die Zensur in Hamburg 1819–1848. Ein Beitrag zur Frage staatlicher Lenkung der Öffentlichkeit während des deutschen Vormärz. Hamburg 1975, S. 74 f., und Michaela Breil: Die Augsburger »Allgemeine Zeitung« und die Pressepolitik Bayerns. Ein Verlagsunternehmen zwischen 1815 und 1848. Tübingen 1996, S. 122.

16 Vgl. Thomas Nipperdey: Deutsche Geschichte 1800–1866. Bürgerwelt und starker Staat. München 1984, S. 160 ff.

17 Vgl. ebd., S. 397 f.

18 Werner/Houben II, 108.

»Krieg gegen die Materie« – »Rehabilitation der Materie«
Zur Problematik des ›ganzen Menschen‹ bei Friedrich Schiller und Heinrich Heine

Von Carsten Rohde, Karlsruhe

Das 18. Jahrhundert hatte einen Traum – den Traum vom ganzen Menschen.[1] Es war dies im Grunde eine anthropologische Utopie, vergleichbar dem Zarathustra von Friedrich Nietzsche hundert Jahre später. Wie immer er genannt wurde: Shaftesbury'scher virtuoso, Rousseau'scher homme naturel, Winckelmanns Apoll von Belvedere, Schillers ganzer Mensch, Goethes Wilhelm Meister; was für Denkmodelle sich mit ihm verbanden: Wieland'sche Lebenskunst (kalokagathia, urbanitas, aurea mediocritas), Moritz'sche In-sich-selbst-Vollendetheit, Herder'sche Humanität, Jean Paul'sche Vielkräftigkeit, Hölderlin'sche All-Einheit, Humboldt'sche Universalbildung – in der Literatur und Kultur der Sattelzeit um 1800 und desto mehr in der tatenarmen, aber gedankenvollen deutschen Literatur und Kultur nahm die Diskussion um den ganzen Menschen einen zentralen Platz ein. Und stets waren mit diesen Konzepten Antwortversuche auf die Frage nach dem richtigen Leben bzw. – in der zeitgenössischen Diktion – nach der Bestimmung des Menschen[2] verbunden, und zwar in einem deskriptiven wie normativen Sinne, hinsichtlich seines faktischen So-seins und seines idealischen Sein-sollens. Am Anfang stand freilich niemals der ganze, sondern der halbe, der geteilte, beschädigte, gebrochene, versehrte Mensch. Kulturkritik hatte schon in der Antike, etwa in der »Germania« des Tacitus, zu tun mit zivilisatorischen Missständen, und solche Übel waren auch dem 18. Jahrhundert nicht unbekannt.[3] Sie lassen sich zusammenfassen unter den Obertitel »Entfremdung« und fanden ihren ersten lautstarken Ankläger in Rousseau, der die moderne Zivilisation für die Verstümmelung des natürlich-guten Menschen verantwortlich machte. Rousseaus Botschaft lautete: Wende dich ab von der Welt, fliehe die Gesellschaft, die Gegenwart, die Großstadt, denn diese machen unfrei, sie entfremden dich von deinem natürlichen, authentischen Selbst. Was subjektphilosophisch oder auch individualpsychologisch Entfremdung heißt, lässt sich auf der Makroebene von

Geschichte und Gesellschaft mit folgenden Dynamiken umschreiben: Ausdifferenzierung, Arbeitsteilung, Urbanisierung, Rationalisierung, Mechanisierung, Individualisierung, Säkularisierung. All diese Prozesse der gesellschaftlichen Moderne tendieren dazu, die Vermögen des Menschen zu zersplittern oder wenn, dann nur einseitig und asymmetrisch zur Entfaltung kommen zu lassen. Dieser Zersplitterung und Entfremdung des Menschen in einer auf Nützlichkeit und Materialismus fixierten Zivilisation gilt auch Schillers Kritik, am eindringlichsten vorgetragen im sechsten Brief der »Ästhetischen Erziehung«:

> Ewig nur an ein einzelnes kleines Bruchstück des Ganzen gefesselt, bildet sich der Mensch selbst nur als Bruchstück aus, ewig nur das eintönige Geräusch des Rades, das er umtreibt, im Ohre, entwickelt er nie die Harmonie seines Wesens, und anstatt die Menschheit in seiner Natur auszuprägen, wird er bloß zu einem Abdruck seines Geschäfts, seiner Wissenschaft.[4]

Die im Rahmen der Polarität von Vernunft und Sinnlichkeit getrennten, einander entfremdeten Vermögen des Menschen wieder zusammenzuführen, sie aufzuheben und zu versöhnen, das ist das Projekt des ganzen Menschen, dem sich auch noch Heinrich Heine verpflichtet fühlt, wenn er wider die Tradition des christlich-nazarenischen Spiritualismus das Moment des Sensualismus stark zu machen versucht. Schiller gilt in der Diskussion um diesen ganzen Menschen gemeinhin als derjenige, der – vor allem in Opposition zu Kant – die Rechte der Sinnlichkeit und des Schönen verteidigt hat. Der Weg zu Freiheit und Selbstbestimmung führte für Schiller nur über den Umweg des Schönen. Die bloße Vernunft vereinseitigt den Menschen und beschneidet sein Potenzial ganz ebenso wie das Materialismus und Utilitarismus tun. Vernunft versöhnt sich hingegen mit Sinnlichkeit in der Anmut von Bewegungen, im freien Spiel von Körper und Geist oder auch – größer gedacht – in der Utopie eines ästhetischen Staates. Dass es vorzüglich das Kunstschöne ist, in dem der Mensch seine sonst getrennten Wesensanlagen entfalten darf, davon spricht Schiller schon 1791:

> Bei der Vereinzelung und getrennten Wirksamkeit unsrer Geisteskräfte, die der erweiterte Kreis des Wissens und die Absonderung der Berufsgeschäfte notwendig macht, ist es die Dichtkunst beinahe allein, welche die getrennten Kräfte der Seele wieder in Vereinigung bringt, welche Kopf und Herz, Scharfsinn und Witz, Vernunft und Einbildungskraft in harmonischem Bunde beschäftigt, welche gleichsam den *ganzen Menschen* in uns wieder herstellt. (5, 971)[5]

In der Tat mochte Schiller die Sinne gegenüber dem kantischen Vernunftrigorismus aufgewertet wissen. Wie jedoch zu zeigen sein wird, hält auch er es letztlich mit der Vernunft, kommen die Sinne nicht wirklich zu ihrem Recht, handelt es sich, wo Schiller sie ins Spiel bringt, stets um eine versittlichte, veredelte Sinnlichkeit. Wo das Sinnliche, Stoffliche, Materielle hingegen rein in Erscheinung tritt, etwa in Form ungefilterter Triebe und Instinkte, wird es derart idiosynkratisch abgewehrt, dass dahinter das zweite Gesicht des Idealismus erkenntlich wird: der zwar nie geleugnete, aber durch Freiheits- und Ich-Pathos überdeckte Horror vor der Hinfälligkeit des Daseins, vor der Abhängigkeit von der Materie.[6] Ein Schrecken, der zumal dem seit 1791 maladen Schiller nur zu gegenwärtig war. Das Versprechen vom ganzen Menschen – und das heißt ja auch: vom *sinnlich* ganzen Menschen – erweist sich so als nur unzureichend eingelöst. Die Hierarchie der Vermögensanteile des Menschen steht für Schiller zu keinem Zeitpunkt zur Diskussion: Der Vernunft gebührt die Krone, der Sinnlichkeit wird Recht zugesprochen lediglich in einer ästhetisierten Form. Wie dagegen eine umfassende Emanzipation der Sinne aussehen könnte, das soll abschließend am Beispiel Heine und seines Versuches einer »Rehablilitation der Materie« (B III, 568) dargelegt werden.

Zunächst jedoch empfiehlt sich ein Blick auf die Anfänge des Theoretikers Schiller. Der anthropologisch-ästhetische Dualismus, den der reife Schiller anhand einer Vielzahl von Begriffspaaren durchexerzieren wird (Sinnlichkeit vs. Vernunft, Natur vs. Geist etc.), hat seinen Ursprung im cartesischen Leib-Seele-Dualismus, der im 18. Jahrhundert wiederum unter der Überschrift »commercium mentis et corporis« firmiert.[7] Als Schüler der Hohen Karlsschule und angehender Doktor med. war Schiller mit dieser Debatte, die sich im Grenzgebiet von Philosophie, Anthropologie und Medizin bewegte, bestens vertraut, ja, er hat sich selbst in sie eingemischt, durch seine medizinisch-philosophischen Dissertationen 1779/80. Auf den Spuren anderer philosophischer Ärzte der Zeit nimmt der junge Schiller eine »Mittelkraft« (5, 253) an, die Leib und Seele miteinander verbindet, und er lokalisiert diese Kraft in den Nerven. Darüber hinaus ist es in der »Philosophie der Physiologie« wie auch in der späteren »Theosophie des Julius« die Liebesphilosophie, die den Zusammenhang des makrokosmischen Naturganzen mit dem mikrokosmischen Menschen garantiert. Diese Liebesphilosophie jedoch – auch sie ein Kind ihrer Zeit und etwa bei Shaftesbury vorgebildet[8] – vermag als anthropologisches Modell kaum zu überzeugen. Zu groß ist die Kluft zwischen metaphysischer Setzung und dem einzelnen Erdenleben: In dem

> [...] Augenblick, da Schiller die kosmische Liebesszene verläßt und mit der konkreten physiologischen Untersuchung des Zusammenhangs zwischen den geistigen und den materiellen Vorgängen beginnt, zeigt sich sofort, daß die Liebesphilosophie nur eine Stimmung der Einheit verbreitet, ohne damit bereits ein wirkliches Verstehen des Übergangs vom Materiellen ins Geistige zu ermöglichen.[9]

Hinsichtlich der Bewertung der beiden Pole »Geist« und »Körper« zeigen sich diese frühen anthropologischen Texte Schillers noch unentschieden. Während etwa § 2 der »Philosophie der Physiologie« von 1779 der Frage nach der »Wirkung der Materie auf den Geist« nachgeht, formuliert § 1 ein enthusiastisches Bekenntnis zur Ewigkeit und Unsterblichkeit des Geistes, als der eigentlichen »Bestimmung des Menschen« (5, 250 ff.). Hingegen betont der spätere »Versuch über den Zusammenhang der tierischen Natur des Menschen mit seiner geistigen« (1780) mehr die körperliche Seite und ist bestrebt, entlang einer idealtypischen »Mittellinie der Wahrheit« (5, 290) einen Ausgleich zwischen den Polen herzustellen. Schiller nähert sich damit dem geistigen Klima an der Hohen Karlsschule an, deren Lehrkörper mehrheitlich von unten herauf argumentierte und den influxus corporis stark machte – was sich u. a. im Leitsatz von Schillers wichtigstem Lehrer Jacob Friedrich Abel widerspiegelt: »psychologia nisi cum physiologia iungatur semper insufficiens manet«.[10] Was die Bewertung des Leib-Seele-Dualismus in diesen frühen medizinisch-anthropologischen Schriften Schillers angeht, so ergibt sich insgesamt ein differenziertes Bild, und im Unterschied zu den späteren Texten der 1790er Jahre ist das Bemühen ersichtlich, beiden Seiten des Problems gerecht zu werden:

> Obschon gegenüber der transzendenten Dauer des menschlichen Geistes seine Gemeinschaft mit dem sterblichen Körper nur ein ephemeres Ereignis sein kann, lassen Schillers anthropologische Schriften [der Karlsschulzeit, C.R.] keine Weltverachtung oder Geringschätzung der physischen Natur des Menschen erkennen.[11]

Was den altehrwürdigen, von Plato begründeten und von Descartes erneuerten Leib-Seele-Dualismus von der Problemlage in den späteren ästhetisch-theoretischen Schriften Friedrich Schillers grundsätzlich unterscheidet, ist zum einen das geschichtsphilosophische Gewicht, das letzterer anhängt. Anders als in der klassischen Lehre vom commercium mentis et corporis geht es in der Diskussion um den ganzen Menschen nun nicht mehr darum, den Zusammenhang an einer konkreten Stelle im Körper zu verorten (Zirbeldrüse, Nerven) oder auch außerhalb, in einer metaphysischen Instanz. Vielmehr sollen jetzt beide Seiten im Rahmen einer großangelegten geschichtsphilosophischen Synthese miteinander versöhnt werden. Aus Medizin und Philosophie werden Kulturanthropologie und Eschatologie, an die Stelle philosophischer Ärzte treten Intellektuelle und Literaten, die angetreten sind, das entzweite Menschengeschlecht zu versöhnen und auf einer höheren Menschheitsstufe zusammenzuführen.[12] Schillers theoretische Schriften der neunziger Jahre, die in den beiden großen Abhandlungen »Über die ästhetische Erziehung des Menschen in einer Reihe von Briefen« und »Über naive und sentimentalische Dichtung« gipfeln, sind hierfür exemplarisch. Bereits Hegel hat in seinen »Vorlesungen über die Ästhetik« Schiller das Verdienst zuerkannt, die gespaltenen Potenzen des Menschen durch das Schöne miteinander vermittelt zu haben[13], und erst neuerlich hat Rüdiger Safranski diesen Versöhnungsversuch ganz ähnlich resümiert:

> Das freie Spiel des Denkens, der Einbildungskraft und der Empfindungen heilt, so Schillers Idee, die Wunden, welche die fragmentierende Arbeitsteilung, die Fühllosigkeit der bloß *theoretischen Kultur* [...] und die dumpfe Welt der entfesselten *tierischen Bedürfnisse* dem Menschen in der Moderne zufügt. Das künstlerische Spiel erlaubt es ihm, die zersplitterten Kräfte zu sammeln und etwas Ganzes, eine Totalität im Kleinen zu werden, wenn auch nur im befristeten Augenblick und im begrenzten Bereich des Kunstschönen.[14]

Ist dem aber wirklich so?

In den »Kallias«-Briefen, die den theoretischen Reigen Anfang der neunziger Jahre eröffnen, geht es Schiller um die Entfaltung eines objektiven Schönheitsbegriffes: Was muss ein Gegenstand aufweisen, damit wir ihm Schönheit in einem umfassenden Sinne zusprechen? Er muss den Anschein erwecken, als würden die durch ihn ausgesprochenen Ideen ganz aus dem Stoff selbst kommen, er muss eine »innere Notwendigkeit der Form« (5, 416) besitzen. »Schönheit«, heißt es einprägsam, »ist nichts anders als Freiheit in der Erscheinung.« (5, 400) Dass wir einen Gegenstand als schön und also als frei in seiner Erscheinung wahrnehmen, hat aber nach Schillers Dafürhalten zu tun mit dem Verhältnis von Form und Masse (eine weitere Variante des allwaltenden Dualismus von Vernunft und Natur). Es gilt: Schönheit fordert mindestens ein Gleichgewicht von Form und Masse; wo hingegen die Masse die Form beherrscht, ist Schönheit unmöglich. Schiller verdeutlicht dies durch eine Analogie:

> Wenn man einen flüchtigen Blick durch das Tierreich wirft, so findet man, daß die Schönheit der Tiere in demselben Verhältnis abnimmt, als sie sich der Masse nähern und bloß der Schwerkraft zu dienen scheinen. Die Natur eines Tiers (in der ästhetischen Bedeutung des Worts) äußert sich entweder in seinen Bewegungen oder in seinen Formen, und beide werden eingeschränkt durch die Masse. Hat die Masse Einfluß gehabt auf die Form, so nennen wir diese plump; hat die Masse Einfluß gehabt auf die Bewegung, so heißt diese unbehülflich. [...] Dagegen nehmen wir überall Schönheit wahr, *wo die Masse von der Form* und (im Tier- und Pflanzenreich) von den lebendigen Kräften [...] *völlig beherrscht* wird. (5, 413)

Keine Frage also, wem im Ineinander von Masse / Stoff und Form der Vorrang gebührt: »Ein Vogel im Flug ist die glücklichste Darstellung des durch die Form bezwungenen Stoffs«, und es sei »nicht unwichtig zu bemerken, daß die Fähigkeit über die Schwere zu siegen, oft zum Symbol der Freiheit gebraucht wird.« (5, 413 f.) Nicht nur mithin, dass Schönheit der Form fraglos näher steht als der Materie – letztere besitzt zudem kein Eigenrecht, wo sie sich mit der Form zur Schönheit verbindet, handelt es sich doch stets um ein Stück ästhetisierter Materie.

> Ich bin wenigstens überzeugt, daß die Schönheit nur die Form einer Form ist und daß das, was man ihren Stoff nennt, schlechterdings ein geformter Stoff sein muß. Die Vollkommenheit ist die Form eines Stoffes, die Schönheit hingegen ist die Form dieser Vollkommenheit; die sich also gegen die Schönheit wie der Stoff zu der Form verhält. (5, 395)

Die Natur, die in dieser Konzeption vom Menschsein zum Ausdruck kommt, entfaltet sich denn auch nur scheinbar frei:

> Unsre sinnliche Natur muß also im Moralischen frei erscheinen, obgleich sie es nicht wirklich ist, und es muß das Ansehen haben, als wenn die Natur bloß den Auftrag unsrer Triebe vollführte, indem sie sich, den Trieben gerade entgegen, unter die Herrschaft des reinen Willens beugt. (5, 407f.)[15]

Auch in der an die »Kallias«-Briefe anschließenden Abhandlung »Über Anmut und Würde« kann von einer Versöhnung von Vernunft und Sinnlichkeit nur bedingt die Rede sein. Schiller unternimmt in dieser Schrift bekanntlich den Versuch, jene in Kants Pflichtethik schroff entgegengesetzten Momente von Pflicht und Neigung, Freiheit und Begehren, Vernunft und Natur zusammenzuführen. Auch hier geht es, wie so oft, um das »Ideal vollkommener Menschheit« (5, 478), und wider die Rigorosität der Vernunft ergreift der Theoretiker und Ästhetiker Schiller zunächst die Partei der Neigung, der Sinnlichkeit:

> Wie sehr also auch Handlungen aus Neigung und Handlungen aus Pflicht in objektivem Sinne einander entgegenstehen, so ist dies doch in subjektivem Sinn nicht also, und der Mensch *darf* nicht nur, sondern *soll* Lust und Pflicht in Verbindung bringen; er soll seiner Vernunft mit Freuden gehorchen. (5, 464f.)

Ihren idealen Ausdruck findet diese Verbindung in der »*schönen Seele*«, in der »Sinnlichkeit und Vernunft, Pflicht und Neigung harmonieren, und Grazie ist ihr Ausdruck in der Erscheinung« (5, 468f.). Ist dieses »harmonisierende Ganze« (5, 470) aber tatsächlich so ganzheitlich, wie es Schiller suggeriert?[16] Kommen in diesem »Ideal menschlicher Schönheit« (5, 481) Vernunft und Sinnlichkeit wirklich gleichermaßen zu ihrem Recht? Stehen die Bedürfnisse der Natur und die Forderungen der Vernunft in einem symmetrischen Verhältnis zueinander? Charakteristisch eine Passage, in welcher Schiller seinen anthropologisch-ästhetischen Dualismus in typisch triadischen Argumentationsschritten vor dem Leser entfaltet: »Es lassen sich«, heißt es einleitend,

> [...] in allem dreierlei Verhältnisse denken, in welchen der Mensch zu sich selbst, d. i. sein sinnlicher Teil zu seinem vernünftigen, stehen kann. Unter diesen haben wir dasjenige aufzusuchen, welches ihn in der Erscheinung am besten kleidet und dessen Darstellung Schönheit ist.

> Der Mensch unterdrückt entweder die Forderungen seiner sinnlichen Natur, um sich den höhern Forderungen seiner vernünftigen gemäß zu verhalten; oder er kehrt es um und ordnet den vernünftigen Teil seines Wesens dem sinnlichen unter und folgt also bloß dem Stoße, womit ihn die Naturnotwendigkeit gleich den andern Erscheinungen forttreibt; oder die Triebe des letztern setzen sich mit den Gesetzen des erstern in Harmonie, und der Mensch ist einig mich selbst. (5, 461)

These, Antithese, Synthese – einmal mehr werden Welt und Wirklichkeit im geschichtsphilosophischen Dreischritt ausgemessen. Bezeichnend ist, dass das erstgenannte Verhältnis (»Herrschaft eines strengen Gemüts«) im Folgenden nur kurz beschrieben wird, während die zweite Variante (»Anarchie der Sinnlichkeit«; 5, 469) doppelt so viel Platz beansprucht. Nicht nur quantitativ, auch qualitativ sind Unterschiede nicht zu überlesen, das beginnt mit der Wortwahl: die möglicherweise lieblose, aber doch keineswegs ganz und gar verächtliche »Herrschaft eines strengen Gemüts« steht gegen die perhorreszierte »Anarchie der Sinnlichkeit«. Die »*Monarchie*« (als gouvernementales Analogon zur ersten Variante) ist der »*Ochlokratie*« (dem Analogon zur »Anarchie der Sinnlichkeit«) allemal vorzuziehen, die »strenge Aufsicht des Herrschers« dem »brutalen Despotismus der untersten Klassen« (5, 463). Auch der Ton changiert, je nachdem, ob sich der ästhetische Anthropologe / anthropologische Ästhetiker Schiller über Variante eins oder zwei verbreitet. Weitgehend sachlich und nüchtern lesen sich die Ausführungen über die Herrschaft der Vernunft:

> Wenn sich der Mensch seiner reinen Selbständigkeit bewußt wird, so stößt er alles von sich, was sinnlich ist, und nur durch diese Absonderung von dem Stoffe gelangt er zum Gefühl seiner rationalen Freiheit. Dazu aber wird, weil die Sinnlichkeit hartnäckig und kraftvoll widersteht, von seiner Seite eine merkliche Gewalt und große Anstrengung erfordert, ohne welche es ihm unmöglich wäre, die Begierde von sich zu halten und den nachdrücklich sprechenden Instinkt zum Schweigen zu bringen. (5, 461)

Im Unterschied dazu schlagen die Ausführungen über die Herrschaft der Sinnlichkeit einen ganz anderen Ton an:

> Wenn hingegen der Mensch, unterjocht vom Bedürfnis, den Naturtrieb ungebunden über sich herrschen läßt, so verschwindet mit seiner innern Selbständigkeit auch jede Spur derselben in seiner Gestalt. Nur die Tierheit redet aus dem schwimmenden, ersterbenden Auge, aus dem lüstern geöffneten Munde, aus der erstickten, bebenden Stimme, aus dem kurzen, geschwinden Atem, aus dem Zittern der Glieder, aus dem ganzen erschlaffenden Bau.

Die »rohe Materie« werde freigesetzt, die

> [...] toten Naturkräfte fangen an, über die lebendigen der Organisation die Oberhand zu bekommen, die Form von der Masse, die Menschheit von gemeiner Natur unterdrückt zu

werden. Das seelenstrahlende Auge wird matt oder quillt auch *gläsern* und *stier* aus seiner Höhlung hervor, der feine Inkarnat der Wangen verdickt sich zu einer groben und gleichförmigen Tüncherfarbe, der Mund wird zur bloßen Öffnung, denn seine Form ist nicht mehr Folge der wirkenden, sondern der nachlassenden Kräfte, die Stimme und der seufzende Atem sind nichts als Hauche, wodurch die beschwerte Brust sich erleichtern will, und die nun bloß ein mechanisches Bedürfnis, keine Seele verraten. Mit einem Wort: bei *der* Freiheit, welche die Sinnlichkeit *sich selbst nimmt*, ist an keine Schönheit zu denken. (5, 462)[17]

Abscheu vor einem bloß sinnlichen Dasein spricht aus diesen Sätzen, Abscheu, ja Horror, dem eine Angstlust beigemischt ist, wie sie in den fasziniert-morbiden Beschreibungen des zerfallenden Körpers zum Ausdruck kommt. Wenn Schiller dann im folgenden die Synthese beider Seiten darlegt und in der schönen Seele Vernunft und Sinnlichkeit, Pflicht und Neigung und all die anderen kurrenten Gegensatzpaare verschmelzen lässt, dann kann von einer gleichberechtigten Partnerschaft gleichwohl kaum die Rede sein. Anmut, Grazie, Leichtigkeit, Heiterkeit, Harmonie, Biegsamkeit, Eleganz: die Eigenschaften, die der schönen Seele zukommen, ergeben alles in allem denn doch ein Mixtum compositum aus griechisch-antikem Kunstideal, neostoischer Gemütslehre und zeitgenössischem Frauenideal bzw. -klischee. Dass es um ein ganz bestimmtes, d. i. neoklassizistisches Schönheitsideal geht, deutet auch ein Passus an, in dem die rein äußerliche »Schönheit des Baues« zur Rede steht: »als *bloßes Naturprodukt*« heißt es da, sei sie »bestimmten Perioden der Blüte, der Reife und des Verfalles« ausgesetzt:

Daher kann man auch mehrenteils finden, daß solche Schönheiten des Baues sich schon im mittlern Alter durch Obesität sehr merklich vergröbern, daß, anstatt jener kaum angedeuteten zarten Lineamente der Haut, sich Gruben einsenken und wurstförmige Falten aufwerfen, daß das *Gewicht* unvermerkt auf die Form Einfluß bekömmt und das reizende mannichfache Spiel schöner Linien auf der Oberfläche sich in einem gleichförmig schwellenden Polster von Fette verliert. Die Natur nimmt wieder, was sie gegeben hat. (5, 456 f.)

Fazit: »Grazie ist immer nur die Schönheit der *durch Freiheit bewegten Gestalt*, und Bewegungen, *die bloß der Natur angehören*, können nie diesen Namen verdienen.« (5, 447)

Ganz offen kommt das Missverhältnis von Vernunft und Sinnlichkeit in Schillers Theorie des Erhabenen zum Ausdruck, wie sie in den beiden Schriften »Vom Erhabenen« und »Über das Pathetische« umrissen ist. Carsten Zelle hat mit Recht betont, dass Schillers Anthropologie unvollständig bliebe, »beschränkte man die Auffassung vom ganzen Menschen auf eine harmonische Kommunikation und schlösse die Möglichkeit einer unerträglich gesteigerten Asymmetrie des Leib/Seele-Verhältnisses aus«. Tatsächlich begegnen wir in den theoretischen Schriften der neunziger Jahre einer »zweifachen anthropologischen Sicht, in der ein frommes und ein schwarzes Menschenbild miteinander in Konflikt geraten«.[18] Dem korrespondieren zwei Formen von Freiheit: im Schönen durch Harmonie der Anlagen, im Erhabenen durch den Entschluss, gegen die Sinne zu handeln. In der Empfindung des Schönen mag die gemischte Natur des Menschen harmonisch ineinander stimmen, nicht jedoch in der Empfindung des Erhabenen. Wie Zelle in Anschluss an eine Studie von Rose Riecke-Niklewsi ausführt, begegnet die Abwertung der Sinnlichkeit nicht nur in Schillers Erhabenenheitskonzeption, sondern unter der Hand findet diese Degradierung bereits in seiner Theorie des Schönen statt. Es komme zu einem Widerspruch zwischen philosophischer Intention und kriegerischer Rhetorik: Philosophisch bezwecke

> [...] der Gedanke des Schönen bei Schiller in der Tat die Synthese nie ermüdender antithetischer Setzungen – philosophisch: Natur/Vernunft, ästhetisch: Stofftrieb/Formtrieb, politisch: niedere/zivilisierte Klassen, geschichtlich: Verwilderung/Erschlaffung, sittlich: Anmut der Frau/Würde des Mannes. Rhetorisch faßt Schiller freilich diese Versöhnung stets in Bilder von Gewalt, Überwältigung oder Unterdrückung. Bevorzugt wird vor allem die Gebiets- und Reichs- sowie die damit zusammenhängende Kriegs- und Kampfmetaphorik.[19]

Tatsächlich durchziehen Schillers theoretische Schriften und insbesondere jene von der »Ästhetischen Erziehung« eine Sprache und Bildlichkeit der Herrschaft, des Krieges, der Gewalt. Immer wieder ist von ›Sieg‹ oder ›Herrschaft‹ die Rede – in einem negativen Sinne wird der Mensch von den Sinnen unterjocht, in einem positiven Sinne beherrscht er qua Geist die Welt.[20] Beherrschen, bezwingen, besiegen, fesseln, unterwerfen, unterdrücken, regieren, unterjochen, vertilgen – bereits der Gebrauch der Verben, die den Verkehr zwischen den beiden Grundanlagen in der »Ästhetischen Erziehung« wie auch in vielen anderen theoretischen Schriften regeln, verdeutlicht das kriegerisch-aggressive Moment, das im Widerspruch steht zur anvisierten Versöhnung. Dynamische Machtverhältnisse und Herrschaftsbeziehungen bestimmen das Spiel der menschlichen Kräfte. Auf dem »heiligen Boden der Freiheit« gilt es, »Krieg gegen die Materie« zu führen, »diesen furchtbaren Feind«.[21] Riecke-Niklewski resümiert:

> Schillers Metaphern sind Indiz eines inneren Widerspruchs, einer grundlegenden Ambivalenz des Schönen. Es ist nicht nur ›tatsächliche Einheit und Versöhnung‹ – dies nachzuweisen die Intention jener, die Schillers ›Schönes‹ von Hegel her als dialektische Einheit und Totalität interpretieren. Es ist nicht nur – wie etwa Benno v. Wiese schreibt – ›die Verwandlung des Sinnlichen ins Geistige, aber so, dass das Sinnliche dabei zugleich im Geistigen bewahrt und aufgehoben ist‹, sondern auch Unterdrückung und Ermächtigung. Denn eine Fülle von Bildern verrät diese Versöhnung und offenbart das Gesetz der Veredelung. Sie stellen jede dialektische Interpretation der Schillerschen Versöhnung, wie sie seit Hegel unternommen wird, in Frage.
> Der ›Friedensvertrag‹ mit der Sinnlichkeit, den das Schöne bedeutete und verbürgte, wird in den Metaphern gebrochen. Hier herrscht Krieg, damit endgültig die Gefahr gebannt sei, daß je der Trieb des Lebens über den Formtrieb den Meister spiele.[22]

Wie in einer Nussschale wird das Ungleichgewicht von Schillers ganzer Ästhetik und Anthropologie im Gegeneinander von Person und Zustand deutlich. Im elften und zwölften Brief der »Ästhetischen Erziehung« unterscheidet Schiller – gewohnt dualistisch – zwischen den anthropologischen Grunddispositionen »*Person*« und »*Zustand*«. Die Person steht für das Bleibende im Ich, sie ist die »Idee des absoluten, in sich selbst gegründeten Seins« (5, 601). Zustand hingegen steht für das Wechselnde im Moment der Ich-Auflösung: »Die Sprache hat für diesen Zustand der Selbstlosigkeit unter der Herrschaft der Empfindung den sehr treffenden Ausdruck: *außer sich sein*, das heißt, außer seinem Ich sein.« Das Ich löst sich m. a. W. auf in temporäre, kontingente Zustände, es steht außerhalb seiner selbst und wird fortgerissen von der »Zeit«, einzig beherrscht von der jeweiligen willkürlichen »Empfindung« (5, 604). Schiller spricht zwar beidem sein Recht zu. Idealist, der er war, ist der Horror vor einer reinen Literatur der Zustände, unter Verlust jeglicher Identität und Einheit, jedoch deutlich herauszuhören. »Person«, dieser Zustand wird assoziiert mit Freiheit, Selbstbestimmung, Autonomie, Vernunft. »Zustand« ist gleichbedeutend mit Unfreiheit, Abhängigkeit, Heteronomie, Sinnlichkeit.

Die synthetisch-harmonische Aufhebung der Wesensteile, die zuvor antithetisch gegeneinander standen, steht letztlich immer unterm Diktat des Ideellen, gemäß Schillers letztem Brief an Wilhelm von Humboldt vom 2. April 1805: »Und am Ende sind wir ja beide Idealisten und würden uns schämen, uns nachsagen zu lassen, daß die Dinge uns formten und nicht wir die Dinge.«[23] Die Freiheit, die den Zögling nach dem Durchgang durch den Prozess der ästhetischen Erziehung erwartet, ist doch keine ganze, denn die Sinnlichkeit, die im Erlebnis der Schönheit zu ihrem Recht kommt, ist bereits eine domptierte, eine ästhetisch bearbeitete. So subsumiert der ästhetische Erzieher etwa im 27. Brief das bloße »Phantasiespiel« als »ungezwungene Folge von Bildern« unter das »animalische Leben«, und erst unter Einmischung und Lenkung einer »selbständigen bildenden Kraft« wird diese Phantasie legitim, darf sie sich schön nennen (5, 663 f.). Davon, dass Stofftrieb und Formtrieb »gleichberechtigte Kräfte«[24] sind, wie noch jüngst bei Peter-André Alt nachzulesen ist, kann kaum die Rede sein. In Wahrheit steht der Formtrieb dem Spieltrieb sehr viel näher als komplementär der Stofftrieb dem Spieltrieb. Deskriptiv wie vor allem normativ sehen wir bei Schiller am Ende stets die Form über die Materie siegen; diese kommt zwar vor, aber nur als Ermöglichungsgrund für das Geistige – in irgend etwas muss die Form sich schließlich ausdrücken, entäußern. Das »Materielle« wird nur insofern geschätzt, »als es Gestalt zu empfangen und das Reich der Ideen zu verbreiten imstande ist« (5, 661). Der Stofftrieb ist denn auch tendenziell negativ konnotiert, wird mit dem »Zustand roher Natur« oder »düstern Naturstand« (5, 647) übersetzt, während der

Formtrieb – mit Ausnahme der zweckinstrumentellen Verkümmerung zu bloßer Rechenhaftigkeit, wie sie der kulturkritische 6. Brief beschreibt – als das eigentlich humane Signum gefeiert wird. Und diese Asymmetrie des ganzen Menschen spiegelt sich auch in der gesellschaftlichen Zuordnung der Triebe wider. Der Stofftrieb, das ist der »rohe Geschmack« (5, 664), und dieser ist vor allem im gemeinen, ungebildeten Volk, im Pöbel anzutreffen, wohingegen der Formtrieb Privileg der Gebildeten ist. »In den niedern und zahlreichern Klassen stellen sich uns rohe gesetzlose Triebe dar, die sich nach aufgelöstem Band der bürgerlichen Ordnung entfesseln und mit unlenksamer Wut zu ihrer tierischen Befriedigung eilen.« (5, 580) Auch in anderen theoretischen Schriften wird die eine Seite – des Sinnlichen, Materiellen, Stofflichen – mit der »Volksmasse« (5, 976), dem »großen Haufen« assoziiert, während die Sphäre der Vernunft ein Vorrecht der »gebildeten Klasse« ist (5, 973). Carsten Zelle spricht in diesem Zusammenhang mit Recht von Schillers »Ochlokratietrauma«[25] und sieht in dessen Furcht vor der anarchischen Triebentfesselung des Pöbels den Hauptgrund für seine Distanzierung von der Französischen Revolution.

Was aber steckt hinter diesem idiosynkratischen Abscheu vor allem bloß Stofflichen, Materiellen? Warum immer wieder die drastische Bildlichkeit, die krassen Worte wider die leibhafte Dimension des menschlichen Daseins? Worin bestand das Ungeheuerliche, was erfüllte Schiller ganz offensichtlich mit Grauen, wenn er vom »grauenvollen Schlund« (1, 203) sprach, der sich zwischen dem Ideal und dem Leben auftat? Vielleicht dieses (und das seit Karlsschulzeiten): das unauflösbare Ineinander beider Seiten. Das Ideale war ohne das Reale nicht zu haben und umgekehrt. Ob nun Dr. med. Schiller Leichen öffnete, ob er in seiner Liebesphilosophie dem idealen Aufschwung den Absturz in die reale Bedingtheit folgen ließ oder ob er später mit kantischem Freiheitspathos auf die terreur im Nachbarland blickte: Immer kam dem Ideal-Erhabenen das Real-Prosaische in die Quere, immer lautete die Gleichung letztlich ›das Ideal *und* das Leben‹[26], wo doch aus der Sicht Schillers nicht der geringste Zweifel bestand, welcher Seite in diesem Gegeneinander der Vorrang gebührte. Da mochte der Ästhetiker Schiller noch so überzeugt ausführen, dass wir im Zustand des Erhabenen »den sinnlichen Teil unsers Wesens« als »ein auswärtiges Naturding« betrachten, »als etwas Auswärtiges und Fremdes«, das wir »gar nicht zu unserm Selbst rechnen« (5, 502), dessen wir uns wie ein x-beliebiges Kleidungsstück entledigen können – in einem letzten und entscheidenden Sinne gehörte dieser Teil des Menschen sehr wohl zu seinem Selbst, wie der kranke Dichter selbst nur allzu deutlich vor Augen führte. Und die Scheide war auch deshalb so dünn, der Firnis der Zivilisation zerbrechlich, weil der Idealist Schiller um den konstruktiven Charakter des Ganzen wusste. Dass das Ideale und Erhabene den Sieg davon tragen würde, war menschliches

Vorhaben, lag nicht in der Natur selbst, musste mithin erfochten und errungen werden, verwirklichte sich nicht von selbst. Dass auf dem Grund des Ganzen Chaos und Anarchie herrschten, während der Mensch sich auf den Stufen der Weltgeschichte bisweilen in idealistischen Posen gefiel, diese Absurdität hätte Schiller gewiss niemals unterschrieben. Aber eine gehörige Portion Skepsis – die die idealistische Anstrengung um so dringlicher, desto heroischer machte – klingt doch durch in vielen Zeugnissen, ob in den »Räubern« mit ihren nihilistischen Zügen, ob im philosophischen Gespräch des »Geistersehers«, wo dem blinden Walten der Weltgeschichte das Wort geredet wird oder auch in der gleichfalls geschichtspessimistischen »Wallenstein«-Trilogie.[27] Der Mensch »ist nur da ganz Mensch, wo er spielt« (5, 618) – Schillers Briefe »Über die ästhetische Erziehung des Menschen« formulieren diesen Gedanken als einen utopisch-ästhetischen Menschheitstraum.[28] Nur dass es Schiller keinesfalls um ein wirklich freies Spiel der Kräfte zu tun war, eines, in dem die sinnlichen Potenzen des Menschen ganz ebensoviel Recht beikam wie den geistigen. Kein Wunder, dass der ganze Mensch, an dem Schiller in seiner ästhetischen Theoriewerkstatt arbeitet, zu jeder Zeit eher dem klassizistischen Menschenbild mit seiner Betonung von Anmut, Würde und Geistesadel ähnelt als beispielsweise jenem Bild vom Menschen, wie es in den Genrebildern der Niederländer aufbewahrt ist, auf welchen Menschsein mit realistischer Lebensverbundenheit und sinnlichen Freuden gleichgesetzt ist. In Schillers theoretischen Abhandlungen sind die ersten Paragraphen für die Begriffsreihe Geist – Vernunft – Form reserviert, während die Wertreihe Körper – Sinnlichkeit – Stoff von nachgeordneter Wichtigkeit ist. Und nachgebildet ist der ganze Mensch denn auch weniger einem anthropologischen Urtypus aus dem großen Ganzen der Natur, sondern dem eigenen – von Krankheit geprägten – Leben, welchem die Seite der Natur stets Quelle der Pein gewesen war: »Wie das Schöne selbst aus dem ganzen Menschen genommen ist, so ist diese meine Analysis desselben aus *meiner* ganzen Menschheit heraus genommen«.[29]

Goethe oder Schiller? Das war eine beliebte Frage in den Salons und Gesellschaften des 19. Jahrhunderts, eine Art Gretchenfrage, die sich das Bildungsbürgertum aus Gründen der Selbstvergewisserung stellte: Wie hältst du es mit Goethe und Schiller?[30] Wer von beiden ist größer? Heinrich Heine schildert einen solchen Vergleich im »Nordsee«-Teil seiner »Reisebilder«, wobei bezeichnenderweise die beiden dort geschilderten Jünglinge einer Meinung sind: Der eine preist »die Schillersche Tugend und Reinheit«,

[...] während der andere, ebenfalls ein langaufgeschossener Jüngling, einige Verse aus der ›Würde der Frauen‹ hinlispelte und dabei so süß lächelte, wie ein Esel, der den Kopf in ein Syrupfaß gesteckt hatte und sich wohlgefällig die Schnauze ableckt. Beide Jünglinge verstärkten ihre Behauptungen beständig mit dem beteuerndem Refrain: ›Er ist doch größer,

Er ist wirklich größer, wahrhaftig, Er ist größer, ich versichere Sie auf Ehre, Er ist größer.‹ (B II, 220)

Hätte es zu jener Zeit so etwas wie repräsentative Meinungsforschung gegeben oder gar ein bildungsbürgerliches Televoting à la »Wer ist Deutschlands Bester«, die Umfragen hätten zweifellos ein Votum pro Schiller ergeben. Und mit ziemlicher Wahrscheinlichkeit wären die Zustimmungsraten ganz besonders hoch bei Männern gewesen und noch mehr bei jungen Männern. Heine hingegen, wiewohl selbst Schillerianer und Freiheitsapostel, war doch zerrissen genug und zu sehr eben auch sentimentaler Liebesdichter und spielfreudiger »Apollogott«[31], als dass er Goethe an besagter wie an zahlreichen anderen Stellen bei aller Kritik am Weimarer »Zeitablehnungsgenie« (HSA XX, 389) nicht auch immer wieder in Schutz genommen hätte.[32] Hat Heines Parteinahme für Goethe möglicherweise auch etwas mit dessen Realismus zu tun, mit seiner dezidiert sinnenfreundlichen, zuweilen erotophilen Ästhetik, die den Dichterfürsten in den Augen nicht weniger Zeitgenossen als moralisch fragwürdig erscheinen ließ? In Heines Weltantagonismus von Sensualismus und Spiritualismus galt Goethe jedenfalls stets als vorzügliches Exemplum für jene dem jüdisch-christlichen Spiritualismus entgegengesetzte »hellenische Lebensherrlichkeit« (B IV, 17). Und an anderer Stelle leitet Heine daraus gar einen anthropologischen Grundsatz ab, wird aus hellenischer Lebensherrlichkeit barocke Lebens- und Leibesfülle: »Es gibt im Grunde nur zwei Menschensorten, die mageren und die fetten, oder vielmehr Menschen, die immer dünner werden, und solche, die aus schmächtigen Anfängen allmählig zur ründlichsten Korpulenz übergehen.« (B IV, 33) Nun wissen wir, dass Goethe ausgerechnet in der Zeit der Bekanntschaft mit Schiller zur Dickleibigkeit neigte, Charlotte von Stein schreibt in einem Brief vom 26. Februar 1796, er sei »ensetzlich dick« geworden.[33] Ist hingegen der stets schwächlich-kränkliche Schiller als Vorläufer jener asketischen Priester zu sehen, wie sie Friedrich Nietzsche hundert Jahre später in der »Genealogie der Moral« beschrieb?

Ein wahrhaft ganzer oder zumindest ›ganzerer‹ Mensch, in welchem die sinnlichen Vermögen ebenso zu ihrem Recht kommen wie die geistigen, begegnet jedenfalls erst bei Heine: Was dieser unter dem großen Wort Emanzipation versteht und proklamiert – »Was ist aber diese große Aufgabe unserer Zeit? Es ist die Emanzipation.« (B II, 376) –, das meint nicht nur die Gleichstellung der unteren Volksschichten oder die Gleichberechtigung von religiösen Minderheiten, sondern bezieht in seiner ganzen Tragweite auch das Verhältnis des Geistigen und Sinnlichen mit ein.[34] Dementsprechend erhebt Heine die Forderung nach einer »Rehabilitation der Materie« (B III, 568)[35], also nach Wiederherstellung der verdrängten Rechte des Fleisches, der Sinnlichkeit, auch der natürlichen sexuellen und erotischen Genüsse des Menschen.[36]

Programmatisch heißt es in »Zur Geschichte der Religion und Philosophie in Deutschland«:

> Wir kämpfen nicht für die Menschenrechte des Volks, sondern für die Gottesrechte des Menschen. Hierin, und in noch manchen andern Dingen unterscheiden wir uns von den Männern der Revolution. Wir wollen keine Sansculotten sein, keine frugale Bürger, keine wohlfeile Präsidenten: wir stiften eine Demokratie gleichherrlicher, gleichheiliger, gleichbeseligter Götter. Ihr verlangt einfache Trachten, enthaltsame Sitten und ungewürzte Genüsse; wir hingegen verlangen Nektar und Ambrosia, Purpurmäntel, kostbare Wohlgerüche, Wollust und Pracht, lachenden Nymphentanz, Musik und Komödien – Seid deshalb nicht ungehalten, Ihr tugendhaften Republikaner! Auf Eure zensorische Vorwürfe entgegnen wir Euch, was schon ein Narr des Shakespeare sagte: meinst du, weil du tugendhaft bist, solle es auf dieser Erde keine angenehmen Torten und keinen süßen Sekt mehr geben? (B III, 570)

Zu betonen ist dabei, dass es Heine nicht um einseitigen Sensualismus geht. Wie Schiller greift Heine den traditionellen Leib-Seele-Dualismus auf und kritisiert das Christentum, für welches »die Welt des Geistes [...] durch Christus, die Welt der Materie durch Satan repräsentiert« wird. Mit der modernen Emanzipationsbewegung verband sich für Heine gerade die Hoffnung, dass der »Friede zwischen Leib und Seele« wieder hergestellt und einer »Religion der Freude« der Weg bereitet werden würde. (B III, 518f.) Heine will also keineswegs das eine gegen das andere ausspielen, Ziel ist die Versöhnung von Spiritualismus und Sensualismus.[37] Wenn er – dem zuwider – vor allem gegen die Tradition des Spiritualismus zu Felde zieht, dann deshalb, weil diese sich im Verlaufe der abendländischen Zivilisation insbesondere in ihren christlich-platonischen Strömungen einseitig gegen jene andere, verborgene durchgesetzt hat. So ist denn auch an anderer Stelle und in anderem Zusammenhang von der »Heilsamkeit des ascetischen Spiritualismus« bei den frühen Christen die Rede, insofern als dieser eine »heilsame Reaktion gegen den grauenhaft kolossalen Materialismus« war, wie er im Römischen Reich herrschte (B III, 363).

Nicht nur die Beschäftigung mit dem Gegeneinander von Körper und Geist verbindet Schiller und Heine. Beide eint auch ihr Krankenschicksal. Heines Dichtung – wie jene Schillers – entsteht in den späten Jahren vor dem Hintergrund körperlicher Gebrechlichkeit, hat ihren Ursprung in der vielzitierten »Matratzengruft«[38]. Doch auch wenn Heine sich in seinen letzten Lebensjahren religiös bekehren lässt und sich zum Gottvater persönlich bekennt, so täuscht doch hier – anders als bei Schiller – kein idealistisches Pathos über die (individuelle wie historische) Misere hinweg. Der Pessimismus des »Romanzero« legt davon nachdrücklich Zeugnis ab. Auch das sensualistische Bekenntnis bricht sich jetzt an der eigenen kreatürlichen Hinfälligkeit. Ihm gilt nun Heines berühmtes sentimentalmaliziöses Lächeln, hat sich doch auch diese Utopie angesichts des nahenden Schnitters zerstoben. Grimmig bemerkt Heine in seinen »Geständnissen«:

> Was nützt es mir, daß begeisterte Jünglinge und Jungfrauen meine marmorne Büste mir Lorbeeren umkränzen, wenn derweilen meinem wirklichen Kopfe von den welken Händen einer alten Wärterin eine spanische Fliege hinter die Ohren gedrückt wird!

Dass ausgerechnet der Sänger der Schönheit und der Liebe am Ende seines Lebens von Hiobsqualen heimgesucht wird, dass beides, wie die Legende vom misselsüchtigen Liederdichter nahelegt, offensichtlich zusammengehört – dieser Sarkasmus, dieser »Spaß Gottes« ist ein »grausamer Spaß«, und die »Lauge der Verhöhnung, die der Meister über mich herabgeußt, ist entsetzlich, und schauerlich grausam ist sein Spaß« (B VI/1, 499). Aber es steckt im Verlachen ein Lächeln, es dienen die Zynismen und Frivolitäten in der späten Lyrik nicht nur der verbalen Selbstbehauptung, Komik ist nicht nur Überlebensstrategie, sondern dahinter steht doch die Gewissheit, dass es lohnend war und gut, das sinnliche Leben. Noch der vom jüdischen Asketismus bekehrte späte Heine dichtet Oden an die Sinnlichkeit, etwa jenes berühmte Gedicht »Es träumte mir in einer Sommernacht«, an dessen Ende gerade der unauflösbare Widerspruch zwischen Hellenismus und Spiritualismus steht.

In den »Geständnissen« auch beschreibt Heine sein Verhältnis zum Deutschen Idealismus, dem er anfangs jugendliche Begeisterung entgegenbrachte: »Ich war jung und stolz, und es tat meinem Hochmut wohl, als ich von Hegel erfuhr, daß nicht, wie meine Großmutter meinte, der liebe Gott, der im Himmel residiert, sondern ich selbst hier auf Erden der liebe Gott sei.« Zu solcher eigenen Göttlichkeit waren jedoch »besonders zwei Dinge unentbehrlich: viel Geld und viel Gesundheit. Leider geschah es, daß eines Tages – im Februar 1848 – diese beiden Requisiten mir abhanden kamen, und meine Göttlichkeit geriet dadurch sehr ins Stocken.« Die Gebrechlichkeit der eigenen Physis stürzt mithin das idealistische Super-Ich vom Thron:

> Ich kehrte zurück in die niedre Hürde der Gottesgeschöpfe, und ich huldigte wieder der Allmacht eines höchsten Wesens, das den Geschicken dieser Welt vorsteht, und das auch hinfüro meine eignen irdischen Angelegenheiten leiten sollte. [...] Ja, ich bin froh, meiner angemaßten Glorie entledigt zu sein, und kein Philosoph wird mir jemals wieder einreden, daß ich ein Gott sei! Ich bin nur ein armer Mensch, der obendrein nicht mehr ganz gesund und sogar sehr krank ist. In diesem Zustand ist es eine wahre Wohltat für mich, daß es jemand im Himmel gibt, dem ich beständig die Litanei meiner Leiden vorwimmern kann [...]. (B VI/1, 473 ff.)[39]

Was Heine hier beschreibt, ist im Grunde der exemplarische philosophische Bildungsroman, die epochale éducation intellectuelle aller jungen, aufstrebenden Künstler und Intellektuellen um 1800: Wenn ein junger Mann zu dieser Zeit »in glücklicher Dämmerung in das Leben eintritt«[40], so wurde er in der Regel mitgerissen vom kantisch-fichtisch-schellingisch-hegelianischen Zeitalter des hochfliegenden Idealismus, der das Ich an die Stelle von Gott platzierte, und die freie Selbstentfaltung des Geistes mit allseitiger, weltgeschichtlicher Emanzipation verband. Dann aber kam das Leben selbst, das sich den idealistischen Interventionen beharrlich widersetzte. Das Ich taugte offensichtlich nicht zum Prinzip und also musste die Begründungslast fürs Sein wieder delegiert werden an ein Größeres: Darum all die Fluchten zu alten und neuen Entitäten: zu Gottvater, zur Kirche, zur Natur, zu fremden Ländern und Kulturen, allesamt Substitutionen für das verloren gegangene und nur kurzfristig vom Idealismus aufgefangene göttliche Alleine.[41] Auf die eine Konversion folgte die nächste. Insofern unterschied sich Heine kaum von anderen Zeitgenossen, etwa von Friedrich Schlegel, der nacheinander den Idealismus, das altdeutsche Mittelalter, die römisch-katholische Kirche und den österreichischen Staat zu seinem persönlichen Götzen erhob.[42]

Was Heine aber dennoch abhebt von anderen Konvertiten, ist nicht nur die Ehrlichkeit, mit der er seine irdische Malaise kundtut, sondern auch die Widersprüchlichkeit, die Polyphonie der späten Äußerungen. Hier kriecht keiner zu Kreuze und bittet um Absolution, hier lullt sich niemand mit »Eiapopeia vom Himmel«[43] selbst in den Tod, hier pocht keiner auf die unverbrüchlichen Rechte des Geistes, sondern Heine bleibt bis zum Ende seinen maliziös-sentimentalen Lippen treu. Nüchtern und nackt spricht er die Erkenntnis aus, die dem ganzen Vorgang zugrundeliegt: »Ich bin nur ein armer Mensch« – da mag sich das Ich temporär noch so sehr zu idealischer Größe emporschwingen. In einen größeren Rahmen gestellt, enthält die Erkenntnis der eigenen Hinfälligkeit und Verletzbarkeit den Hinweis auf die bestimmende Macht in einem postreligiösen und postmetaphysischen Zeitalter: Kontingenz.[44] Der Realist Goethe in seiner Altersfrömmigkeit zog daraus die Konsequenz, einem unbedingten »Ergeben in den unergründlichen Willen Gottes«[45] das Wort zu reden, mit stummer Demut zu akzeptieren, dass es Dinge gab, die sich der Kontrolle entzogen, die kein Weltgeist, und sei es ein absoluter, zu ändern vermochte. Diese Demut kennt auch der späte Heine – aber dazu gesellt sich Spott, Spott gegen alles, Spott gegen sich selbst, gegen frühere Aspirationen, Spott nach wie vor auch gegen die Maßmänner und Herweghs der Zeit, gegen liberale Lebenslügen, gegen gesellschaftliche Übel, Spott nicht zuletzt auch gegen Gott, der sie zulässt, den er am Ende seiner »Geständnisse« schilt, der Spaß, den er sich mit ihm erlaube – dass er den Sänger der Schönheit und der Liebe zur Belohnung mit Blindheit und Lähmung schlägt –, sei doch zu arg und überdies werde er »nachgerade langweilig«, wo er doch »schon über sechs Jahre« dauere (B VI/1, 499). Zu besagter Polyphonie beim späten Heine gehört jedoch, dass sich in dieser allseitigen Verspottung doch auch noch andere Stimmen zu Wort melden: Heine mochte seinem jugendlichen Idealismus eine

Absage erteilen, ebenso wie er Pantheismus und Sensualismus verwarf (»Meine Vorliebe für Hellas hat seitdem abgenommen. Ich sehe jetzt, die Griechen waren nur schöne Jünglinge, die Juden aber waren immer Männer«; B VI/1, 481), er mochte mit »Jehuda ben Halevy«[46] ein neues Dichtervorbild inthronisieren und mit diesem einem himmlischen Jerusalem huldigen – ein Blick auf das schon erwähnte große Abschiedsgedicht »Es träumte mir von einer Sommernacht« zeigt, dass der alte sentimentale, sensualistische Heine offensichtlich nicht totzukriegen war, auch gar nicht tot gemacht werden sollte, denn trotz aller Hinfälligkeit, trotz aller Desillusionierung träumt der sterbenskranke Bewohner der Matratzengruft eben doch von einer Sommernacht, in der sich die »Blume der Passion, die schwefelgelbe, / Verwandelt in ein Frauenbildnis« (B VI/1, 347), dem er in Küssen und zärtlichen Plaudereien zugetan ist. Wie gesagt: der Spott trifft auch diesen Traum und lässt ihn, schon im Gedicht, zerplatzen. Aber den Heine'schen Spott unterscheidet vom Panzer des Zynismus, dass er nirgends ruht, sich immer neuen Objekten zuwendet, nicht zuletzt sich selbst, und derart ein bewegliches Pandämonium kreiert, in dem nichts und allem Geltung zukommt.

Spielen tun sie beide, Heine wie Schiller. Aber im Unterschied zu Schiller und seinem geschichtsphilosophischem Traum ist sich der ironisch-zerrissene Spieler Heine des kontingenten Grundes, auf dem dieses Spiel anhebt, jederzeit bewusst, und im Gegensatz zu Schiller würde sich Heine ganz gewiss nicht schämen, sich nachsagen zu lassen, dass die Dinge ihn formen und nur zum Teil er die Dinge. Denn von diesen Dingen ging nicht nur Negatives aus, sie enthielten auch ein Glücksversprechen – das wiederum untrennbar mit seinem negativen Komplement, der sinnlichen Hinfälligkeit, verbunden war. Schiller hingegen, wie so viele Zeitgenossen um 1800, träumte den Traum vom ganzen Menschen letztlich unter idealistischen Auspizien: als eine Aufhebung, ja Erhebung in eine utopisch-ideale höhere Menschheitsstufe.

Anmerkungen

1 Vgl. Der ganze Mensch. Anthropologie und Literatur im 18. Jahrhundert. DFG-Symposion 1992. Hrsg. v. Hans-Jürgen Schings. Stuttgart / Weimar 1994; Stefan Borchers: Die Erzeugung des ›ganzen Menschen‹. Zur Entstehung von Anthropologie und Ästhetik an der Universität Halle im 18. Jahrhundert. Berlin u. a. 2011; Dorothee Kimmich: Auf der Suche nach dem ganzen Menschen: Die künstlichen Paradiese epikureischen Glücks im Rokoko. – In: Anakreontische Aufklärung. Hrsg. v. Manfred Beetz. Tübingen 2005, S. 77–91; Pascal Frey: Die Virtuosität des Glücks. Der »ganze Mensch« in der Anthropologie Christoph Martin Wielands. – In: Studien zur Germanistik 3 (1995), S. 49–64; Dietrich Rössler: »Mensch, ganzer«. – In: Historisches Wörterbuch der Philosophie. Hrsg. v. Joachim Ritter u. a. 12 Bde. Basel u. a. 1971–2004, Bd. 5, Sp. 1106–1111.

2 Vgl. Johann Joachim Spalding: Betrachtung über die Bestimmung des Menschen. Berlin ⁴1752.
3 Zum Kontext: Kulturkritik. Reflexionen in der veränderten Welt. Hrsg. v. Ralf Konersmann. Leipzig 2001.
4 Friedrich Schiller: Sämtliche Werke in 5 Bänden. Auf der Grundlage der Textedition von Herbert G. Göpfert hrsg. v. Peter-André Alt, Albert Meier und Wolfgang Riedel. München 2004, hier Bd. 5, S. 584. Im folgenden im Text zitiert mit jeweiliger Band- und Seitenzahl.
5 Vgl. auch 2, 816: »Die rechte Kunst ist nur diese, welche den höchsten Genuß verschafft. Der höchste Genuß aber ist die Freiheit des Gemütes in dem lebendigen Spiel aller seiner Kräfte.«
6 Vgl. Kants Warnung vor dem »zwecklosen Chaos der Materie« (Immanuel Kant: Werke in zehn Bänden. Hrsg. v. Wilhelm Weischedel. Darmstadt 1968, Bd. 8, S. 580 = Kritik der Urteilskraft, § 87) – in welches der Mensch abzusinken droht, falls er nicht an bestimmten regulativen Ideen (Gott, Freiheit, Unsterblichkeit) festhält.
7 Vgl. Wolfgang Riedel: Die Anthropologie des jungen Schiller. Zur Ideengeschichte der medizinischen Schriften und der »Philosophischen Briefe«. Würzburg 1985, bes. S. 61–151. Zum größeren Kontext auch: Marion Schmaus: Psychosomatik. Literarische, philosophische und medizinische Geschichten zur Entstehung eines Diskurses (1778–1936). Tübingen 2009 (bes. S. 27–43: »Der ganze Mensch. Herders ›Plastik‹ und Hallers Reizlehre«); Ralph Köhnen: Der ganze Mensch. Friedrich Schillers medizinische Konzepte im Horizont der zeitgenössischen Anthropologie. – In: Gesundheit im Spiegel der Disziplinen, Epochen, Kulturen. Hrsg. v. Dietrich Grönemeyer u. a. Tübingen 2008, S. 205–229.
8 Vgl. Riedel: Die Anthropologie des jungen Schiller [Anm. 7], S. 176–203.
9 Rüdiger Safranski: Friedrich Schiller oder Die Erfindung des Deutschen Idealismus. München, Wien 2004, S. 89.
10 So Abel in § 3 seiner »Theses philosophicae« von 1776, zit. n. Schiller [Anm. 4], Bd. 5, S. 1168.
11 Riedel: Die Anthropologie des jungen Schiller [Anm. 7], S. 68.
12 Vgl. Karl Löwith: Weltgeschichte und Heilsgeschehen. Die theologischen Voraussetzungen der Geschichtsphilosophie. Stuttgart ²1953.
13 Vgl. Georg Wilhelm Friedrich Hegel: Werke. Auf der Grundlage der *Werke* von 1832–45 neu ed. Ausgabe. Redaktion Eva Moldenhauer und Karl Markus Michel. 20 Bde. Frankfurt a. M. 1970, hier Bd. 13, S. 91: »Das Schöne ist also [sc. bei Schiller] als die Ineinsbildung des Vernünftigen und Sinnlichen und diese Ineinsbildung als das wahrhaft Wirkliche ausgesprochen.«
14 Safranski: Friedrich Schiller [Anm. 9], S. 416 f.
15 Vgl. in »Über Anmut und Würde«: »Die Anmut läßt der Natur da, wo sie die Befehle des Geistes ausrichtet, einen Schein von Freiwilligkeit, die Würde hingegen unterwirft sie da, wo sie herrschen will, dem Geist.« (5, 477)
16 Vgl. hierzu auch die hervorragende Studie von Torsten Hoffmann: Versöhnt und vernichtet. Schillers moderne Theorie der Körperbemächtigung durch die Vernunft in »Über Anmut und Würde«. – In: Euphorion 103 (2009), S. 449–484, der die in weiten Teilen der Schiller-Forschung noch immer verbreitete Einschätzung, »Anmut und Würde« postuliere wider den einseitigen Kant'schen Vernunftrigorismus die Rechte einer gleichwertigen Sinnlichkeit (so z. B. Ulrich Tschierske: Vernunftkritik und ästhetische Subjektivität. Studien zur Anthropologie Friedrich Schillers. Tübingen 1988, bes. S. 17–28: »Die systematische Degradierung der Sinnlichkeit« – nämlich in Kants Philosophie), kritisch hinterfragt: »Während in Kants offener Unterdrückungsstrategie die Sinnlichkeit zwar in einen von der Vernunft vorgegebenen Rahmen

gesperrt wird, in ihrer Substanz aber erhalten bleibt, zielt Schillers Machtmodell auf eine verdeckte geistige Zersetzung des Körpers – bei Kant soll sich der Körper nicht frei entfalten, bei Schiller will er es nicht einmal mehr. Von einer gleichberechtigten ›Kooperation‹ der Vermögen kann hier schon deshalb keine Rede sein, weil in Schillers Menschenideal ein von der Vernunft autonomer Körper (anders als bei Kant) nicht mehr vorgesehen ist.« (S. 467)

17 Vgl. die z. T. identische Formulierung in »Über das Pathetische«, in einem Abschnitt, in dem es um die Wirkungen einer »schmelzenden Schönheit« geht, die allein auf die Empfindung zielt (und welche idealtypisch kontrastiert mit der sog. »energischen Schönheit«, in welcher der Geist der Empfindung das Gesetz gibt, vgl. zu dieser Opposition auch den 16. Brief der »Ästhetischen Erziehung«): »Auch die Musik der Neuern scheint es vorzüglich nur auf die Sinnlichkeit anzulegen [...]. Alles *Schmelzende* wird daher vorgezogen, und wenn noch so großer Lärm in einem Konzertsaal ist, so wird plötzlich alles Ohr, wenn eine schmelzende Passage vorgetragen wird. Ein bis ins Tierische gehender Ausdruck der Sinnlichkeit erscheint dann gewöhnlich auf allen Gesichtern, die trunkenen Augen schwimmen, der offene Mund ist ganz Begierde, ein wollüstiges Zittern ergreift den ganzen Körper, der Atem ist schnell und schwach, kurz alle Symptome der Berauschung stellen sich ein: zum deutlichen Beweise, daß die Sinne schwelgen, der Geist aber oder das Prinzip der Freiheit im Menschen der Gewalt des sinnlichen Eindrucks zum Raube wird.« (5, 516)

18 Carsten Zelle: Die Notstandsgesetzgebung im ästhetischen Staat. Anthropologische Aporien in Schillers philosophischen Schriften. – In: Der ganze Mensch [Anm. 1], S. 440–468, hier S. 467, 441.

19 Ebd., S. 452.

20 Vgl. etwa 5, 591: »Nicht ohne Bedeutung läßt der alte Mythus die Göttin der Weisheit in voller Rüstung aus Jupiters Haupt steigen; denn schon ihre erste Verrichtung ist kriegerisch. Schon in der Geburt hat sie einen harten Kampf mit den Sinnen zu bestehen, die aus ihrer süßen Ruhe nicht gerissen sein wollen.«

21 5, 645 (23. Brief); vgl. 5, 518: »Kampf mit der Sinnlichkeit«.

22 Rose Riecke-Niklewski: Die Metaphorik des Schönen. Eine kritische Lektüre der Versöhnung in Schillers »Über die ästhetische Erziehung des Menschen in einer Reihe von Briefen«. Tübingen 1986, S. 101.

23 Schillers Werke. Nationalausgabe. Begründet von Julius Petersen. Fortgeführt von Lieselotte Blumenthal und Benno von Wiese. Bd. 32. Hrsg. v. Axel Gellhaus. Weimar 1984, S. 206.

24 Peter-André Alt: Schiller. Leben – Werk – Zeit. 2 Bde. München 2000, hier Bd. 2, S. 134.

25 Zelle: Die Notstandsgesetzgebung [Anm. 18], S. 457.

26 Vgl. das gleichnamige philosophische Programmgedicht von 1795 (1, 201 ff.).

27 Vgl. Karl S. Guthke: Schillers Dramen. Idealismus und Skepsis. Tübingen, Basel 1994; Nikolas Immer: Der inszenierte Held. Schillers dramenpoetische Anthropologie. Heidelberg 2008.

28 Vgl. Walter Hinderer: Utopische Elemente der ästhetischen Anthropologie. – In: Ders.: Von der Idee des Menschen. Über Friedrich Schiller. Würzburg 1998, S. 132–141.

29 Schiller an Goethe 7.1.1795, hier zit. n.: Johann Wolfgang Goethe: Sämtliche Werke nach Epochen seines Schaffens. Münchner Ausgabe. Hrsg. v. Karl Richter u.a. 21 Bde. München 1985–1998, Bd. 8.1: Briefwechsel zwischen Schiller und Goethe in den Jahren 1794 bis 1805, S. 56.

30 Vgl. auch Karl Robert Mandelkow: Goethe in Deutschland. Rezeptionsgeschichte eines Klassikers. Bd. 1: 1773–1918. München 1980, S. 126–136.

31 Vgl. das gleichnamige Gedicht im »Romanzero« (B VI/1, 32 ff.).
32 Zu Heines Goethe- und Schillerrezeption vgl. die beiden Aufsätze von Jost Hermand: Der Blick von unten. H. Heine und Johann Wolfgang von Goethe / Der »überschwängliche« Schiller. Heines Einschätzung des anderen Weimarer Großdichters. Beide in: Ders.: Heinrich Heine. Kritisch, solidarisch, umstritten. Köln u.a. 2007, S. 33–51 bzw. S. 52–61. Vgl. auch Helmut Koopmann: Heine und Schiller. – In: HJb 46 (2007), S. 90–106.
33 Zit. n. Goethe: Sämtliche Werke [Anm. 29], Bd. 4.2, S. 1136.
34 Vgl. dazu auch Höhn ³2004, 426 ff.; Olaf Hildebrand: Emanzipation und Versöhnung. Aspekte des Sensualismus im Werk Heinrich Heines unter besonderer Berücksichtigung der ›Reisebilder‹. Tübingen 2001; Kai Neubauer: Heinrich Heines heroische Leidenschaften. Anthropologie der Sinnlichkeit von Bruno bis Feuerbach. Suttgart, Weimar 2000; Madleen Podewski: Der Gott in unseren Küssen. Anmerkungen zu Heines Konzeptualisierung einer »Emanzipation des Fleisches« in ›Seraphine‹. – In: »Emancipation des Fleisches«. Erotik und Sexualität im Vormärz. Red.: Gustav Frank und Detlev Kopp. Bielefeld 1999, S. 355–367.
35 Vgl. B III, 402: »Rehabilitation des Fleisches«.
36 Karl Rosenkranz zufolge hat Heine als erster das »Evangelium von der Emanzipation des Fleisches« ausgesprochen. Zit. n. Karl Martin Grass / Reinhart Koselleck: »Emanzipation«. – In: Geschichtliche Grundbegriffe. Historisches Lexikon zur politisch-sozialen Sprache in Deutschland. Hrsg. v. Otto Brunner. 7 Bde. Stuttgart 1972–1992, Bd. 2, S. 187.
37 Vgl. auch »Zur Geschichte der Religion und Philosophie in Deutschland«: Dort wird Luther als »ein kompletter Mensch« bezeichnet: »ein absoluter Mensch, in welchem Geist und Materie nicht getrennt sind. Ihn einen Spiritualisten nennen, wäre daher eben so irrig, als nennte man ihn einen Sensualisten« (B III, 538).
38 Vgl. B VI/1, 180 ff., das Nachwort zum »Romanzero«.
39 Vgl. zu dieser postidealistischen Ernüchterung auch Werner Frick: »... ich armer Ex-gott«: Idealismuskritik und Modernitätsbewusstsein beim späten Heine. – In: Heinrich Heine. Ein Wegbereiter der Moderne. Hrsg. v. Paolo Chiarini und Walter Hinderer. Würzburg 2009, S. 283–307.
40 Vgl. Wilhelm Dilthey: Das Erlebnis und die Dichtung. Lessing. Goethe. Novalis. Hölderlin. 2., erw. Aufl. Leipzig 1907, S. 374 f.
41 Dazu grundlegend: Cornelia Klinger: Flucht Trost Revolte. Die Moderne und ihre ästhetischen Gegenwelten. München, Wien 1995.
42 Vgl. Friedrich Schlegel: Kritische Friedrich-Schlegel-Ausgabe. Hrsg. v. Ernst Behler u.a. München u.a. 1958 ff. , Bd. 18, S. XIII. »In meinem Leben und philosophischen Lehrjahren ist ein beständiges Suchen nach der ewigen Einheit (in der Wissenschaft und in der Liebe) und ein Anschließen an ein äußeres historisch Reales oder ideal Gegebenes (zuerst Idee der Schule und einer neuen Religion der Ideen), dann Anschließen an den Orient, an das Deutsche, an die Freiheit der Poesie, endlich an die Kirche, da sonst überall das Suchen nach Freiheit und Einheit vergeblich war. War jenes Anschließen nicht ein Suchen nach Schutz, nach einem festen Fundamente?«
43 Vgl. B IV, 577: »Deutschland. Ein Wintermärchen«, Caput I, V. 25 ff. (seinerzeit noch mit religionskritischem Impetus wider die herrschenden kirchlichen Autoritäten).
44 Vgl. Richard Rorty: Kontingenz, Ironie und Solidarität. Übersetzt v. Christa Krüger. Frankfurt a. M. 1992. Schillers Horror vor der »Materie«, vor der bloßen Materialität des Seins ist verwandt mit dem Horror vacui, dem Schrecken vor der metaphysischen Leere in einem bloß mechanistischen Universum. Er begegnet bei F. H. Jacobi (vgl. Jacobis Bemerkung im sog. Pan-

theismusstreit: dass hier »von reiner Metaphysik gegen reine Metaphysik die Rede war. Und das dem eigentlichen, nicht dem sprüchwörtlichen Sinne nach: *in fugam vacui*.« Die Hauptschriften zum Pantheismusstreit zwischen Jacobi und Mendelssohn. Hrsg. v. Heinrich Scholz. Berlin 1916, S. 128) ebenso wie beim frühen Schiller selbst, in dessen medizinischen Schriften die Liebesphilosophie die »große Kette der empfindenden Wesen« zusammenhält (Safranski: Friedrich Schiller [Anm. 9], S. 85). Beide Male geht es im Kern um die Anfechtungen der Kontingenz. Umgekehrt sind theosophischer Liebesschmelz wie kantischer Idealismus Rezepturen wider diese Kontingenz, Gedankengebäude, die das Ich vor dem Sturz in die Bodenlosigkeit eines nur kontingenten, sich bloß ereignenden und nicht auch idealisch geleiteten Lebens bewahren sollen.

45 An Zelter 11.5.1820. Goethe: Sämtliche Werke [Anm. 29], Bd. 20.1, S. 601).

46 Vgl. das gleichnamige Gedicht im »Romanzero« (B VI/1, 129 ff.).

Heine und Puškin

Von Renate Lachmann, Konstanz

1.

Es ist gewiss ein Sonderfall in der Geschichte der europäischen Literatur, dass ein deutscher Dichter in eine anderssprachige Literatur geradezu einverleibt wurde, zumindest zeitweise. Russische Autoren der Romantik, des Realismus, des Symbolismus, der Avantgarde und des Sozialistischen Realismus haben jeweils andere Facetten des Heine'schen Werks in ihren Übertragungen hervortreten lassen, wobei Heines Kunst der Überschreitung von Stil- und Gattungsgrenzen, Sarkasmus und Ironie in eine von Puškin und seinem Kreis bestimmte Literaturszene integriert werden konnten. Puškin, der Stil- und Gattungsgrenzen überschreitende Erneuerer der russischen Literatur, Autor von Liebesgedichten, eines Romans in Versen, pointierter Gesellschaftskritiker, ein Wortspieler, Gotteslästerer und Spötter, lässt sich nicht von ungefähr als ein ›Verwandter‹ Heines sehen. Man könnte hier vom Phänomen einer »Konkurrenz« zwischen einem eigenen russischen Autor und einem fremden, übersetzten Autor sprechen, deren Rezeption quasi parallel verlief. Heines Bruder Maximilian, der als Militärarzt in Russland Karriere machte, in höheren russischen Kreisen verkehrte und auch die Literatur zur Kenntnis genommen hat, schreibt seinem Bruder Heinrich 1830 aus Moldawien, »Es giebt im Russischen einen Dichter, Puschkin, der außerordentliche Aehnlichkeit mit Dir hat. Seine Werke sind wirklich ungemein schön geschrieben und ganz originell. – Er ist Deiner Beachtung werth.« (HSA XXIV, 67)[1]

Im Folgenden geht es zum einen darum, diese Ähnlichkeit als eine poetischpoetologische Verwandtschaft zu verstehen, zum andern um die Skizzierung einiger Aspekte der russischen Heine-Rezeption, die sich nicht so sehr aus der Geschichte der Übersetzungen seines Werks als vielmehr aus deren analytischer und kritischer Behandlung ergeben. Der Literaturwissenschaftler Jurij Tynjanov widmet der Beziehung zwischen Heine und Tjutčev und dem spezifischen Übersetzungsstil des letzteren eine große Studie, die ich im Weiteren heranziehen werde. Auch auf die Essays der Symbolisten Innokentij Annenskij und Aleksandr Blok, die sich als glänzende Kritiker der Übersetzungsmanie des 19. Jahrhunderts und als scharfsinnige Interpreten von Heines Werk erweisen, werde ich mich beziehen.

Puškin gehört zwar nicht zu den Übersetzern Heines, aber seine Neugier für dessen Werk hat er nicht verhehlt. Im Zentrum seines Interesses für Heine stand allerdings nicht die Lyrik, sondern die Publizistik. Seine Bekanntschaft mit dem schwedischen Diplomaten Gustav Nordin kam ihm bei dem Wunsch zugute, in Paris erschienene Schriften Heines über dessen Vermittlung zu erhalten. Nordin hat ihm offenbar dessen »De la France« zukommen lassen, wovon ein in der Königlichen Bibliothek Stockholm erhaltener Brief Puškins an Nordin mit folgendem Wortlaut zeugt:

> Monsieur, recevoir mes très sincères remerciements pour votre aimable contre-bande. Me pardonnerez-vous de vous importuner encore? Il me seroit bien nécessaire d'avoir l'ouvrage sur l'Allemagne de ce mauvais sujet de Heine. Oserai-je espérer que vous aurez la bonté de le faire prendre aussi? Agréez, Monsieur, l'assurance de ma haute considération. A. Pouchkine[2]

Mit »mauvais sujet« nimmt Puškin ein in westeuropäischen und russischen Kreisen kursierendes, die Reputation Heines betreffendes Epitheton (ironisch) auf. Die Bezeichnung der Sendung als »contrebande«, die Puškin hier mit »aimable« verbindet, galt offenbar generell für ausländische verbotene Schriften. Auch der als österreichischer Botschafter in Petersburg weilende Graf Karl Ludwig Ficquelmont, der Puškin 1835 den 2. und 3. Band der Heine'schen Werke schickt (darunter die »Reisebilder«), bezeichnet diese als contrebande.[3] Puškins lebhaftes Interesse für Heines Publizistik war durch seine Arbeit an einer Geschichte Peters I. und seinen Plan, die Geschichte Pugačevs zu schreiben, motiviert. In seinem Essay »O dvorjanstve« [»Über die Aristokratie«] betonte er die ›revolutionäre‹ Rolle Peters I. und bezeichnet ihn als Robespierre und Napoleon in einer Person.[4] Im zweiten Band der Werke Heines, die sich wie die anderen erwähnten Werke in Puškins Bibliothek befinden, wurde Puškins Abschrift eines Passus gefunden, der ihm in der französischen Ausgabe der »Reisebilder«, der »Tableaux de voyage«, aufgefallen war und seiner Einschätzung der Rolle Peters I. für die Entwicklung des Freiheitsgedankens in Russland entsprach. Es sind die Sätze, die Heine im Kapitel »Reise von München nach Genua« einem russischen (eigentlich livländischen) Reisenden auf dem Schlachtfeld von Marengo in den Mund legt und unkommentiert lässt:

> La libération de l'Europe viendra de la Russie, car c'est là seulement que le préjugé de l'arsistocratie n'existe absolument pas. Ailleurs ont croit à l'aristocratie, les uns pour la dédaigner, les autres pour la hair, les troisièmes pour en tirer profit, vanité etc.- En Russie rien de tout celà. On n'y croit pas, violà tout.[5]

Puškin war von Heines Aristokratie-Begriff fasziniert (der im Vorwort zur französischen Ausgabe zum Ausdruck kommt) und bedurfte deshalb so dringend [»bien nécessaire«] eines Exemplars von »De l'Allemagne« (vom Erscheinen dieser Schrift in »L'Europe littéraire« [1833] und in »Revue des Deux Mondes« [1834] hatte er Kenntnis erlangt).

Heines politische Publizistik wurde auch in Russland zweifellos kontrovers diskutiert. Puškin hat sich aber offenbar nicht den von liberalen Positionen aus vertretenen skeptischen Einschätzungen angeschlossen. Die Auffassung Petr Čaadaevs, des Verfassers jenes französisch verfassten »Philosophischen Briefes«, der 1836 mit seiner grundstürzenden Kritik am aktuellen Zustand der russischen Gesellschaft nicht nur in Ungnade fiel, sondern für verrückt erklärt wurde, teilt er nicht. Čaadaev vergleicht in einem Brief an A. I. Turgenev Heine mit dem politischen Abenteurer Giuseppe Fieschi.[6] Puškin wurden vermutlich gänzlich andere Eindrücke von der Person und »weltanschaulichen« Einstellung Heines durch den Grafen P. B. Kozlovskij vermittelt, der mit Heine in Paris engen Kontakt pflegte.

Während sich die genannten publizistischen und Prosa-Schriften Heines in Puškins Bibliothek befanden, gibt es keine Informationen über Exemplare seiner Lyrik, Epik und dichterischen Prosa. Dennoch ist davon auszugehen, dass er Kenntnis davon erhalten hat. Puškins literarischer Weggenosse, Evgenij Baratynskij, empfängt in den 20er Jahren eine Reihe von Heinegedichten aus Deutschland und wird zu deren begeistertem Leser und damit auch eine Vermittlungsinstanz für Heines Lyrik im Kreis um Puškin.

Zur Zeit dieser beginnenden Heine-Rezeption ist Puškin bereits ein gefeierter Dichter (seine ersten Gedichte stammen aus den Lyzeums-Jahren 1813–1817). Mit dem romantischen Epos »Ruslan und Ljudmila« und dem ersten Kapitel von »Eugen Onegin«, vor allem aber mit seiner Liebeslyrik hat er die literarische Szene der 20er Jahre zu erobern begonnen.[7] Die von ihm und seinen Mitstreitern (der sog. Plejade) getragene literarische Situation ist geprägt von heftigen Auseinandersetzungen zwischen den Vertretern klassisch-klassizistischer Formen und den Parteigängern von Wandlung und Innovation, von der Kritik an der konservativen Romantik und dem Aufkommen realistischer Prosa, wobei die in England, Frankreich und Deutschland geführte Debatte durchaus zur Kenntnis genommen wird.

Die erste Heine-Übersetzung erscheint 1827 in »Die Nördliche Lyra« [»Severnaja lira«]: es ist Fedor Tjutčevs »Fichtenbaum«-Übertragung; 1832 werden Heines Briefe über die Pariser Gemäldeausstellung zusammen mit Börnes Pariser Briefen als repräsentativ für die fortschrittlichsten Tendenzen in der deutschen Literatur in »Der Europäer« [»Evropeec«] publiziert; ein Abschnitt aus der »Harzreise« erscheint, und die »Romantische Schule« wird gelesen.

Die im Laufe der 30er Jahre virulente deutsche Kritik an Heines Schriften teilt Züge mit derjenigen am unbotmäßigen Puškin. Die russische Zensur der Heine'schen Schriften, von der die Rede war, zeigt eine ungemeine Sensibilität für Unzulässiges. Die Verbote der Heine'schen Schriften in Russland machen diese in der Tat zu einer Art Schmuggelware (»contrebande«). Andererseits hat das Verbot, wie in Russland bis in die Zeit der Dissidenten üblich, zu inoffizieller Verbreitung geführt. Ab 1838 setzt die Flut der Übersetzungen von Heines lyrischem Werk ein; in allen führenden Literaturzeitschriften werden Übersetzungen publiziert. Der Dichter des »Buchs der Lieder« hält Einzug in die russische Literatur, an dem sich neben Fedor Tjutčev auch bekannte Dichter wie Michail Lermontov, Evgenij Baratynskij, Afanasij Fet, Apollon Majkov, Apollon Grigor'ev, Michail Michajlov beteiligen, wobei die Bevorzugung von Gedichten mit ungebrochenem lyrischen Duktus auffällt. Dass Heine auch als Person Anstoß erregt, als gottloser Spötter, Zerstörer überkommener Formen, dass sein spezifischer spielerischer Tonfall, seine Gesellschaftskritik missfallen und seine politischen Positionen zwiespältig beurteilt werden, erscheint als Echo auf die deutsche Diskussion, – mit russlandspezifischen Argumenten. Heine – ein gefährlicher Autor.

Die 20er Jahre sind eine Zeit des Umbruchs und der Formreflexion, es geht um Fragen des Stils, der Sprachebene, der Gattung. Die literarischen Polemiken werden in rivalisierenden Zeitschriften ausgetragen, wobei die Kunst der Parodie auf die Produkte der Gegner eine Zuspitzung erfährt. Puškin, nach sechsjähriger Unterbrechung die dominierende Figur im Kreis der progressiven Literaten, revidiert die ästhetischen Dogmen, führt die bestehenden Formen zum Höhepunkt und arbeitet zugleich an deren Unterminierung. Zwischen Anpassung und Auflehnung erscheint er als poeta ludens, Meister der hohen Ode, der poésie fugitive, der frivolen Dichtung, des romantischen Epos, der romantischen Tragödie, der realistischen Erzählung, seiner Gesellschaftsschicht verhaftet bis zum Duelltod, zugleich Freiheitsdichter und Exponent russischen Dichtertums. Die widersprüchliche Aufnahme seines Werks durch die Zeitgenossen und in der Rezeptionsgeschichte antwortet auf die ungewöhnlich schnelle und vielgestaltige Entwicklung seines Werks.

Allerdings tritt in den 60er Jahren eine poetische Krise ein: Puškin und seine Plejade scheinen zu verblassen, die Goldene Epoche der russischen Dichtung wird als beendet empfunden; es ist eine Zeit, in der die Heine-Rezeption aufblüht.

In den 70er Jahren wird Puškin nachdrücklich ins kulturelle Bewusstsein (zurück)gerückt. 1880 erklärt ihn Dostoevskij in seiner epochemachenden Rede[8] zum »Nationaldichter« und erhebt ihn zu einem singulären Exponenten des Dichtertums und zu einer Art ›Über-Klassiker‹. Wie keiner vor ihm, so heißt es, sei Puškin (vor allem mit seinem »Eugen Onegin«) zum Schriftsteller des

Volkes geworden (Volk als eine Art mystische Kommunikationsgemeinschaft verstanden), ohne Puškin gebe es keine Hoffnung auf die zukünftige Bestimmung Russlands in der europäischen Völkerfamilie. Ein Puškin-Gedächtniskult setzt ein, der an frühere mnemonische Gesten anknüpfen kann. Kurz nach Puškins Duelltod 1837 wurde die erste seiner Büsten aufgestellt, 1880 unter großer Beteiligung von Volk und Intelligencija sein erstes Standbild in Moskau enthüllt. Die Nobilitierung Puškins als Nationaldichter tut der Heine-Rezeption keinen Abbruch. Beide, Puškin und Heine, werden in immer neuen Schüben, die je andere Facetten ihres Werks hervortreten lassen, rezipiert.[9]

2. Heine-Puškin

Heine-Texte lassen sich an unterschiedliche Werke Puškins vergleichend anschließen. Für Puškin ebenso wie für Heine gilt ein gespaltenes Verhältnis zur Romantik, deren poetische Spuren sich mit Verfahren ironischer Brechung bis hin zur Tilgung des Romantischen treffen. Der wegen seiner obszönen, blasphemischen »Gavriliada« (ein Maria-Verkündigungspoem, in dem Gottvater als Verführer auftritt) als Gotteslästerer verrufene Puškin und der wegen seiner Verstöße gegen die guten Sitten und die Religion gescholtene Heine haben nicht nur hierin, sondern auch in der ›sozialen Frage‹ Gemeinsames. Puškin hat mit seiner Freiheitsode »Vol'nost'« [»Freiheit«, 1817] und seinem poetischen Aufruf zur Aufhebung der Leibeigenschaft in dem elegische und revolutionäre Töne anschlagenden Gedicht »Derevnja« [»Das Dorf«, 1819] seine Haltung gegenüber dem zaristischen System bekundet – was ihm 1820 eine vierjährige Strafversetzung in den Kaukasus und anschließend eine zweijährige Verbannung auf sein Familiengut Michajlovskoe eingebracht hat.[10] Puškin steht den politisch Aktiven nahe, die den Dekabristenaufstand von 1825 vorbereiten (wenngleich er in ihre Geheimpläne nicht eingeweiht war).[11] Heines Nähe zum ›Jungen Deutschland‹ ebenso wie die in den erwähnten publizistischen Schriften formulierten sozialkritischen Thesen[12] (die in seinem Werk allerdings einen gewichtigeren Platz einnehmen als die Zarismuskritik im Werk Puškins) ließen sich als Vergleich heranziehen. Beide Autoren trifft aber auch Kritik von Vertretern radikaler Positionen, die der (beiden unterstellten) ›Unterwerfung‹ unter die herrschende Ordnung galt: Die Kritik am ›imperialen‹ Puškin, der sich, von Nikolaus I. 1826 begnadigt, dessen persönlicher Zensur unterstellt, weist Parallelen mit der Kritik an Heines als servil bezeichnetem Brief an den Bundestag auf, in dem er um die Aufhebung des ihn schwer treffenden Publikationsverbots ersucht.

Die Heine'sche Publizistik[13] kann angeschlossen werden an die von Puškin und anderen entwickelten Genres, an die polemisch angelegte Literaturkritik mit boshaften Pointen, an die poetologische Streitschrift.[14] Vor allem aber in der hochgestimmten Auffassung des Dichtertums gibt es eine Nähe zwischen Heine und Puškin: Puškins Idee des Dichters als Prophet, Heines Idee des Dichters als Apostel. »Prorok« [»Der Prophet«, 1826] schließt mit den Zeilen:

>Kak trup v pustyne ja ležal,
>I boga glas ko mne vozzval,
>Vosstan', prorok, i vižd', i vnemli,
>Ispolnis' voleju moej,
>I, obchodja morja i zemli,
>Glagolom žgi serdca ljudej.[15]

[»Ein Leichnam, lag ich ausgestreckt, / bis Gottes Stimme mich erweckt: / zieh aus, Prophet, von Ort zu Orte, / schau und vernimm mich allerwärts, / und wirf mit deinem Flammenworte / den Brand in jedes Menschenherz«].[16] Auch die Schmähung des Publikumsgeschmacks und des Urteils der Zeitgenossen lässt beide als verwandte poetische Geister erscheinen. In den »Hebräischen Melodien« spricht Yehuda ben Halevy von der Gnade der Dichtkunst:

>Solchen Dichter von der Gnade
>Gottes nennen wir Genie:
>Unverantwortlicher König
>Des Gedankenreiches ist er.
>
>Nur dem Gotte steht er Rede,
>Nicht dem Volke – In der Kunst,
>Wie im Leben kann das Volk
>Töten uns, doch niemals richten. – (DHA III, 135)

Hier anschließbar sind die Zeilen in Puškins Sonett »Poetu« [»An den Dichter«, 1830] (III, 174): »Ty car', živi odin« [»Du bist Zar, lebe allein«] und »Ty sam svoj vyssij sud« [»Du bist dir selbst dein höchstes Gericht«] ebenso wie das der Verachtung der Menge gewidmete Gedicht »Poet i tolpa« [»Der Dichter und die Menge«, 1828][17], das zudem die ungeheure Distanz zwischen dem schöpferischen Genie und dem poetischen Unverstand zu spüren gibt.

Die Selbstglorifizierung als der russische Poet, den das gesamte Reich, die noch nicht alphabetisierten Völker Sibiriens eingeschlossen, für immer ins kulturelle Gedächtnis aufnehmen soll, erhält in Puškins Todesjahr ihre bündige Gestalt in einem seiner meist zitierten Gedichte »Exegi monument«: »Ja pamjatnik sebe vozdvig nerukotvornyj« [»Ich habe mir ein Denkmal errichtet / Nicht von

Menschenhand gemacht«].¹⁸ Die Selbstglorifizierung Heines steht dem nicht nach. Sein nonchalantes:

> Häng dich, Freiligrath, daß du
> Nicht ergrübelt hast das Gleichniß
> Von dem schwarzen Hermelin,
> Der gespickt mit goldnen Schwänzchen. (DHA IV, 240)

lässt sich hier ebenso anführen wie das apodiktische:

> Ich bin ein deutscher Dichter,
> Bekannt im deutschen Land;
> Nennt man die besten Namen,
> So wird auch der meine genannt. (DHA I, 223)

Auch war der Boden bereitet für die Rezeption von Heines Witz durch die epigrammatische Bosheit der Puškin'schen Polemiken, die leichtfüßige Kultivierung des Scharfsinns, des acumen, der Wortspiele, vor allem in Puškins früher Lyrik der 10er und hernach der 20er Jahre, an die sich die Form-Reflexion anschließt, die Puškin ebenso umtreibt wie Heine. Form-Reflexion meint dieses Gespür für den Wandel in der Lyrik, diese Sensibilität für Verschiebungen, für die Fragwürdigkeit der sogenannten ›hohen Literatur‹. Beiden Dichtern gemeinsam ist ein stilistischer Gestus der ›Mischung‹ von Sprachen, Stilen, Gattungen und des Zusammenführens entgegengesetzter poetischer Prinzipien, die Verbindung einer entwickelten Verskultur mit volkssprachlichen Formen. Heine und Puškin hegen das nämliche Interesse für Liedhaftes: »Loreley«, die liedhafte Ballade, einerseits und »Rusalka«, die erzählerische Ballade, andererseits. Die Loreley hoch über dem Fluss lockt vom Felsen herunter, die Rusalka lockt aus dem Wasser aufsteigend, beide Verlockungen führen zum Verderb im Wasser. Die eine, die Sirene, kämmt ihr goldenes, die andere, die Nixe, ihr tropfnasses Haar. Auch der Wandel in der Liebeskonzeption, der von der Romantik wegführt, erscheint als Vergleichsmoment. Puškin wechselt von der Tändelei und dem Frivolen zur Liebesreflexion und zur Resignation. Das belegt sein ›posterotisches‹ Gedicht »Ja vas ljubil«, das mit Heines »Ich grolle nicht« den Tonfall teilt (allerdings abweichend von Heine gänzlich auf Bildlichkeit verzichtet):

> Ich grolle nicht, und wenn das Herz auch bricht,
> Ewig verlor'nes Lieb, ich grolle nicht.
> Wie du auch stralst in Diamantenpracht,
> Es fällt kein Stral in deines Herzens Nacht.
>
> Das weiß ich längst. Ich sah dich ja im Traum,
> Und sah die Nacht in deines Herzens Raum,

> Und sah die Schlang, die dir am Herzen frißt, – –
> Ich sah, mein Lieb, wie sehr du elend bist. (DHA I, 150)

> Ich liebte Sie
> Ich liebte Sie: Vielleicht ist dieses Feuer
> In meinem Herzen noch nicht ganz verglüht;
> Doch Ihre Ruh' ist mir vor allem teuer;
> Durch nichts betrüben will ich Ihr Gemüt.
> Ich liebte Sie, stumm, hoffnungslos und schmerzlich,,
> In aller Qual, die solche Liebe gibt;
> Ich liebte Sie so wahrhaft und so herzlich,
> Gott geb', dass Sie ein andrer je so liebt.[19]

Es lassen sich etliche Puškin-Verfahren nennen, die Hintergrund und Folie für die Russifizierung Heines sind. Viele Heine-Übersetzer bedienen sich der von Puškin geschaffenen Verssprache, Metrik, Reimstruktur, Strophik, des ironischen Tonfalls, der plötzlichen parodistischen Wendungen, der Pointenbildung, der komischen Reime. Es entstehen unterschiedliche Modi des Übersetzens, von pedantischer Wiedergabe bis zu freier Übertragung, wobei theoretische bzw. poetologische Konzepte bezüglich der Motivik, des Stils, das heißt der Sprachebene, vor allem der Metrik, Reimtechnik und Tonalität ihre Rolle spielen.

Allerdings ist es Puškins »Eugen Onegin«, dessen Komposition und Stilistik dazu einladen, Beziehungen zu verschiedenen Werken Heines herzustellen, etwa zu den »Memoiren des Herrn von Schnabelewopski«, zu »Deutschland. Ein Wintermärchen«, zu »Die Harzreise« und zu »Atta Troll«. Puškin nennt »Eugen Onegin« im Untertitel einen »Roman in Versen«, womit er ein Genre einführt, das Freiheit gewährt und doch durch eine streng komponierte Strophik gebunden ist. Puškin stattet die Strophe mit 14 Verszeilen in vierhebigen Jamben aus, wobei die regelmäßige Abfolge der Reimschemata abba/cc/dd/effe/gg (das heißt Wechselreim, Paarreim, umarmender Reim, Paarreim) streng eingehalten wird und die Ikten variieren. Die letzten zwei Zeilen einer Strophe sind durch eine epigrammatische Pointenstruktur bestimmt, viele Zeilen sind durch Enjambements verbunden.

> I, 2
>
> Tak dúmal molodój povésa,
> Letjá v pylí na počtových,
> Vsevyšnej vóleju Zevésa
> Naslédnik vsech svoích rodných

> Druz'ja Ljudmily i Ruslana!
> S geroem moego romana
> Bez predislovij, sej že čas
> Pozvol'te poznakomit' vas:
>
> Onegin, dobryj moj prijatel',
> Rodilsja na bregach Nevy.
> Gde možet byt' rodilis' vy,
> Ili blistali, moj čitatel'.
>
> Tam nekogda guljal i ja.
> No vreden sever dlja menja.
>
> So dachte jener junge Spötter,
> Vom Staub der Extrapost umwallt,
> Der nach dem Rat olympischer Götter
> Als letztverbliebner Erbe galt. –
> Ihr Freunde von Ruslans Geschichten
> Könnt auf Prologe wohl verzichten;
> Gestattet, dass ich euch schon hier
> Mit meinem Helden konfrontier:
> Mein Freund Onegin war geboren
> An den Gestaden der Neva,
> Mein Leser stammt wohl auch von da
> Oder erwarb sich dort die Sporen;
> Dort hab auch ich geliebt, gezecht,
> Doch mir bekommt der Norden schlecht.[20]

Ebenso wenig wie ein Versroman der Gattungskonvention entsprach und als Hybridisierung verstanden wurde, entsprach der Vierzehnzeiler den Gepflogenheiten der Reimkunst. Puškin spielt einerseits mit der Tasso-Oktave, die er merklich überschreitet, und andererseits mit dem Sonett, dessen Quartett-Terzett-Ordnung er verlässt, oder es ist eine Kombination aus Shakespeare-Sonett und petrarkistischem Sonett.[21] Das jambische, mit variierenden Ikten zu lesende Metrum folgt den prosodischen Eigenschaften des Russischen so genau, dass manche Zeilen Prosa-Charakter annehmen.

Die Artifizialität der Versstruktur ist Heines Sache nicht. Er hat sich in Strophik und Metrik, von einigen Ausnahmen abgesehen, an die Vierzeiligkeit gehalten und Daktylus und Trochäus privilegiert, meist sind nur die zweiten und vierten Zeilen durch Reime verbunden. Das sind Verfahren, die Karl Immermann in seiner Rezension der »Reisebilder« als monoton bezeichnete, nicht ohne zugleich das rhythmische Moment lobend hervorzuheben.[22]

Die Strophenstruktur hindert Puškin nicht daran, sowohl einen ungezwungenen Erzählton aufrechtzuerhalten als auch lyrische Abschweifungen einzubauen. Das ermöglicht den schnellen Übergang von Thema zu Thema und lässt zu, vom Sujet wegzugleiten. Gesellschaftsschilderungen, Räsonnements und die literarische Szene betreffende Exkurse übernehmen mit kurzweiligen Pointierungen die Stelle des ›dezentrierten‹ Sujets. Den Verzicht auf die Verknüpfung der narrativen Komponenten kommentiert Puškin mit Attributen wie »bessvjaznyj«, »nesvjaznyj«, »nesvjazannyj« [»verbindungslos«, »unverbunden«]. Auch hier sind die Parallelen zu Heines Umgang mit dem Sujet und seinem Votum für dichterische Freiheit offenkundig. In den Parerga zu »Atta Troll« heißt es:

> Doch in Versen, doch im Liede
> Blüht uns längst die höchste Freyheit. (DHA IV, 216)

Bei allem Reichtum sujetartiger Strukturen spielt das Sujet als kompositioneller Zwang keine Rolle. Das lässt auch Unabgeschlossenes zu wie im »Rabbi von Bacherach« und in den »Memoiren des Herren von Schnabelewopski«. Vom aufgehobenen Zwang eines durchgehenden Sujets her erklärt sich Heines Bevorzugung eines aufs Minimum reduzierten Sujets (wie in den Reisetexten und Briefen), das Raum lässt für Digressionen und wie ein »Spiel mit dem Sujet« wirkt.[23] Sein Kommentar zur Komposition der »Harzreise« als »Lappenwerk« passt zu Puškins Selbstbeschreibung »unverbunden«, »zusammenhanglos«. Während für Heines Lappenwerk die Einklammerung durch die »subjektive Perspektive« erfolgt, wie Bernd Kortländer feststellt[24], wird sie bei Puškin durch seine innovative Strophe erzielt. Von dieser erhoffte er, dass sie ihn als seine Erfindung überleben möge.[25]

Die Kritik an »Eugen Onegin« ist vergleichbar der zwiespältigen Aufnahme von »Schnabelewopski«, dem Missverstehen der Heineschen Form- und Stilwahl. Auch die von Manfred Windfuhr vorgeschlagene gattungsmäßige Einordnung des »Schnabelewopski« in die Tradition des Schelmenromans, für den das Reihungsprinzip der Episoden und Abenteuer konstitutiv ist, veranlasst zu einem Vergleich mit Puškins Versepos. Dasselbe gilt für Windfuhrs These, dass »das Schelmenhafte das Mittel ist, um pantheistisch-immanentistische Vorstellungen auszusprechen«.[26] Auch aus Puškins Versroman wird Weltanschauliches destilliert.

Onegin ist allerdings kein Pikaro, er repräsentiert den modischen Typ des Dandy, seine Abenteuer: das Duell, das Liebesdrama, die Ballbesuche werden als Episoden gereiht. Jedoch werden die Gesellschaftssatire, die Duell- und Liebeshandlung letztlich von Reflexionen abgelöst. Das separat publizierte Kapitel »Putešestvie Onegina« [»Onegins Reise«] erzählt von der endlosen Wanderung des gescheiterten, melancholisch gestimmten Dandys durchs russische Riesenreich. Der Auszug in die Welt, der beim Pikaro am Anfang steht, bildet hier den Schluss.

Bezüglich der Verfahren der Gattungsüberschreitung, Stilmischung, der Rolle der Volksdichtung, der metrischen Experimente sei »Deutschland. Ein Wintermährchen« herangezogen.[27] Heines Versepos, das sich allerdings nicht als Roman in Versen gibt, spielt mit einer Variante der aus dem Mittelalter stammenden Vagantenstrophe. Er lockert die Abweichungen gestattende Strophe durch Stilbrüche, setzt das Enjambement so ein, dass ein Prosaton entstehen und ein Rhythmuswechsel eintreten kann. Sprachebenen werden gemischt, »bewusst falsche, dilettantische, altertümlich oder gezwungen wirkende Reime«[28] dienen der satirischen Grundtendenz und zielen auf komische Effekte. Ein narrativ konsequentes Sujet gibt es auch hier nicht, vielmehr ist es die Reihung der einzelnen Stationen, die durch die Strophik gestaltet wird. Heines Kritik an der reaktionären Seite der Romantik versagt sich aber keineswegs ungebrochenen romantischen Motiven wie Doppelgängerei, Traumbildern, Phantastik. Auch Puškin, der Romantik-Skeptiker, lässt Träume, sinnierendes Dämmern, phantastische Bilder sein Verswerk durchwandern. Bereits im 1. Kapitel ist die Rede von »tvorčeskie sny« [»schöpferischen Träumen«] (1.LV, 4), denen die Entstehung des Romans zu verdanken ist, was im letzten Kapitel wieder aufgenommen wird, wo es heißt, dass die Figuren Tatjanas und Onegins »v smutnom sne« [»in wirrem Traum«] (8.L, 10) erschienen sind. Nicht nur der elaborierte Traum der Tatjana mit seinen Tiermonstern, dessen Bezüge zu den Tagträumen der Schläferin der Erzähler in leicht entschlüsselbare erotische Andeutungen kleidet, sondern auch die Begegnung Onegins mit Tatjana als Dame der Gesellschaft im 8. Kapitel, die wie die Inversion des frühen Traums des verliebten Mädchens inszeniert ist, gehört in diesen Zusammenhang. Lenskijs Schweben zwischen Schlaf und Schlaflosigkeit und Onegins verspätetes Aufwachen aus dem Tiefschlaf vor der entscheidenden Duell-Szene, das Lesen als Träumen in der empfindsamen Phase Tatjanas, die Nähe des Traums zu Melancholie und süßer Langeweile, die Lust am dämmernden Vergessen erscheinen als strukturell bedeutsame Momente. Die dennoch dominierende parodistische Anlage des Werks öffnet das Genre für immer weitere Drehungen der Spirale, in die alle Meinungen über Welt und Gesellschaft hineingezogen werden und entgleiten. Parodie und Elegisches, ja Melancholisches können sich in dieser Spiralbewegung verbünden. Weggleiten und Abschweifen sind Grundbewegungen des gesamten Textes, in dem Ornamente der Ruhelosigkeit entstehen und eine Semantik des Unsteten beibehalten wird. Der Autor/Erzähler nimmt am Ende des Versromans Abschied von seinem Leser, seinem seltsamen Gefährten Onegin und von seinem Werk. Gerade hier werden der selbstreflexive, poetologische Ton und das Traummotiv noch einmal deutlich:

Promčalos' mnogo, mnogo dnej
S tex por, kak junaja Tat'jana
I s nej Onegin v smutnom sne
Javilisja vpervye mne –
I dal' svobodnogo romana
Ja skvoz' magičeskij kristall
Ešče ne jasno različal
(8.L, 8–14)

Wie viele Tage flohn schon fort,
Seit mir das junge Bild Tatjanens
Mit dem Onegins traumhaft blind
Zum erstenmal erschienen sind –
Die Freiheitsweite des Romanes
Sah ich im Zauberglasvisier
Recht unklar damals nur vor mir.[29]

Die Entstehung des Textes aus dem Traum verbindet sich mit dem volksmythologischen Moment der Wahrsagerei, die sich des magischen Kristalls bedient – der Autor, ein Träumer und Zauberer, dem ein Werk des nur durch die metrische Gestalt gebändigten Schweifens gelungen ist. Dies ist zweifellos ein romantisches Ende, das durch eine in der allerletzten Strophe anklingende Apostrophe noch eine weitere Bedeutung erhält. Diese Strophe gilt den Freunden, die nach dem fehlgeschlagenen Dekabristenaufstand von 1825 hingerichtet oder nach Sibirien verbannt wurden:

Blažen, kto prazdnik Žizni rano
Ostavil, ne dopiv do dna / Bokala polnogo vina,
Kto ne dočel Ee romana
I vdrug umel rasstat'sja s nim,
Kak ja s Oneginym moim
(8.LI, 9–14)

Glückselig, wer, solang noch dauert
Das Fest des Lebens, es verläßt,
Den Kelch nicht austrinkt bis zum Rest,
Aufs Ende des Romans nicht lauert,
Und Abschied nehmen kann im Nu,
Wie ich es von Onegin tu.[30]

Wohl dem, der auf dem Festgelände
Den Becher nicht zur Neige leert
Und früh zurück ins Dunkel kehrt,
der den Roman noch vor dem Ende
beiseite legt und schnell und leicht,
wie ich im Augenblick, entweicht.[31]

Die Faszination der Romantik und die gleichzeitige Abkehr von ihr gelten für beide Autoren. Während Heines Versepos Karriere als politische Satire macht, wird Puškins Roman in Versen als Enzyklopädie der russischen Gesellschaft (mit zweifellos satirischen Zügen) gelesen.

Puškin operiert in »Eugen Onegin« mit provozierenden Leerstellen: Das sind Null-Strophen mit exakt weitergezählten römischen Ziffern, nicht zu Ende geführte Strophen oder Zeilen, deren Füllung durch das Schema vorgegeben ist. Das Spielerisch-Beliebige, die kalkulierte Offenheit zeigen eine stilistische Verwandtschaft mit Heines Verfahren. Hierhin gehören auch Puškins Strategien des Zitats, des Selbstkommentars, der Thematisierung des Schreibens im Text selbst – Puškin beruft sich dabei auf Sterne, den auch Heine als Vorläufer nennt.

> Schon dacht ich an die Form des Planes
> Und wie ich wohl den Helden nenn;
> Doch vorerst lasst mich des Romanes
> Kapitel eins beenden denn;
> Hab alles strengstens durchgesehen;
> Viel Widersprüche blieben stehen,
> Doch ändern mag ich jetzt nichts mehr;
> Bald fällt der Zensor drüber her,
> Ich überlass den Zeitungstoren
> Die Früchte meiner Müh zum Fraß:
> So geh denn zur Neva fürbaß,
> Du Werk, das eben erst geboren,
> Verdien mir dort des Ruhms Tribut:
> Fehldeutung, Missgunst, Lärm und Wut.[32]
> (I, LX)

Im Vorwort zu »Deutschland. Ein Wintermährchen« kommentiert Heine ausführlich die Entstehung des Textes und im Caput XXVI des Versepos geht es um die Zensur:

> [...] Da kommt der Hoffmann auch
> Mit seiner Censorscheere!
>
> Die Scheere klirrt in seiner Hand,
> Es rückt der wilde Geselle
> Dir auf den Leib – Er schneidet in's Fleisch –
> Es war die beste Stelle. (DHA IV, 154)

Ein Selbstkommentar ist auch die Berufung auf Aristophanes, seinen poetischen Vater, in Caput XXVII:

> Im letzten Capitel hab' ich versucht
> Ein bischen nachzuahmen
> Den Schluß der »Vögel«, die sind gewiß
> Das beste von Vaters Dramen. (DHA IV, 156)

Bei beiden Dichtern gibt es Spielformen, vor allem im Bereich des Reims, der parodistisch zur Disposition gestellt wird. Bei Puškin:

Lenskij–gettingenskij	Mensch–göttingensch
Svete–Gete	… –Goethe
Vsjo–Russo	froh –Rousseau (2, VI)

I vot uže treščat morozy	Schon knirscht der Frost; mit Sturmestosen
I serebrjatsja sred'polej	Macht er die Felder silberhell [...]
(čitatel' ždet už rifmy rozy,	(Der Leser wartet schon auf Rosen;
Na, vot voz'mi ee skorej!)	Da ist der Reim, na, schnapp ihn schnell!)
(4, XLII)	

Für Heines Reimpersiflage mögen folgende Beispiele stehen:

> Terzetten – retten
> Nase – Ekstase
> Sylphiden – Seelenfrieden
> Bettes – Porträtes

Der hier pointiert ausgestellte Umgang mit dem Reim trifft sich an anderer Stelle mit dem Motiv der »Zwecklosigkeit«, der Nichtgebundenheit des Werks durch einen Zweck (sei er weltanschaulich, moralisch, politisch), was das Ideal der unbedingten Autorschaft, des freien Dichtertums bestätigt. In »Atta Troll« heißt es:

> Traum der Sommernacht! Phantastisch
> Zwecklos ist mein Lied. Ja, zwecklos
> Wie die Liebe, wie das Leben,
> Wie der Schöpfer samt der Schöpfung! (DHA IV, 17)

Das Heine'sche »Nur der eignen Lust gehorchend« gilt auch für Puškin, der seine Erzählung »Domik v Kolomne« [»Das Häuschen in Kolomna«] als zwecklos bezeichnet und an deren Ende er den Leser verspottet, der nach einem Zweck sucht.

Neben die hier skizzierte Beobachtung einer poetisch-poetologischen Verwandtschaft zwischen den beiden (wenn auch durch Nation, Schichtenzugehörigkeit, Herkunft voneinander getrennten) Dichtern tritt das Erstaunen darüber, dass es zu keinerlei Kontakt (im Sinne einer artikulierten Anteilnahme am Werk des andern) zwischen ihnen gekommen ist. Zwar gibt es Berichte darüber, dass sich Werke von Puškin in Heines Bibliothek befanden, in deutscher Übersetzung, sogar ein Bestellzettel für eine Hamburger Leihbibliothek ist im Archiv des Heinrich-Heine-Instituts erhalten (vgl. HSA XXIII K, 29), aber es sind keinerlei Äußerungen darüber überliefert, ob er sie gelesen hat und welcher Art sein Lektüreeindruck war. Puškin, der sich Werke Heines in französischer Übersetzung hat kommen lassen, hat zu deren Rezeption keine schriftlichen Kommentare abgegeben. Es ist – so könnte man spekulieren – als verhindere diese typologische Nähe explizite Stellungnahmen.

3. Heine-Tjutčev

Ganz anders nun die Aufnahme Heines durch Autoren, die ihrer Bewunderung für sein Werk dadurch Ausdruck verliehen, dass sie es sich durch Übersetzungen anzueignen versuchten. Es waren dies vorwiegend Dichter mit eigener poetischer Orientierung, die von Heines Sprachkunst fasziniert waren. Das gilt insbesondere für Fedor Tjutčev, Heines ersten Übersetzer und vertrauten Freund aus den Münchner Tagen. Er übersetzte das »Fichtenbaum«-Gedicht noch bevor er Heine persönlich kennen lernte, und es ist unklar, ob Heine von dieser Übersetzung wusste. Heine nahm Tjutčev als geistreichen, philosophisch gebildeten russischen Diplomaten wahr, er wusste nicht, dass es sich um einen bedeutenden Dichter handelte. Die Datierung der Tjutčev-Übertragungen ist wegen Falsch- und Nichtdatierung unmöglich, zumal etliche russische Versionen von Heine-Texten ohne Vermerk, dass es sich um Übertragungen handelt, publiziert wurden (in den 30er Jahren und später in den 50er Jahren). Tjutčev galt in seiner Zeit als der große Unbekannte, man sprach vom Geheimnis Tjutčev.[33]

Jurij Tynjanov, dem Vertreter der russischen formalen Schule, Theoretiker, Prosaschriftsteller und Übersetzer Heines verdanken wir eine große Studie zu Tjutčev und Heine, in der den formalen Prozessen der Übertragung nachgegangen wird.[34] Tynjanov verfolgt als poetische Strategie die Lautwiederholung, Rhythmus und Metrik, vergleichend bei Heine und Tjutčev. Oft entdeckt er neben demselben Thema, derselben Syntax und Lautung ein metrisches Schema, das die beiden Autoren trennt. Es wird deutlich, wie die Poetik Heines mit derjenigen Tjutčevs in Konflikt und in nächste Berührung gerät.

Tjutčev, Erbe der russischen Romantik (in ihrer bereits kritischen Phase) und für eine Seite der Heine-Lyrik vorbereitet, ist auch ein Erneuerer der klassizistischen russischen Oden-Tradition des 18. Jahrhunderts, er ist ein

Das Denkmal für Fedor Ivanovič Tjutčev (1803–1873) im Münchener Dichtergarten

»Archaisierer«, wie Tynjanov ihn in seinem bahnbrechenden Werk »Archaisty i novatory« [»Archaisten und Neuerer«] nennt, und macht sich mit dieser zweifachen poetischen Ausrichtung ans Übersetzungswerk.[35] Das »Fichtenbaum«-Gedicht trägt bei Tjutčev die Überschrift »S čužoj storony. Iz Gejne« [»Von einem fremden Land. Aus Heine«][36], womit dem Gedicht ein eigenes lyrisches Thema gegeben wird. Tjutčev bedient sich, um der Vorlage zu folgen, eines für die russische Dichtung ungewöhnlichen Metrums, das von dem zeitgenössischen Verstheoretiker Dubenskij in der Zeitschrift »Atenej« [»Athenäum«] von 1828 analysiert wird – was die Aufmerksamkeit des russischen Ohrs für die Lautseite von Dichtung belegt. Das Metrum ist eine Art Dolnik[37] auf der Grundlage des kanonischen vier- und dreifüßigen Amphibrachys (das heißt nur die Zahl der betonten Silben »gilt«, die unbetonten schwanken zwischen 0 und 2). Insbesondere die zweite Zeile stellt das Metrum heraus, das daktylisch ist. »Kedr« [»Zeder«, hier für »Fichtenbaum«] wird dadurch hervorgehoben.

> Na severe mračnom, na dikoj skale
> Kedr odinokij pod snegom beleet«
> I sladko zasnul on v inistoj mgle,
> I son ego v'juga leleet.
>
> Pro junuju pal'mu vse snitsja emu,
> Čto v dal'nych predelach Vostoka
> Pod plamennym nebom, na znojnom cholmu
> Stoit I cvetet odinoka [...]

wörtlich:

> Im finsterem Norden, auf wildem Felsen
> Eine einsame Zeder [männlich] weißt unter dem Schnee.
> Und süß schlummert er im raureifen Nebel
> Und seinen Schlaf umhegt der Sturmwind.
>
> Eine junge Palme träumt ihm
> Die in den fernen Gefilden des Ostens
> Unter flammendem Himmel, auf glühendem Hügel
> Steht und gedeiht allein [...]

Das kanonische Metrum wird durch die daktylische Zeile durchbrochen. Das Kolorit der Heine-Zeile »Auf brennender Felsenwand« (DHA I, 165) ist zwar erhalten in »Pod plamennom nebom, na znojnom cholmu«, jedoch führt die Variante »Pod mirnoj lazur'ju, na svetlom cholmu« [»Unter stillem Lazur, auf lichtem Hügel«] vom Original weg, ebenso wie die Epitheta (finster, raureif, süß, jung) und die Wendungen »weißt unter dem Schnee«, »Schlaf umhegt« und andere den Lakonismus Heines verfehlen.

Heines »Fichtenbaum«, so Tynjanov, gibt für Tjutčev nur eine Vorlage ab, die das lyrische Thema »Aus der Fremde« ausfaltet und dabei das Metrum der Vorlage zu bewahren versucht. Tjutčev hat Heines Texte häufig wie Prätexte, Folien benutzt, als lyrischen Ausgangspunkt, ohne deutlich zu machen, dass es sich um eine Übertragung handelt. Oft heißt es, wie im diesem Fall: »Iz Gejne« [»Aus Heine«].[38]

Berühmt wurde das »Fichtenbaum«-Gedicht hernach durch Michail Lermontov, wobei eine bedeutsame Abweichung von Heine eine ganze lyrische Tradition hervorrief. Lermontov setzt an die Stelle des Motivs der Trennung und Sehnsucht zweier Liebender das Motiv der Einsamkeit. Nicht sehnt sich der männliche Baum nach dem weiblichen, vielmehr leiden zwei weibliche Bäume in ihrer jeweiligen Einsamkeit. Fichte ist wie im Deutschen auch russisch weiblich ebenso wie Palme. Heine hat durch ›Baum‹ hier eine Maskulinisierung hergestellt, die das Russische so nicht erlaubt. Die poetische Suche der Übersetzer nach einem Baum mit männlicher Endung hat zu anderen Schlüssen geführt. »Zeder« war eine Option, im Russischen männlich »kedr«, die sich neben »dub« [»Eiche«] dank der Tjutčev-Übersetzung durchgesetzt hat. Alle folgenden Übertragungen verlassen sich auf die Männlichkeit der russischen Zeder. Aber das Einsamkeitsmotiv, abgesehen davon, dass diese Lermontov-Übertragung stilistisch, klanglich, rhythmisch, metrisch eines der schönsten romantischen russischen Gedichte ist, hat dem Einsamkeitstopos zu einer besonderen Popularität verholfen. Im Internet findet man einen Link zu »odinočesto« »[Einsamkeit«], als Verfasser werden Lermontov, Heine, Fet und Autoren bis ins 20. Jahrhundert aufgeführt, womit die Unerschöpflichkeit des Motivs belegt scheint.

Die Lermontov'sche Sprachkunst hat vermocht, aus Heine den Lyriker zu destillieren, der in Russland traditionsbildend wurde. Das sei hier nur kurz angemerkt, da aus dem aufschlussreichen Beitrag von Alexander Nitzberg im Begleitband zur Düsseldorfer Ausstellung hervorgeht, dass Lermontov Heine nicht nur übersetzt, sondern auch gegen ihn anschreibt und ihn zu übertrumpfen versucht, was ihm, wie die Analyse belegt, in zwei Fällen durchaus gelingt.[39]

Tynjanovs Beobachtungen aufnehmend, gilt im Folgenden Heines »In der Fremde I« besonderes Augenmerk: »Es treibt Dich fort von Ort zu Ort«. Tjutčev nennt das Gedicht »Iz Gejne« [»Aus Heine«] und beginnt mit folgender Zeile: »Iz kraja v kraj, iz grada v grad«[40] [»Von Land zu Land, von Stadt zu Stadt«]. Thematisch, syntaktisch, phonetisch stimmen die Strukturen überein, aber dennoch gibt es erhebliche semantische Unterschiede. Zunächst fällt ins Auge, dass Tjutčev Heines dreistrophiges Gedicht siebenstrophig wiedergibt. Da es eine von Albert Dorn angefertigte deutsche Rück-Übertragung von Tjutčevs ›Replik‹

auf Heine gibt[41], zitiere ich zur Illustration die jeweiligen ersten beiden Strophen und die russischen in Umschrift:

Heine

Es treibt dich fort von Ort zu Ort
Du weißt nicht mahl warum;
Im Winde klingt ein sanftes Wort,
Schaust dich verwundert um.

Die Liebe, die dahinten blieb,
Sie ruft dich sanft zurück:
O komm zurück, ich hab' dich lieb,
Du bist mein einz'ges Glück! (DHA II, 71)

Tjutčev [Dorn]

Von Land zu Land, von Stadt zu Stadt
Das Schicksal weht uns seine Bahn
Ob es mißfällt, ob es behagt,
Was gilt es ihm? Voran, voran!

Vertrauten Klang uns trug der Wind:
Der Liebe letztes Lebewohl...
Viel Tränen einst geflossen sind,
Nun vor uns Nebel, ungewisses Los!

Tjutčev

Iz kraja v kra, iz grada v grad
Sud'ba, kak vichr', ljudej metet,
I rad li ty, ili ne rad,
Čto nuždy ej?.. Vpered, vpered!

Znakomyj zvuk nam vetr prines:
Ljubvi poslednee prosti...
Za nami mnogo, mnogo slez,
Tuman bezvestnost' vperedi!

Man vergleiche »Es treibt dich fort von Ort zu Ort« mit »Iz kraja v kraj, iz grada v grad« (wobei die Lautfolge s-tr-rt rt-rt als -kr-kr gr-gr wiedergegeben wird), hier gilt es, die Lautqualität der Wiederholungen zu beachten. Trotz anderer Wortwahl bleibt die Sinnausrichtung in dieser Anfangszeile dieselbe, dazu kommt die syntaktische Entsprechung »von Ort zu Ort« – »iz kraja v kraj« mit der klaren Zäsur nach dem zweiten Jambus. In beiden Gedichten (Heine – Tjutčev) fällt dasselbe Enjambement auf, das die letzte Zeile zerteilt, danach folgt »fort, nur fort!«, das mit der Laut-Entsprechung »vpered, vpered« [phonetisch: »wperjot, wperjot«] wiedergegeben wird.

Eine weitere Besonderheit in dieser Version besteht in Folgendem: Während bei Heine ein intimer lyrischer Ton vorherrscht, verändert Tjutčev durch die Einführung des unpersönlichen »my« [»wir«] die Färbung des gesamten Gedichts. Schon die erste Strophe zeigt die Wegbewegung vom rein lyrischen Thema, geht über die Grenzen der Lyrik hinaus und erhält den Charakter einer von einem Chor getragenen dramatischen Handlung. Der Chor beginnt (die ersten beiden Strophen), der Chorführer stimmt ein (die drei folgenden Strophen), dem antwortet der Chor (die beiden letzten Strophen). Tynjanovs poetisches Ohr lauscht den Unterschieden in Laut, Versstruktur, Rhythmus nach, sieht die semantischen Verschiebungen, die Entstehung neuer Zusammenhänge – statt intimer Liebessemantik wird hier die Schicksalsthematik mit antikisierender Interpretation siebenstrophig ausgefaltet, ohne an poetischer Präzision zu verlieren. Trotz Tjutčevs Bemühen, ein Analogon der metrischen und klanglichen Besonderheiten Heines zu schaffen, ist der Unterschied, der die beiden Gedichte thematisch, kompositionell und rhythmisch trennt, so groß, dass man »Iz kraja v kraj« noch weniger als die anderen Übertragungen zu den sogenannten Übersetzungen zählen kann. Das lapidare »O komm zurück, ich hab dich lieb, / du bist mein einz'ges Glück« wird in drei Strophen ausgeführt. Statt lexikalischer Schlichtheit tritt Pathos auf, werden rhetorische Wendungen eingebracht.

Rhetorisches gilt auch für Tjutčevs Version von »Der Schiffbrüchige« [»Korablekrušenie«, wörtlich »Der Schiffbruch«].

Heine

Schweigt, Ihr Wogen und Möven!
Vorüber ist Alles, Glück und Hoffnung,
Hoffnung und Liebe! Ich liege am Boden,
Ein öder, schiffbrüchiger Mann,
Und drücke mein glühendes Antlitz
In den feuchten Sand. (DHA I, 402)

Tjutčev [Dorn]

Schweigt still, ihr Vögel, rauscht nicht, Wogen,
Alles verlorn – das Glück und alle Hoffnung,

Die Hoffnung und die Liebe! Hier allein,
Vom Sturm an öden Küstenstrich verschlagen,
Lieg hingestreckt ich, glühenden Gesichts
Im feuchten Sand des Meeresgrunds ich grabe.

Tjutčev

Molčite, pticy, ne šumite, volny,
Vse, vse pogiblo- sčast'e i nadežda,
Nadežda I ljubov'!...Ja zdes' odin, –
Na dikij breg zabrošennyj grozoju,
Ležu prostert – rdejuščim licom
Syroj pesok morskoj pučiny roju!

Tynjanov zeigt, wie hier Heines lapidares »In den feuchten Sand« in der letzten Zeile amplifikatorisch ausgedehnt wird. Was macht Tjutčev? Immer wieder wird sein Versuch deutlich, Entsprechungen zu Heine zu schaffen, wobei die eigene russische lyrische Tradition, und zwar die ältere Tradition, seine Sprache maßgeblich bestimmt. So auch die Wiedergabe von Heines:

Und aus dem süßen, blassen Antlitz;
Groß und gewaltig, stralt ein Auge,
Wie eine schwarze Sonne.

O, du schwarze Sonne, wie oft [...] (DHA I, 402)

Bei Tjutčev als:

Und aus dem lieblich-blassen Angesicht
Das flammend-aufgerißne Auge
Leuchtet wie eine schwarze Sonne!
Oh, eine flammend-schwarze Sonne.

Hier klingt Gavrila Deržavin mit, der große Odendichter des 18. Jahrhunderts. Die Diskrepanz zwischen dem Wunsch, ein Analogon herzustellen und zugleich der eigenen stilistischen (lexikalischen) Tradition zu entsprechen, tritt deutlich hervor. Es ist zweifellos bemerkenswert, dass Tjutčev, der archaisierende Tendenzen mit Romantismen verbindet und als ein philosophierender Dichter rezipiert wird, just Heine-Gedichte übersetzt, die ihm eigentlich gegen den poetischen Strich gehen, etwa wenn er sich Gedichten wie »Liebste sollst mir heute sagen«, oder »In welche soll ich mich verlieben« zuwendet.

Tynjanovs analytischer Blick auf Heines Technik lässt Strategien sehen, die der Heine-Forschung vertraut sind, doch gilt es, auf das frühe Entstehungsdatum seiner Studie hinzuweisen. Bemerkenswert erscheinen mir Beobachtungen zu Heines Umgang mit dem Genre. So heißt es, dass Heine sich der kanonischen Genres ausschließlich als eines stilistischen Mittels bediene. In den »Fresco-Sonetten« werde die strenge Sonettform durch eine ihr beigemischte und nicht entsprechende düstere phantastische Thematik völlig verändert. Wenn sich Heine der Ballade annimmt, könne man nicht wissen, ob das Gedicht auch als Ballade endet. So etwa beginne »Der Apollogott« mit einem streng kanonischen Balladen-Teil, der im zweiten Teil durch die Einführung von auf Fremdwörter angelegten Reimen gestört und im dritten Teil durch jargonnahe Prosaismen abgelöst werde. Zwischen dem Einsatz des Phantastischen einerseits und des Realen andererseits sieht Tynjanov keine Grenze, da es Heine ausschließlich um die Funktion gehe. Folglich hätten die realen Details, die er in seine Verse einbringt, lediglich stilistische Bedeutung, so in »An Jenny«. Ebenso trete Phantastisches nur dann auf, wenn es diese Rolle zu spielen hat, z. B. als Witz (im Original deutsch), der durch eine oxymorale Vermischung mit Realem entstehe (die Erscheinung des Doktor Ascher) oder wenn das Phantastische als Motivierung (russisch »motivirovka«, hier als formalistischer Kernbegriff gemeint) unerwarteter Zusammenstellungen fungiere.

Aber nicht nur der kanonischen Form und deren Durchbrechung, sondern auch den verbalen Verfahren Heines gilt Tynjanovs Augenmerk, darunter auch dem die Übersetzung erschwerenden Epitheton und dessen semantischer Funktion, die jener des romantischen Epithetons entgegengesetzt sei. Heines Epitheton, dessen Einsatz er als hervorragendes Element seines Stils betrachtet, bestehe im widersprüchlichen Spiel mit dem zu Bezeichnenden und verzichte, anders als das romantische, auf eine Einbettung im Realen. Hier betont Tynjanov wie auch an anderer Stelle den Aspekt des Spiels, der Suspendierung konkreter Bedeutung und zitiert »Die Kleine, die Feine, die Reine, die Eine« (DHA I, 136) oder »Riesenmährchen, todtschlaglaunig« (DHA I, 364), »Schönste Sonne unter den Mädchen, Schönstes Mädchen unter der Sonne« (DHA I, 264). Tynjanov hebt zum einen den musikalischen Effekt, zum andern den Chiasmus hervor. Im »Buch der Lieder« stellt er Epitheta aus der Volksliedtradition heraus; im Zyklus »Die Nordsee« dagegen trifft er auf homerische Epitheta wie »gedankenbekümmert«, »glührote Streifen«, »wiegenliedharmonisches Singen«, »die Well'n wuthschäumend« (DHA I, 358 f., 379).

Der mehrfach von Tynjanov betonte Begriff »verbales Spiel« bedeutet den Höhepunkt des Umgangs mit Sprache, wobei es sowohl um grammatische Ordnung als auch um Abweichungen von der Regel geht. Sprache ist nicht nur Vehikel, sondern Gegenstand der poetischen Reflexion. Bezüglich Heine macht Tynjanov deutlich, dass es nicht das Thema ist, welches ein Verfahren erzwingt, sondern dass sich das Verfahren ein Thema sucht – eine rein formalistische Argumentation. Die Substanz der Übersetzungen besteht für Tynjanov, den Muttersprachler, nicht in der Thematik, sondern in der Wahl der Sprachebene, in Metrik und Lautgestalt, vor allem aber im Rhythmus, den er als »konstruktiven Faktor des Verses« bezeichnet.[42] Die verfahrensbezogene Analyse Tynjanovs eröffnet zweifellos neue Perspektiven sowohl auf Heine wie auf Tjutčev.[43]

Nochmals: Tjutčev hat seine Gedichte nur selten und zögerlich als Übersetzungen bezeichnet. Man kann hier von Versionen, Variationen, ja Fehl-Lesungen in einem positiven Sinn sprechen. Heines Gedichte werden bezüglich ihrer Metrik und Reimstruktur bearbeitet, ihre Themen werden interpretiert. Daher ist es im Falle Tjutčevs besonders schwierig, von Übersetzung oder Übertragung zu sprechen, eher wäre die allerdings ebenfalls ungenaue Bezeichnung ›Nach-Dichtung‹ heranzuziehen. Von Plagiat kann man zweifelsohne nicht sprechen, eher von einer vertrackten Intertextualität, aus der ein Text eigener Prägung hervorgeht. Im Russischen gibt es den hilfreichen Begriff des »pereosmyslenie« [wörtlich »Umsinnung«], der so etwas wie Sinntransformation bedeutet. Bei Tjutčev ist es ein Weiterschreiben, wie im siebenstrophigen Gedicht, das einem dreistrophigen folgt. Ein Weiterschreiben, aber auch ein Umschreiben, das ein Angleichen an die bestehende Tradition ebenso anstrebt wie den Versuch, dem fremden Text seine Idiomatik zu belassen. Die Differenz, die Tjutčev einbringt, lässt die Besonderheit des Originals ebenso goutieren wie sie das Potential der russischen Verskunst bekundet.

Tynjanov, der eine Art Vorformulierung für ›Intertextualität‹ liefert[44], hat in der Tjutčev-Studie Entlehnung [zaimstvovanie] von Einfluss [vlijanie] unterschieden. Einfluss versteht er als Übertragung eines kompositionellen Verfahrens [priem], unabhängig von der Thematik oder dem Sujet, aus der Kunst eines anderen oder aus fremder Literatur in das eigene Werk; Entlehnung erscheint dabei als Spezialfall des Einflusses, und zwar als Übertragung eines thematisch bereits eingebetteten Verfahrens oder als Übertragung eines thematischen oder verbalen Elements, das bereits bearbeitet ist. Ebenso verhält es sich bei Entlehnungen aus fremdnationaler Literatur. Ein Fragment künstlerischen Schaffens, aus seiner Mitte gerissen und aus seiner nationalen Tradition gelöst, spielt in dem neuen Zusammenhang, in den es eintritt, eine völlig andere Rolle, gewinnt durch den Verlust seiner ursprünglichen Färbung eine andere, die das neue Milieu vermittelt.[45] Tynjanov schließt seine vergleichende Analyse mit den Worten ab:

> So hat die fremde Kunst Tjutčev als Vorwand gedient, Werke zu schaffen, deren Tradition auf russischem Boden bis ins 18. Jahrhundert zurückgeht.« Und weiter: »Er stilisierte, indem er genetisch auf die deutsche Romantik zurückging, die alten Derševinschen Formen und verlieh ihnen neues Leben – vor dem Hintergrund Puškins.[46]

Neben Tjutčev sind seit den 30er Jahren auch andere Übersetzer, zumeist selbst anerkannte Dichter, aufgetreten, um sich des Heine'schen Werks zu ›bemächtigen‹.⁴⁷ Für viele Übersetzungen gilt, dass sie die ironische Brechung im »Buch der Lieder« durch eine triviale Romantisierung überspielen oder untergraben, die nicht nur Heines Poetik widersprach, sondern auch das Niveau der zeitgenössischen russischen Literatur zu ignorieren schien. Auf diese Weise wurde einer Heine-Mode der Weg gebahnt, die einzig durch das Aufgebot von zum Teil glänzenden Heineparodien gezügelt werden konnte. Letztere galten nicht dem Heine'schen Werk, sondern den poetischen Verzerrungen, denen es zum Opfer gefallen war. Die parodistischen Texte und die sie begleitenden Karikaturen gewähren Einblick in eine ungemein lebendige Literaturszene, die ein spezifisches Genre produziert hat: eben die Heineparodie.⁴⁸

4. Annenskij-Heine

Während die Parodie die eine Antwort auf den falsch, nämlich seicht, gelesenen Heine war, besinnen sich die Dichter der Jahrhundertwende auf die formalen Qualitäten der Heine'schen Dichtkunst, allerdings nicht ohne die Übersetzergenerationen der 50er bis 90er Jahre entsprechenden Bewertungen unterzogen zu haben. Dabei spielt der Topos der Unübersetzbarkeit ebenso seine Rolle wie die Überzeugung, dass gerade die russischen Dichter ein besonderes Verhältnis zu Heine hätten. So etwa schreibt der symbolistische Dichter Innokentij Annenskij (1856–1909) in seinem großen Essay »Genrich Gejne i my« (2006)⁴⁹ [»Heinrich Heine und wir«]: »Wenn es ein Volk gibt, das Heine vom Geist her nahe ist, dann gewiss das russische.« Insbesondere in den 60er Jahren und Anfang der 70er⁵⁰ habe man Heine in Russland mehr geliebt als die eigenen Dichter.

Es lohnt sich hier, Annenskijs ausführliche Ansichten auszugsweise zu referieren und damit zugleich auf die Herausbildung eines spezifischen, der Heine-Interpretation in Russland gewidmeten Diskurses zu verweisen, der sich neben dem rein literaturwissenschaftlichen etabliert hat. Annenskij, selbst Übersetzer einiger Heine-Texte⁵¹, reflektiert die formale und »weltanschauliche« Seite des Heine'schen Werks und zeigt die Momente auf, die an Russisches anschließbar sind. Dazu gehört Heines undogmatisches Verhältnis zur Religion (mit Verweis auf »Disputazion«). Sogar seine Gotteslästerei, heißt es, sei Zeichen für sein religiöses Interesse. Er habe in den Religionen das Feuerwerk, das Gedankenspiel geliebt, in der Religion selbst das Pathos, kein rhetorisches, sondern ein echtes, so in »Die Wallfahrt nach Kevlaar«. Der religiösen Ekstase habe er sich ganz hingegeben, einer Ekstase, »die kristallklar und frei sein musste wie ein regebogenfarbener Wasserfall in einer staubigen Stadt in ihrer Mittagshitze.« Eben einen solchen Eindruck hinterlasse »Frieden« aus dem ersten Zyklus der »Nordsee«, wo ein Christus sich dem Dichter als heißer Sonnentag auf den Wellen der Nordsee gezeigt habe.

Annenskij suggeriert des Weiteren: Nicht nur habe Russland Heine auf eine besondere Weise begriffen, sondern man habe seine ›Wahrheit‹ besser vorausgesehen als irgendein anderes Volk. Die Gründe dafür: Den Russen sei das Unglückhafte und Leidende nahe, das sie in Heine sahen, auch die Abneigung gegenüber allem Abgeschlossenen, Erstarrten, allgemein Anerkannten, das für Russland gelte, habe diese Nähe zu Heine ermöglicht. Doch was Heine in besonderem Maße russisch mache, sei sein Verhältnis zu »Heimat«. Annenskij nennt es eine wilde Liebe, in der das ästhetische Prinzip durchbreche. Annenskijs Tonfall wird ruhiger in seinem Resümee der Heine-Übersetzungen des 19. Jahrhunderts, wobei auch unterschiedliche Übersetzungstheorien zur Sprache kommen. Er betont die Qualität solcher Übersetzer wie Tjutčev, Lermontov, Apollon Majkov, Afanasij Fet und Aleksej Tolstoj. Kritisch verweist er auf den Modus einer Heine-Verfälschung durch Bevorzugung einer zu lieblichen, leicht eingängigen, einem Walzer von Lanner vergleichbaren Manier. Er hebt Petr Vejnberg [Weinberg] hervor, den ersten großen Herausgeber Heines, der sich als »Heine aus Tambov« in die russische Literaturszene einzugliedern versuchte.[52] Die Russifizierung Heines in den Übersetzungen kommentiert er mit ironischer Distanz, doch wesentlich ist ihm ein anderes. Seinen hochgestimmten Tonfall wieder aufnehmend, ruft er aus: »Wer kann sagen, dass er nie einige Seiten aus Heine durchlebt habe und zwar ganzheitlich, seelisch.« Und schließt daran an: »Die Angriffe auf Heine sind uns Russen unverständlich und wir leiden mit daran, da in ihnen auch das Pessimistische des Antisemitismus mitschwingt.«

Doch Annenskij geht es auch um Formales. Er verweist auf die Gleichheit der Bilder, die einige Heine'sche Symbole bestimmen, auf die von Farbigkeit durchdrungene Poesie, die hierin der Lyrik der alten Hebräer ähnle – »diese Rosen, Lilien, Veilchen, Fichten, Palmen, Nachtigallen.« Das allerdings habe die Kritik zur Genüge festgestellt, doch dürfe man nicht vergessen, dass in der Lyrik, insbesondere einer so musikalischen wie der Heines, häufig gerade »der Zusammenklang, die Melodik oder die rhythmische Färbung bestimmt sei, nicht sosehr dieses oder jenes Symbol« – ein Aspekt, der späteren Analysen vorgreift. Heines »Liebe für die Märchenwelt des deutschen Waldes, der bacchischen Nixen, der trügerischen Elfen und berechnenden Gnome« sieht Annenskij in »Waldeinsamkeit«, aus den »Lamentazionen«, wo »das Zauberreich der bunten und ungeordneten Wirklichkeit der Moose und Farne in Form einer eigenartigen nur träumerisch zu fangenden Illusion« erstehe. Annenskij verfolgt bewundernd den von Heine hergestellten schnellen Wechsel der Bilder und der Stationen, denen sie sich verdanken: Ägypten, Siam, Hastings, Versailles, Kohlengrube, Palästina, Jardin Mabille. Abschließend ist die Rede von der »alptraumhaften Vielfalt, der reichen und schlaflosen, nachgerade nervösen Phantasie Heines, die ihr Gegenstück in seiner beißenden »Ironie« finde.«[53] Dieser dem ›Genie‹ Heine und seinem Werk gewidmete, umfangreiche Essay gehört mit seiner sowohl analytischen wie empathischen Seite wesentlich in die sich herausbildende Tradition eines Heine-Diskurses.

5. Blok-Heine

Auch Aleksandr Blok hat aus symbolistischer Perspektive ein Heine-Bild entworfen, dem wiederum Tynjanov in einer 1917–1918 entstandenen, allerdings nicht abgeschlossenen und nach ihrer Erstpublikation[54] nicht wieder aufgelegten Studie nachgegangen ist. Der Hinweis auf letztere ist Omri Ronen zu verdanken, der den Literaturwissenschaftler Tynjanov anlässlich der ›Tynjanov-Lesungen‹ in einem Vortrag neu ins Bewusstsein zu rücken versucht[55], indem er dessen poetologische Ausrichtung und Rolle bei der Theoriebildung der Formalisten akzentuiert und sich gegen die »Falschlesung« wendet, die Tynjanov durch die »Neoformalisten« widerfahren sei. Er verweist nachdrücklich auf bestimmte formale Entdeckungen Tynjanovs, die Folgen für die Begrifflichkeit und analytische Methode hatten. So etwa das Konzept der Sukzessivität der eine Dichtung ausmachenden Elemente, das jenem der Simultaneität, des Synchronen entgegengesetzt sei. Er erläutert, die Wahrnehmung prosodischer, suprasegmentaler phonologischer Merkmale ergebe sich nur in der Aufeinanderfolge, denn nur in der Aufeinanderfolge unterscheide man die betonte von der unbetonten Silbe, die Länge von der Kürze. Es geht um die Realisierung der semantischen Struktur des poetischen Textes, die in der formalen sukzessiven Geordnetheit zutage tritt, eine Beobachtung, die Tynjanov in seinen Heine-Tjutčev- und Heine-Blok-Analysen bestätigt findet. Omri Ronen sieht in der Arbeit zwei konkurrierende Blickweisen, eine literaturhistorische, die es Tynjanov erlaubt, Blok als Schüler Heines erscheinen zu lassen, und eine typologische, in der Heine und Blok als poetologische und poetische Opponenten auftreten. Gerade den letzten Punkt belegt Ronen mit einem Zitat aus Tynjanovs Text, das ich hier in Übersetzung anführe:

> Blok und Heine repräsentieren zwei Pole der Poesie. Der eine schafft seine Kunst nach dem Merkmal der Emotionalität, der andere nach dem Merkmal des reinen Wortes. Die primitiv-emotionale musikalische Form, deren Urbild die Romanze sei und das literarische, sprachliche Ornament, dessen beste Vorform die Arabeske ist./[...]/Und wenn Heine für immer Beispiel und Vorbild der sich selbstgenügenden Sprachkunst ist und sein Zeichen

über der neuen Poesie steht, so erscheint Blok als Beispiel eines großen Künstlers in der untergeordneten Art der Poesie, der emotionalen.

Es ist bemerkenswert, wie Tynjanov hier die beiden Autoren quasi unterschiedslos, als seien sie Zeitgenossen und gehörten zur selben nationalen Tradition, bezüglich ihrer Poetik diskutiert. Es geht ihm dabei um die Profilierung zweier entgegengesetzter poetischer Prinzipien, die die russische Dichtung zu Beginn des 20. Jahrhunderts bestimmen und deren eines als von Heine repräsentiert gesehen wird. Tynjanov konstruiert einen Gegensatz zwischen der emotional-expressiven Innerlichkeitslyrik Bloks und einer Lyrik des Wortes, die sich selbst genügt und zu einer Art Selbstreflexion tendiert. Heine wird für Tynjanov der Parteigänger einer postsymbolistischen, stark formbezogenen Dichtung. »Den Stoff gänzlich in die Form absorbieren«, wie es Immermann in der erwähnten Besprechung von Heines »Harzreise« formuliert, klingt wie die Vorwegnahme eines Diktums von Tynjanov, der Heine mit Mozart vergleicht – für ihn die Verkörperung der reinen Form.

Doch ist die Gegenüberstellung nicht ganz zutreffend. Denn Blok ist Heine näher, als Tynjanov einräumt. Zum einen hat er sich als Übersetzer auch formal mit Heines Texten beschäftigt (zu seinen Übersetzungen gehört »Still ist die Nacht, es ruhen die Gassen«)[56] und die Zyklenbildung seiner Gedichte auf Heines »Buch der Lieder« bezogen, das er wie einen Roman in Versen zu lesen vorschlug, zum andern hat er Heine zum Gegenstand einiger Texte zur Literatur gemacht. So in »Herzen und Heine«, »Ironie«, besonders aber in seinem 1919 erschienen Essay »Heine in Rußland«. In diesem Text hat er alle russischen Heine-Übersetzungen einer vernichtenden Kritik unterzogen[57], wobei er durchaus formal(istisch)e Kriterien benutzt. Trotz der lebhaften Übersetzungstätigkeit und der vielen Publikationen im 19. Jahrhundert wage er zu sagen, die russische Sprache kenne den wirklichen Heine noch nicht. Das künstlerische Bild Heines sei versunken und die »liberale Legende« über Heine habe Platz gegriffen und sein Bild gänzlich verstellt. Die Übersetzungen des 19. Jahrhunderts hält er für Verfälschungen, die einen (dafür steht Michail Michajlov) ignorierten in romantisierender Manier jene Unerbittlichkeit und scharfe Einfachheit, die Heine charakterisieren, die andern (dafür steht Apollon Grigor'ev) outrierten Heines lapidare Ironie, hätten unerträgliche Prosaismen und inakzeptable Neologismen in Umlauf gebracht, aber zumindest so etwas wie ein Puškineskes Formverständnis bewiesen. Heine wird hier nochmals als der große deutsche Dichter herausgestellt, es heißt, nahezu apodiktisch: »Wir alle sind von der provokatorischen Ironie Heines durchdrungen.«[58] Und es wird dazu aufgerufen, nunmehr das Russische diesem Werk tatsächlich zu öffnen. Blok verwirft vehement die Fehldeutung Heines als Verfechter des Liberalismus und geht so weit, ihn als Antihumanisten zu bezeichnen, um die ästhetische Seite herauszustellen. Die humanistische Zivilisation des 19. Jahrhunderts sei am Ende, es sei eine Zeit des Umbruchs: Das zoon politikon werde zum reinen Künstler (Blok benutzt den Ausdruck »Artist«). Dies ermögliche einen neuen Blick auf das 19. Jahrhundert, eben auch auf Heine. Heftig klingt auch sein Diktum in »Herzen und Heine«: »Hier ist nicht der Platz, sich darüber auszulassen, wie in den Hirnen der Liberalen das Antlitz Heines allmählich verzerrt wurde.«[59] Nochmals: nicht der ethische, nicht der politische, nicht der humanistische, sondern der Artist Heine müsse nun endlich in die russische Sprache Eingang finden. Es ist just Tynjanov, der 1932 und 1934 neue Übersetzungen der Lyrik und des Versepos »Deutschland. Ein Wintermährchen« vorlegt, die der Forderung Bloks nahekommen, das heißt die Blok hätte als Beginn einer tatsächlichen Einführung Heines in die russische Sprache begrüßen können.[60]

Bloks Text über Heine hat sein Pendant in einer Rede, die er anlässlich einer Puškin-Feier zum 84. Todestag des Dichters über »Die Bestimmung des Dichters« 1921 gehalten hat. Sie setzt ein mit den Worten:

> Unsere Erinnerung wahrt seit frühester Kindheit einen heiteren Namen: Puškin. Dieser Name, dieser Klang erfüllt viele Tage unseres Lebens. Da sind die düsteren Namen von Imperatoren, Feldherren, Mordwaffenerfindern, Folterknechten und Märtyrern des Lebens. Und daneben dieser anmutige Name: Puškin.[61]

Auch hier liegt der Akzent auf der Form, auf dem Artistischen. Es geht Blok um die Rolle Puškins als Sprachschöpfer, die ungeheure Macht der Poesie (nicht der Weltanschauung). »Puškin – Poet« heißt es emphatisch. »Poet, das ist eine unveränderliche Größe, selbst wenn die Sprache, die Verfahren veraltet sein mögen, das Wesen des dichterischen Werks bleibt bestehen.« Puškin ist nicht Dichter, weil er Verse schreibt, sondern er schreibt in Versen. So werden in Bloks Poetologie Puškin und Heine als die Dichter der autonomen Form miteinander verbunden.

Im Falle der versuchten Einverleibung Heines in die russische Literatur mit ihrer eigenen Tradition wird die Berührung von eigen und fremd deutlich und ihre Fraglichkeit ist Thema immer neuer Betrachtungen geworden, in denen die Übertragungs-Übersetzungs-Nachdichtungsergebnisse von kritischen Muttersprachlern sondiert werden. Nur durch deren Kommentare wird auch dem Nichtmuttersprachler verständlich, dass in den Assimilierungsversuchen das Andere erhalten bleiben, dass der fremde Text, Heine, wie in einem Palimpsest im darüber gelegten durchschimmern muss. Der Versuch, Heine mit Analogien gerecht zu werden, das heißt seine Poetik zu verstehen und dialogisch auf sie zu antworten, führt zu Um-Setzungen von einer Tonart in die andere, einer Lautgestalt in die andere auf der Schwelle zwischen der eigenen Tradition von Metren und Rhythmen und der fremden Form, deren Andersheit als das Neue, Aufstörende spürbar bleibt. Die Überlegungen zur Transposition der Metren und rhythmischen Struktur, um Analoga herzustellen, berühren sich mit solchen, die dem Text-Text-Kontakt im Allgemeinen, also der Intertextualität gelten. Transposition erscheint als eine Art unklaren Echos in einer andern Sprache. Allein Heines Name widersetzt sich einer echten Russifizierung, man kann aus »H« ein »G« machen, was ja auch den Vornamen betrifft, Genrich Gejne, aber Gejne kann man nicht flektieren (bei Schiller und anderen deutschen Geistern lässt sich das bewerkstelligen), aber man kann von Gejne durchaus ein Adjektiv ableiten: gejnevskij, heinisch. Somit wird Heine, zumindest in Adjektivform, morphologisch eingegliedert – ein wenig heimisch.

Heines Integration in die russische Literatur, ja in das russische kulturelle Gedächtnis ist partiell und exemplarisch zugleich, eine Einverleibung, die dem ursprünglichen Fremdkörper noch etlichen eigenen Spielraum belässt.

Nachtrag

Zum Frühwerk von Boris Pasternak gehört die Erzählung »Der Strich des Apelles. Il tratto di Apelle« (1915), in der Heine als der »Dichter aus Westfalen« mit dem Zug nach Ferrara fährt und dort in eine erotische Verwicklung gerät. Der schnell entflammten Dame gelingt ein Porträt Heines, das der Porträtierte selbst als »Strich des Apelles« bezeichnet – ein gelungener Strich des Pasternak:

– Ich höre Ihnen zu, Signora.
– Viel lieber würde ich Ihnen zuhören, Signor. Sie scheinen sehr klug zu sein und auch ein wenig sarkastisch. Gleichwohl scheuen Sie Banalitäten nicht. Seltsam, aber eigentlich kein Widerspruch. Ihr theatralisches Pathos...
– Entschuldigen Sie, Signora. Pathos – das heißt auf griechisch soviel wie Leidenschaft und bedeutet auf italienisch einen ätherischen Kuss, Bisweilen drängen sich...ätherische...auf...
– Schon wieder! Lassen Sie das, es ist ganz unerträglich! In Ihnen steckt ein Geheimnis; erklären Sie sich. Und hören Sie zu, lieber Herr Heine , bitte, seien Sie mir nicht gram. Abgesehen davon sind Sie trotz allem – ob Sie mich für diese Vertraulichkeit tadeln werden?-, sind Sie eben doch – mit Ihrer kindlichen Natur – etwas ganz Ungewöhnliches. Nein, das ist nicht das richtige Wort – ein Dichter sind Sie. Doch, doch, fragt sich bloss, warum ich nicht gleich draufgekommen bin, ein Blick genügt – man sieht es Ihnen an. Sie sind ein Taugenichts, von Gott gewählt und vom Schicksal verwöhnt. [...]
– Wie klarsichtig Sie sind! Mit einem Strich, mit dem Strich des Apelles mein ganzes Wesen wiederzugeben und die Situation so ganz und gar zu erfassen![62]

Anmerkungen

1 Vgl. dazu die Darstellung von Frank Stelzner: Dr. med. Maximilian von Heine (1806 bis 1879). Ein Arzt zwischen Deutschland und Russland. Diss. masch. Leipzig 2004. Über Maximilian Heine und die russische Literatur vgl. Christian Liedtke: Maximilian Heines literarische Russland-Ansichten. – In: Russkij Gejne. Der russische Heine. Russlands Blick auf Heinrich Heine. Hrsg. von Bernd Kortländer und Ursula Roth. Düsseldorf 2011, S. 73–85.

2 Zitiert nach: E. E. Najdič: Pis'mo Puškina k Gustavu Nordinu. – In: A. Puškin: Issledovanija i materialy. ANSSSR. Moskau, Leningrad 1958, Bd. II, S. 217–223.

3 So eine Notiz in einem der Bände. Vgl. Najdič: Pis'mo Puškina k Gustavu Nordinu [Anm. 2], S. 222. Alle Werke Heines wurden der Zensur unterworfen. »De l'Allemagne« wurde 1835 verboten, der Zensor V. I. Soc schrieb dazu: »der Autor läßt seinem Scharfsinn (ostroumie) freien Lauf und spottet über wichtige und heilige Dinge«. (Ebd., S. 222).

4 Aleksandr Puškin: Polnoe sobranoe sočinenij v desjati tomach. Moskau 1956–58. Bd. II, 205.

5 Ebd., Bd. VIII, S. 531.

6 Vgl. Najdič: Pis'mo Puškina k Gustavu Nordinu [Anm. 2], S. 221.

7 Zu Lebens- und Werkgeschichte vgl. Reinhard Lauer: Aleksandr Puškin. Eine Biographie. München 2006. Erste französische Übersetzungen erscheinen 1823, es sind Auszüge aus »Ruslan und Ljudmila«, 1826 wird »Bachčisarajskij fontan« [»Die Fontäne von Bachtschisarai«] übersetzt. Bekannter werden die Prosaübersetzungen, die Prosper Mérimé in den 30er Jahren vorlegt. Trotz enthusiastischer Beurteilung des »Génie de Pouchkine« hält sich der Topos der Unübersetzbarkeit: »Pouchkine intraduisible«.

8 Vgl. Fëdor Dostoevskij: Reč' o Puškine. – In: Ders.: Sobranie sočinenij v 30 tomach, Bd. XXVI.

9 Vgl. German Ritz: 150 Jahre russische Heine-Übersetzung. Bern u. a. 1981. Ritz hat die Rezeptionsstufen im Kontext poetologischer Konzepte rekonstruiert und die Heine-Übersetzungen von ihren Anfängen bis in die sowjetische Zeit in seiner grundlegenden Studie analysierend vorgestellt. Zur Heine-Rezeption vgl. auch die umfängliche Geschichte der einzelnen Rezeptionsschübe bei Jakov I. Gordon: Gejne v Rossii. Bd. 1–3. Dušanbe 1973–1983 (deutsche Teilübersetzung: Ders.: Heine in Rußland 1830–1860. Aus dem Russischen von Eva-Marie Fiedler. Hamburg 1982). Eine Bibliographie der russischen Übersetzungen und der kritischen Literatur in russischer Sprache gibt A. G. Levinton: Genrich Gejne. Bibliografija russkich perevodov i kritičeskoj literatury na russkom jazyke. Moskau 1958.

10 Zu Strafversetzung und Verbannung vgl. Reinhard Lauer: Aleksandr Puškin. Eine Biographie. München 2006, S. 98 ff.

11 Zur Darstellung der verwickelten Umstände, die die Beendigung der Verbannung just kurz nach dem Dekabristenaufstand zu Folge hatten vgl. E. Vacuro: Puškin v soznanii sovremennikov [Puškin im Bewußtsein der Zeitgenossen]. Petersburg 1998.

12 Die relevanten Texte wurden zusammengestellt und kommentiert von Erika Windfuhr: Aspekte gesellschaftlicher Emanzipation. – In: Gesellschaftskritik im Werk Heinrich Heines. Ein Heine-Lesebuch. Hrsg. von Hedwig Walwei-Wiegelmann. Paderborn 1974, S. 39–59.

13 Zweifellos ist hier die Nähe zu Herzens kritischen und autobiographischen Texten stärker als zu Puškin. Herzen hat »Die Romantische Schule« (russische Kurzausgabe in »Teleskop«, 1834, und vermutlich die Vollfassung in »Europe littéraire«) gelesen. Wie Heine übt Herzen Kritik am Despotismus, wobei er keinen Unterschied zulassen will zwischen Zarismus und französischem

Monarchismus. Mit Heine und Bakunin teilt Herzen das Interesse für die polnische Befreiungspolitik. Aber Herzen ist politisch bei weitem radikaler und trennt sich weltanschaulich von Heine wegen dessen Börnekritik. Trotz der ideologischen und kulturpolitischen Unterschiede fällt eine stilistische und genremäßige Ähnlichkeit ins Auge (Sarkasmus, satirische Beschreibungen, eine Leichtigkeit im Tonfall), und es verwundert wenig, dass einige ins Deutsche übersetzte Werke Herzens in Heines Verlag Hoffmann und Campe erschienen sind.

14 Jurij Tynjanov hat die Genese des Genres Essay für die russische Literatur in Puškins Texten aufgedeckt. Vgl. Jurij Tynjanov: Archaisty i novatory [Archaisten und Neuerer]. 1929. Nachdruck hrsg. von Dmitrij Tschižewskij. München 1967, S. 228–291.

15 Puškin: Sobranie sočinenij v desjati tomach [Anm. 4], Bd. II, S. 338.

16 Übersetzt von Bruno Goetz. – In: Russische Lyrik. Gedichte aus drei Jahrhunderten. Ausgewählt u. eingel. von Efim Etkind. München, Zürich 1981.

17 Puškin: Sobranie sočinenij v desjati tomach [Anm. 4], Bd. III, S. 174, S. 87.

18 Vgl. meine Interpretation des Gedichts in dem Kapitel »Intertextualität als Gedächtnishandlung: Puškins Horaz-Transposition« in Renate Lachmann: Gedächtnis und Literatur. Intertextualität in der russischen Moderne. Frankfurt a. M. 1990, S. 303–353.

19 Übersetzt von Dietrich Gerhardt. – In: Etkind (Hrsg.): Russische Lyrik [Anm. 16].

20 Alexander Puškin: Jewgenij Onegin. Roman in Versen. Übersetzt von Rolf-Dietrich Keil. Gießen 1980.

21 Zu Puškins Sonett-Kunst vgl. Erika Greber: Das Sonett als Gattung des Wortflechtens. – In: Dies.: Textile Texte. Poetologische Metaphorik und Literaturtheorie. Studien zur Tradition des Wortflechtens und der Kombinatorik. Köln, Weimar, Wien 2002, S. 554–626.

22 Zit. nach Rezensionen zu den »Reisebildern«. – In: Heinrich Heine: Die Harzreise. Hrsg. von Bernd Kortländer. Frankfurt a. M. 2009, S. 114 ff.

23 Vgl. hierzu Jurij Tynjanovs Studie [Anm. 34].

24 Bernd Kortländer: Kommentar zu Die Harzreise [Anm. 22], S. 140.

25 Sie ging als Onegin-Strophe in die Verskunst ein und ist weiterhin in Gebrauch, selbst bei englisch schreibenden Dichtern der Gegenwart, so in Vikram Seth: The Golden Gate. New York 1986; Diana Lewis Burgin: Richard Burgin. A life in Verse. Columbus 1988.

26 Manfred Windfuhr: Kommentar zu »Aus den Memoiren des Herren von Schnabelewopski«, DHA V, 781 ff.

27 Ich halte mich hier an den Kommentar in Heinrich Heine: Deutschland. Ein Wintermärchen. Mit einem Kommentar von Joseph A. Kruse, Christian Liedtke und Marianne Tilch. Frankfurt a. M. 2010. Im Anfangsteil geht der Kommentar auf den Anspielungsreichtum des Heine'schen Textes ein – auch hierzu gibt es ein Pendant in Puškins Versroman. Vladimir Nabokov hat zu »Eugen Onegin« einen fast 2000 Seiten umfassenden Kommentar verfasst, um den Verästelungen der Allusionen auf Gesellschaftliches, Politisches, Kulturelles, Historisches nachzukommen.

28 Kommentar in Heinrich Heine: Deutschland. Ein Wintermärchen [Anm. 27], S. 110.

29 Übersetzt von Keil [Anm. 20].

30 Übersetzt von Keil [Anm. 20].

31 Übersetzung von Ulrich Busch: Eugen Onegin. Zürich 1981.

32 Übersetzt von Keil [Anm. 20].

33 Vgl. Fedor I. Tjutčev: Im Meeresrauschen klingt ein Lied. Ausgewählte Gedichte. Russisch und Deutsch. Hrsg. und übersetzt von Ludolf Müller. Dresden 2003.

34 Das bislang unveröffentlichte Werk, eine nicht abgeschlossene, zwischen 1917 und 1920

entstandene Qualifikationsarbeit Tynjanovs (die neben dem analytischen Teil einen ersten rein biographischen, das Verhältnis Heine-Tjutčev in Deutschland betreffenden Teil umfasst), wurde von A. P. Čudakov erstmalig nach dem Manuskript mit ausführlichem Kommentar publiziert. Mir war diese Publikation nur online zugänglich. Allerdings gibt es in »Archaisty i novatory« [vgl. Anm. 14] mehrere Kapitel, die dem Verhältnis Puškin-Tjutčev, Tjutčev-Heine gelten. Vgl. auch Juri Tynjanow: Poetik. Ausgewählte Essays. Aus dem Russischen übertragen von Brigitta Schröder, Waltraud und Wolfram Schroeder. Hrsg. und mit einem Nachwort versehen von Ralf Schröder. Leipzig, Weimar 1982. Hier sind die Artikel »Heine-Porträt«, »Das Tjutschew-Problem« sowie »Tjutschew und Heine« für diesen Zusammenhang wichtig.

35 Vgl. »Das Tjutschew-Problem«, übers. Waltraut u. Wolfram Schroeder, ebd. S. 103–122.

36 In: Fedor. I. Tjutčev: Polnoe sobranie stichotvorenij. Biblioteka poeta. Leningrad 1957, S. 76.

37 »Dolnik« ist ein russischer versologischer Begriff, der in der allgemeinen Verslehre figuriert.

38 Vgl. Gordon [Anm. 9], S. 62. Gordon zitiert in diesem Zusammenhang Efim Etkinds Einschätzung der Eigenständigkeit der Tjutčev-Übertragungen. Etkind spricht von ›Transformation‹, die Tjutčev gegenüber dem Original durch Tonalität und Stil geschaffen habe, sodass man von einem »eigenen Gedicht« sprechen müsse.

39 Vgl. Alexander Nitzberg: Die ungleichen Brüder Heine und Lermontov. – In: Russkij Gejne. Der russische Heine. Russlands Blick auf Heinrich Heine. Hrsg. von Bernd Kortländer und Ursula Roth. Düsseldorf 2011, S. 41–53.

40 Tjutčev: Polnoe sobranie [Anm. 36], S. 134.

41 Vgl. Tynjanow: Poetik [Anm. 34]. Nachdichtung von Albert Dorn ebd., S. 129 ff.

42 Jurij Tynjanov: Problema stichotvornogo jazyka. [Das Problem der Verssprache]. Leningrad 1924.

43 Eine Übersetzung seiner Heine- und Tjutčev-Studien könnten der Heine-Forschung zuträglich sein.

44 Zur Intertextualitätstheorie vgl. Lachmann: Gedächtnis und Literatur [Anm. 18].

45 An anderer Stelle vermerkt Tynjanov den Unterschied zwischen ›Tradition‹, die er als national begreift, und der Genese eines Werks, die durch Berührung mit fremder, eigener und fremdnationaler Literatur entsteht.

46 Tynjanow: Poetik [Anm. 34], S. 123–134.

47 Vgl. dazu die Darstellungen bei Ritz, Gordon und Levinton [Anm. 9].

48 Reinhard Lauer: Der »russische Heine« oder Der Dichter als Kunstwerk. – In: Deutschland und Rußland. Aspekte kultureller und wissenschaftlicher Beziehungen im 19. und frühen 20. Jahrhundert. Hrsg. von Dittmar Dahlmann und Wilfried Potthoff. Wiesbaden 2004, S. 59–94. Reinhard Lauer hat in seinem Artikel nicht nur Rezeptionsetappen des Heine'schen Werks dargestellt, sondern auch der Heineparodie besondere analytische Aufmerksamkeit gewidmet und diese erstmalig als Genre profiliert.

49 In: Innokentij F. Annenskij: Kniga Otraženij. Moskau 1979.

50 Es ist die Zeit nach dem Ende der sogenannten »Goldenen Epoche«, die von der Puškinschen Plejade geprägt war.

51 Vgl. Heinrich Heine: Gedichte aus dem Buch der Lieder in Übersetzungen russischer Dichter des 19. und 20. Jahrhunderts. Hrsg. von Regine Dehnel und Tamara Kazakowa. Berlin 2006, S. 49, 143, 109, 125.

52 Lauer entwirft die komische Szenerie der zahlreichen Heine-Adepten und erhofften Reinkarnationen, die sich in allen Teilen des Riesenreiches als »Heine« zu Worte melden.

53 Annenskij hat 2009 in »Kniga Otraženij« einen Heine gewidmeten Text unter dem Titel »Geijne prikovannyj« [Heine gefesselt] veröffentlicht, der nicht von ungefähr mit der Nachstellung des Attributs an die nämliche Konstruktion in »Prometej prikovannyj« [Prometheus gefesselt] gemahnt.

54 »Blok i Gejne« [Blok und Heine] wurde in dem Sammelband »Ob Aleksandre Bloke« [Über Aleksandr Blok] 1921 veröffentlicht. Lediglich der Blok betreffende Teil wurde in den Band »Archaisten und Neuerer« [Anm. 14] aufgenommen.

55 Omri Ronen hat diese Arbeit nicht nur kommentiert, sondern auch ausführlich daraus zitiert. Sein Vortrag, der mir nur online zugänglich war, hat mir grundlegende Einsichten in die bipolare Argumentation Tynjanovs und daraus sich ergebende Folgerungen erlaubt.

56 In Heine: Gedichte aus dem Buch der Lieder in Übersetzungen russischer Dichter [Anm. 51], Bloks Übersetzungen S. 139, 143, 147.

57 Aleksandr Blok: Gejne v Rossii. – In: Ders.: Sobranie sočinenj. Moskau, Leningrad 1962, Band 6, S. 115–128.

58 Aleksandr Blok: Ironie. – In: Alexander Block: Ausgewählte Werke. Hrsg. von Fritz Mierau, übersetzt v. Ingeborg Schröder. München 1978, Bd. 2, S. 152–157.

59 Ebd., S. 385–387.

60 Zudem hat Tynjanov im letzten Abschnitt seines geistreichen Heine-Porträts ganz im Sinne Bloks argumentiert: »Es ist die Aufgabe des Übersetzers, Heine nicht in den gewohnten, durch ihre Monotonie einlullenden metrischen Systemen zu bringen, sondern zu versuchen, eine Entsprechung zu seinen Intonations- und metrischen Systemen zu schaffen. Ich bin davon überzeugt, daß dies in unserer Zeit nicht eine Sache der Dichter ist, denen ihr Werk, ihre Systeme am wichtigsten sind, sondern die Sache des Übersetzers.« (Tynjanow: Poetik [Anm. 34], S. 102).

61 Alexander Blok: Über die Bestimmung des Dichters. – In: Blok [Anm. 57], S. 394–404.

62 Boris Pasternak: Der Strich des Apelles (Il tratto di Apelle). Aus dem Russischen von Felix Philipp Ingold. St. Gallen 1990, S. 16. Den Hinweis auf diesen Text verdanke ich der Münchener Slavistin Johanna Renate Döring.

II.

Madame C. Beaumarié:
das Album, das Reisetagebuch und der Zufall

Von Francis Maillard, Paris

Im Jahre 2007 konnte das Heinrich-Heine-Institut mit Unterstützung des Bundes, der Kulturstiftung der Länder, des Landes Nordrhein-Westfalen und der Stadt Düsseldorf das Stammbuch der Madame C. Beaumarié erwerben.[1] Mit handschriftlichen Einträgen u. a. von George Sand, Felix Mendelssohn Bartholdy, Fréderic Chopin, Niccoló Paganini, Giacomo Meyerbeer, Hector Berlioz, Franz Liszt und Bertel Thorvaldsen stellt es ein einzigartiges kulturhistorisches Zeugnis dar, die eigenhändigen Zeilen Heinrich Heines, der sein Gedicht »Ein Fichtenbaum steht einsam« darin hinterließ, machen es zudem zu einem interessanten Lebenszeugnis des Dichters. Neben solchen prominenten Protagonisten aus Kunst, Literatur und vor allem Musik[2] enthält das Beaumarié-Album auch eine Reihe weniger bekannter Namen. Das größte Rätsel gab aber bislang die Person auf, deren Namen das Album trägt und durch die (oder für die?) all diese Blätter zusammengetragen wurden. Um wen es sich bei jener »unbekannten und vermutlich nur schwer zu identifizierenden Madame C. Beaumarié«[3] eigentlich handelt, blieb, trotz der Einträge so vieler bedeutender Persönlichkeiten in ihrem Album, bisher ungeklärt.

Dank einiger glücklicher Zufälle kann ich versuchen, etwas Licht in das Dunkel zu bringen und »Das Geheimnis der Madame B.«, von dem die Presse schrieb[4], zu lüften. Denn im Besitz unserer Familie hat sich ein altes Reisetagebuch erhalten, das wir immer gepflegt haben und das bei uns von jeher als »Journal de la Cousine Beaumarié« bekannt gewesen ist. Das Heft enthält zwei handschriftliche Berichte über Reisen nach Italien, wie sie im neunzehnten Jahrhundert in der »guten Gesellschaft« als »Petit Tour« oder »Grand Tour« üblich waren und nach Neapel, Rom und Florenz beziehungsweise nach Mailand, Padua und Venedig führten. Die beiden Reiseberichte sind bisher noch nicht ausgewertet und auch noch nicht veröffentlicht worden. Ich war bereits seit einiger Zeit damit beschäftigt, sie zu transkribieren und zu edieren, mit dem Ziel, daraus wirkliche Kunstbücher über die italienische Kultur und das Reisen im neunzehnten Jahrhundert zu schaffen – das Projekt ist inzwischen ziemlich weit vorangekommen und wartet nur auf eine Gelegenheit zur Publikation –, als ich im Internet auf einmal die Presseberichte über das vom Heine-Institut angekaufte Album mit dem Namen Beaumarié entdeckte. Meine Überraschung und meine Aufregung waren kaum zu beschreiben. Hatte jenes Album etwas mit unserer entfernten Kusine zu tun? Vieles spricht dafür. Die Verbindung zu ihr erklärt jedenfalls manchen Namen und manchen Eintrag in dem Album und lässt ein Beziehungsgeflecht sichtbar werden, in deren Zentrum sie steht.

»Unsere« Madame C. Beaumarié heißt Victoire Clara Chevallier (wie in dieser Zeit üblich, war ihr zweiter Vorname der offizielle). Sie wurde im Jahre 1811 geboren. 1828 heiratete sie (ziemlich früh, im Alter von 17 Jahren) Alcide-Georges Beaumarié, der 1799 geboren worden war, also 12 Jahre älter war als sie selbst. Soweit ich ihre Lebensgeschichte rekonstruieren kann, hat es den Anschein, als hätten die beiden ihr ganzes gemeinsames Leben in Orléans verbracht, wobei sie sehr gerne und oft Reisen unternahmen und sich sehr häufig (vielleicht jedes Jahr) in Nizza aufhielten. Das Paar hatte keine Kinder. Alcide (wie sie ihn privat im Reisetagebuch nennt) starb im Jahre 1870 in Orléans. Danach zog Clara Beaumarié vermutlich nach Nizza, wo sie 1880 starb. Kopien ihrer Geburts-, Hochzeits- und Sterbe-Urkunden aus dem Stadtarchiv Orléans befinden sich im Besitz unserer Familie, dem Heine-Institut habe ich ebenfalls Kopien davon übergeben.

Den Reisetagebüchern nach zu urteilen, die sich in unserem Besitz befinden, hatte sie ein besonderes Interesse an Musik, an Kunst im allgemeinen (also Architektur, Malerei, Skulptur usw.), das spürt man auf jeder Seite ihrer Aufzeichnungen. Ungewöhnlicher erscheint ihr ausgeprägter Sinn für die Botanik. In Florenz traf sie mit dem berühmten Botaniker und Pflanzen-Sammler Filippo Parlatore (1816–1877) zusammen und in Venedig mit dessen Kollegen Giovanni Zanardini (1804–1878). Sie führte stets ein »Reisepflanzenbuch« mit sich, wie sie es nannte, und sammelte Tag für Tag Blätter, Pflanzen, Blumen und sogar Schmetterlinge. Sie sprach anscheinend gut Italienisch, und offenbar hat sich ihr Italienischlehrer auch im Düsseldorfer »Beaumarié-Album« verewigt: Severino de Cristofari, der darin mit einem langen Gedicht in italienischer Sprache vertreten ist und über den sonst nichts bekannt ist, war Italienischlehrer – 1828 ist er jedenfalls in dieser Eigenschaft in Genf nachzuweisen.[5] Sein Eintrag ist sehr wichtig, weil das Gedicht, das er in das »Beaumarié-Album« schrieb, die Verbindung zu »unserer« Madame Beaumarié herstellt: Es enthält in der Anrede die Vornamen Chiara (Clara auf Italienisch) und Alcide.

Ein Buchstabe im Album bringt mich, als Franzosen, auf eine Frage; es ist das »à« im Text der Titelvignette. »Album à Mme Beaumarié« steht dort. Könnte das vielleicht bedeuten, dass das Album gar nicht »von« Madame Beaumarié gemacht wurde, sondern dass es »an sie«, in Erinnerung oder in Würdigung, gemacht worden ist, vielleicht gar erst nach ihrem Tod? Das würde das Motiv der drei schwebenden Engel in der Vignette erklären. Jemand hätte dann all diese Dokumente gefunden oder bekommen und zusammengestellt. In diese Richtung könnte auch die dem Album beigefügte Visitenkarte von Eugène Chevreul deuten, die sich so erklären könnte: Sein Sohn Henri Chevreul, Richter in Dijon und Präsident der dortigen Académie des Sciences, Arts et Belles-Lettres, bekommt die Dokumente und beginnt, zusammen mit seinem Vater, alle Beiträge zusammenzustellen. Sein Vater Eugène Chevreul fügt einen weiteren Beitrag hinzu, mit seinem persönlichen Motto nach Pater Malebranche:

> Le temps est un élément indispensable pour mettre les morceaux de ses oeuvres à leur place, car on n'oublie pas (ou en n'oubliant pas) les paroles du Père Malbranche, On doit tendre avec effort vers l'infaillibilité sans y prétendre. E. Chevreul.

Die Visitenkarte trägt, wenn ich richtig lese, das Datum »1/3/87«; zu dieser Zeit ist Eugène Chevreul 101 Jahre alt, was sich an der Handschrift auch erkennen lässt. Darf man annehmen, dass er gerade dabei war, das Album zu ordnen?

Ein weiteres Reisetagebuch in unserem Familienbesitz, von einem Unbekannten geschrieben, aber »à Madame C. B.« gewidmet, erzählt von einer Reise nach Norditalien und zwar nach Genua, Mailand, und Venedig. So wie diejenigen von Mme C. B. selbst enthält es nur handgeschriebenen Text und eine einzige Zeichnung. Alle drei Hefte (also dieses und die beiden Journale von unserer »Cousine Beaumarié«) sind in meiner Familie immer zusammen aufbewahrt worden. Diese dritte Reise ist chronologisch die früheste, so dass diese Aufzeichnungen wohl als Führer für die Reisen von Mme C. B. gedient haben könnten.

Lange Zeit habe ich geglaubt, dass es uns nie gelingen würde, den Autor dieses Berichts zu finden, zu rar waren die Hinweise. Aber schließlich bin ich in diesem Buch auf eine in Venedig geschriebene Seite gestoßen, die eine Möglichkeit eröffnete, den Verfasser zu identifizieren. Der Autor reiste zusammen mit Henri Ouvré (später ein berühmter Historiker, damals noch Student), und auf dieser Seite schrieb er, dass sein Reisegefährte und er sich nacheinander in das Gästebuch der Kirche San Lazzaro degli Armeni in Venedig eingetragen hätten. Ich habe mich daraufhin sogleich an die Gemeinde gewandt und gefragt, ob jemand das im Gästebuch für das Jahr 1850 überprüfen könnte. Einige Tage später antwortete mir Padre Elia und schickte mir ein Bild der zwei Unterschriften, die sich leicht erkennen ließen: unter der von Henri Ouvré stand die eines gewissen Félix Féréol. Ich bin ungemein dankbar für die Mühe und die Zeit, die Padre Elia sich genommen hat, um mir zu helfen; dank ihm allein habe ich einen großen Fortschritt bei meinen Nachforschungen gemacht. Denn dieser Félix Féréol hat sich als eine Schlüsselfigur für das Verständnis des Beziehungsgeflechts der Madame Beaumarié und damit auch des »Beaumarié-Albums« erwiesen.

Er wurde in Paris geboren, verbrachte aber seine gesamte Jugend in Orléans. Dort begann er eine Laufbahn als Rechtsanwalt, wurde jedoch nach dem 2. Dezember 1851 aus politischen Gründen aus der Stadt verbannt. Als aktivem Republikaner wurde ihm zudem die weitere Ausübung des Anwaltsberufs verboten. Er begann sofort ein zweites Leben: Er heiratete die Tochter des Chefs seines Anwaltsbüros, studierte Medizin, wurde Doktor und schließlich Professor an der Académie de Médecine in Paris und schließlich, genau wie sein einstiger Reisegefährte Henri Ouvré, Ritter der Ehrenlegion. Professor Jacques Poirier ist gerade damit beschäftigt, eine Biographie von Félix Féréol zu schreiben, und ich bin dankbar für die entscheidenden Hinweise, mit denen er mir geholfen hat.

Aus dem Familien- und Bekanntenkreis um Félix Féréol stammt eine ganze Reihe der Personen, die mit Einträgen im »Beaumarié-Album« vertreten sind. Ihre Beziehungen zu ihm und untereinander erhellen den Charakter dieses Albums als »Salon-Album«. Denn Mme C. B. gehörte mit großer Wahrscheinlichkeit zu einem Salon gebildeter und kulturell interessierter Personen. Dorthin und zu anderen, zu denen sie wiederum eingeladen wurde, kamen Künstler aller Disziplinen, deren Namen wir jetzt in ihrem Album wieder treffen. Die Féréol und ihre Freunde waren fast alle musikbegeistert, Gesangsliebhaber oder zum Teil auch selbst Sänger wie etwa der berühmte Tenor Adolphe Nourrit, der als Zeuge die Geburtsurkunde von Félix Féréol unterzeichnet hat. Er beging in der Oper San Carlo in Neapel Selbstmord, und Chopin persönlich spielte die Orgel bei seiner Begräbnismesse in Marseille. Auguste Féréol, der sich im »Beaumarié-Album« verewigt hat, ist Félix' Vater, eine hochinteressante Persönlichkeit: Er war Sänger, Maler, Schriftsteller, Musiklehrer, Schauspieler und später auch Fotograf. Auguste Féréol war zudem der Gründer des Institut Musical d'Orléans. In Orléans lebte er und war mit Eugénie Boutet de Monvel verheiratet.

Dies erklärt die große Zahl der Albumeinträge von Angehörigen der Familie Boutet de Monvel, die mit den Féréol verbunden waren. Fünf sind es insgesamt: drei Gedichte, eine Zeichnung und eine Partitur. Noël Barthélémy Boutet de Monvel (1768–1858), der Vater von Eugénie Boutet de Monvel, war also Auguste Féréols Schwiegervater. Die Anwesenheit dieser Familienmitglieder im Album beweist zudem, dass auch die Familien Beaumarié und Féréol seit langem vertraut waren, obwohl es mir noch nicht ganz klar ist, aus welchem Grund; daraus erklärt sich zum Teil auch die Widmung unseres Reisetagebuchs. Bei der »Melle Mars«,

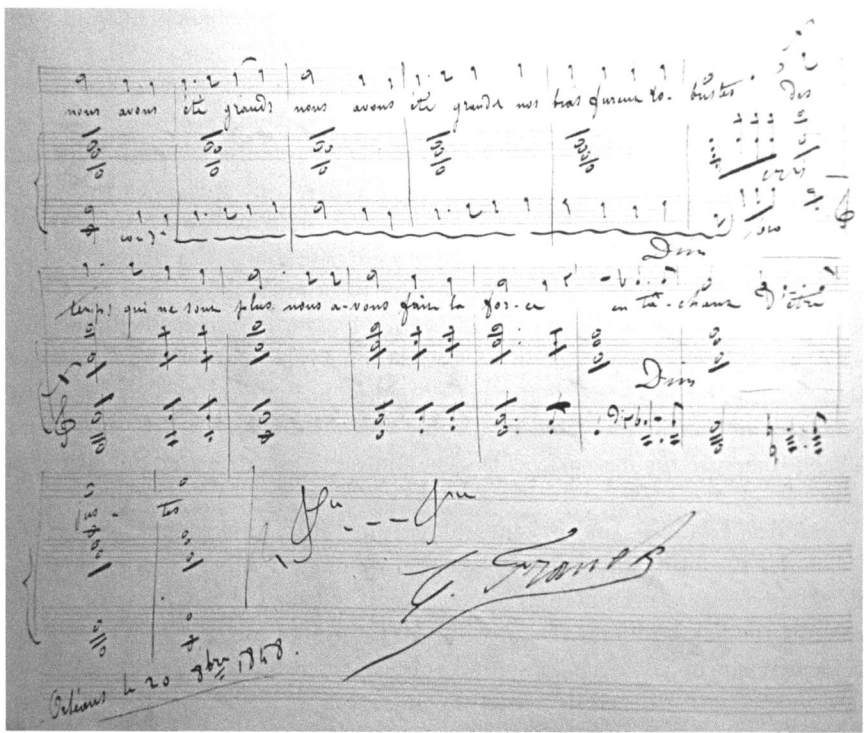

Eintrag von César Franck im Album der Clara Beaumarié; Orléans, 20. Oktober 1848.
Heinrich-Heine-Institut, Düsseldorf

die sich am 30. August 1840 im »Beaumarié-Album« eintrug, handelt es sich um Anne Boutet (de Monvel) Mars, eine Star-Schauspielerin am Pariser Odéon und der Comédie Française. Sie hatte an der ersten Aufführung von Victor Hugos »Hernani« teilgenommen.

Unter den Album-Beiträgern Féréol am nächsten ist gewiss der Komponist César Franck[6], der selber direkt der Familie Féréol angehört. Félix Féréol ist César Francks Vetter und war am Ende von dessen Leben sein Arzt. Eine Gedenktafel erinnert in Orléans an Francks kontinuierliche Aktivität als Pianist an dem von Féréol geleiteten Institut Musical. Die Inschrift lautet: »Dans cette salle, le compositeur César Franck, de 1845 à 1863, a participé comme pianiste accompagnateur à tous les concerts de l'Institut Musical.« Zu bemerken ist auch, dass 1834, beim Eröffnungskonzert des Institut Musical, Heinrich Wilhelm Ernst, der im »Beaumarié-Album« gleich mehrfach vertreten ist, einen Ehrenplatz hatte. Im Eröffnungsjahr des Institut Musical hatte die führende französische Musikzeitschrift, die »Gazette Musicale de Paris«, übrigens die Redakteure Adolphe Adam, Hector Berlioz, Jacques-Fromental Halévy, Jules Janin und Franz Liszt – sie alle sind im »Beaumarié-Album« vertreten, genauso wie Heinrich Heine, der in der »Gazette Musicale« u. a. die französische Fassung seiner Briefe »Über die französische Bühne« veröffentlichte. Im Hinblick auf Heine wären außerdem, neben dieser offenkundigen Verbindung zum Pariser Musikbetrieb, vielleicht auch die besonderen Beziehungen der Familien Beaumarié und Féréol zu den utopischen Sozialisten eine vertiefende Betrachtung wert. Féréol selbst absolvierte sein Medizinstudium in Besançon, der Heimatstadt von Charles Fourier und Pierre-Joseph Proudhon, wo auch der später führende Fourierist Victor Considerant die Schule besucht hatte. Alcide Beaumarié erscheint 1839 als einer der Aktionäre von Jean-Baptiste Godins Colonie de Mettray[7], einer nach Fouriers sozialreformerischem Muster des »Phalanstère« und »Familistère« organisierten Produktions- und Wohngenossenschaft. Auch der Albumeintrag des sozialkritischen Schriftstellers Émile Souvestre weist in diese Richtung.

Félix Féréol und seine Familie sind also von Mme Beaumarié anscheinend nicht zu trennen, und in dieser Hinsicht ist das »Beaumarié-Album« gewissermaßen auch ein Familienalbum. Ich bin leider kein Spezialist für die Identifizierung der Künstler, die, über diese Familienmitglieder hinaus, darin vertreten sind, möchte aber trotzdem – vorsichtig und im Rahmen meiner Möglichkeiten – versuchen, einige der Namen darin zu untersuchen und im folgenden kurz die Art ihrer Beziehung zu Victoire Clara Chevallier-Beaumarié und die Bedeutung ihrer Albumeinträge zu erläutern.

Besonders einfach und eindeutig mit »unserer« Mme Beaumarié in Verbindung zu setzen ist etwa Sigismund Thalberg. Denn der Pianist, von Heine als »der musikalische Gentleman« (DHA XIV, 130) der Pariser Musikszene gewürdigt, richtet seinen Beitrag im Album ausdrücklich an »Mme Beaumarié-Chevallier«, nennt also ihren Ehe- und Geburtsnamen. Sein Notenzitat (»Canon«) von 1840 ist mit der Ortsangabe »Nice« versehen, wo sich das Ehepaar Beaumarié häufig aufhielt. Paul Alexandre Robert de Massy, mit einem 1842 eingetragenen Gedicht vertreten, ist ein Rechtsanwalt, der sein ganzes Leben in Orléans verbracht hat und zwischen 1879 und 1888 Sénateur gewesen ist. Er gehört also mit Sicherheit zum unmittelbaren beruflichen Umfeld Alcides, der ja ebenfalls Anwalt in Orléans war. Für mich ist auch das Aquarell einer Landschaft mit Windmühlen besonders interessant. Ich lese die Signatur als »H. Chouppe«. Das wäre der Maler Jean Henri Chouppe (1817 in Orléans geboren, 1894 in Paris gestorben). Er war mit der ebenfalls im Album vertretenen George Sand sowie mit Théodore Rousseau befreundet. Vor allem aber führte seine Frau in der Rue d'Illiers in Orléans einen literarischen Salon, war also eine lokale »Konkurrentin« der Madame Beaumarié.

Über den dänischen Maler Anton Melbye und seine beiden Federzeichnungen im »Beaumarié-Album« hat Regine Gerhardt eine ausführliche und gründliche Studie vorgelegt.[8] Dadurch verstärkt sich der Eindruck einer ganzen Gruppe von Album-Beiträgern, die eine recht enge persönliche Beziehungen zu Heinrich Heine haben wie Ernst, George Sand, Liszt, Moscheles, Meyerbeer, Berlioz und Thalberg.

Zu den weiteren Beiträgern mit Beziehung zur Familie Beaumarié, die ich identifizieren konnte – wodurch einige der Einträge und Zuschreibungen im 2009 publizierten Verzeichnis über das Album[9] korrigiert oder ergänzt werden können – gehört etwa Henri Mondeux. Das mathematische Wunderkind ist auch ein Kind der Loire-Region, er stammt aus der Touraine. Die in das Album eingeklebte Fotografie des Forum romanum, vom Kapitolshügel aus gesehen, könnte von der ersten Italienreise der Madame Beaumarié (1851) stammen. Michel Guillaume Ernest Pillon (1803–1879) war Mitglied der archäologischen Gesellschaft in Orléans und gut mit Henri Ouvré bekannt, der zusammen mit Félix Féréol die Reise nach Italien unternommen hat, von der das in unserer Familie überlieferte Reisejournal zeugt. Constant Amable Prévost-Hersant (1800–1879), der 1856 eine Bleistiftzeichnung von El Atef in das »Beaumarié-Album« setzte, war Architekt in Orléans. Der Maler Prosper Grésy (1804–1874), mit seiner Straßenszene aus Marseille im Album verewigt, war besonders in der Provence aktiv und ist, wie Madame Beaumarié, in Nizza gestorben. (Pierre-) Eusèbe Corbin (etwa um 1800–1855) war ein berühmter Arzt in Orléans und ehemaliger Jesuitenschüler am College d'Orléans, wie viele andere Beiträger im Album. Bei dem Rivaud, der im Album die Bleistiftzeichnung »d'apres Charlet« hinterlassen hat, handelt es sich um Eugène Rivaud, einen Schüler von Anatole Dauvergne. Es ist mir, so glaube ich, gelungen, die Originalzeichnung von Nicolas Toussaint-Charlet (1792–1845) zu identifizieren, die für dieses Albumblatt als Vorlage diente: »Le demi-solde et l'enfant« (Musée Bonnat, Bayonne); die »Anpassung«, die dabei vorgenommen wurde, ist besonders lustig wegen des hinzugefügten Papierhuts.

Vier Künstler sind übrigens gleich zweimal im »Beaumarié-Album« vertreten: Ernst, Gudin, Noël und Pradier. Da auch der anonyme »Valse non dansante« möglicherweise von Ernst sein könnte, wäre er sogar drei Mal präsent, zudem ist er im Album auch selbst abgebildet: Wie Regine Gerhardt ermitteln konnte, ist Ernst einer der vier Kartenspieler in der Melbye zuzuschreibenden Zeichnung.[10] Schon Kalisch betonte die »zentrale Rolle«[11] Ernsts für das Album.

Das Album enthält mindestens zwei verschiedene Arten von Einträgen: zum einen solche, die, wie der Großteil der Partituren, ursprünglich direkt auf das in das Album eingebundene Notenpapier geschrieben worden sind, und zum anderen ursprünglich lose Blätter, die, wie die meisten Zeichnungen, eingeklebt

Francis Maillard · Madame C. Beaumarié: das Album, das Reisetagebuch und der Zufall   93

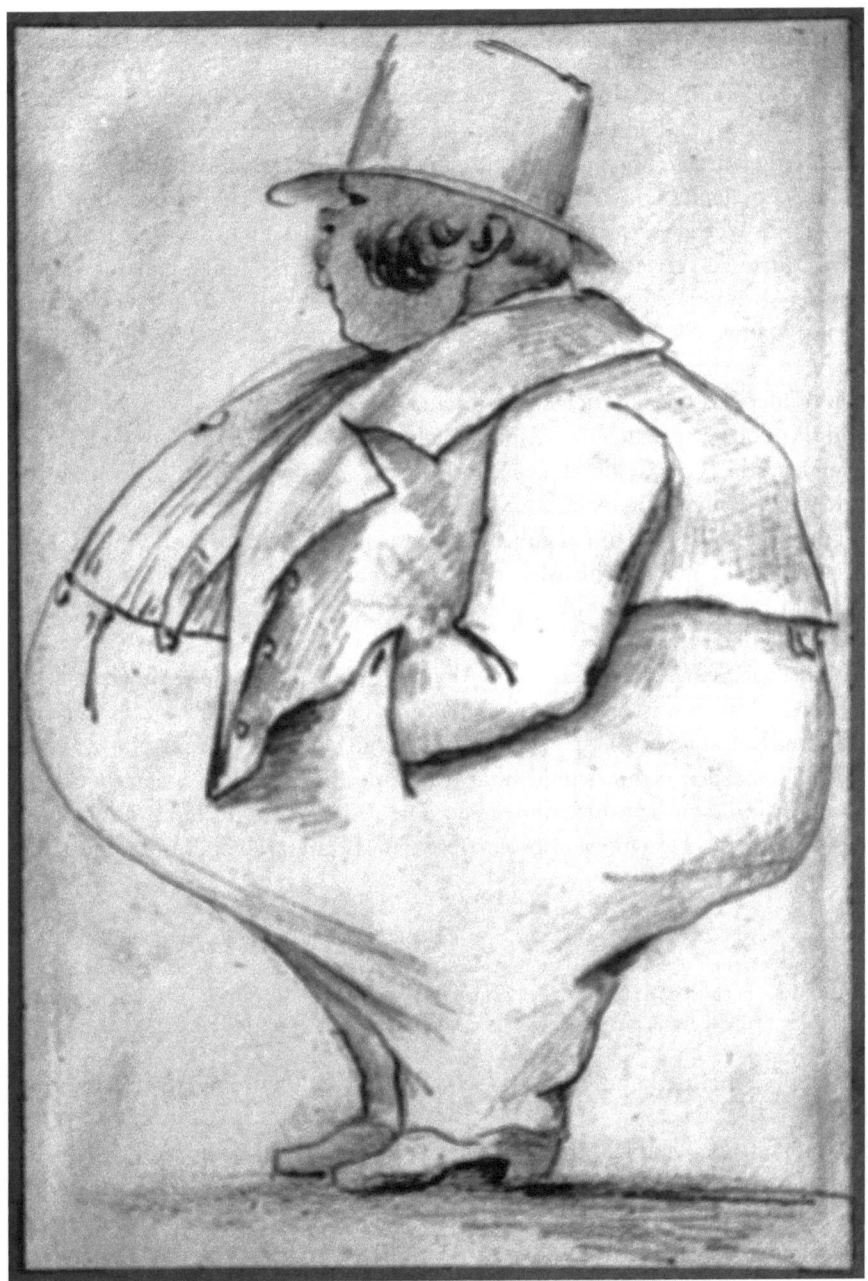

Unbekannter Künstler: Karikatur des Literaturkritikers Jules Janin [?] im Album der Madame Beaumarié. Heinrich-Heine-Institut, Düsseldorf

worden sind. Auf jeden Fall trägt das Etikett des originären (musikalischen) Teils des Albums den Firmennamen »Susse« und den Hinweis auf das gleichnamige Ladengeschäft in der Passage des Panoramas in Paris. Die Brüder Susse waren anfangs Papierhändler, bevor sie dann zusätzlich auch als Bronzegießer für Bildhauer tätig wurden, und zwar u. a. für James Pradier, der zweimal im »Beaumarié-Album« erscheint, einmal in dem Selbstporträt mit seiner »Odalisque«. Auch der im Album vertretene Jean-Pierre Dantan (genannt Dantan der Jüngere; 1800–1869 – nicht zu verwechseln mir seinem älteren Bruder Antoine-Laurent) – steht mit den Brüdern Susse in Verbindung. Er hat mehrere Beiträger des Albums karikiert, etwa Cicéri, Liszt und Paganini, und war vor allem berühmt für seine einzigartigen Karikaturen in Form von kleinen Gips- oder Bronze-Skulpturen. Die Brüder Susse verkauften sie in ihrem Atelier in der Passage des Panoramas, und sie publizierten auch das »Album Dantanorama«, eine Sammlung mit Lithographien, die Grandville u. a. nach Dantans Karikatur-Plastiken angefertigt hatten. Die anonyme Karikatur eines rundlichen Mannes im »Beaumarié-Album« stellt übrigens mit ziemlicher Sicherheit den Literaturkritiker Jules Janin dar. Vergleicht man sie mit den bekannten Fotografien (u. a. von Nadar) und karikaturistischen Darstellungen Janins, etwa von Carjat oder Benjamin, so ist die Ähnlichkeit frappant.

Eine der Seiten des »Beaumarié-Albums«, die für mich persönlich von besonderem Interesse ist, ist diejenige mit den drei montierten Pflanzenteilen und Blättern. Eines dieser Blätter, so vermerkt es die darunter gesetzte Notiz, wurde am Grabmal des Vergil gepflückt. In Madame Beaumariés Reisetagebuch, das unsere Familie aufbewahrt, findet sich eine genaue Entsprechung dazu. Unter dem Datum 23. Dezember 1850 schreibt Clara Beaumarié-Chevallier über ihren Besuch des Posillipo:

> Nous n'avons pu voir qu'à la distance de quelques pas la tombe de Virgile dont une fracture de rocher nous séparait. Mais, comme c'est beaucoup plus un souvenir qu'une réalité, cela ne m'a gâté en rien ma promenade ; j'ai cueilli tout près de là 2 feuilles de chêne de nos pays, et une petite fleur jaune qui prendra place dans mon herbier d'itinéraire.

Eines dieser Blätter könnte also das sein, das auf der Pflanzenseite im Album im klebt.

Anhand der Albumeinträge lassen sich die Reisewege und Aufenthaltsorte von Madame Beaumarié versuchsweise rekonstruieren. Die vielen Einträge, die aus Orléans stammen, wurden also bei ihr zu Hause angefertigt, während sie allen anderen Künstlern auf Reisen oder aus Anlass eines Besuchs oder eines Konzertes begegnet sein dürfte. Sie zeigt sich zum Beispiel in ihrem Reistagebuch von Thorwaldsen in Rom so begeistert, dass es mich nicht wundern würde, wenn

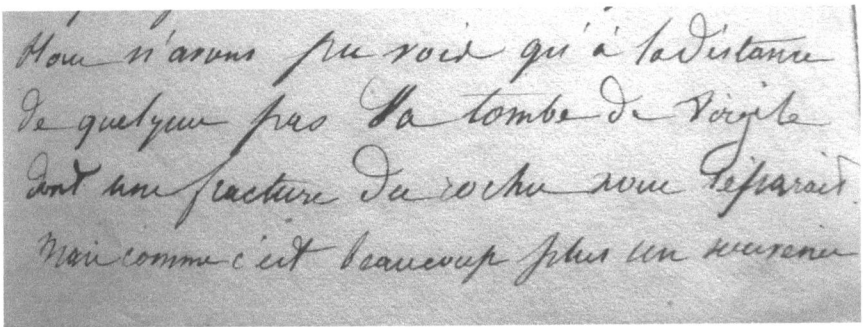

»Nous n'avons pu voir qu'à la distance de quelques pas la tombe de Virgile dont une fracture de rocher nous séparait. «
Eintrag im Reisetagebuch der Clara Beaumarié, 23. Dezember 1850

sie ihn tatsächlich später in Kopenhagen aufgesucht hätte, um ihn persönlich zu sehen. Zwischen 1837 und 1840 ist sie immer wieder zu Hause in Orléans und Nizza und sammelt dabei die Einträge von Grésy, Cristofari, Paganini, Mondeux, Melle Mars (Gué Gaillard, der Ort, der in ihrem Eintrag von 1841 angegeben ist, ist ihr hübscher Landsitz in der Nähe von Orléans), Pillon und Thalberg. Im Mai 1841 reist sie nach Paris und erhält Widmungen von Heller, Chopin, Dessauer und Osborne. Undatierte Einträge wie die von Heinrich Heine, Meyerbeer oder Berlioz könnten auch bei dieser Gelegenheit in Paris entstanden sein oder aber ein Jahr später. Denn eine große Reise mit einem langen Paris-Aufenthalt beginnt sie im Jahre 1842: Im Juli, August und September tragen sich in Paris Souvestre, Adam, Liszt, Alkan und Halévy ein, Ende September in Brüssel Döhler und Fétis, im Oktober Dubourg in Amsterdam. Vom Aufenthalt dort stammen sicherlich auch die Einträge des niederländischen Sängers de Vrûgt und seiner Landsleute, der Maler Antonie Waldorp, van Hove und Pieneman.

Im Mai und Juni 1843 gibt es eine ganze Reise von Albumeinträgen aus Kopenhagen: von Bertel Thorwaldsen, Anton Melbye, Friedrich Hieronymus Truhn und Bernhard Courländer, dem Freund von Andersen und Bekannten von Liszt. Ob sie selbst dort war? Regine Gerhardt weist darauf hin, dass die Datierungen dieser Albumblätter exakt mit den Daten der Konzertaufenthalte Ernsts in Kopenhagen übereinstimmen und vermutet, dass Ernst sie für Madame Beaumarié gesammelt haben könnte.[12] Oder hat sie den Geiger, den sie von den im Album vertretenen Musikern ja offensichtlich am besten kannte, auf dieser Tournee begleitet? Denn Ernst reiste anschließend nach London weiter[13], wo sich im Juni und Juli Hallé und Fitsch in das Album eintrugen. Von dort erfolgte die Rückkehr des Albums, und vielleicht auch seiner Besitzerin, über Boulogne-sur-mer, wo Moscheles und, zum zweiten Mal, Gudin hinein schrieben.

Das Blatt mit Felix Mendelsssohn Bartholdys »Tema«, geschrieben 1841 in Berlin[14], lässt sich keiner Reise zuordnen, über einen möglichen Deutschland-Aufenthalt von ihr konnte ich jedenfalls nichts ermitteln. Da es aber ohnehin eingeklebt und nicht direkt in das Album eingetragen wurde, hat sie es wohl von einem Freund oder einem anderen der vielen im Album vertretenen Musiker erhalten. Über die chronologisch letzten Beiträge weiß man wenig. Franck traf sie zu Hause, in Orléans. Zwischen 1850 und 1856 hat man, außer den zwei Reisen nach Italien, keine Anhaltspunkte für die Orte, an denen sich Ciceri, Palianti, Noël oder Hersant eingetragen haben könnten. Aus Italien bringt sie, abgesehen von der Botanikseite, nur einen einzigen Eintrag zurück, nämlich den des Musikpädagogen und Musikaliensammlers Landsberg. In ihrem Reisetagebuch wird er nicht erwähnt. Am 3. April 1851 ist sie aber, dem Reisetagebuch nach, in Rom, daher stammt wahrscheinlich das eingeklebte Foto des Forum romanum. Verwunderlich ist, dass ihre Aufenthalte in Mailand oder Venedig, von denen ihr Journal berichtet, keinen Niederschlag in ihrem Album gefunden haben, obwohl sie dort jeweils vier Wochen verbringt und mit mehreren bedeutenden Personen zusammentrifft. Man weiß, dass sie nach Neapel, Rom, und Florenz mit ihren Eltern reiste, und zwar mit ihrem Vater, der als Geschäftsmann beschrieben wird. Ob sie nach Amsterdam ebenfalls ihre Eltern zu einer Geschäftreise begleitet hat, kann man nicht mit Sicherheit sagen. Ebensowenig, ob es ein Tagebuch von ihrer möglichen Nordeuropareise (1842–1843) gibt. Ich bin jedenfalls weiterhin auf der Suche nach diesem Dokument.

Sind also Clara und Alcide Beaumarié zusammen mit Félix Féréol die Schlüssel zum Verständnis des »Beaumarié-Albums« im Heinrich-Heine-Institut? Ich bin davon völlig überzeugt, und die hier dargelegten familiären, geographischen und biographischen Bezüge sprechen für sich. Umgekehrt erhellt das Album auch manches, was wir in den Reisetagebüchern unserer »Cousine Beaumarié« lesen können, so dass wir jetzt besser über sie unterrichtet sind als vorher. Ich danke Herrn Prof. Dr. Kruse und Herrn Liedtke herzlich für ihre offene Einstellung und ihre ständige Hilfe. Ich bin sicher, dass eine Publikation ihrer Reisejournale aus unserem Familienbesitz einen wertvollen Beitrag zu Kulturgeschichte des 19. Jahrhunderts darstellen kann.

Es scheint mir, dass Madame C. B. äußerlich von bezauberndem Reiz gewesen sein muss, was einige Sätze im Album sowie auch in den Reisejournalen erklären könnte. Ein Porträt von ihr ist bisher nicht bekannt, obwohl es sicherlich existiert hat. Als Beleg für ihre Schönheit und auch für ihren Charakter mag dieser Eintrag aus ihrem Reisetagebuch dienen, wo sie mit großer Selbstverständlichkeit schildert, wie sie in Venedig, anlässlich eines Besuchs im Atelier eines Bildhauers, ein Tonmodell als Geschenk erhält:

> Ce jeune homme est simple, pur et modeste ; je suis sure qu'il ne connaît pas assez les femmes pour réussir de longtemps dans une production de ce genre. Nos observations lui ont donné une bonne opinion de nous ; preuve en sa faveur, beaucoup plus qu'en la nôtre. Il a eu le désir de m'offrir une de ses petites ébauches en terre, mais il n'a pas osé. Il l'a dû à Mme Minerbi, et, hier soir, je la lui ai demandé en passant la soirée avec lui chez cette dernière. Il doit me l'apporter aujourd'hui.

Diese besondere, selbstsichere Haltung könnte erklären, wie es zu manchem der Einträge in ihrem Album gekommen ist. Viele Fragen bleiben weiterhin offen, ich werde mich bemühen, sie zu klären und hoffe auch von anderer Seite auf neue Erkenntnisse der Forschung über diese interessante, inspirierende und verführerische Person.

Anmerkungen

1 Heinrich-Heine-Institut, Düsseldorf, HHI.AUT.2007.5025.TG. Vgl. dazu: Das Album der Madame C. Beaumarié. Hrsg. von der Kulturstiftung der Länder in Verbindung mit dem Heinrich-Heine-Institut, Düsseldorf. Berlin 2009 (Patrimonia 304).

2 Zu den Einträgen aus dem Bereich der Musik vgl. insbes. Volker Kalisch: »bey dem Genuße von frucht-versüßtem Eise«. Anmerkungen zum musikalischen Teil des Salonalbums von Madame C. Beaumarié. – In: HJb 48 (2009), S. 233–249.

3 Jospeph A. Kruse: Absicht und Zufall. Das Beaumarié-Album als Dokument europäischer Kultur (1837–1856). – In: Das Album der Madame C. Beaumarié [Anm. 1], S. 6–13, hier S. 7.

4 Vgl. Neue Ruhr Zeitung / Neue Rhein Zeitung, Essen, 17.06.2009. Online unter URL: http://www.derwesten.de/nrz/staedte/duesseldorf/das-geheimnis-der-madame-b-id396551.html (Hyperlink überprüft am 11.07.2012).

5 Das geht aus einem im Genfer Staatsarchiv aufbewahrten Brief aus dem Jahre 1828 hervor, in dem es um seine Tätigkeit als Italienischlehrer innerhalb der dortigen englischsprachigen Gemeinde geht. Vgl. The welcoming City: English speaking Protestants in Geneva from 1555 to the present Day [Ausstellungskatalog]. Genf 2003, S. 27. Online unter URL: http://www.geneva-heritage.com/ArchExhib/EngCat.pdf (Hyperlink überprüft am 11.07.2012).

6 Zu Francks Komposition im »Beaumarié-Album« vgl. Kalisch: »bey dem Genuß...« [Anm. 2], S. 245 f.

7 Vgl. Liste générale des membres fondateurs et souscripteurs de la Colonie de Mettray depuis sa fondation (1). Exercices 1839 à 1856, dons collectifs 1839–1856. O. O. 1856, S. 25. Online unter URL: http://archive.org/stream/listegnraledoocolo#page/24/mode/2up (Hyperlink überprüft am 11.07.2012).

8 Vgl. Regine Gerhardt: Netzwerke. Heinrich Heine und Anton Melbye. – In: HJb 49 (2010), S. 179–191.

9 Vgl. Das Album der Madame C. Beaumarié [Anm. 1], S. 29 ff. Die dort falschen oder unvollständigen Angaben sind hier nicht eigens vermerkt.
10 Vgl. Gerhardt: Netzwerke [Anm. 8], S. 181.
11 Kalisch: »bey dem Genuß…« [Anm. 2], S. 236.
12 Vgl. Gerhardt: Netzwerke [Anm. 8], S. 182.
13 Vgl. ebd., S. 189 (Anm. 16).
14 Vgl. dazu Kalisch: »bey dem Genuß…« [Anm. 2], S. 244 f.

»Man kann mit dem Schreiben garnicht nachkommen vor Erleben« Auszüge aus dem Briefwechsel zwischen Fanny Lewald und Adolf Stahr im Herbst des Revolutionsjahrs 1848

Zusammengestellt und kommentiert von Gabriele Schneider, Mettmann und Renate Sternagel, Berlin

Die in diesem Beitrag abgedruckten Briefe bilden einen kleinen Ausschnitt aus einer Edition, die in den kommenden Jahren erscheinen soll: der Korrespondenz der Schriftstellerin Fanny Lewald mit ihrem Freund und späteren Ehemann, dem Oldenburger Philologen und Publizisten Adolf Stahr aus den Jahren 1846 bis 1852. Dieser in vieler Hinsicht bedeutende Briefwechsel, mit seinen insgesamt 897 Nummern das Kernstück des Nachlasses Fanny Lewald-Stahr in Berlin[1], ist bis heute unveröffentlicht und daher von der Forschung fast unbeachtet geblieben[2] – mit Ausnahme eines Teils, den Fanny Lewald von Anfang an dazu bestimmt hatte, bearbeitet und publiziert zu werden: Aus den großen Reisebriefen der Jahre 1848 und 1850 entstanden die »Erinnerungen aus dem Jahre 1848«[3] und »England und Schottland. Reisetagebuch«.[4]

Dass die beiden Korrespondenten mit dem Gedanken spielten, weitere Teile ihres Briefwechsels zu veröffentlichen, legen Äußerungen wie diese nahe:

> Gestern dachte ich so, wenn ich einmal alt u unfähig zum Produziren sein werde, so wird sich ein merkwürdiges Buch über unsere Zeit aus meinen Briefen an dich – Memoiren – extrahiren lassen, wie du in deinen Briefen an mich den bedeutendsten kulturhistorischen Stoff – schon in den bloßen Literaturbesprechungen – niedergelegt hast. Was für Menschen, Celebritäten, Bücher, sind durch diese Blätter, die Tagebücher sind, gegangen![5]

Als Belege für eine redaktionelle Bearbeitung zum Zweck einer Veröffentlichung sind Korrekturen von Stahrs Hand anzusehen, die sich in etlichen Briefen Fanny Lewalds finden, sowie Ergänzungen, Randanstreichungen und Schwärzung von Namen und ganzen Absätzen. Offenbar galt Stahrs Augenmerk vor allem Fannys Anteil an der Korrespondenz. Darin folgen ihm die heutigen Herausgeberinnen, die das Haupt-

gewicht auf Fannys Briefe legen. Von Stahrs Briefen werden nur einige Beispiele, zumeist in Regestenform, herangezogen.

Bei der Wiedergabe halten sich die Herausgeberinnen in Rechtschreibung und Zeichensetzung weitgehend an die Form der handschriftlichen Originale. Unterstreichungen im Original werden gesperrt gedruckt, fremdsprachige Zitate erscheinen, da Fanny Lewald für sie lateinische Lettern verwendete, kursiv.

Bearbeitungen durch Stahr sind in Anmerkungen erläutert und durch eckige [ ] Klammern gekennzeichnet, Eingriffe durch die Herausgeberinnen durch spitze < > Klammern. Erklärende Zwischentexte sind kursiv gesetzt.

Das Jahr 1848 beginnt für Fanny Lewald in Oldenburg, wo sie in nachbarschaftlichem Zusammenleben mit der Familie Adolf Stahrs das Experiment einer »Ehe zu dritt« macht. Für das Frühjahr hat sie sich eine Reise nach Paris und Südfrankreich vorgenommen – zusammen mit ihrer Freundin Therese von Bacheracht.[6] Doch schon in Bremen, am 28. Februar, erreicht die beiden Frauen die Nachricht vom Ausbruch der Revolution in Paris und der Abdankung König Louis Philippes. Zunächst ist ungewiss, ob der Reiseplan sich unter diesen Umständen noch verwirklichen lässt, doch gibt Thereses Ehemann, der als Diplomat über gute Informationen verfügt, grünes Licht. Über die Reise nach Paris und den Aufenthalt dort vom 10. bis zum 27. März berichtet Fanny Lewald in umfangreichen Tagebuchbriefen an Adolf Stahr und ihre Geschwister, die später in den ersten Teil der »Erinnerungen aus dem Jahre 1848« eingehen. Therese, die vorhatte, über den weiteren Verlauf der Reise und Südfrankreich zu schreiben, kommt nicht dazu, denn die Nachricht von der Revolution in Berlin veranlasst die beiden Frauen zur eiligen Rückkehr nach Deutschland. Am 1. April kommen sie in Berlin an. Auch Adolf Stahr wird die folgenden Monate als Berichterstatter der »Bremer Zeitung« dort verbringen.

Der Briefwechsel ist also zwischen April und Juni unterbrochen, doch dokumentieren beide Briefpartner die Ereignisse dieser Monate auf ihre Weise: Stahr in zahlreichen Zeitungsartikeln und in seinem Buch »Die preußische Revolution«, einem – allerdings verfrühten und deswegen nicht sehr gelungenen – Versuch, das eben Geschehene vom Standpunkt des Historikers aus zu deuten und zu bewerten. Während seine Texte weitgehend dem Vergessen anheimgefallen sind, gehören Fannys Schilderungen der Frühsommermonate in Berlin im zweiten Teil ihrer »Erinnerungen aus dem Jahre 1848« zum Besten, was über das Revolutionsjahr geschrieben worden ist.

Sie berichtet von einer Stadt, die sich ungeheuer verändert hat. Das Militär, sonst so beherrschend im Straßenbild – wie vom Erdboden verschluckt. Alle Schilder mit der Aufschrift »Hoflieferant« – auf geheimnisvolle Weise verschwunden, ebenso die Wappen an den Wagenschlägen der Kutschen. Dafür prangen die Schilderhäuschen der Wachen, nun von der Bürgerwehr besetzt, in frischem Schwarzrotgold. Über-

all werden unzensierte Zeitungen verkauft, drängen sich Leute vor Aufrufen, die an Bäumen und Häuserwänden angebracht sind. Zahlreiche männliche Passanten rauchen auf der Straße – und die Gendarmen sehen geflissentlich an ihnen vorbei. All das undenkbar noch vor wenigen Wochen! Aber ihr fallen auch die Unterschiede zum eben verlassenen Paris auf, denn alles, was sie dort beeindruckt und davon überzeugt hatte, dass der gegenwärtige Zustand von Dauer sein könnte: die Freude der Menschen über den Sieg der Revolution, die feste Zuversicht, dass es gut weitergehen werde, die Begeisterung, – alles das vermisst sie in Berlin. Wie soll das weitergehen? Wie hat Heine recht gehabt mit seinem Spott über die Furcht der Deutschen vor der Freiheit! Stahr sagt: »Sie wollen eben das Unvereinbare, sie wollen die Republik – und sie gucken ängstlich, ob der König und die alten Minister auch einverstanden damit sind!«

Gerade ist das sogenannte zweite Märzministerium unter Führung der rheinischen Liberalen Ludolf von Camphausen[7] und David Hansemann[8] eingesetzt worden. Mit ihrer Berufung hofft König Friedrich Wilhelm IV. die radikal-demokratische Bewegung einzudämmen und die separatistischen Tendenzen der Rheinprovinz zu beschwichtigen.

Fanny und Stahr sind Gäste bei den »Ministersalons«, zu denen der mit ihnen befreundete Finanzminister Hansemann das Kabinett, die Deputierten der preußischen Nationalversammlung und andere Persönlichkeiten regelmäßig ins Ministerium einlädt. Ab Anfang Juni ist auch Johann Jacoby[9] wieder in Berlin, der am Frankfurter Vorparlament teilgenommen hat, dann aber bei der Königsberger Wahl zur Preußischen Nationalversammlung durchfiel und erst durch eine Nachwahl hineingekommen ist.

Eine Gedenkfeier für die Märzgefallenen findet im Friedrichshain statt, der ungeliebte Prinz von Preußen (der spätere Kaiser Wilhelm I.), der nach England geflohen war, kehrt zurück, zunächst nach Potsdam. Die neugewählte Berliner Stadtverordnetenversammlung, zu der auch Fannys Bruder Otto Lewald gehört, konstituiert sich. Am 14. Juni erfolgt der Sturm auf das Berliner Zeughaus.

In dieser Zeit beginnen die Zwistigkeiten zwischen Fanny Lewald und ihrer Familie, die einerseits begründet sind durch die Verschiedenheit der politischen Anschauungen, andererseits durch das »skandalöse« Verhältnis zu Stahr.

Nachdem Stahr nach Oldenburg zurückgekehrt ist, verbringt Fanny die Monate von Mitte Juli bis Anfang Oktober in Hamburg bei Therese von Bacheracht und auf Helgoland, wohin sie ihr Bruder Otto eingeladen hat – ein Versuch, das gute Einvernehmen wiederherzustellen

Anfang Oktober bricht sie, wieder gemeinsam mit Therese, erneut zu einer größeren Reise auf, dieses Mal durch Deutschland. Adolf Stahr begleitet die beiden Frauen von Hamburg, wo er die letzten Wochen mit ihnen verbracht hatte, bis Hannover und kehrt von dort nach Oldenburg zurück. Fanny und Therese reisen weiter über Köln nach Frankfurt, wo sie am 9. Oktober ankommen und im Hotel de Russie auf der Zeil absteigen.

Die politische Situation, in die sie hineinkommen, ist emotionsgeladen. Im Laufe des Sommers ist deutlich geworden, dass sich die Angehörigen der Unterschichten irrten, wenn sie sich von der Nationalversammlung in der Paulskirche einen Beitrag zur Lösung ihrer Probleme erhofften. Am 18. September entladen sich in Frankfurt der Volkszorn und die Enttäuschung – aber es ist nur ein kurzes Aufflammen, das rasch von preußischen Soldatenstiefeln niedergetreten wird. Unmittelbarer Anlass ist nicht die soziale, sondern die nationale Frage. Der Waffenstillstand von Malmö, der am 26. August die kriegerische Auseinandersetzung zwischen Dänen und Deutschen um das Herzogtum Schleswig vorläufig beendet und Dänemark und Preußen gemeinsam zu Verwaltern von Schleswig-Holstein bestimmt, zeigt, wer in Deutschland das Sagen hat: nicht das Paulskirchenparlament und die provisorische Reichsregierung, sondern Preußen. Ein Sturm der Entrüstung erhebt sich. Die Nationalversammlung lehnt den Waffenstillstand zunächst ab, als schmählichen Verrat an den nationalen Einigkeitsbestrebungen. Das Volk jubelt. Nach tagelangen Debatten wird am 16. September erneut abgestimmt, und diesmal siegt die Rechte. Der Waffenstillstand wird akzeptiert.

Ludwig Simon, Franz Zitz und Friedrich Wilhelm Schlöffel[10], linke Abgeordnete der Nationalversammlung, rufen zu einer bewaffneten Volksversammlung am 18. September auf. Aus den umliegenden Dörfern strömen Massen nach Frankfurt. Demonstrationszüge formieren sich. Die Stadt fordert preußische Truppen aus Mainz an. Vor ihrem Einmarsch werden Barrikaden aufgerichtet, die Aufrührer bewaffnen sich. Aber das Kräfteverhältnis ist zu ungleich. Wenige Stunden, und der Aufstand ist niedergeworfen.

An diesem Tag werden zwei konservative Abgeordnete der Nationalversammlung ermordet, Fürst Felix von Lichnowsky, preußischer Offizier und Gutsbesitzer aus Ratibor, verhasst beim Volk wegen seiner Arroganz – und sein Kollege von der Casino-Fraktion, Generalmajor von Auerswald. Genau werden die Umstände der Ermordung nie aufgeklärt. Aber das Geschehnis eignet sich dazu, aus beiden Opfern Märtyrer der Rechten zu machen und den Bürgern die »rote« Gefahr vor Augen zu führen. Als Fanny und Therese in Frankfurt anlangen, liegt der Frankfurter Aufstand gerade drei Wochen zurück. Sie sehen die Spuren, die er hinterließ und bekommen die erhitzten Diskussionen mit, die er zur Folge hat.

Soldaten bestimmen das Stadtbild. Im Übrigen wimmelt es in Frankfurt von Fremden: Berichterstatter aller wichtigen Zeitungen, Parteigänger der verschiedenen politischen Fraktionen, Beobachter aus dem Ausland, Neugierige. Und natürlich die beinahe sechshundert Delegierten der Nationalversammlung, die aus allen Himmelsrichtungen angereist sind, von Aachen bis Zwickau, von Tondern bis Triest.

Alles, was in den deutschen Staaten und Österreich Rang und Namen hat und männlichen Geschlechts ist, ist hier beisammen, Professoren, Pastoren, Räte aller Art, Generäle, Gutsbesitzer, Bankiers, Kaufleute, Dichter, vor allem aber Juristen. Die Wahlrechtsbeschränkungen haben dafür gesorgt, dass Angehörige des dritten und vierten Standes in der Paulskirche fehlen.

Frauen dürfen nicht mitreden in der Paulskirche – aber das Zuhören ist ihnen erlaubt. Die »Damenloge« auf der Tribüne ist gut besetzt, es gibt sogar Frauen, die fast jeden Tag kommen, um die Debatten zu verfolgen. So auch Fanny und Therese während ihres neuntägigen Aufenthalts in Frankfurt.

Fanny tut hier, was sie schon in Paris getan hat, sie beobachtet, notiert im Geist, und verfasst ihre Briefe an Stahr und ihre Geschwister bereits unter dem Gesichtspunkt einer späteren Veröffentlichung ihrer Beobachtungen. Natürlich wird dafür manches zu entschärfen sein, was sie jetzt spontan niederschreibt. Sie hat die wache Neugier, die scharfen Augen und den lockeren Strich des Gerichtszeichners, nur dass sie in Worten porträtiert.

Brief 282 – Fanny Lewald

[erh. 15. Okt. 48]
      Köln Abends 10 1/4 Uhr – Holländischer Hof – d. 7. Oktober
Mein Engel! trotz deines schönen ehemännischen Wortes »ich wünsche nicht nur nicht, daß du mir heute schreibst, sondern ich ver bie te es dir« thue ich es doch u gebe dir tausend Gutenacht-Küsse. Ich bin wohl aber sehr fatiguirt von einer dieser schauderhaften Tagfahrten, bei der man Nichts ist als der Fütterer seines Leibes. Ein alter Mann, anscheinend Prof. in Bonn, hatte die Großmuth, mir seinen Eckplatz abzutreten, was bei einer zwölfstündigen Fahrt wahrhaftig kein Geringes ist. <...>
Aber war das ein goldener Sonnentag! ein himmlischer Mondscheinabend! u eine Sehnsucht, dich bei mir zu haben! – Mein Engel! schilt nicht, daß ich ungehorsam bin! ich gehe schon schlafen. Gute Nacht, einzig Liebes du!
<...> *Am nächsten Tag besuchen Fanny und Therese Levin Schücking.* Schücking[11] lag zu Bette; die bildschöne Frau[12] empfing uns, wollte mich übergeistreichen und verfiel in alberne Gemeinplätze, die ich ruhig anhörte, bis sie sagte, sie fände es Unrecht, daß eine Frau gegen die Hahn[13] aufgetreten sei u nur dadurch zu entschuldigen, daß die Hahn auf alle schreibenden Frauen ein Ridikül gewesen. Da antwortete ich ihr »mich macht die Gräfin Hahn mit ihren Salonromanen nicht lächerlich, denn ich schreibe keine, und von dem Ridikül, das ein Dritter auf mich wirft, weiß ich mich zu befreien, und die anderen Frauen mögen sich selbst helfen, wenn das Ridikül sie trifft. Dafür hätte ich keine Feder eingetaucht,

denn ich habe keinen *esprit de corps* für Schriftstellerinnen als solche.« – Sie hatte das dümmste, albernste Zug geschwazt u geblitzt u geblinkert vor Redensarten. Große Gemeinplätze u kleine Weintrauben u ein eigens apretiertes Geniekleid von brauner Wolle mit rothen Litzen – die war mir einmal, ihre große Schönheit abgerechnet, gründlich zuwider! Redensarten wie die: »Ich mache ganz ungeheure Anforderungen an mich.« – von Lukrezia Floriani[14]: Ich war ordentlich trostlos, daß ich keinen schlechten Ruf hatte!« – u gleich darauf »einmal kann man in der Leidenschaft irren, aber so oft?« – Dann wieder immer <...> zurück auf den Gemeinplatz, auf den sie besonders stolz schien: »ich war in Verweiflung, daß ich keinen schlechten Ruf hatte.« – Mir schwebte auf der Zunge: »So war es auch gewiß nicht Ihre Schuld, daß ihn Niemand angegriffen hat u Sie haben das den Nichtversuchern schwer verziehen!« – Verrückte Närrin! – als Schriftstellerin – aber brave Hausfrau u Mutter von zwei schönen Kindern. Das sind ihre besten Werke.[15]

Dumont[16] war nicht da, nicht zu Hause. Wir gehen um 3 nach Bonn u von da Extrapost nach Coblenz. Aus Frankfurt schreibe ich wieder.

Treu eigen dein Alles.
<...>

ohne Nummer – Fanny Lewald
Frankfurt a. M., d. 12. Oktober 48

Geliebter Adolf! dies ist nun der Erste von den Briefen, welche du direkt nach Berlin spedirst u dann – nach beendetem Turnus u meiner Benutzung – als dein Privateigenthum wieder erhältst.

<...> In Bonn nahmen wir Extrapost, um Coblenz zu erreichen u am nächsten Morgen mit dem Dampfschiffe fortzugehen. <...> Die alte Stadt Bonn ist klein u altmodisch, u als ich vollends eine ziemlich häßliche Achternstraße[17] fand, da stand euer Moornest mir ganz vor den Augen. Kaum aber waren wir aus dem Thore u fuhren durch die Vorstadt, den Rhein entlang, auf der Chaussee, als eine wahre Glückesfülle südlicher Erinnerungen in mir auftauchte. Die einsame Extrapostfahrt von Domodossola nach Baveno[18] stand vor meiner Seele. Es lag ein warmer, weicher Hauch über der Gegend, das untergehende Sonnenlicht und der bleiche Mond am Himmel waren schwimmend in der Luft – der Godesberg in vollster Purpurgluth des Abends. Es war einer der Eindrücke, die man nie vergißt. – <...> Ich hatte eine Empfindung unsäglicher Freude an jenem Abend, u nur den Schmerz, daß ich dich, mein Adolf! von der Reise nach Frankfurt abgehalten, daß ich dir diesen Anblick, diesen Genuß mit mir zu theilen, vorenthalten habe.[19] Wie unsinnig war das – und doch glaubte ich Recht zu thun. Aber jeden Tag schwöre ich mir, nicht mehr das Rechte zu wollen, weil ja eigentlich so schwer zu bestimmen ist, wo das Rechte liegt. <...>

Fanny Lewald (1811–1889)
Stahlstich von Auguste Hüssener nach einer Zeichnung von Eduard Ratti (ca. 1846)

Adolf Stahr (1805–1876)
Zeichnung von Elisabeth Baumann-Jerichau (1846)

Sie übernachten in Koblenz im »Riesen« und fahren per Schiff weiter nach Frankfurt, wo sie im Hotel de Russie auf der Zeil absteigen.
<...> Am Abend in Frankfurt ließ ich mir noch die Liste der Deputirten geben, schrieb mir die Namen aus u ging sehr müde schlafen.

Heinrich Simon[20] u Max[21] sind in Scheveningen, kommen aber Sonnabend zurück. Heinrich soll sehr leidend sein. Am ersten Tage sah ich August Lewald[22], der mir einen unangenehmen Eindruck machte. Er trägt einen grauen Tirolerrock mit grünem Kragen, einen grauen Filzhut – diesen alten Romantikern schlägt der Zopf der Äußerlichkeit immer in den Nacken. Ich hasse diese Maskeraden, die das Innere nach außen darlegen, weil eigentlich kein ausfüllendes Inneres vorhanden ist. L<ewal>d schimpfte auf die Zeit, verkleinert, tadelt Alles und Jeden. Seine Frau ist ebenso pimplig als früher u geht täglich in die Messe. Mit Heinrich Simon steht er fremd – nur Eduard Simson[23] läßt er gelten. Er ist verbittert u eine jener christlichen Ruinen, die nicht die Resignation des Verfallens haben, wenn ihre Zeit vorüber ist. – Dabei hatte er eigentlich doch nie ein Talent. – Mich läßt er gelten, immer mit dem Zusatz, daß er mich auf die Bahn der Litteratur geführt, was ich dankbar erkenne.

Dich Adolf! würde er entzücken, weil er Kindergeschichten von mir erzählt. So unter anderm: als er im Sommer 1814 das Nervenfieber bekommen, sei er im Comptoir unwohl geworden, in ein Zimmer gebracht u dort, ohnmächtig fast, auf ein Sopha gelegt worden. Die Hilfeleistenden liefen hinaus, das Nöthige zu holen u mich ließ man unbeachtet im Zimmer. Kaum aber waren die Großen fort, als ich auf den Sopha kletterte, ihm mit den Fingern die Augenlider aufriß u sehr ernsthaft sagte: »Mach die Augen auf! Sieh mich an! Du sollst aber die Augen aufmachen!« Er sagte: »Ich habe das Kind verwünscht u konnte mich nicht rühren, um es fortzujagen, aber in dem folgenden Fieber hatte ich immer das quälende Gefühl, Fanny risse mir wieder die Augen auf – ich habe das nie im Leben vergessen können.« – Er sagt: »es war ein allerliebster Fratz, aber sehr befehlerisch u eigensinnig von klein an!« – Da hast du deinen *diable en herbe*.

Da ich gestern dem Otto unsere Ankunft gemeldet u fast dasselbe geschrieben habe, will ich dir nur mit wenig Worten sagen, wen u was ich gesehen bis jetzt.

Venedey![24] immer das unzerstörbar treue deutsche Herz; trotz des sechzehnjährigen Exils in Frankreich. Sanft, still, ernst sinnig tief. Ich muß immer an Walther von der Vogelweide oder an andere Minnesänger denken, wenn ich ihn sehe.

Hartmann[25] so entzückt mich wieder zu sehen, daß ich nur mit Noth seiner Umarmung entging, heiter, froh, durchaus wahrhaft – »ich werde, wenn die Republik siegt, wie ich hoffe, eben so wenig zu Amt und Würden kommen als in der Monarchie, denn ich bin nicht als Praktiker zu brauchen; ich kann nur mitstimmen u mitwirken für die Realisierung eines Gedankens, u nachher kann ich meiner Wege gehen.« – Beide sehr eingenommen für Heinrich Simon, von dem sie sagen, er sei ganz abgegangen von dem Glauben an die Möglichkeit einer konstitutionellen Monarchie; er wolle die gesetzmäßige Republik. Sie sagen: er ist ehrgeizig, aber von dem Ehrgeiz, der das Rechte will, das Edle; er ist einsam, schmeichelt, kokettirt mit keiner Partei, schmeichelt nicht, drängt sich nicht vor u wartet im Gefühl seiner Kraft und sicheren Zukunft. Ein Ministerium Simon hätte zuverlässig die letzte Revolution verhindert – die Rechte habe es nicht zugelassen, um die Revolution herbeizuführen. Simon habe wenig Freunde, sei aber nächst Gagern[26] vielleicht der gerechteste Charakter. Präsident werde er nie werden, überhaupt schwer herankommen, weil man seine furchtbare Energie scheue. <...>

Eduard Simson[27] wird an Gagerns statt Präsident werden. [...][28] Als ich ihn sprach, ihn u seine Frau u alte, liebe Jugenderinnerungen in uns auftauchten, die mir beide werth machen, sagte er: »daß jetzt kein Glück in solcher Präsidentschaft liegt, liebes Herz, das begreifst du wohl. Man nimmt es über sich, weil man muß.« Die Zeit beurtheilt er so, daß er sagt: »Man hat jetzt nur die Wahl zwischen philisterhafter Rechtlichkeit u ruchloser Genialität. Das Volk ist in Grund u Boden depravirt, alles Edle untergegangen, das beweist die Ermordung Lichnowskys, Auerswalds, Lambergs, Latours.«[29] – Wie wenig solch ein Glaube nach meinen Begriffen für die Präsidentschaft eignet, brauche ich dir nicht zu sagen, u wie man die Linke für die Ermordung Lichnowskys verantwortlich machen kann, begreife ich nicht. Eduard sagt: »es ist erbärmlich, es ist elend, daß Männer wie Heinrich Simon diese Tat nicht desavouiren.«[30] – Wenn ich nur verstände, wie man eine zufällig aus der Volksstimmung hervorgegangene That einer Partei aufbürden kann! – Ja! wäre man in Lichnowskys u Auerswalds Haus gedrungen, hätte man sie ermorden wollen, aber so! Das könnte jedem passiren, ebenso gut einem Deputirten der Rechten durch die Bürgerwehr. Lichnowsky soll in jeder Rede das souveraine Volk als einen Gegenstand seines Spottes bezeichnet haben. – Und diesen sittlich depravirten Menschen nennt Eduard eine Natur, die zu sich selbst zurückgekehrt ebenhier in Frankfurt den höchsten Aufschwung zu allem Großen u Hohen nahm. – Jeder ist Partei, jeder sagt mir, wir sind im Parteikampf, im Bürgerkrieg u doch erschrecken sie vor jedem Symptom der Krankheit, die sie an sich kennen. Es kommt mir gerade vor, als wolle man mitten im kalten Fieber darüber einen Todesschreck kriegen, daß die Kälte kommt. Es ist ein nothwendiger schmerzlicher Entwicklungsprozeß – u das Zuhalten, das Ueberpflastern hilft ja einmal Nichts. – Wunden muß man zum Eitern bringen, damit sie nicht nach innen eitern. Ich weiß nicht, entweder ich bin ganz dumm, ganz blind, ganz gefühllos – oder ich stehe mit meiner Ansicht im Großen, freier u höher da als alle die, die nur die einzelnen Thatsachen betrachten. – Jetzt das Geschrei über die neue Revolution in Wien! – Das Entsetzen über die Forderung des Kopfes der Erzherzogin Sophie. Mein Gott! Karl ist in London auch geköpft. – U Cromwell u jene Zeit sind auch gesetzlos gewesen – u England hat seine Magna Charta erhalten. Wie man sich nur über schon Dagewesenes, über Durchlebtes so wundern kann, weil man es selbst noch nicht durchlebte. Da ist doch jede neunzehnjährige Frau, die mit dem Blick auf die Frauen vor ihr an ihr Wochenbett geht, tausendmal muthiger als die Männer unserer Zeit. Es kann ihr eben das Leben kosten – aber doch hofft sie, doch behält sie den Mut, denn es gilt ein neues Leben zu erzeugen. Ich gebe Dir mein Wort darauf, ich verachte drei Viertel dieser Männer wegen ihrer feigen Glaubenslosigkeit. Ich bin nicht dumm, nicht blind, nicht gefühllos – aber glaubensstark in unserem Sinn des Wortes. – Ich glaube an den Sieg des Nothwendigen, das geschehen wird u muß, u das dann eben auch das Rechte ist. Im Uebrigen hatte ich an Eduard u Clara <Simson> große Freude. Sie kamen, nachdem ich sie am Morgen besucht, Nachmittags zu mir u konnten sich an Vaters Bild gar nicht satt sehen. Clara sagte immer: »weißt du, seit du hier bist, seit heute früh, kommt mir Frankfurt richtig heimatlich vor, ich habe ein Stück Kgbg hier.« – <...>

Abends gingen wir, in der Bethmannschen[31] Loge, den Spohrschen Faust[32] zu sehen. Das Haus ist schlecht, die Aufführung noch schlechter, so daß wir nach dem 1. Akt fort- u im Mondschein mit dem Lohndiener durch die Stadt nach dem Main gingen.

Ueberall, vor dem Römer, auf allen Plätzen hockte man an Wachtfeuern, lagen bivouakirende Soldaten. Vor der Göthestatue[33] sind interimistische hölzerne Ställe für Würtemberger Cavallerie aufgeschlagen. Der »Alte« sieht göttlich ernst u ruhig darauf hinab – er weiß, daß dies vorübergeht u er besteht, daß sie ihm den Lorbeerkranz nicht entreißen, nicht zertreten können, den er so ruhig in der Rechten hält. Auch an sein Vaterhaus gingen wir im Mondschein, das ist für die damalige Zeit ein stattlich schönes Haus. <...>

Börnes Bild hängt überall an den Schaufenstern.

Uebrigens bleibt mein Widerwille gegen die alten Städte am Rhein, die Enge des Altdeutschen, ganz derselbe. Ich werde nie Poesie oder Schönheit in den engen, winkligen Städten finden, wo man nicht Luft, nicht Licht hat u wo Pesten u Epidemien allein gedeihen u Menschen umkommen müssen. <...>

Bis zum 20. schreibe mir hierher, ich bin gar nicht zufrieden, daß ich noch keinen Brief von Dir, von Otto hatte. Nur von Else[34] einen sehr liebevollen mit den schönsten Geschichten von Memmo.[35] <...>

Grüße Mosens[36] herzlich. Starkloff[37] habe ich noch nicht entdeckt. Gestern war der Buchhändler Löwenthal[38] hier – nachher kam sich ein grässlicher Mensch,

Wiehl, ein schmutziger Literat, als Freund von Gutzkow präsentieren.[39] <...> Ich wußte gar nichts von seiner Existenz, von seinen Werken.

Es wird wohl Mode werden, daß alle anwesenden Literaten uns »gesehen« haben müssen. Löwenthal, der auch nicht schön ist, grüßt dich sehr. – Eduard fragte mich, ob du mit mir wärest, u bedauerte, daß es nicht der Fall sei. Meißner[40], Kinkel[41], Laube[42] sind hier, Vischer[43], einen jungen blonden Menschen zeigte mir Lewald in der Straße. Er bot mir an – L<ewal>d – ich solle ihm Artikel für das Morgenblatt geben – ich halte das mit meiner Parteistellung unverträglich. Was meinst du, Adolf? – <...>

Alles Gute sei mit Dir. Schreibe bald. Vielleicht arbeite ich auch am Roman[44], adieu Liebster, guter Adolf. – Treu eigen

die Deine

Brief 140 – Adolf Stahr
Oldenburg, d. 13. Oktober 48

Herzensfanny!
Er hat gestern seinen Brief poste restante nach Frankfurt abgesendet. Er war in der Sitzung der Landstände. Kleinlicher Anblick für einen, der die Berliner Nationalversammlung gewöhnt war.

Klage über seine Umgebung, Wetter, den bevorstehenden Winter.

Sonnabend, 14. Oktober. *Wo mag sie sein?*

Manchmal träume ich mir die Möglichkeit, dich hier in Oldenburg wiederzusehen. <...> So lange ich dich in Theresens weichen, lieben sorgenden Händen weiß, ist alles gut, nur in Berlin bangt mich um dich. <...>

Sonntag, der 15. *Ihr am 12. auf die Post gegebener Brief kam heute an.*
Er würde die Pariser Briefe in Cottas Morgenblatt erscheinen lassen.
Für eine spätere Buchpublikation schlägt er »Tagebuch von 1848« vor.

Daß ich deine Briefe entbehren u fortsenden soll, ist mir ein großes Opfer, doch bringe ich es gehorsam – wenn auch schweren Herzens, weil ich einsehe, daß du doppelt nicht schreiben kannst u weil Otto, aber auch nur er allein, es verdient.

Über Politik, Jacoby, über seine Aussichten, Arbeit zu finden.

Vorläufig aber brauche ich in diesem Winter einige Monate Ruhe, um meinen Roman[45] zu beenden, von dessen Ertrag ich leben muß. Wollte der Himmel, ich hätte ihn erst hinter mir. <...>

ohne Nummer – Fanny Lewald
[erhalten den 22sten Oktober früh, Ad. St. weitergesendet u zurückerhalten]
Frankfurt d. 13. Oktober 48, 5 Uhr Abends
Heute waren wir zum erstenmale in der Nationalversammlung. Herr von Prätis, <...> Generalconsul von Oesterreich in Hamburg, brachte uns hin. Das Lokal ist sehr gut, eine Rotunde, gar nicht kirchlich, eigens nur für diesen volksthümlichen Zweck gebaut.[46] Die Plätze für die Damen sind bequem, aber man hört nicht gut – so weit hatte ich geschrieben, als Starkloff kam, – dann Herr von Gagern, der eine sehr bedeutende Persönlichkeit ist. Nun hätte ich eigentlich, es ist über sechs Uhr, die höchste Neigung, mich auszuschnüren, zu lesen, zu schreiben und nach ruhig getrunkenem Tee um 9 1/2 Uhr schlafen zu gehen, denn ich bin müde. Statt dessen aber werde ich weiße Seide anziehen u erst in eine Soiree zu Herrn Ernst Merk aus Hamburg, dann in eine zweite zu Frau von Vring, der Frau des Generalpostdirektors fahren. – Wen ich alles in diesen Tagen gesehen, gesprochen habe u was für Urtheile durcheinander gehört – das geht ans Schwindelnde. – Gestern besuchte mich Herr von Rappart[47], ein Freund von Heinrich Simon, mit dem ich eine Strecke in Italien, – von Padua bis Triest – zusammen war. Er kam mit Venedey, das ist eine schöne Menschennatur. – Heute war auch Oelsner Montmarqué[48] hier, es ist wahr, er hat etwas Abentheuerndes. Aber er hat solch Talent für oberflächliches Schwatzen, für Salongalanterie, daß ich immer wieder lache u mich amüsiere. Heute hat er mir auseinandergesetzt, daß er mir eigentlich seit 2 1/2 Jahren die entschiedensten Huldigungen darbringe, daß er immer auf dem Punkte stehe, mir seine Deklaration zu machen, u daß er es zu erleben hoffe, daß ich es noch in zehn Jahren bereuen werde, als Erzstatue durch das langweilige Leben gegangen zu sein. Er schloß mit den Worten: »Lachen Sie nicht! Es ist dies Letzte bei Gott mein Ernst! Sie langweilen sich ganz unnöthig. Es dankt es Ihnen Niemand. Verlieben Sie sich doch, wenn auch nicht in mich. Es ist so lasterhaft, so schrecklich tugendhaft zu sein.« – Nach all der Volkssouveränität und Grundrechtsfrage u Latour u Heimathsrechten war mir diese Leichtfertigkeit ordentlich ein Labsal. [...][49] Als er fort war, sagte ich zu Therese: »Den hätte Adolf womöglich hinausgeworfen! Denn es war die reinste Koketterie von seiner Seite. Und doch habe ich mich amüsirt.« Ich habe den Ernst satt! Ach! meine guten Abende bei der Mertens[50], meine Dienstagskoketterien, die giebt mir kein Mensch wieder.
Ich muß mich aber leider Gottes wirklich anziehen.
Heute ging ich mit großer Unlust zu den Eltern von Dr. Oppenheim.[51] Erst war ich schon am Hause vorbei, mit dem Gedanken, was sollst du eigentlich da? – ging solo in die Judenstadt – dann überlegte ich, daß sich Oppenheim freuen wird, wenn ich ihm Wort halte u seine Eltern ehre – daß diese sich ihres Sohnes freuen würden – u wie lieb es mir gewesen wäre, wenn irgendeine Persönlichkeit

meinen Eltern um meinetwillen Achtung bewiesen hätte – u ging dann doch zurück u hin. Die Leute – in sehr bürgerlich einfacher Wohnung – waren auch sehr dankbar u ich mit mir zufrieden.

d. 15. Sonntag Nachmittag. <...> Jetzt endlich ist dein Brief vom 12. gekommen, guter Adolf, u ich fange denn an, die Fortsetzung des Briefes zu schreiben, der zu deinem Geburtstag in deinen Händen sein soll.

Ueber die hiesigen Zustände weiß ich kaum etwas zu sagen außer, daß Einer den Andern für wahnsinnig erklärt, Einer dem Andern jede politische Einsicht abspricht; daß ich von allen gehört habe, was falsch, unmöglich, unausführbar sei, aber noch von keinem, welche Gestaltung der Dinge nothwendig u ausführbar sei.[52] Die Auflösung der Nation – aus der altgewordenen Staatsform – in die rohen Elemente individueller Wildheit würde mir nützlich scheinen u gar nicht so bedenklich, sähe ich auch nur einen Menschen, der das Talent des Neugestaltens hätte, der eine Form wüßte, die flüssig gewordenen Elemente zu einer festen Erzstatue zu vereinen. Aber dieser Staatsformkünstler fehlt, u so fließt denn eben die Flammenglut über u wirkt vernichtend statt schön zu werden.

Selbst Gagern, dessen Bilder sehr getroffen sind, u dessen männliches Wesen mit der Energie seiner Rede übereinstimmt, scheint mir nur die Kraft zu haben, welche sich der Uebelthat entgegenstellt, – nicht das Genie, das mit sich fortreißt zu großen Thaten. Es macht mir auch einen schlechten Eindruck, daß die Deutschen, die Deputirten, solche Lust an den Carikaturen haben, welche täglich hier erscheinen. Ich denke, man darf sich am Spott erfreuen, wenn er wie Goldsand übermütig über die großen Frakturbuchstaben der Thaten gestreut wird, wenn er sich mit unschädlichem Neid, mit unmöglicher Verkleinerungslust an große Namen hängt – aber sich täglich darüber zu freuen, daß Herr Mohl u Herr Radowitz und Herr Rössler wirklich unbedeutend sind für die That, die man von dem Parlamente fordert, dafür sehe ich gar keinen Grund u das widert mich an.

Ueberhaupt! jetzt haben sie nicht mehr die Courage zu sagen, Lichnowsky war ein zweideutiger Charakter, weil er sich unklug in einen Aufruhr wagte, kopflos vom Pferde stieg, statt im offenen Blachfeld vor Fußgängern zu fliehen u dann totgeschlagen wurde. Der gute Venedey sagte: »Man muß jetzt nicht mehr über ihn urtheilen, ihn nicht mehr anklagen, er ist todt!« – Ich antwortete ihm Heines: »Sie sind sentimentale Eichen.«[53] – Die Anhänger Lichnowskys beuten seinen Tod aus u die Gegner werden über sein Leben schweigen! <...> Zuletzt komme ich immer auf das Schlußwort von Hebbels Maria Magdalena: »Ich verstehe die Welt nicht [mehr]!«[54] <...>

Warum ich an Gagerns Wirksamkeit nicht glaube, das kann ich euch einfach sagen. Er hält das Volk für entsittlicht u das Grundprinzip, aus dem die jetzigen Bewegungen in Europa hervorgegangen sind, für einen strafbaren Egoismus. So hat er sich in ruhiger Unterhaltung gegen Therese u mich geäußert, so wiederholt es Eduard Simson, der ihn möglichst treu nachbetet. Es wird also, wenn Gagern mir sagt: »Glauben Sie aber nicht, daß ich deshalb an dem Sieg des Guten u Wahren verzweifle«, eben Nichts anderes heißen, als das, was mir die Frau von Henri Blaze[55] in Paris sagte, als sie von den Chartistenbewegungen[56] in England sprach: »*Ah! Chez nous les riches sont tellement dans la majorité, que nous écraserons les pauvres!*«[57] – Das ist auch Hansemanns Fabrikantentheorie, das ist die Ueberzeugung, deren letzte Beweisgründe Kartätschenkugeln sind. Aber d i e s e Ueberzeugung werde ich n i e!! teilen lernen u wenn noch 100 Latours aufgehängt werden. Ich möchte dann nicht die Tochter meines Vaters sein, der bei weichlichem Wehklagen über Todesfälle zu sagen pflegte: »Bei Eylau[58] sind 20 Tausend Söhne, Väter u Gatten geblieben! Dem Einzelnen, den diese Verluste treffen, mögen sie hart, unersetzlich sein – im Hinblick auf die Entwicklung der Menschheit sind sie Nichts. Was schreien wir denn so aus Furcht vor Verarmung – als ob in den Jahren 6–15 nicht genug Leute verarmt wären!« – Die Todes- u Verarmungswuth der Besitzenden ist bei Gott egoistischer als das Verfahren der Proletarier. Jetzt wieder hier in Frankfurt haben sie aus »d e r K a s s e« des Rothschildschen Comptoirs, wo das Gold geprägt zu nehmen da lag, herabgeschossen, hunderte von Proletariern sind in dem Hause ein- u ausgegangen, u nicht ein Thaler ist entwendet worden. »Ja!« sagt Gagern, »das Volk ist blutdürstig! Wie hat man meinen Bruder gemordet.[59] Der Meuchelmord wird sanktionirt, das Volk ist durchweg schlecht.« – Das sind gute Reformatoren, die mit Bestien zu thun zu haben glauben. Um zu reformieren, muß man Kraft oder Liebe haben, aber sie haben weder das eine noch das andere, sondern nur den Haß und die Furcht der Besitzenden, die zu verlieren fürchten. – An Communistische Prinzipien, an die Furcht vor Theilung glaubt selbst Gagern nicht – »es ist kein solches Prinzip im Volke, aber die sozialistischen Regungen u Ideen sind vorhanden.« – Als ob ohne diese die Abhilfe des Nothstandes denkbar wäre! – »Und das Fundament des religiösen Bewußtseins ist erschüttert.« – Gottlob! <...>

M o n t a g, d. 16. Abends 6 Uhr – Wir waren von 8 1/2 bis 4 1/2 Uhr in der Sitzung. Man verhandelte die Angelegenheit von Zitz, Schlöffel, Simon aus Trier.[60] <...>

In Frankfurt erst lernt man die deutsche Revolution u das Parlamentswesen verstehen u es ist ewig Schade, daß du, mein geliebter Adolf! nicht von Anfang an hier gewesen bist. Ich bliebe sehr gern in Frankfurt, u finde ich in Berlin nicht, was ich zu finden wünsche, so werde ich leicht möglich, hierher zurückkehren. Es sind hier doch die ersten Männer Deutschlands zusammen, u ich habe heute die bedeutendsten Persönlichkeiten in aller Muße betrachtet.

A b e n d s 10 U h r. Ich komme hier gar nicht zum Schreiben. Den ganzen Abend waren Lewald und Starkloff da. – Heute sprach zuerst Voigt aus Gießen[61], dann Bassermann[62], dann ein langer Vortrag von Schmerling[63], Schlöffel (ein schöner Mann) u Simon aus Trier, den alle, selbst die Rechte, einen ehrlichen Mann nennen. Gagern will die Präsidentur an Simson überlassen, um als Parteimann zu wirken, u ich zweifle nicht, daß diesmal noch die Linke, die Republik, unterliegen werde. <...>

Wir saßen heute früh so, daß die Leute leicht an uns herankonnten. Riesser[64] fragte mich: »Nun, was sagen Sie zu dem Stande der Sache?« – »Ich bin überzeugt, daß die Linke unterliegt.« – »Also bekehrt?« – »Nein, im Gegenteil! Das Recht einer neuen Zeitrechnung, eines neuen Glaubens ist immer bei der Majorität, die Niederlage ist kein Beweis dagegen.« – Daß in einem Kampfe, in dem man von der einen Seite Kartätschenkugeln als Beweis brauchte, von Anfang an, von der anderen Seite Strick und Dolch gebraucht werden, das finde ich vollkommen in der Ordnung – wo zwei Gegner, Feinde, Todtfeinde, sich auf einem Brette im Schiffbruch befinden, da hört das Komplimentiren auf u jedes Mittel zur Selbsterhaltung muß ergriffen werden. Lewald sagte: »Sie sollen die Verräther rechtlich verurtheilen.« – Was das für Redensarten sind! Als ob das *La mort sans phrase!*[65] nicht ein Urtheilsspruch gewesen wäre. Börne hat es ihnen hier in Frankfurt gesagt: im Parteikampfe soll man nicht gerecht, sondern Partei sein. Aber das begreifen sie gar nicht, daß die Linke eine selbständige Partei ist – sie thun noch immer, als hätte eine Herrschaft widerspänstige Dienstboten um sich. – Und von Verdächtigungen sprechen sie, die die Linke sich erlaube u verläumden die edelsten Charaktere der Linken, während sie den Professor Schubert aus Königsberg[66] als Kronjuwel in ihrer Mitte dulden, diesen elendesten Heuchler.

Uhland[67] sieht frappant! wie mein Sundermann aus u ich begreife es, daß Clara Simson mir ernsthaft sagt: »Du kannst mir glauben, der hat die Gedichte gar nicht gemacht!«

Jahn[68] sieht wie ein verunglückter Zauberer aus einem Marionettentheater aus. – Schmerling[69] hat ein kaltes, höhnisches Gesicht u behohnlächelt Alles, was die Linke sagt, mit der herablassenden Nichtachtung, mit der Hansemann Thaten zu thun glaubte.

Fallmereier[70], Vischer aus Tübingen[71], der schöne wiener Student Schneider[72], der beim Sturze Metternichs die Hauptrolle spielte, sitzen alle auf der äußersten Linken. Beckerath[73] sieht ruhig drein u hat ein gutes Gesicht. Vinke[74] überschlägt sich vor Heftigkeit u Eifer. – Zitz schreit so, daß ich Nichts verstehe vor Betäubung. Bassermann[75] sieht gut aus u ist von ruhiger Würde – aber der Glaube, die Würde, ist unzweifelhaft stärker auf der Linken.

Der alte Itzstein[76] gleicht Joseph Mendelson u macht, mitten unter all den jungen Männern, wenn er so mit seinem grauen Kopfe und u mit dem vernichtenden

Lächeln seines Zweifels auf die Bestrebungen der Rechten blickt, einen sehr tiefen Eindruck. Er sitzt da wie Mephisto, wenn er seine Kleinen ausschickt, das Zeichen an der Schwelle zu zernagen, das eine unübersteigliche Barriere scheint.

Vinke ist geschmacklos, er überstürzt sich in polternder Heftigkeit wie eine Lawine, immer schneller dem Abhange zu. Vor Eile hat er nicht die Zeit der Stimmmodulation. Er **spricht** nicht, denn er beherrscht seine Sprache nicht, sondern der Zorn spricht aus ihm. <...> Es ist etwas von der blinden Wuth eines Stieres in ihm, u wenn er im Eifer nun immer rother u rother wird, daß zuletzt Hals u Ohren flammen, so ist er wie ein Puter und grundhäßlich.

Schmerling aber ist mir in seiner hochmüthigen, büreaukratisch-aristokratischen Herablassung, in seinem spöttischen Gesichterschneiden so zuwider, daß ich immer denke, den hängen sie gewiß einmal auf.

Venedey ist sehr unbedeutend auf der Bühne, man sieht ihm die Trauer an, über das Unrecht, über die Mißgriffe von beiden Seiten. Er sagte mir: die letzten 14 Tage sind die unglücklichsten meines Lebens gewesen u nie im Exil, in persönlicher Noth, war ich so unglücklich wie jetzt.« – Ich habe ihm auch gesagt: »Ihnen glaube ich **Alles**«, u wir sind uns auch schon sehr gut.

Dienstag <17. Oktober>. Am Morgen wieder in der Paulskirche, wo wir förmlich Audienz geben. Heute waren Gagern, Riesser, Eduard Simson, Starkloff, Ernst Merk, Biedermann[77], Herr von Rappart, Venedey, Robert Heller[78], Wilhelm Jordan[79] u noch andere auf unserem Platz. Lewald sagte: Ihr solltet hier bleiben. [...][80] Ich bliebe gern, wenn es sich thun ließe, was es sich aber nicht thun lässt.

Moritz Hartmann ist nach Wien.[81] <...>

Heute präsidirte Eduard Simson u wahrhaft meisterhaft, so formgewandt, höflich u doch fest, klar u bestimmt. Er ist viel gelassener als Gagern. – Riesser fragte mich um Johann Jacoby; man habe ihm gesagt, ich sei der einzige Umgang Jacobys von Frauen in Berlin gewesen, von mir wolle er hören, ob ich glaube, daß Jacoby die Massenunruhe, die Pöbelherrschaft beschütze u vertheidige, daß er sie ermuthige u leite?[82] – Was ich ihm geantwortet habe, kann sich jeder denken.

Aus der Paulskirche ging ich zu Hansemann, der bei mir gewesen war, ohne mich zu finden. Er wohnt studentenhaft schlecht, nahe am alten Bundestagspalais, in der großen Eschenheimerstraße. Hansemann schien **sehr** erfreut, daß ich kam. Es sei brav von mir.

»Nun! Sie waren ja auch immer ziemlich radikal, ists Ihnen noch nicht vergangen?«

»Nein, nicht im Geringsten! Ich beklage, daß der Hagel Fenster einschlägt, das Gewitter bleibt aber doch eine wohlthätige Nothwendigkeit.«

»Wie wollen Sie es aber dann verantworten, daß die Ideologen von der Linken sich mit solcher Hefe, mit solchem Mist einlassen wie Schlöffel u Zitz u Simon von Trier?«

»Simon von Trier nennt selbst die Rechte einen ehrlichen Mann! u was den Mist anlangt, mit dem halten es die Ideologen wie die Landwirthe. Sie glauben nicht, daß er die Saat oder die Frucht sei, aber sie brauchen ihn zum Düngen.«

»Und daß dies Volk die Meuchelmorde nicht desavouirt, daß selbst Männer wie Ihr Cousin Simon es nicht erklären, nicht aussprechen, daß dies niederträchtig ist« – usw. usw.

Er sprach von den Opfern, die er der Revolution gebracht, von dem Undank, dem Unverstand des Volkes – von seiner politischen Unreife, die es vor der ganzen Welt kompromittire – von Allem, wovon ein Exminister[83] sprechen kann: »Hätte ich den Eduard Simson früher gekannt, ich hätte nicht Ihren Herrn Merker[84] zum Justizminister gemacht, dem Simson fehlt nur noch etwas staatsmännische Bildung, etwas Umsicht, dann ist er brauchbarer als alle zusammen. Ich habe drei Stunden mit ihm konferirt.«

Ich mit meiner Unverschämtheit: »Sagen Sie Herr Hansemann! es sind nun sechshundert hier, die einander für wahnsinnig erklären und sagen, was nicht geht – sind Sie vielleicht mit Plänen hergekommen für das, was gehen soll?«

»Sie fragen sehr positiv, meine verehrte Freundin!«

»Weil ich positive Antwort haben will!«

Er lachte, rieb sich das Gesicht und sagte sehr pfiffig: »Freilich weiß ich was werden soll. Aber in Berlin sind sie wahnsinnig, da streiten sie dem König den Titel von Gottes Gnaden und doch ist Deutschland nur zu bauen durch ein mächtiges starkes Königreich Preußen von Gottes Gnaden.« So der Alte.

<...>

Am 19. Oktober verlassen die beiden Frauen Frankfurt und fahren weiter nach Weimar, wo Fanny Lewald Bekanntschaft mit Franz Liszt und dem Erbprinzen Carl Alexander schließt. Endpunkt der gemeinsamen Reise ist Dresden, wo Thereses Geliebter Karl Gutzkow Dramaturg am Theater ist. Dieser Teil der Reise ist in den »Erinnerungen aus dem Jahre 1848« ganz ausgelassen.[85]

Fanny Lewald kehrt am 6. November 1848 nach viermonatiger Abwesenheit nach Berlin zurück. Hier kommt sie gerade rechtzeitig, um Zeugin des lange geplanten Staatsstreichs zu werden, mit dem König Friedrich Wilhelm IV. und seine Berater das Schicksal der Revolution in Preußen besiegeln.

In den Monaten zuvor hat sich die Situation in Berlin bedrohlich zugespitzt. Arbeiterunruhen, die im Oktober an der Peripherie der Stadt begannen, haben sich ins Zentrum verlagert und an Heftigkeit zugenommen, weil die Behörden mit Massen-

entlassungen kontern und die Bürgerwehr überreagiert und am 16. Oktober mehrere Menschen erschießt. Die Armen und Erwerbslosen kommen aus ihren Kellern und Hinterhöfen, sie schwenken jetzt rote Fahnen statt schwarzrotgoldener, sie krakeelen und liefern sich Scharmützel mit den verhassten Konstablern. Bürger und Kleinbürger bekommen es mit der Angst zu tun, ihre Befürchtungen werden angefacht durch die konservativen Zeitungen, die orakeln, Preußen werde in naher Zukunft in Anarchie versinken. Der Geist der Märztage, der für kurze Zeit alle Reformwilligen vereint hatte, ist endgültig dahin. Bürgerlich-Liberale und radikale Demokraten stehen sich jetzt unversöhnlich gegenüber, und die Konservativen, die lange auf den Moment gewartet haben, mit den Überresten der Revolution aufzuräumen, sehen die Zeit dazu gekommen, nachdem in Österreich am 1. November die Truppen von Feldmarschall Windischgrätz die Wiener Revolutionäre endgültig besiegt haben.

 Am Tag zuvor, am 31. Oktober ist in der Preußischen Nationalversammlung der Antrag durchgefallen, dass Preußen den Wiener Revolutionären zu Hilfe eilen solle. Unter den Tausenden von Berlinern, die, von Arnold Ruge[86] angeführt, diesen unrealistischen und viel zu späten Vorstoß mit einer »Sturmpetition« auf dem Gendarmenmarkt unterstützen, entsteht daraufhin große Unruhe, beim Eingreifen der Bürgerwehr fällt ein Schuss und es kommt wieder zu blutigen Zusammenstößen.[87]

 Tags darauf wird der Kavalleriegeneral Graf von Brandenburg (1792–1850), ein Onkel des Königs, zum Nachfolger des zurückgetretenen Ministerpräsidenten von Pfuel ernannt. Wieder einen Tag später spricht die Nationalversammlung Brandenburg das Misstrauen aus und entsendet eine Deputation nach Sanssouci, die dem König die Bitte um ein populäreres Kabinett vorlegen soll. Als die Abgeordneten bei der Überreichung ihrer Adresse mit demütigender Unhöflichkeit behandelt und vom König keiner Antwort gewürdigt werden, spricht Fannys Freund Johann Jacoby seine berühmten Sätze: »Das ist eben das Unglück der Könige, daß sie die Wahrheit nicht hören wollen!«

 Fanny erfährt alle diese Neuigkeiten nach ihrer Rückkehr von zwei Personen, die nahe am Zentrum des Geschehens sind, aber zu unterschiedlichen politischen Lagern gehören: von Johann Jacoby und von ihrem Bruder Otto. Auch in ihrem Bekannten- und Freundeskreis ist die politische Entwicklung das alles beherrschende Thema. In ihren Berichten an Stahr spiegelt sich deutlich das ganze weit gefächerte Meinungsspektrum.

 Am 9. November erfolgt die königliche Anordnung, die Nationalversammlung sei – zu ihrer eigenen Sicherheit – nach Brandenburg zu verlegen. Die Versammlung beschließt, den Ausweisungsbefehl zu ignorieren und trifft sich am 10. November wie gewohnt, im Schauspielhaus am Gendarmenmarkt. An dieser Sitzung nehmen Fanny und ihr Bruder Otto auf der Zuhörertribüne teil. Fanny schildert die Ereignisse dieses Nachmittags in ihren »Erinnerungen aus dem Jahre 1848«.[88] Während im Saal über die »Ablösung des Federspulgeldes, des Hundeackerhafers, der Küchenfuhren, des

Holzspaltens und des Futters für die Hauskuh« beraten wird, ziehen unten auf dem Markt die Grenadiere General Wrangels[89] auf, die für die Durchsetzung des königlichen Befehls sorgen sollen.

Die Erstürmung des Schauspielhauses bleibt glücklicherweise aus. Der General wartet mit der Besetzung des Hauses, bis die Abgeordneten unbehelligt das Haus verlassen haben. Sie werden von einer jubelnden Menge durch die Straßen geleitet. Es sieht nach Triumph aus – auch Fanny gibt sich noch einige Tage lang dieser Illusion hin[90] –, aber es ist die Niederlage.

Ausgerechnet in diesen aufgeregten Tagen trifft Fanny Lewald eine Entscheidung, mit der sie ein deutliches Zeichen für ihre persönliche Unabhängigkeit setzt – es ist sowohl für ihre Familie wie auch für Stahr gedacht: Sie mietet eine teure Wohnung, ohne sich mit den Geschwistern zu beraten und ohne Stahr vorher davon in Kenntnis zu setzen.

Brief 146 – Adolf Stahr

Oldenburg, 10. November

Geliebteste!
Ihr Brief aus Berlin kam. Er hat nicht gearbeitet diese Woche, nur an sie geschrieben. Sie ist in Berlin, und auch diese Zeit wird vorübergehen.

Freilich nach der sammetweichen Umgebung, die du seit Juli genossen[91], wird das härene Gewand der Berliner Zustände dir wenig behagen. <...>

Er hat die Goethe – Stein – Billetts[92] fertig gelesen. Ist das ein Jammer, daß dieser liebesbedürftigste aller Menschen an eine Vulpius geraten mußte. Das war der Rückschlag von dem überirdischen Idealismus, zu dem er sich bei der Stein verurtheilt sah.[93]

11. November. *Nachricht vom Staatsstreich in Berlin.*
Das Ministerium Brandenburg ist also definitiv ernannt u die Preuß. Nationalversammlung vertagt u nach Brandenburg verlegt. Willigt sie ein <...> so ist sie moralisch ruinirt. Willigt sie nicht ein, so ist der Bürgerkrieg fertig. <...> Wärst du doch hier!

12. November. Wenn du irgend kannst, besuche fleißig Varnhagen[94] u laß dir für mich <...> über die Persönlichkeiten der Camarilla von Potsdam u Babelsberg erzählen. Ich gäb was drum, in diesen Tagen vom 9. an in Berlin gewesen zu sein. Varnhagens Besuch erspart dir <...> auch die Zeitungslektüre, die du doch nicht liebst u verstehst.

Wenn die Revolution in Berlin ausbricht, was er glaubt, soll sie nach Oldenburg kommen.
Viel über Robert Blums Ermordung.[95]

Brief 287 – Fanny Lewald

[erh. 12. Nov. 48 Abds]

Berlin d. 11. November 48, 3 Uhr Nachmittag

Geliebter Adolf! nur um Dir den Glauben zu nehmen, als sei ich von den einrückenden Soldaten als Siegeszeichen aufgespießt, sende ich dir ein Paar Worte. Ich hätte es schon gestern gethan, wäre ich nicht Nachmittags von 2 – 5 Uhr mit Otto in der Kammer gewesen, um dort den Moment des Einrückens der Truppen abzuwarten, den du dir nicht groß und bedeutend genug denken kannst. Als ich – furchtbar müde durch die Hitze – heimkehrte, schrieb ich einen Artikel »General Wrangel vor der Nationalversammlung« für die Kölner Zeitung, der mich bis acht Uhr beschäftigte, u dann war es zu spät u ich war auch zu müde, noch einen Brief für Dich zu schreiben. Ob sie jenen Artikel drucken, müssen wir sehen.[96]

Der jetzige Augenblick ist von gewaltiger u durch seine Ruhe furchtbarer Wichtigkeit. Die Krone hat gestern eine Niederlage erlitten wie nie zuvor. In diesem Augenblick arbeitet Otto daran, die Stadtverordneten zu überreden, daß sie sich als die Beschützer der Nationalversammlung erklären sollen. Die Bürgerschaft hat der Versammlung das Schießhaus anbieten, dort heizen und alles vorrichten, lassen u sich bereit erklärt, als Bürgerwehr das Sitzungslokal zu schützen. Man sagt, in Breslau baue man Barrikaden, von Magdeburg u anderen nahegelegenen Städten sollen schon um 11 Uhr Deputationen angelangt sein, mit der Erklärung daß man die Steuern nicht zahle, wenn die Versammlung noch irgendwie angetastet würde. Der Prinz von Preußen ist mit seiner ganzen Familie von Potsdam fortgegangen, wie man behauptet nach Weimar – weil er die Verantwortung dieser neuen Wortbrüchigkeit des Königs nicht theilen wolle.–

Gestern u heute früh sah man gar keine Proletarier in den Straßen, deren Terrorismus furchtbar groß gewesen sein soll; die Linke hält gute Manneszucht u läßt sie jetzt nicht in den Vordergrund treten. Als gestern die Deputirten aus der Versammlung fortzogen, inmitten der Bürgerwehr, – und als sie sich heute nach dem Sitzungssaale u von diesem, weil er verschlossen war, nach dem Hotel de Russie, (wo ich gewohnt habe) begaben, waren sie von lauter Bürgern begleitet, u der Jubelruf, die Vivats endlos. – Daß man die Truppen in die Häuser einquartiert hat, nimmt dem Gouvernement den Gebrauch der Truppen, sie fechten keines Falles gegen ihre Wirthe. In unserem Hause sind acht Mann – in Elsens achtzehn. Schade ists, nach Ottos richtigem Urtheil, daß diese unglückselige Maßregel Preußen um seinen besten General bringt. Siegt die Nationalversammlung, was unwiderleglich ist, so hat Wrangel keine Wahl, als seinen Abschied zu fordern. Otto hofft das Beste von diesen Vorgängen; er meint, wir würden die Truppen in der Stadt behalten, dadurch würde die Anarchie aufhören, welche von der Demokratie ausgehend u von den Linken unterstützt, die

Nationalversammlung unfrei macht. Daß der König abdanken muß, wenn er nicht in kürzester Zeit nachgiebt, nimmt man fast allgemein an. – Es ist vollkommen ruhig in der Stadt, die Gewerbetreibenden freuen sich der Rückkehr des Militärs u die ganze Haltung, die Plakate an den Straßenecken, die Flugblätter sind in würdigem Ton u hoch in der Gesinnung. Es ist ein sehr schöner Moment – unser Schwur im Ballhause.[97] Ich hätte Dich die Stunden gern statt meiner erleben lassen. Soviel von den Welthändeln, die doch nicht wir sind.

Die Meinen sind ganz lieb u gut u haben es mir auch möglichst bequem gemacht. <...>

Eine Wohnung habe ich heute gemiethet u richte mich auf Jahr über fest ein. Ob ich sie für ein oder für zwei Jahre nehme, steht noch nicht fest. Sie ist aber so hübsch u so bequem, daß ich sie schlimmsten Falles leicht vermiethe.

Da nun die Theresenbesuche positiv aufhören[98] u ich keine großen Reiseplane habe, also höchstens einen Aufenthalt in Kobelnik[99] oder bei Euch, oder eine kleine Reise mit Dir mache, so ist es das Gescheuteste, daß ich mir eine feste Wohnung miethe, um das qualvolle Gefühl der Heimathlosigkeit los zu werden. Dir, mein Adolf, wird das recht sein u auch die Wohnung, die ich mit allem Comfort einrichte, gefallen. Ich zahle mit Miethsabgaben, Hausbeleuchtung usw. 130 Thl.; das ist viel, aber ich habe unter 40 Wohnungen, die ich besehen, nicht eine einzige gefunden, die ich für 100 bis 115 Taler auch nur hätte bewohnen können. Schlechte Treppen, grüne Öfen, zwanzig klappernde Gewerbe im Hause, oder so entlegen vom Mittelpunkte der Stadt, daß bei warmem u schlechtem Wetter ohne Droschken gar nicht auszukommen ist. Dazu kommt noch, daß in den entlegenen Stadttheilen keine guten Restaurants sind u ich also selbst kochen müßte, was mir auch fatal ist. – Ich habe also nach Deiner Theorie in einen sauren Apfel gebissen, um Dir u mir ein behagliches *chez moi* zu bereiten u denke, ich will eben fleißig sein, um es möglich zu machen. Der ganze Unterschied sind 20 – 30 Taler u darüber kommt man auch fort.

Nun will ich dir aber auch beschreiben, wo u wie die Wohnung ist. Es ist das Haus in der Oberwallstraße, gegenüber der Zeitungshalle, nicht das Eckhaus, sondern das zweite – drei Treppen hoch.

Sieben Uhr – eben kommt Otto. – eine Cabinetts-Ordre löst die Bürgerwehr auf u morgen wird man die Stadtverordneten auflösen – der Belagerungszustand ist vor der Thüre. Die Wahnsinnigen! Welche Flüche nimmt dieser König auf sich.

Um mich sei bei allen Vorfällen unbesorgt, man wird hier in Berlin den Straßenkampf vermeiden, weil 50.000 Mann Truppen in u um Berlin stehen. – Was mir das Herz zuschnürt u erstarren macht, ist die furchtbare Tyranney und ihr neuer Sieg.

Ich schreibe in zwei, drei Tagen wieder. Sei absolut ruhig, ich gehe fort, ehe es zu Straßenkämpfen kommt u die Schwestern auch, also sei ganz unbesorgt. Vielleicht gehts auch noch besser.

Marien tausend Grüße treueigen die Deine

Fanny Lewald

Brief 288 – Fanny Lewald

Berlin d. 12. November 48, Abends 5 Uhr, (meines Vaters Geburtstag) <...> Seid ganz ohne Sorgen um mich, du u die beste Marie! Bis diesen Augenblick ist alles ruhig – obschon sehr aufgeregt – u wenn die Regierenden in Potsdam nicht vollkommen den Verstand verloren haben, wenn der König, Brandenburg u Wrangel nicht wie Wahnsinnige *va banque* spielen <...>, wird es zu keinem Blutvergießen kommen. Indes spielt oft der Moment unberechenbare Karten aus.

Otto, der um 11 Uhr in die Stadtverordnetenversammlung ging, kam um 2 1/2 Uhr nach Hause, seine Ehrenkette holen, weil er mit einer Deputation der verschiedenen Körperschaften nach Potsdam zum Könige sollte, um die Rücknahme der Verordnungen gegen die Bürgerwehr und die Auflösung der Kammer zu erwirken.[100] Um fünf Uhr können sie zurück sein.

Die Nationalversammlung nimmt sich prächtig <aus>; alle Plakate der verschiedenen Parteien sind groß u würdig; es herrscht eine Einstimmigkeit, die etwas Begeisterndes hat. Der Magistrat u die Stadtverordneten halten zusammen Sitzung, um die Angelegenheiten nicht durch den Geschäftsgang zu verzögern. Die Bürgerwehr hat erklärt, ihre Waffen um keinen Preis auszuliefern und mit Gut u Blut die Deputirten zu schützen. Die ältern Männer der Bürgerwehr haben ihre Waffen den Hauptleuten abgegeben, weil sie sich kampfunfähig glauben, u diese sind Proletariern übergeben, damit k e i n e Waffe ungenutzt bleibe. Louis, der eben hier war, sagt, er habe Trupps mit Aexten u Brecheisen bewaffnet durch die Straßen ziehen sehen. An allen Ecken stehen Menschenhaufen an den Plakaten, dennoch ist alles ruhig, gehalten, still. Die Nationalversammlung ist im Schießhause, bewacht von den Schützen. Das Lokal liegt in der Gegend des Oranienburger Thores, (wo man nach Schönhausen u Tegel fährt). – Schon seit gestern flüchten die Leute; Droschken mit Kindern u Betten bepackt fahren durch die Straßen – sehr unnöthig, wie ich zuversichtlich glaube.

6 U h r. Eben wird der Belagerungszustand erklärt. Halbheiten von beiden Seiten haben es dazu gebracht; jedoch hat der Kriegsminister erklärt, daß kein Schuß von seiner Seite gethan werden solle, sobald man ihn nicht angreife. Kein Soldat soll in ein Haus dringen, ohne daß man auf das Militair aus den Häusern geschossen hat. Aber die Presse u die Versammlungen hören auf, u nur zu Gunsten der Stadtverordneten u ihrer Plakate soll eine Ausnahme gemacht werden.

Die Deputation hat nicht direkt zum Könige dürfen, sondern sich erst an die Minister gewendet, welche erklärt haben, sie als die Rathgeber der Krone bei diesen Maßregeln könnten nicht zur Rücknahme raten, da die Krone unter die Füße getreten sei. Von 25.000 Gewehren der Bürgerwehr sind 35 abgeliefert, 6.000 Gewehre in den Händen der Proletarier. Strotha[101] hat zu Otto gesagt: »Sie werden uns noch selbst um das Einschreiten bitten; 6.000 bewaffnete Proletarier ohne Commandanten sind furchtbar.« Man hat gebeten, mit der Erklärung des Belagerungszustandes bis morgen 11 Uhr zu warten, es ist abgelehnt worden. Jetzt fährt die Deputation nach Potsdam; der König wird sie nicht annehmen, dann werden sie Audienz bei der Königin verlangen, deren Geburtstag morgen ist. Otto meint, er werde die Nacht nicht nach Haus kommen, da die Stadtverord. zusammenbleiben. Eine Nachsuchung der Häuser wegen Waffen ist möglich, aber wie Otto glaubt, für heute nicht wahrscheinlich. Über jeden Soldaten, der sich einen Exzess erlaubt, soll Standrecht gehalten werden.

Die Proklamation der Stadtverordneten an die Bürger hat Otto gemacht. <...>

Mitten in diesen Wirren denke ich eifrig an meine hübsche Wohnung, die ich nicht beziehen werde, ehe alles ruhig ist; u freue mich Eurer Einigkeit u der Kinderkonzerte bei Zuckerwasser u Pfefferminzplätzchen. Du siehst also, daß ich ruhig u sogar heiter bin. Das Ende dieser Verwicklungen muß einen Zustand gesetzlicher Freiheit herbeiführen. – Von Mecklenburg sind Zustimmungen an die Nationalversammlung gekommen. Sorge also gar nicht um mich u wundere dich nicht, wenn ich nun einige Tage nicht schreibe. Sobald Etwas Bedenkliches vorgeht schreibe ich. Das Erleben macht mich heiter u frisch – u ich bin gläubig. <...> Denkt beide in Liebe an Eure

Fanny

Brief 296 – Fanny Lewald

[Erh. 3. Dez. früh]

Berlin d. 29. November 48 Morgens

Milde[102] ist dem Otto auf der Straße begegnet u hat ihm erzählt, er sei in Brandenburg u in Potsdam gewesen. Ein neues Ministerium, ganz u gar volksthümlich, war gewählt, als die Nachricht in Potsdam anlangte, der Reichsverweser habe versprochen, daß der König ein liberales Ministerium bilden solle. Sogleich hat der König sehr ärgerlich gerufen: »das Ministerium Brandenburg bleibt!! Ich will den sehen, der mich zwingt ein anderes Minist. zu wählen u sich unterfängt statt meiner zu bestimmen.« – Stieber, den du wohl dem Namen nach kennst, war auch in Brandenburg für die Spenersche Zeitung. Er hat ebenfalls zu Otto gesagt, etwas Halt loseres als das Ministerium dort u die Versamml. habe er nie gesehen. Im demokrat. Frauenklub in Berlin[103], wo die Frau des seel. Marheineke[104] (nein eine andere Frau Marheinike) präsidirte, u Frl. Lenz[105] Freiheitsreden hielt, sei es zehnmal würdiger zugegangen.

Beiläufig ist auch der Frauenklub geschlossen, in dem jene beiden Damen geradezu vortreffliche Redner gewesen sein sollen.

Die Reaktion wird a n g e b e t e t , g e s e g n e t u lobgepriesen. Nicht Einen von all unseren Umgangsbekannten habe ich gesprochen, der nicht Gott dankte, daß die Anarchie ein Ende habe, die vielleicht wirklich größer gewesen sein mag, als wir sie gekannt haben. Die Course steigen unablässig u Handel u Gewerbe kommen empor.

Varnhagen, den ich gestern Morgen besuchte, <...> beurtheilt die Sache wie du. Er sagt, jeder Rückschritt ist ein Fortschritt, wenn man nicht den Moment, sondern die Zeit u die Welt betrachtet. Er nannte das Ministerium Brand<enburg> *un tas de misérables*[106], ohne jedoch Detail zu geben. Ist dir eine Broschüre von Jung[107] vorgekommen gegen den Magistrat? Und Jacobys Buch[108] gegen die Camarilla? Doch zuverlässig. Jung ist Ottos »Plaisir«. Er sagt von dem: »einmal gefällt er mir, weil er schön ist, u dann ist er der Bajazzo von der Linken. Ich lachte über seine Witze, wie ich lachen würde, wenn zum hundertsten Male der Bajazzo seinen Rappen ›mein Schimmelchen‹ nennt.«

Dabei wollen wir aber nicht verkennen, daß eine große Festigkeit dazu gehört, wie Otto unablässig seinen Weg zu gehen u sich immerfort von der intelligentesten Partei, von der liberalen Presse angreifen u verketzern zu lassen. Gott gebe, daß er es nie bereut, im Prinzip gegen den Zeitstrom geschwommen zu sein. Wir vermeiden jetzt, davon zu sprechen, weil es zu Nichts führt.

Heute früh habe ich den Louis Ferdinands Roman wieder einmal vorgenommen u bin fast selbst erschrocken vor der Festigkeit u Keckheit, mit der dessen Umrisse hingeschleudert sind. Die Weiber werden Zeter schreien über die Lizenz der Schlegelschen Charakteristik – aber entweder oder! – ich m u ß t e es so machen – u erklären sie mich erst ganz für vogelfrei, so werde ich erst noch einmal so frei sein als jetzt, da sie es zur Hälfte thun.

Nachher kam Wilkinson, der nun doch die Jenny[109] übersetzen wird, da die d'Avigdor[110] es aus religiösen, jüdisch-orthodoxen Skrupeln aufgibt. Er sprach englisch mit mir, – er unterrichtet hier u hält Vorlesungen, und ich bat ihn wiederzukommen, weil mich das übt. Dabei erzählte er mir, daß es mit der in den Zeitungen besprochenen Auswanderung nach West-Australien ernst sei. Man kauft für 60.000 Taler ein Stück Land so groß wie das ganze Dessau. – Beide Schomburgks, Otto Schomburgk ist ein sehr edler Mensch, gehen als Führer; man hat eine oligarchische Republik im Sinne, die man noch freier modifiziren will, als jetzt die vortrefflich entworfenen Statuten, u will mit Leuten aus allen Ständen – Aerzte, Künstler, Handwerker, alles – hinüber – ein fertiger Staat. Wohl ihnen, wohl allen, die frei werden.[111]

Als ich heute Otto davon sprach, sagte er lachend: »Könnten sie nicht auch Jacoby, Berends[112] und das ganze souveraine Volk mitnehmen? Ich würde zu dem Zweck eine Collekte machen, wie Vater beisteuerte, als der Stud. Stüber Königsberg für Halle verlassen wollte, der den Moritz[113] zu allen dummen Streichen angehalten hatte.«

<...> Nun muß ich enden u zu Mitscherlichs[114] in Gesellschaft mit Otto u den Schwestern. Da ich Morgens bei der Ahlefeld draußen war u nachmittag mit Otto vor dem Thore, so sind die Niny-Füße sehr müde u die ganze Niny überhaupt.

Gute Nacht also für heute, gutester Adolf.

11 3/4 Uhr nachts – Gute Nacht, Lieber!

Donnerstag Abends, 7 Uhr. Oppenheim verlässt mich eben u was er mir gesagt, hat mir den Beweis gegeben, daß Du u ich u wir alle, die wir an einen sozialen Umsturz glauben, allein das Rechte sehen. Ich fragte ihn nach Ruge.[115] – »Ruge hält sich verborgen.« – »Aber wie rechtfertigen Sie, daß Ruge am 31. Oktober den Anführer der Horden vor dem Schauspielhause machte?« – »Ich kann es nicht rechtfertigen aber erklären. Wir, die wir vereint mit der gebildeten Arbeiterklasse, mit Bisky, Sigrist[116] u solchen die Bewegung in die Hände genommen, sind seit Monaten schon machtlos gewesen. Die Bauer, Held u vor allem Edgar Bauer[117] haben sich zu Chefs der eigentlichen brot- u ideenlosen Proletarier gemacht, – und auch denen kann man es nicht zum Verbrechen rechnen, denn sie waren doch immer das Haupt, ein Halt, eine Schranke für die zügellose Masse der Anarchisten, die uns alle fortriss. So wie der 18. März gewesen, sobald das Volk, die eigentlichen Proletarier mit den Besitzenden zusammen den Absolutismus gerichtet hatten, – waren die Besitzenden gerichtet, denn die Masse war in Bewegung, in die Gärung geraten, die uns alle verschlingen wird. Ruge ist hingerissen davon – vorausahnend stürzt er sich mit hinein. Ohne die Bauers, die es beide aus verletztem Gefühl auf eine Diktatur über Berlin abgesehen hatten, wäre Berlin vor Monaten ein Raub der Plünderung geworden. Seit Monaten haben wir nicht auf- sondern abwiegeln müssen, von *Emeuten*[118], von Exzessen abhalten u auf eine große Revolution vertrösten, bei der die Nationalversammlung u die Nationalgarde dem Proletariat voran und mit ihm gehen würden. Es ist anders gekommen u die furchtbare Folge davon wird sein, daß das Proletariat der Bürgerschaft nie wieder traut, daß es uns allen nicht mehr traut und bei der ersten Gelegenheit, bei der ersten Noth die Plünderung und den Mord versucht auf eigene Rechnung, die noch nicht versucht sind, weil Bauer ihnen nach dem Siege drei Tage Plünderung versprochen hatte.«

Hörte das jemand von der jetzt siegreichen Partei, er nennte es »Oppenheims Sicht u seiner Partei versteckte Rechtfertigung,« u fände nichts darin als die Bestätigung für die Nothwendigkeit des Belagerungszustandes. Ich sehe hinter der persönlichen Entschuldigung manches begangenen Fehlers, manches Mißgriffes die absolute Wahrheit. So ists, so wird es sein, wenn nicht ein Wunder geschieht, wenn nicht die neue Religion erfunden wird, die die Leidenschaft in das Maaß bannt.[119]

Gestern, zur silbernen Hochzeitsfeier des Königs, sind Deputationen des Magistrats u viele Andere dagewesen. Ein Stadtrath, der das in der Gesellschaft erst sehr prächtig mir beschrieb, sagte mir nachher im Stillen, »ich habe das fröstelnde Gefühl gehabt wie in Grüften. Es war Alles haltlos, der Hof, der König, die Prinzen, die ganze Camarilla u auch die Deputationen. Man fühlte die Traurigkeit, das Komödiespielen u daß es nicht mehr lange zusammenhält.« – Ich fühle es auch, dieses Zerfallen des alten, staubwerdenden Gebäudes, in jedem Athemzug! u ich ringe nach Licht, nach Luft, nach Freiheit u Schönheit – die Du mir bist. Lebe wohl, Herz! für jetzt.

Freitag Abend. Jacoby giebt mir diese Drucksachen für dich, die ich gleich senden soll. Also ohne Ende des Briefes, den ich hiemit abbreche.

Die Bücher sende unter seiner Addresse, jedoch lege ja einen Brief an ihn ein, u wenn du einen für mich einlegst, – was ich jetzt, wo jeden Augenblick seine Papiere in Beschlag genommen werden können, nicht für recht sicher halte, so siegle ihn wenigstens mit dem Petschaft, nicht mit Oblat.

Adieu, gutes liebes Adolfsherz. Ganz in Eile!

Deine Niny

Anmerkungen

1 Staatsbibliothek zu Berlin, Preußischer Kulturbesitz, Handschriftenabteilung, Nachlass Lewald-Stahr, 20 Kästen.

2 In neueren Publikationen wurde er herangezogen vor allem von Gabriele Schneider: Vom Zeitroman zum ›stylisierten‹ Roman. Die Erzählerin Fanny Lewald (Diss.). Frankfurt 1993; Margaret Ward: Fanny Lewald. Between rebellion and renunciaton. New York 2006; Jana Kittelmann: Von der Reisenotiz zum Buch. Zur Literarisierung und Publikation privater Reisebriefe von Hermann Pückler-Muskau und Fanny Lewald (Diss.). Dresden 2010.

3 Fanny Lewald: Erinnerungen aus dem Jahre 1848. 2 Bde., Braunschweig 1850. Einige Teile daraus erschienen zuerst anonym in Zeitschriften: Der März in der französischen Republik. – In: Morgenblatt für gebildete Leser. Jg. 1849, Bd. 43; Ein Ministersalon in Berlin nach den Märztagen. – In: Politischer Monatskalender Juli 1848, S. 412–418; Der Friedrichshain am Charfreitag 1849. – In: Morgenblatt für gebildete Leser. Jg. 1849, Nr. 114 u. 116; Hartwig Hesse. – In: ebd., Nr. 137 ff.

4 Fanny Lewald: England und Schottland. Reisetagebuch. 2 Bde., Braunschweig 1851.

5 Fanny Lewald an Adolf Stahr, Brief 262, Hamburg 26. Juli 1848.

6 Mit der Schriftstellerin Therese von Bacheracht (1804–1852) verband Fanny Lewald von 1846 an eine enge Freundschaft. Vgl. Fanny Lewald: Meine Lebensgeschichte. Hrsg. von Ulrike Helmer. Bd. 3: Befreiung und Wanderleben. Königstein 1998, S. 243 ff.

7 Ludolf Camphausen (1803–1890), Kölner Bankier, vom 29. März bis 20. Juni 1848 preußischer Ministerpräsident.

8 Fanny Lewald hatte den Bankier, Fabrikanten und liberalen rheinischen Politiker David Hansemann (1790–1864) und seine Familie im Jahr zuvor in Berlin kennen gelernt, wo er und Camphausen die führenden Vertreter der Opposition im Vereinigten preußischen Landtag gewesen waren.

9 Johann Jacoby (1805–1877), Arzt und radikaldemokratischer Politiker aus Königsberg, zu dieser Zeit in Berlin als Mitglied der Preuß. Nationalversammlung, enger Freund Fanny Lewalds und Stahrs.

10 Franz Zitz (1803–1877), Anwalt aus Mainz, gehörte in Frankfurt der äußersten Linken an, ebenso wie der schlesische Fabrikant Friedrich Wilhelm Schlöffel (1800–1870). Ludwig Simon (1819–1877), Anwalt aus Trier, zählte zur gemäßigten Linken.

11 Levin Schücking (1814–1883) Journalist und Schriftsteller, war seit Ende 1845 Feuilletonchef der »Kölnischen Zeitung«, für die Stahr seit 1844 regelmäßig Beiträge verfasste. Therese hatte ihn 1846 bei einem gemeinsamen Parisaufenthalt mit Gutzkow kennen gelernt und schätzte ihn sehr.

12 Die Schriftstellerin Luise von Gall (1815–1855) war seit 1843 mit Schücking verheiratet.

13 Ida Gräfin Hahn-Hahn (1805–1880), gegen die Fanny Lewalds satirischer Roman »Diogena« von 1847 gerichtet war, der Hahn-Hahns Fremdwörtersucht und aristokratische Allüren persiflierte.

14 Titelheldin eines Romans von George Sand von 1846.

15 Zum Vergleich das Urteil von Annette von Droste Hülshoff, die eine enge Freundschaft mit Schücking verband. Sie schrieb 1845 an Sophie von Haxthausen: »Seine Frau habe ich in Meersburg kennengelernt; sie ist sehr schön, sehr talentvoll, hat aber auch die Gnade von Gott, dies zu wissen, weshalb sie mir doch nicht recht zu Gemüte wollte. Ihn macht sie sehr glücklich, hat ihn sehr lieb und ist, was mir am besten gefällt, eine sehr gute Wirtin.« (Zit. n.: Hugh Powell: Luise von Gall. Ihre Welt und ihr Werk. Bielefeld 2009, S. 165).

16 Joseph DuMont (1811–1869), Verleger der »Kölnischen Zeitung«.

17 Stahr wohnte in Oldenburg in der Achternstraße.

18 Baveno: Ort am Westufer des Lago Maggiore in Oberitalien. Fanny Lewald hatte 1845 den Weg über den Simplon-Pass gewählt, der in Domodossola im Tessin endet.

19 Fanny Lewald hatte Stahr abgeraten, mit nach Frankfurt zu gehen, um das Verhältnis zu seiner Frau, Marie Stahr, nicht weiter zu belasten.

20 Heinrich Simon (1805–1860), Jurist und demokratischer Politiker, Vetter Fanny Lewalds und ihre große unglückliche Liebe vor Adolf Stahr.

21 Max Simon (1814–1872), Cousin von Heinrich Simon, Breslauer Rechtsanwalt und Abgeordneter der Frankfurter Nationalversammlung.

22 August Lewald (1792–1871), Cousin von Fanny Lewalds Vater, der in der von ihm 1835–1846 herausgegebenen Zeitschrift »Europa. Chronik der gebildeten Welt« Fanny Lewalds erste literarische Versuche veröffentlicht hatte.

23 S. Anm. 27.

24 Jacob Venedey (1805–1871), Publizist und Politiker aus Köln, hatte wegen preußenkritischer Werke und »revolutionärer Umtriebe« fliehen müssen und von 1832–1848 als Emigrant in Frankreich gelebt.

25 Moritz Hartmann (1821–1872), österreichischer Dichter und Politiker, den Fanny Lewald 1844 auf der Fahrt nach Dresden auf einem Elbdampfer zuerst getroffen hatte; vgl. Lewald: Meine Lebensgeschichte [Anm. 6], S. 183 f. In der Nationalversammlung gehörte er zu den Abgeordneten der äußersten Linken.

26 Heinrich von Gagern (1799–1880), Präsident der Paulskirchenversammlung, gehörte der Casino-Partei der Mitte an und war in der Frage der deutschen Einheit Vertreter einer großdeutschen Lösung.

27 Eduard Simson (1810–1899), Schulfreund Fanny Lewalds aus Königsberger Kindertagen, Hochschulprofessor für Römisches Recht und Politiker, wurde im Dezember 1848 zum Nachfolger Heinrich von Gagerns im Amt des Präsidenten der Nationalversammlung gewählt.

28 Ein Satz durchgestrichen.

29 Zu Lichnowsky und Auerswald vgl. hier S. 102. Die österreichischen Militärs Franz Philipp Graf von Lamberg und Theodor von Latour (Kriegsminister) waren während der revolutionären Unruhen in Österreich ermordet worden, Lamberg am 28. Sept. in Budapest, Latour am 6. Oktober in Wien.

30 Vgl. dazu und zum folgenden Absatz: Lewald: Erinnerungen [Anm. 3], Bd. 2, S. 244 ff.

31 Die Familie des Frankfurter Bankiers Johann Jacob Bethmann-Hollweg (1748–1808) gehörte zu den Honoratioren der Stadt. Moritz August Bethmann (1795–1877), Jurist, wurde später preußischer Kultusminister.

32 Die Oper Louis Spohrs (1784–1859) war 1818 in Frankfurt uraufgeführt worden.

33 1844 hatte die Stadt Frankfurt die Goethestatue des Bildhauers Ludwig von Schwanthaler eingeweiht.

34 Fanny Lewalds Schwester Else (1822–1909) war seit 1847 mit dem bereits zum zweiten Mal verwitweten Maler Louis Gurlitt (1812–1897) verheiratet.

35 Wilhelm Gurlitt, Louis Gurlitts ältester, damals vierjähriger Sohn aus seiner zweiten Ehe.

36 Der Jurist und Schriftsteller Julius Mosen (1803–1868), seit 1844 Dramaturg am Oldenburger Hoftheater, war eng mit Stahr befreundet.

37 Stahrs Freund, der Oldenburger Schriftsteller Ludwig Starklof, war damals als Berichterstatter für die »Bremer Zeitung« in Frankfurt.

38 Zacharias Löwenthal (1810–1884), Frankfurter Verleger, nannte sich ab 1847 Karl Friedrich Loening.

39 Ludwig Wihl (1807–1882) Schriftsteller, von dessen Bruder, dem Maler David Wihl (»Perückenwihl«, wie Fontane ihn seiner Haarpracht wegen nannte), sich Fanny Lewald zwei Jahre später porträtieren ließ.

40 Der österreichische Schriftsteller Alfred Meißner (1822–1885) verkehrte in Frankfurt in den Kreisen der linksliberalen Paulskirchenabgeordneten.

41 Gottfried Kinkel (1815–1882), damals Redakteur der »Bonner Zeitung«, der später zur Symbolfigur der demokratischen Bewegung werden sollte.

42 Den Dramatiker Heinrich Laube (1806–1884) hatte Fanny Lewald Ende 1846 in Berlin kennen gelernt.

43 Friedrich Theodor Vischer [s. Anm. 71] war allerdings damals schon 41 Jahre alt!

44 Gemeint ist Fanny Lewalds Roman »Prinz Louis Ferdinand«, der 1849 in Breslau erschien.

45 Auch Adolf Stahr schrieb an einem historischen Roman: »Die Republikaner in Neapel«, der 1849 in Berlin erschien. Nachdem er aus gesundheitlichen Gründen seinen Beruf als Gymnasialprofessor aufgeben musste, war er als Schriftsteller und Publizist tätig.

46 Die Paulskirche war der größte und modernste Saal Frankfurts. Die protest. Barfüßerkirche von 1529 war ab 1789 durch einen Neubau ersetzt worden, der 1833 eingeweiht worden war. Ab Ende März 1848 wurden eilig Umbauten für die Nationalversammlung vorgenommen.

47 Conrad von Rappard (1805–1881), Jurist und Mitglied der Frankfurter Nationalversammlung, enger Freund Heinrich Simons.

48 Gustave Oelsner-Monmarqué (1814–1854), frz. Schriftsteller, Journalist und Diplomat.

49 Ein Satz durchgestrichen.

50 Die Archäologin Sybille Mertens-Schaaffhausen (1797–1857) kannte Fanny Lewald aus ihrer Zeit in Rom. In ihrem Salon hatte sich der Freundeskreis, in dem Fanny Lewald und Stahr verkehrten, regelmäßig getroffen.

51 Heinrich Bernhard Oppenheim (1819–1880), Jurist, war führendes Mitglied des Demokratischen Clubs und Redakteur der radikaldemokratischen Zeitung »Reform«.

52 Vgl. Lewald: Erinnerungen [Anm. 3], Bd. 2, S. 242 ff.

53 Aus Heinrich Heine: »Deutschland ein Wintermährchen«, Caput X: »Sie fechten gut, sie trinken gut, / Und wenn sie die Hand dir reichen, / Zum Freundschaftsbündniß, dann weinen sie; / Sind sentimentale Eichen.« (DHA IV, 113)

54 Von Stahr ergänzt.

55 Henri Blaze de Bury (1813–1888), frz. Schriftsteller.

56 Chartisten – britische Arbeiterbewegung Anfang des 19. Jahrhunderts.

57 Frz. Ach! Bei uns sind die Reichen so sehr in der Übermacht, dass wir die Armen vernichten werden.

58 Verheerendste Schlacht der napoleonischen Kriege im Februar 1807.

59 Friedrich von Gagern (1794–1848) hatte von 1814 ab als Offizier im Dienst der niederländischen Armee gestanden und war 1844–46 Inspekteur der Kolonialarmee auf der Insel Java gewesen. Nach der Märzrevolution kehrte er nach Deutschland zurück und wurde als Oberbefehlshaber der badischen und hessischen Truppen am 20. April bei einem Zusammenstoß mit den Freischaren Friedrich Heckers bei Kandern in Südbaden getötet.

60 Zitz, Schlöffel und Ludwig Simon mussten sich vor der Nationalversammlung für ihren Aufruf zur Volksversammlung am 17. September und die Teilnahme am Aufstand des 18. September verantworten.

61 Der Naturwissenschaftler Carl Vogt (1817–1895) gehörte in der Nationalversammlung zu den Radikaldemokraten.

62 Friedrich Daniel Bassermann (1811–1855), Unternehmer und liberaler Politiker, in der Nationalversammlung zur Casino-Partei gehörend und Mitglied der provisorischen Reichsregierung.

63 Der Österreicher Anton von Schmerling (1805–1893) hatte in der provisorischen Reichsregierung verschiedene Ministerposten inne, verließ die Nationalversammlung Ende 1848, als diese für eine kleindeutsche Lösung ohne Österreich votierte.

64 Gabriel Riesser (1806–1863), Hamburger Jurist, einer der wenigen Juden in der Nationalversammlung, Mitglied der Verfassungskommission und des Petitionsausschusses, »der bedeutendste jüdische Wortführer in der Emanzipationsdebatte«, (Erik Lindner: Gabriel Riesser. Der Advokat der Einheit. – In: Die Achtundvierziger. Hrsg. von Sabine Freitag. München 1998, S. 164).

65 Mit diesen Worten soll der Abbé Sieyès 1793 im Konvent für den Tod Ludwigs XVI. gestimmt haben.

66 Friedrich Wilhelm Schubert (1799–1868), Staatskundler, Geschichtsprofessor und zeitweise Rektor der Königsberger Universität, Mitglied der nationalliberalen Casino-Fraktion in Frankfurt.

67 Der Schriftsteller Ludwig Uhland (1787–1862).

68 »Turnvater« Friedrich Ludwig Jahn (1787–1852).

69 S. Anm. 63.

70 Jakob Wilhelm Fallmerayer (1790–1861) verlor aufgrund seiner Abgeordnetentätigkeit in Frankfurt seine Anstellung als Historiker und Philologe an der Münchner Universität.

71 Friedrich Theodor Vischer (1807–1887), schwäbischer Ästhetiker, Theologe, Literat.

72 Joseph Schneider (geb. 1824) war Abgeordneter für den mährischen Landkreis Olmütz.

73 Hermann von Beckerath (1801–1870), Krefelder Bankier, gehörte wie Hansemann, Mevissen und Camphausen zur Gruppe der rheinischen Liberalen und war ab August zeitweise Finanzminister in der provisorischen Reichsregierung.

74 Georg von Vincke (1811–1875), liberaler Oppositionsführer des ersten Preußischen Vereinigten Landtags von 1847, in der Nationalversammlung gehörte er zu den Konservativen.

75 S. Anm. 62.

76 Johann Adam von Itzstein (1775–1855), seit Anfang der Vierziger Jahre die Integrationsfigur der Liberalen in Süddeutschland, gehörte in Frankfurt zu den Linken, neben Jacoby, Robert Blum und Karl Vogt.

77 Karl Biedermann (1812–1901), Leipziger Philosophieprofessor, Abgeordneter für den Kreis Zwickau.

78 Robert Heller (1812–1871), aus Dresden stammender Schriftsteller und Journalist, der nicht als Abgeordneter, sondern als Zeitungsberichterstatter in Frankfurt war.

79 Wilhelm Jordan (1819–1904), aus Ostpreußen stammender Schriftsteller, der wie Stahr in der zweiten Hälfte der vierziger Jahre für die »Bremer Zeitung« arbeitete. In der Nationalversammlung stand er Heinrich von Gagern nahe und war Abgeordneter für Freienwalde.

80 Durchgestrichener Satz.

81 Hartmann gehörte mit Julius Fröbel und Robert Blum zu der Deputation, die eine Solidaritätsadresse der Linksfraktionen an die Wiener Revolutionäre überbringen sollte.

82 In Lewald: Erinnerungen [Anm. 3], Bd. 2, S. 283, keine Namensnennung Riessers, der dort bezeichnet wird als »Person, die durch ihre früheren Verhältnisse vollkommen befähigt sein mußte, die reine hohe Persönlichkeit Jacobys zu kennen«.

83 David Hansemann hatte sich geweigert, den von der preuß. Nationalversammlung verabschiedeten »Antireaktionserlass« zu vollziehen, der reaktionären Tendenzen im Militär entgegenwirken sollte. Das hatte zum Sturz des dritten Märzministeriums, der Regierung Auerswald/Hansemann geführt und bereitete letztlich den Staatsstreich des Königs im November vor.

84 Karl Anton von Maerker (1803–1871) war im März-Ministerium Auerswald/Hansemann von Juni bis September preuß. Justizminister gewesen.

85 Zur Geschichte der Beziehung zwischen Therese und Gutzkow und Fanny Lewalds Rolle dabei vgl. Therese von Bacheracht und Karl Gutzkow. Unveröffentlichte Briefe (1842–1849). Hrsg. von Werner Vordtriede. München 1971.

86 Arnold Ruge (1802–1880), Philosoph, einer der Begründer der »Halleschen Jahrbücher für deutsche Kunst und Wissenschaft«, bei denen Stahr Mitarbeiter gewesen war. In der Frank-

furter Nationalversammlung auf der äußersten Linken, zog er sich schon im Sommer zurück und ging nach Berlin, wo er am ehesten noch eine Chance für die Revolution sah.

87 Zu den Berliner Vorgängen vgl. Rüdiger Hachtmann: Berlin 1848. Eine Politik- und Gesellschaftsgeschichte der Revolution. Bonn 1997, S. 733–738; Frank Lorenz Müller: Die Revolution von 1848/49. 3. Aufl. Darmstadt 2009, S. 188 ff.

88 Lewald: Erinnerungen [Anm. 3], Bd.. 2, S. 312–320.

89 Der preußische Generalfeldmarschall Friedrich Heinrich Ernst Graf von Wrangel (1784–1877), der sich großer Popularität erfreute.

90 Siehe vor allem Fanny Lewalds Brief 287.

91 Stahr meint Fanny Lewalds Zusammensein mit Therese von Bacheracht, zuerst in deren Haus in Hamburg, dann auf der Reise nach Frankfurt und Dresden.

92 Göthe's Briefe an Frau von Stein. 3 Bände, Weimar 1848.

93 Fanny Lewald urteilte über Christiane Vulpius ganz anders und brachte Stahr dazu, auch seine Meinung zu ändern, siehe ihren Brief 455 vom 8./9. Sept. 1851, aus dem er eine Passage fast wortgetreu in den zweiten Band seines Buches »Weimar und Jena«, Oldenburg 1851, S. 125 übernahm.

94 Der Diplomat, Befürworter und Chronist der Revolution von 1848 Karl August Varnhagen von Ense (1785–1858) war der Ehemann der von Fanny Lewald sehr geschätzten Rahel Levin (1771–1833) gewesen. Stahr und Fanny Lewald gaben viel auf sein politisches Urteil.

95 Robert Blum hatte in Wien am Kampf der Revolutionäre gegen die einrückenden Truppen von Windischgrätz teilgenommen, war verhaftet und am 9. November standrechtlich erschossen worden.

96 Die »Kölnische Zeitung« schickte den Beitrag zurück mit der Bemerkung, er sei durch andere Berichte überholt gewesen. Fanny dazu: »Mein Bericht ging aber am selben Abende ab; es ist also Redensart.« (Brief 292 vom 23. November 1848).

97 Der Schwur der frz. Generalstände am 20. Juni 1789 im Ballhaus in Paris, einem provisorischen Versammlungsort, nicht auseinanderzugehen, bevor sie eine Verfassung erarbeitet hätten, war einer der Schritte, die zur Französischen Revolution führten.

98 Therese von Bacheracht plante ihre Eheschließung mit Heinrich von Lützow, den sie 1849 an seinen Dienstort in Niederländisch-Indien begleitete. Vgl. Therese von Bacheracht: Heute werde ich Absonderliches sehen. Briefe aus Java 1850–1852. Hrsg. von Renate Sternagel. Königstein 2006.

99 Das polnische Gut der Baronin Emma Schwanenfeld und ihres Mannes. Fanny Lewald war seit ihrem Romaufenthalt mit beiden befreundet und hatte den Frühsommer des Jahres 1846 in ihrem Haus auf Ischia verbracht.

100 Zur Haltung der Stadtverordneten und des Magistrats in diesen Tagen siehe das Kapitel: Zwischen Baum und Borke. Die Stellung der städtischen Organe im Konflikt zwischen Krone und Preußischer Nationalversammlung. – In: Hachtmann: Berlin 1848 [Anm. 87], S. 757–760. Aus einer anfänglichen Gegnerschaft gegen das Kabinett Brandenburg wurde rasch die Unterwerfung unter dessen Verfügungen.

101 Karl Adolf von Strotha (1792–1870), preußischer Generalmajor, der im Ministerium Brandenburg das Amt des Kriegsministers übernommen hatte.

102 Karl August Milde (1805–1861) war von Juli bis September Handelsminister im Kabinett Auerswald gewesen, zuvor Führer der liberalen Rechten in der preußischen Nationalversammlung und zeitweise deren Präsident.

103 Der demokratische Frauenverein Berlin war am 14. Sept. gegründet worden und hatte etwa 150 Mitglieder. Seine Zielsetzung war, für die Verbesserung der sozialen Lage von Frauen der Unterschicht zu sorgen.

104 Es handelt sich wohl, wie Fanny Lewald auch vermerkt, nicht um die Frau des 1846 verstorbenen evangelischen Konsistorialrats Philipp Konrad Marheineke.

105 Lucie Lenz (eigentlich Luitgard Luise Lorenz). Zu ihr vgl. Sylvia Palatschek: Wer war Lucie Lenz? – In: 1848. Hrsg. von Axel Doßmann. Hamburg 1998, S. 31–57.

106 Frz: ein Haufen von Elenden.

107 Georg Jung (1814–1886), Jurist, war Mitarbeiter der »Hallischen Jahrbücher« gewesen, linker Abgeordneter der preußischen Nationalversammlung von Mai bis Nov. 1848. Jungs Broschüre hieß: »Der Magistrat von Berlin, sein Begriff von Ehre, sein Mut, sein Verstand.«

108 Johann Jacoby: Hochverrath der Camarilla und Gegenbestrebungen der demokratischen Partei in der Preußischen constituirenden Versammlung. Berlin 1848.

109 Fanny Lewalds Roman »Jenny« war 1843 in Leipzig erschienen.

110 Rachel Gräfin d'Avigdor, geb. Goldsmid, Frau des Londoner Bankiers Henri d'Avigdor.

111 Die Brüder Schomburgk brachen mit 160 anderen im März 1849 nach Süd-Australien auf, Richard Schomburgk wurde später Direktor des Botanischen Gartens von Adelaide.

112 Julius Berends (1817–1891), Lehrer in Berlin, Stadtverordneter, Mitglied der preuß. Nationalversammlung für die Linken.

113 Moritz Lewald (1815–1847), der jüngere Bruder von Fanny Lewald und Otto Lewald, der 1847 als Arzt in Tiflis gestorben war.

114 Die Bekanntschaft mit Eilhard Mitscherlich (1794–1863), Chemieprofessor an der Berliner Universität, bestand, seit Fanny Lewald ihn im Sommer auf Helgoland getroffen hatte.

115 S. Anm. 86.

116 Ludwig Bisky, ein Goldschmied, und Karl Siegerist, ein Schlosser, waren am 18. März führend an den Barrikadenkämpfen beteiligt gewesen. Siegerist wurde im Juni als angeblicher Initiator des Zeughaussturms verhaftet. Bisky war führendes Mitglied der »Arbeiterverbrüderung« und emigrierte 1850 in die USA.

117 Die Brüder Bruno und Edgar Bauer waren beide Mitarbeiter der »Hallischen Jahrbücher« gewesen, Edgar war bis Sept. Vizepräsident des Demokratischen Clubs, wegen Aufruhrs verurteilt, floh er nach Hamburg und emigrierte 1852 nach England.

118 Aufständen.

119 Zu Oppenheim vgl. Anm. 51. Seine Zeitung »Reform« wurde am 13. November durch Wrangel verboten, er selbst Anfang Dezember aus Berlin ausgewiesen. Er emigrierte in die Schweiz.

Kleinere Beiträge

Die Bedeutung der ästhetischen Erfahrung bei Heinrich Heine

Von Wilhelm Gössmann, Düsseldorf

Man kann Heine politisch deuten, man kann ihn wissenschaftlich verstehen, aber lesen sollte man ihn ästhetisch. So bleibt seine Lektüre aufregend und schön. Das ist die Quintessenz meiner jahrelangen Beschäftigung mit ihm. Da ich Heine immer zuerst literarisch, das heißt unter dem Aspekt des Künstlerischen lese, ist er mir nicht nur interessant geblieben, sondern auch lebensnah.[1] Die Bemühungen um das Gute und die Achtung des Wahren finden ihre Erfüllung im Schönen.

Wer literarisch zu schreiben versucht, poetisiert. Das ist nicht nur eine Nachwirkung der Romantik, die überall, wo sie Einfluss ausüben konnte, poetisiert hat. Zugrunde liegt die damals aufgekommene ästhetische Weltansicht. Eine solche gab es immer, hat sich aber grundsätzlich seit der Aufklärung gewandelt. vorher war der Zugang zum Schönen weniger von der Subjektivität beherrscht. Bekannt ist, das Petrarca als erster einen Berg bestieg, den Mont Ventoux, um landschaftliche Schönheit von dort zu genießen, also aus rein ästhetischem Interesse.

Ein fast revolutionär zu nennender Umbruch war die Entstehung der Landschaftsmalerei, in der Dichtung steht dafür als Analogon die Naturschilderung. Die Naturschilderung gab es im Grunde immer, um die Überwindung von Naturwidrigkeiten zu beschreiben, so bei Homer und Vergil. Die Landschaftsschilderung in der Literatur des 19. Jahrhunderts ist dagegen Ausdruck ästhetischer Empfindsamkeit. Bekannt sind die Naturschreibungen bei Heinrich Heine, wie er sie in den »Reisebildern«, insbesondere in der »Harzreise« vorgenommen hat. Er hat dazu beigetragen, dass wir den Harz in erhöhtem Maße poetisch erleben können, also eine Qualität, die vorher nicht derart bewusst war.

Nach längeren Lyrikpassagen, mitten in der »Harzreise«, beginnt Heine wieder mit der Erzählprosa. Sie bringt Stimmung, Poesie, eine Naturwelt aus dem Innern des Dichters. Sicher gehören auch in die »Harzreise« die vielen unterhaltsamen Passagen. Dann aber sehen und erleben wir wiederum die Landschaft.

> Die Sonne ging auf. Die Nebel flohen, wie Gespenster beim dritten Hahnenschrei. Ich stieg wieder bergauf und bergab und vor mir schwebte die schöne Sonne, immer neue Schönheiten beleuchtend. Der Geist des Gebirges begünstigte mich ganz offenbar; er wusste wohl, daß so ein Dichtermensch viel Hübsches wieder erzählen kann, und er ließ mich diesen Morgen seinen Harz sehen, wie ihn gewiß nicht jeder sah. Aber auch mich sah der Harz, wie mich nur wenige gesehen, in meinen Augenwimpern flimmerten eben so kostbare Perlen wie in den Gräsern des Tals. (B II, 137)

Heine beschreibt hier nicht nur die Natur. Er begibt sich in eine für ihn stimmungshafte Atmosphäre. Er spricht sogar vom »Geiste des Gebirges«, der ihn als Dichter herausfordert und erzählen lässt. Zentral ist in der zitierten Passage die Sonne, die er aufgehen lässt, die den Nebel verdrängt und immer neue Schönheiten beleuchtet. Heine nimmt nicht nur optisch wahr, er erzählt auch von seiner subjektiven Wahrnehmung. Fast personifiziert er den Harz, lässt sich von ihm sehen. Sogar Rührung kommt auf: In seinen Augen flimmern Tränen wie kostbare Perlen, analog zum Tau an den Gräsern. Man kann von einem ästhetischen Umwandlungsprozess sprechen. Dieser geschieht allerdings so bedachtsam, dass keine falsche Übertreibung erfolgt, die dann wieder zurückgenommen werden müsste. Wir brauchen nicht zu fragen: Was ist der Geist des Harzgebirges? Der »Dichtermensch« erfindet und entdeckt ihn. Das ist bei einer ästhetischen Naturerfahrung möglich.

Stellen wir nun dieser Passage die bekannteste Passage aus der »Harzreise« entgegen. Es ist die Beschreibung des Sonnenuntergangs oben auf dem Brocken:

> Derweilen wir sprachen, begann es zu dämmern: die Luft wurde noch kälter, die Sonne neigte sich tiefer, und die Turmplatte füllte sich mit Studenten, Handwerksburschen und einigen ehrsamen Bürgersleuten samt deren Ehefrauen und Töchtern, die alle den Sonnenuntergang sehen wollten. Es ist ein erhabener Anblick, der die Seele zum Gebet stimmt. Wohl eine Viertelstunde standen alle ernsthaft schweigend, und sahen, wie der schöne Feuerball im Westen allmählig versank; die Gesichter wurden vom Abendrot angestrahlt, die Hände falteten sich unwillkürlich; es war, als ständen wir, eine stille Gemeinde, im Schiffe eines Riesendoms, und der Priester erhöbe jetzt den Leib des Herrn, und von der Orgel herab ergösse sich Palestrinas erhabener Choral. (B II, 144)

Am Anfang beschreibt Heine eine Gruppe von Menschen, die sich versammelt hat, um oben auf dem Brocken den Sonnenuntergang zu erleben. Diese Gruppe wird bei ihrem Beisammensein quasi zu einer Gemeinde. Heine beginnt diese Szene mit dem pathetischen Auftakt: »Es ist ein erhabener Anblick«. Das Wort »erhaben« steht in der deutschen Geistesgeschichte für die höchste ästhetische Erfahrung. Keiner redet, die zusammengekommenen Menschen schweigen. Ihre innere Haltung wird zur Andacht.

Es entsteht eine religiöse Atmosphäre wie bei einem Gottesdienst in einem riesigen Dom. Das Schweigen verwandelt sich in den Eindruck eines Chorals. Damit dieser Würde und Ansehen erhält, fällt der Name Palestrina. Die ästhetische Naturerfahrung des Sonnenuntergangs wird zu einer ästhetisch erfahrenen Religiosität – die religiöse Erfahrung ist Erfüllung und Höhepunkt der ästhetischen Erfahrung. Ästhetik wird zur Religiosität, und Religiosität wird zur Ästhetik.

Heine steigert die Naturerfahrung auf das Höchste. Er relativiert sie nicht, aber – und das ist entscheidend – er lässt sie abklingen, führt sie in die »Werkeltagsstimmung« zurück mit der markanten Bemerkung eines Anwesenden: »Wie ist die Natur doch im allgemeinen so schön.« Ironie führt zu einer Distanz, ohne die Atmosphäre zu zerstören: aus der poetisch-ästhetisch-religiösen Stimmung in die Alltagsstimmung. Bei Heine kann man nur für eine kurze Zeit die Intensität der ästhetisch-religiösen Erfahrung ertragen.

> Ich gelangte dadurch wieder zu meiner Werkeltagsstimmung, war jetzt im Stande, den Damen über den Sonnenuntergang recht viel Artiges zu sagen, und sie ruhig, als wäre nichts passiert, nach ihrem Zimmer zu führen. Sie erlaubten mir auch, sie eine Stunde zu unterhalten. (B II, 145)

Man sollte den ironischen Einbruch nicht destruktiv interpretieren. Er schafft Abstand, aber keine Desillusionierung.

Im Verlauf der »Harzreise«, vor allem beim Abstieg vom Brocken, wird die ästhetische Naturerfahrung sogleich wieder aufgegriffen. Leider hat man den letzten Teil der »Harzreise« bei ihrer Vermittlung oft unberücksichtigt gelassen. Hier wird die Naturerfahrung sogar durch eine poetische Personifizierung erweitert. Der kleine, muntere Fluss Ilse, der den Brocken hinunterspringt, wird als junges schönes Mädchen personifiziert. Hierdurch bekommt er einen ausgesprochen poetischen Akzent:

> Die Vögelein in den Lüften jubeln ihren Beifall, die Blumen am Ufer flüstern zärtlich: O, nimm uns mit, nimm uns mit, lieb Schwesterchen! – aber das lustige Mädchen springt unaufhaltsam weiter, und plötzlich ergreift sie den träumenden Dichter, und es strömt auf mich herab ein Blumenregen von klingenden Strahlen und strahlenden Klängen, und die Sinne vergehen mir vor lauter Herrlichkeit, und ich höre nur noch die flötensüße Stimme:
>
>> Ich bin die Prinzessin Ilse,
>> Und wohne im Ilsenstein:
>> Komm mit nach meinem Schlosse,
>> Wir wollen selig sein. (B II, 159)

Heine liebt Personifikationen. Sie konkretisieren die ästhetische Erfahrung, machen Vorstellungen auf der poetischen Ebene sichtbar. Der Fluss Ilse, der an der Ostseite des Brockens entspringt und hinunterfließt, ist ein besonders eindruckvolles Beispiel hierfür.

Dieser poetische Erfahrungsbestand im Werk Heines muss noch um einen Gedankengang weiter geführt werden. Die ästhetische Erfahrung ist sogar, wie man in seinen literarischen Texten beobachten kann, zu einem guten Teil mit der religiösen Erfahrung identisch zu sehen. Hierbei ist allerdings die Auffassung von Religion, wie sie von Heine gesehen und beurteilt wird, streng zu unterscheiden.[2] Unter Religion begreift er zuerst die kirchlichen Institutionen, die er charakterisiert, beurteilt und in die kulturellen und politischen Zusammenhänge bringt, einen Bereich, den ich bei meinen Überlegungen ausklammere.

Vielleicht kann ein Verweis auf Schleiermacher weiterhelfen, auch auf die Romantiker wie Friedrich Schlegel und Novalis. Sie sprechen vom religiösen Gefühl, das eine höhere oder auch die höchste Lebenserfahrung meint. Sie gründet in der menschlichen Subjektivität, ähnlich wie die ästhetische Erfahrung. In Prosatexten, vor allem aber auch in der späten Lyrik, ist diese Religiosität bei Heine anzutreffen, aber ebenfalls, wie wir schon gesehen haben, in der ästhetischen Naturerfahrung.

Literatur und Poesie sind bei Heine oft von einer ästhetischen Religiosität betroffen. Noch einmal sei betont, dass diese literarische Religiosität streng zu unterscheiden ist von dem herkömmlichen Verständnis der Religion, wie beim offiziellen Judentum, Christentum oder Islam. Die heidnischen Religionen des Altertums wurden dagegen in der europäischen Literaturtradition schon lange vor Heine als Dichtung und damit als ästhetische Erfahrungsbestände, als Schatz von Motiven und Metaphern, vermittelt.

Heine greift gern auf seine Bibellektüre zurück. Bibellektüre erscheint für ihn so wichtig wie die literarische Lektüre von Epen, Romanen, Dramen und Gedichten:

> Man sieht, ich, der ich ehemals den Homer zu zitieren pflegte, ich zitiere jetzt die Bibel, wie der Onkel Tom. In der Tat, ich verdanke ihr viel. Sie hat, wie ich oben gesagt, das religiöse Gefühl wieder in mir erweckt; und diese Widergeburt des religiösen Gefühls genügte dem Dichter, der vielleicht weit leichter als andere Sterbliche der positiven Glaubensdogmen entbehren kann. (B VI/1, 482)

Wie aus dem Zitat schon ersichtlich, gehört zu Heines Religiosität die Bibellektüre. Hierbei ist aber zu beachten, dass die sie durchweg eine literarische, eine ästhetische Lektüre ist. Zur ästhetischen Erfahrung Heines gehört selbstverständlich auch die literarische Lektüre. Dennoch gibt es die ästhetische Erfahrung bei Heine, wie wir gesehen haben, unmittelbar durch die Natur- und Landschaftserfahrungen, durch seelische Stimmungen. Die Bibellektüre ist, wie an vielen Stellen im Werk Heines deutlich wird, eine ästhetische und zugleich eine religiöse Erfahrung. Am eindruckvollsten hat er dies wohl in den »Briefen aus Helgoland« in der Denkschrift »Ludwig Börne« zum Ausdruck gebracht.

> Welch ein Buch! groß und weit die Welt, wurzelnd in die Abgründe der Schöpfung und hinaufragend in die blauen Geheimnisse des Himmels ... Sonnenaufgang und Sonnenuntergang, Verheißung und Erfüllung, Geburt und Tod, das ganze Drama der Menschheit, alles ist in diesem Buche ... Es ist das Buch der Bücher, Biblia. Die Juden sollten sich leicht trösten, dass sie Jerusalem und den Tempel und die Bundeslade und die goldenen Geräte und Kleinodien Salomonis eingebüßt haben ... solcher Verlust ist doch nur geringfügig in Vergleichung mit der Bibel, dem unzerstörbaren Schatze, den sie gerettet. (B IV, 39 f.)

Die Bibellektüre Heines, hier sogar mit größtem Enthusiasmus, ist religiöse und ästhetische Erfahrung zugleich. Das Religiöse steigert die ästhetische Erfahrung. Nicht die Natur wie in der »Harzreise« ist der Auslöser, sondern die Lektüre, ein biblischer Text, der auch die Implikationen des Literarischen besitzt. Mit der ästhetischen und der religiösen Erfahrung verwirklicht Heine die höchste Form seiner poetisch-dichterischen Welt.

Will man Heine gerecht werden, dann gehört zum Abschluss dieser Überlegungen noch eine wichtige, entscheidende Position dazu. Oft genug verbleibt er nicht bei einer ästhetischen, religiösen Position. Er gewinnt, wo es sein muss, einen politischen Sinn für die Realität des Lebens. Zu einer geistigen Haltung gehört es, dass er politische Konsequenzen zieht. Nicht selten kommt es ihm gerade auf diese Konsequenzen an, schon in der »Harzreise« finden wir eine solche Grundeinstellung, für die er hier die Sprache der Lyrik braucht;

> Jetzo, da ich ausgewachsen,
> Viel gelesen, viel gereist,
> Schwillt mein Herz, und ganz von Herzen
> Glaub ich an den heilgen Geist.
>
> Dieser tat die größten Wunder,
> Und viel größre tut er noch;
> Er zerbrach die Zwingerherrnburgen,
> Und zerbrach des Knechtes Joch.
>
> Alte Todeswunden heilt er,
> Und erneut das alte Recht:
> Alle Menschen, gleichgeboren,
> Sind ein adliges Geschlecht. (B II, 133)

Ästhetische sowie religiöse Erfahrungen führen letztlich in neue politische Grundvorstellungen. Man kann auch von politischen Utopien sprechen; Abbau ungleicher sozialer Stellungen, Freiheitspostulate der Französischen Revolution.

Besonders offenkundig wird der Zusammenhang von ästhetischer, religiöser und politischer Realität in der Kreuzwegstation des »Wintermärchens«, Caput XIII. Hier reflektiert Heine nicht in einer herkömmlichen Form den Kreuzstand Christi. Er deutet ihn vieldeutig und politisch, sieht die Wirkungen der Reden Jesu in einem neuen sozialen Licht. Sie könnten Frieden und Glück stiften, so wird argumentiert, aber als politische Provokation wurden sie missverstanden.

> Ach! hättest du nur einen andern Text
> Zu deiner Bergpredigt genommen,
> Besäßest ja Geist und Talent genug,
> Und konntest schonen die Frommen!
>
> Geldwechsler, Bankiers, hast du sogar
> Mit der Peitsche gejagt aus dem Tempel –
> Unglücklicher Schwärmer, jetzt hängst du am Kreuz
> Als warnendes Exempel! (B IV, 606)

Dieser Text aus dem »Wintermärchen« zeigt, wie politisch Heine die biblische Religiosität verstehen und deuten kann. Seine literarischen Stilmittel sind hierbei nicht herkömmlich. Er benutzt auch nicht die Frömmigkeitssprache. Man könnte vielmehr sagen, er formt sie um. Mit dem Reservoir seiner differenzierten literarischen Stilmittel kommt er zu einer modernen, politischen Wegweisung.

Die ästhetische Erfahrung Heines bleibt nicht im Künstlerischen stecken, sie sensibilisiert für religiöse und politische Fragen. Dadurch besitzt seine Dichtung ein breites, zukunftsträchtiges Vermögen.

Anmerkungen

Vorgetragen bei der Feierstunde »... wenn nur der Sinn meiner Worte unerschrocken und frisch bleibt!« Wilhelm Gössmann zum 85. Geburtstag am 22. Oktober 2011 im Heinrich-Heine-Institut.

1 Vgl. zu den folgenden Ausführungen das Kapitel »Heinrich Heine« in: Wilhelm Gössmann: Kulturchristentum. Religion und Literatur in der Geistesgeschichte. Kevelaer 2002, S. 122 ff.

2 Vgl. dazu die Kapitel »Literarische Stilmittel« und »Skepsis und Glaube« in: Wilhelm Gössmann: Heine und die Droste. Eine literarische Zeitgenossenschaft. 2. Aufl. Düsseldorf 1997, S. 22 ff. und S. 58 ff.

Heinrich Heines Eintrag im Fremdenbuch der Grube »Dorothea« bei Clausthal

Von Christian Liedtke, Düsseldorf

In Heines Dichterlaufbahn wie in der deutschen Literaturgeschichte markiert die »Harzreise« einen Wendepunkt: Für ihn selbst ist sie das Meisterstück, das seine schriftstellerischen Lehrjahre abschließt, für die Literaturhistoriker ist sie ein Meilenstein auf dem Weg zur modernen zeitkritischen Prosa, die die klassisch-romantischen Traditionen hinter sich lässt. Neben den »großen« werkbiographischen, interpretatorischen und literaturgeschichtlichen Aspekten sind bei einem Text, der so untrennbar mit den topographischen und sozialen Gegebenheiten seines Schauplatzes verbunden ist wie die »Harzreise«, aber auch immer die »kleinen« Fragen nach den konkreten »Realien« vor Ort von besonderem Interesse: Wann ist der Dichter wo gewesen, wo hat er übernachtet, wen hat er unterwegs getroffen, welche heute noch auffindbaren Spuren hat er hinterlassen?

Zu diesen Spuren gehören im Falle der »Harzreise« etwa Goethes Tagebucheintrag »Heine von Göttingen«[1], der die Begegnung der beiden in Weimar belegt, die Liste der Brockenbesucher im »Wernigerödischen Intelligenz-Blatt«, die unter dem 20. September 1824 Heines Namen verzeichnet[2], oder auch die berühmte Schilderung, die der in der »Harzreise« porträtierte »Schneidergeselle« Carl Dörne von seiner kuriosen Begegnung mit dem Dichter gab, zu der es auf dem Weg von Osterode nach Lerbach kam.[3] Sie sind besonders kostbar, weil sich vieles andere nicht erhalten hat: Der Clausthaler Gasthof »Goldene Krone«, wo Heine sich, wie er in der »Harzreise« ausdrücklich erwähnt, »ins Fremdenbuch einschrieb« (DHA VI, 97), brannte 1844 nieder, so dass dieser Gästebucheintrag ebenso verloren ist wie das »Brockenbuch, worin alle Reisende, die den Berg erstiegen, ihre Namen schreiben, und die Meisten noch einige Gedanken, und in Ermangelung derselben, ihre Gefühle hinzu notiren« (DHA VI, 128). Das Exemplar aus der Zeit von Heines Reise ist verschollen[4], so dass man nicht weiß, ob er sich nicht doch, allem Spott zum Trotz, darin verewigt hat.

Erhalten hat sich dagegen ein Dokument, das von der Heine-Forschung trotz ihres von Gerhard Höhn konstatierten Trends zu »Regionalisierung«[5] bisher noch nicht in den Blick genommen wurde: das Fremdenbuch der Grube »Dorothea«.[6]

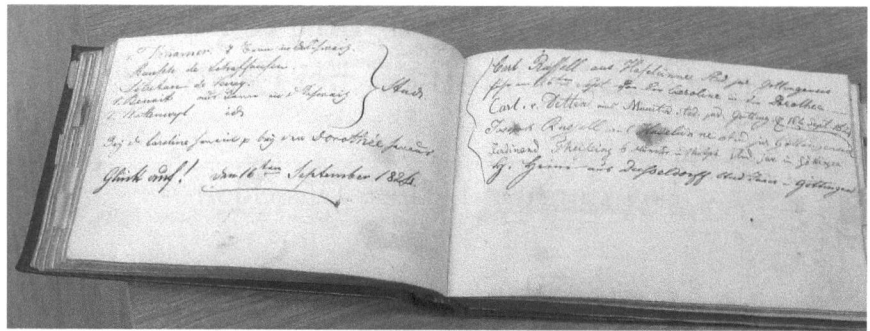

Das Fremdenbuch der Grube Dorothea mit dem Eintrag von Heinrich Heine (rechte Seite, unten)
Foto: Ludmila Schmidt, Landesamt für Bergbau, Energie und Geologie, Clausthal-Zellerfeld

Die ausführliche, mit hintersinnigen literarischen und politischen Anspielungen gespickte Schilderung der Besichtigung »der zwey vorzüglichsten Clausthaler Gruben, der ›Dorothea‹ und der ›Carolina‹« (DHA VI, 93), ist topographisch ein Tief-, erzählerisch aber ein Höhepunkt der »Harzreise«. Die Grubenbesichtigung, wie Heine sie absolvierte, gehörte zum Pflichtprogramm eines jeden Harz-Touristen, und analog zum Brockenbuch gab es auch hier ein Fremdenbuch, in das man sich nach seinem Besuch eintrug. Es befindet sich heute in der Bibliothek des Landesamtes für Bergbau, Energie und Geologie Niedersachsen in Clausthal-Zellerfeld (Signatur: IV B1b 25). Es ist in rotes Leder mit Goldprägung gebunden, der Bergmannsgruß »Glück auf!« und die Jahreszahl 1814 prangen auf dem Einband, auf dem Titelblatt, versehen mit dem Stempel »Bibliothek des K. Oberbergamts Clausthal«, steht: »Fremdenbuch der Grube Dorothea bei Clausthal, November 1814 – Mai 1829.« Auf der 101. der unpaginierten Seiten findet sich der folgende Eintrag:

> Carl Russell aus Haselünne Stud. jur. Gottingensis
> fuhr am 16ten Sept von der Caroline in die Dorothea. –
> Carl v. Detten aus Münster stud. jur. Gotting. | d. 16ten Sept. 1824.
> Joseph Russell aus Haselünne Stud. jur. Göttengensis
> Ferdinand Theissing a Münster in Westph. stud. jur. in Göttingen
> H. Heine aus Dusseldorff. Stud. Juris in Göttingen

Die Klammer rechts vor dem Datum »d. 16ten Sept. 1824« zeigt, wie auf anderen Seiten des Fremdenbuches auch, an, dass es für alle auf diesem Blatt eingetragenen Besucher gilt. Der Eintrag Heines, der letzte auf der Seite, ist eindeutig eigenhändig (die darüber stehenden Einträge sind es dem Anschein nach auch, zumindest stammen sie von lauter verschiedenen Händen), und damit hat man nun ein gesichertes Datum für seinen Aufenthalt in Clausthal.7 Zudem gibt er einen Anhaltspunkt für den Beginn seiner Harzwanderung: Wenn man von der Annahme ausginge, dass der Reiseverlauf des Erzählers der »Harzreise« identisch sei mit dem realen Verlauf von Heines Wanderung, dann dürfte er Göttingen also am 15. September verlassen haben, denn in der »Harzreise« findet die Grubenbesichtigung bei Clausthal am Nachmittag des zweiten Tages statt (vgl. DHA VI, 93 ff.). Allerdings ist es natürlich denkbar, dass Heine die Ereignisse zweier Tage für seine Erzählung auf einen einzigen Tag zusammengezogen hat, so dass sich dieses Datum nur bedingt für eine »Rückwärts-Rechnung« eignet.

In Heines Schilderung der Besichtigung der beiden Erzgruben ist nur von einem einzelnen Steiger die Rede, der als sein »Cicerone« (DHA VI, 95) fungiert und den Erzähler anscheinend alleine führt. Von anderen Touristen oder gar einer Gruppe, die zusammen unter Tage wäre, ist nicht die Rede. Möglicherweise ist das eine Verfremdung, da Heine besonders betonen will, wie isoliert von aller mitmenschlichen Gesellschaft »der einsame Bergmann den ganzen Tag [...] mühsam mit dem Hammer die Erzstücke aus der Wand heraus klopft« (DHA VI, 94), und auch seinen Erzähler dort unten in der Tiefe einen Moment existenzieller Verlorenheit durchleben lässt. Das Fremdenbuch deutet jedenfalls darauf hin, dass die Besucher in Gruppen unterwegs waren. Die Klammer, die am linken Rand die fünf Namen auf dieser Seite umschließt – ähnlich wie auf anderen Seiten – scheint das anzuzeigen. Dafür spricht, dass sie allesamt Göttinger Jurastudenten sind und also möglicherweise schon zuvor ein Stück des Weges gemeinsam gegangen sind. Ob Heine wirklich näher mit ihnen bekannt war oder es bloß eine zufällige, kurzlebige Reisebegegnung war, ist nicht gewiss. Dennoch lohnt sich ein Blick auf die Mitglieder der kleinen Gruppe, mit denen Heine zumindest eine kurze gemeinsame Zeit in der Tiefe des Bergwerks verbracht hat.

Niemand von ihnen, auch nicht Heine, ist zum Zeitpunkt des Besuches wirklich »prominent« – anders als etwa der Herzog von Cambridge, der sich vor ihnen ins Fremdenbuch eingetragen hat, zur Erinnerung an seinen Besuch, von dem Heine seinen »Cicerone« begeistert erzählen lässt –, aber sie lassen sich alle heute noch identifizieren: Carl und Joseph Russell aus Haselünne waren Brüder und gehörten einer der führenden Bürgerfamilien des Emslandes an, mit einem Handelshaus und verschiedenen Fabriken hatte sie es zu großem Wohlstand gebracht.8 Viele Familienmitglieder gelangten in hohe Verwaltungspositionen und spielten in der Beamtenschaft der Region eine dominierende Rolle. Während Joseph Russell (1803–1870) später Rechtsanwalt wurde, machte Carl Russell (1805–1883), der – vielleicht nicht ganz zufällig – die Liste im Fremdenbuch der »Dorothea«

anführt und auch als einziger mehr hinein schrieb als nur seinen Namen und seine Herkunft, eine juristisch-politische Karriere als Spitzenbeamter. Er wurde Herzoglich-Arenbergischer Amtshauptmann in Meppen, wodurch er Verwaltungschef und Amtsrichter zugleich war.[9] Bereits als Jurastudent in Göttingen konnte er jährlich über 600 Taler verfügen und hielt sich sogar ein eigenes Reitpferd.[10] Sein einige Jahre älterer Kommilitone Harry Heine hingegen klagte 1823:

> Mein Oheim Salomon H. [...] gab mir bisher nur 100 Thl vierteljährlich, eine Summe womit ich nie auskommen konnte, und die auch so unbedeutend ist daß ich es auch den besten Freunden verschwieg daß ich von dem Prahlhans so wenig erhalte. (HSA XX, 108)

Auch die anderen beiden Studenten, die sich zusammen mit Heine in das Fremdenbuch eingetragen haben, Carl von Detten und Ferdinand Theissing, kamen aus ebenso einflussreichen wie wohlhabenden Kreisen. »Das Geschlecht von Detten gehört zu den ganz wenigen Familien, die schon vor der Wiedertäuferzeit in der ersten Hälfte des 16. Jahrhunderts zu Münster in Westfalen ansässig waren und es [...] heute noch sind.«[11] Carl August Franz von Detten (1804–1867) setzte seine Unterschrift am 16. September 1824 zwischen die der beiden Russell-Brüder. Schon sein Vater Clemens August von Detten (1775–1827), 1803 in den Reichsadelsstand erhoben, hatte in Göttingen Jura studiert, und sein Sohn tat es ihm nun nach. Begonnen hatte Carl von Detten sein Studium, wie Heine, in Bonn, aber anders als dieser machte er danach tatsächlich Karriere als Jurist: Er war Rentmeister der Grafen von Galen, später wurde er Oberlandesgerichtsassessor und hatte einen Sitz im Magistrat der Stadt Münster inne.[12]

Ferdinand Theissing (1805–1858), dessen Name unmittelbar über dem Heines steht, brachte es später ebenfalls zu politischem Einfluss, auch seine Vorfahren spielten eine Rolle in der münsterischen Politik, und es ist anzunehmen, dass er und von Detten sich nicht erst in Göttingen oder Clausthal, sondern bereits in ihrer gemeinsamen Heimatstadt kennen gelernt hatten. Theissing »entstammte der bekannten münsterschen Buchhändlerfamilie«[13], nach seinem juristischen Studium wurde er Kaufmann. Einen Eindruck von den Anschauungen, mit denen er aufwuchs und die er vertrat, vermittelt ein Blick in das erhaltene Verzeichnis der in der Verlagsbuchhandlung Theissing erschienenen Bücher: Es ist zum überwiegenden Teil religiöse Literatur, Gebet- und Gesangbücher, Predigtsammlungen, Psalter, katholische Erziehungsratgeber, vereinzelt auch landwirtschaftliche Fachliteratur und französische Geschichtswerke (darunter Bücher der mit Heine befreundeten Historiker Guizot und Mignet).[14] Ganz im Zeichen der katholisch klerikalen Ausrichtung, die sich darin spiegelt, stand dann auch Theissings späteres politisches Engagement. Im März 1849 wurde er im Wahlkreis Stadt Münster / Kreis Münster zum Stellvertreter des in die Nationalversammlung in der Paulskirche entsandten Abgeordneten gewählt. Wie dieser gehörte er zum rechten Zentrum, kam allerdings in Frankfurt nie zum Einsatz.¹⁵ Kurioserweise brachte ihn diese politische Tätigkeit rund 25 Jahre nach der gemeinsam mit Harry Heine erlebten Grubenbesichtigung noch einmal mit diesem in Berührung, wenn auch nur indirekt: denn einer der wichtigsten liberal gesonnenen Gegenspieler der übermächtigen klerikalen Partei im Wahlkreis Münster war in der Zeit vor den Wahlen zur Nationalversammlung Friedrich Steinmann, der einst in Bonn ein Studienfreund Heines gewesen war.¹⁶

Angesichts der Unterschiede in der Herkunft, des Altersunterschieds und vor allem der weltanschaulichen Orientierung von Heines vier zeitweiligen Grubengefährten (auch wenn letztere vielleicht erst im Lichte ihres späteren Werdeganges ins Auge fällt und in ihrer Studentenzeit noch nicht so ausgeprägt gewesen sein mag) erscheint es unwahrscheinlich, dass er, nachdem der Steiger sie wieder ans Tageslicht geführt hatte, noch allzu viel Zeit mit diesen Göttinger Kommilitonen verbracht hat. Eher wirkt es so, als könnten die Vier bereits vorher eine recht homogene Gruppe gewesen sein, der Heine sich tatsächlich nur für die Besichtigung angeschlossen hatte, vielleicht weil man sich auf dem Weg dorthin begegnet war.

Es gab übrigens noch eine andere Gruppe reisender Studenten, die sich an jenem Tag im Fremdenbuch verewigt hat. Auch ihnen könnte Heine vorher oder nachher in Clausthal begegnet sein. Auf der Seite 100, also gegenüber dem Eintrag der Brüder Russell, von Dettens, Theissings und Heines (s. Abb. S. 138) stehen die Namen derjenigen, die unmittelbar vor ihnen dort waren:

v. Tscharner a Bern in der Schweiz.
Rausch de Schaffhausen.
Sécretan de Vevey. } Stud.
v. Benoit aus Bern in d Schweiz
v. Wattenwyl id

Bey der Carolina herein & bey der Dorothée heraus.
Glück auf! den 16ten September 1824.

Repräsentierten Heines vier Mitbesucher die westfälisch-emsländische Elite, so bildeten diese fünf gewissermaßen das Schweizer Pendant dazu. Die Familie von Wattenwyl war eines der ältesten Berner Patriziergeschlechter, das schon seit dem 13. Jahrhundert das Burgerrecht besaß.¹⁷ Der Familie Sécretan, deren einer Zweig in Vevey ansässig war, gehörten Notare, Anwälte, Professoren, hohe Beamte und Kantonspolitiker an.¹⁸ Johann Bapista von Tscharner (1751–1835) spielte in Bern eine große politische Rolle und war von 1794–1795 Bundespräsident.¹⁹ Er hatte in Göttingen Jura studiert, insofern ist es denkbar, dass der »v. Tscharner«, der diese

Liste von Schweizer Studenten anführt, ein Sohn oder anderer naher Verwandter von ihm war, während es sich bei »Rausch de Schaffhausen« um ein Mitglied jener durch westindische Baumwollplantagen vermögenden Familie handeln könnte, die die berühmte »Rheinburg« erbauen ließ – möglicherweise um den späteren Friedensrichter und Kantonsrat Johann Heinrich Rausch (1806–1869).[20]

Einsamkeit und ungetrübte Naturerlebnisse, wie sie das Prolog-Gedicht der »Harzreise« zu versprechen scheint, findet der Erzähler bei seiner Wanderung bekanntlich kaum einmal, im Gegenteil: Auf Schritt und Tritt begegnen ihm Menschen aus allen sozialen Schichten, von unterschiedlichster Herkunft und Geisteshaltung; das Personal der »Harzreise« gleicht einem Kaleidoskop der gesellschaftlichen Verhältnisse jener Zeit. Ein kleiner, zufällig ans Licht gekommener Teil davon ist durch das Fremdenbuch der Grube »Dorothea« bis heute namentlich greifbar. Mit Ausnahme Theissings – wenn man das gelten lassen will – taucht keiner der Namen, die durch diesen Zufall einer kurzen Reisebegegnung neben dem Heines überliefert sind, später noch einmal in irgendeinem Zusammenhang mit dem Dichter auf. Sie finden sich auch nicht in der Liste der Brockenbesucher, die zur gleichen Zeit wie er dort waren[21], dennoch könnten sie sich später auf der Touristenroute durch den Harz noch einmal begegnet sein, und gewiss sah Heine die Brüder Russell, Theissing oder von Detten danach noch einmal in der Göttinger Bibliothek oder in »Ulrichs Garten«. Und wer weiß, vielleicht hatte Heine ja den oder anderen der Reisegefährten aus der »Carolina« und »Dorothea« im Sinn, als er nach seiner Rückkehr von der Wanderung an seinem Schreibtisch saß und etwa den »Schweizer« schilderte, der im Brockenhaus betrunken seine Hand ergreift und »O Bäbeli! O Bäbeli!« (DHA VI, 124) wimmert, den »junge[n] Burschenschafter« (DHA VI, 121), den er über die wahre Bedeutung von Theater und Ballett aufklärt, oder eine der vielen anderen kuriosen und lebendigen Gestalten, deren Züge er in seiner »Harzreise« festgehalten hat. Vielleicht gehören also auch die Namen, die neben seinem im Fremdenbuch der Grube »Dorothea« bei Clausthal stehen, zu jenen »bunten Fäden«, die »so hübsch« in seinen Text »hineingesponnen sind, um sich im Ganzen harmonisch zu verschlingen« (DHA VI, 134).

Anmerkungen

1 Werner/Houben I, 125.
2 Vgl. DHA VI, 520 und HSA V K, 154 f.
3 Vgl. DHA VI, 530 ff.
4 Vgl. HSA V K, 155.
5 Höhn ³2004, XIV.

6 Für Hinweise und Anregungen danke ich Herrn Dr. Bernhard Jacobi (Hamburg) und Frau Ludmila Schmidt von der Bibliothek im Landesamt für Bergbau, Energie und Geologie Niedersachsen, Clausthal-Zellerfeld.

7 Bisher hatte man lediglich vermutet, die Besichtigung habe am 18. September stattgefunden. Vgl. Mende, 46. Weder bei Mende noch in den historisch-kritischen Heine-Ausgaben ist der Fremdenbuch-Eintrag erwähnt.

8 Vgl. Heiko Russell: Auf der Suche nach unseren Russell-Vorfahren aus Haselünne/Emsland. Eine Zusammenstellung aus Familienberichten und Veröffentlichungen. O. O. [Berlin] 2011 [Privatdruck]. Für die Mitteilungen über die Familie Russell und die Überlassung dieser Schrift bin ich Herrn Dr. Bernhard Jacobi (Hamburg) zu Dank verpflichtet.

9 Vgl. Josef Hamacher: Die Beamtenhierarchie im Herzogtum Arenberg-Meppen und die Familie Russell in Haselünne. – In: Jahrbuch des emsländischen Heimatbundes 39 (1993), S. 33–53.

10 Vgl. ebd., S. 45 f.

11 Clemens Steinbicker: Das münsterische Geschlecht von Detten genannt Humperdinck. – In: Beiträge zur westfälischen Familienforschung 59 (2001), S. 161–238, hier S. 161.

12 Vgl. ebd., S. 208.

13 Bernd Haunfelder: Die politischen Wahlen im Regierungsbezirk Münster, 1848–1867. Münster 1982, Bd. 2, S. 589.

14 Vgl. Verlags-Verzeichnis der Theissing'schen Buchhandlung in Münster i. W. 1786–1886. Münster o. J. Online unter URL: http://nbn-resolving.de/urn:nbn:de:hbz:6:1–178 (Link überprüft, 26. 7. 2012).

15 Vgl. Haunfelder: Die politischen Wahlen [Anm. 13], Bd. 1, S. 60.

16 Vgl. ebd., S. 31.

17 Vgl. Hans Braun: Wattenwyl, von. – In: Historisches Lexikon der Schweiz (HLS), URL: http://www.hls-dhs-dss.ch/textes/d/D20057.php (Link überprüft, 30. 7. 2012).

18 Vgl. Gilbert Marion: Secretan [Sécretan]. – In: Historisches Lexikon der Schweiz (HLS), URL: http://www.hls-dhs-dss.ch/textes/d/D23910.php (Link überprüft, 30. 7. 2012).

19 Vgl. Martin Bundi: Tscharner, Johann Baptista von. – In: Historisches Lexikon der Schweiz (HLS), URL: http://www.hls-dhs-dss.ch/textes/d/D17005.php (Link überprüft, 30. 7. 2012).

20 Vgl. URL: http://www.stadtarchiv-schaffhausen.ch/Politik.asp?Geb=1644 (Link überprüft, 30. 7. 2012).

21 Vgl. Anm. 2.

Frau Staatsrath Schleiden, Madame Helbert und ein entwendeter Heine-Brief

Von Martin Hollender, Berlin

Die Staatsbibliothek zu Berlin besitzt einen Brief Heinrich Heines, den sie zusammen mit dem Schreiben eines unbekannten Dritten als eine inhaltliche Einheit verwahrt.[1] Nähern wir uns zunächst dem beigegebenen, dreiseitigen Brief des anonymen Verfassers, der seine Identität – spielerisch – durch ein ligiertes Monogramm zu verschleiern trachtete. Er lautet:

> An
> Frau Staatsrath Schleiden, bei
> Rückgabe eines zu Weihnachten
> ihr entwendeten Autographen von
> Heinrich Heine.
>
> Wie in Gesellschaft allerwärts
> Man sich erlaubt 'nen kleinen Scherz,
> So nahm, insonders Hochverehrte,
> das Brieflein, jenes viel begehrte,
> das man als Eigenthum mir wehrte,
> Ich heimlich fort zum Schabernack,
> Und schob's gelassen in den Frack.
> Doch nicht, um es zu annectiren,
> Nein, insgeheim es zu studiren,
> Und einen Vorwand zu gewinnen,
> Um hinter Deines Gatten Rücken
> Ein klein Intrigue'chen anzuspinnen,
> Vorausgesetzt, es werde glücken.
> So sei bei der Gelegenheit
> Ein Vers, ein Reimlein Dir geweiht.
>
> Der Brief, den Weihnacht ich genommen,
> Soll schnell an Dich zurücke kommen,
> denn einem Jeden klar wohl ist,
> <u>Der</u> Heinrich ist »kein <u>heil'ger</u> Christ«;
> Den darf ein Frommer, wie ich bin,
> hinein ins Neujahr nicht behalten

> Er schickt in gottesfürcht'gem Sinn,
> Abschwörend Adieu, ihn den alten
> Ihn dahin, wo in Jugendmuth
> Am Liebsten jener Prinz geruht,
> Zum Quell der Schmerzen und der Lust,
> An holder Frauen zarte Brust.[2]
>
> So nimm denn Deinen Heinrich Heine
> den allen Schönen nicht gewog'nen,
> den liebenswürd'gen Ungezog'nen
> Behalt' Ihn fortan ganz alleine;
>
> Mir bleib' nur heimlich der Begehr:
> »Wer doch hier Heinrich Heine wär!«
> Den kleinen Scherz verzeih', verehrte Schwester,
> Ita locutus est Papa Sylvester!
> M.
>
> Dresden, den 31 Dezember 1865,
> Nachts um die zwölfte Stunde.

Naheliegenderweise lassen sich nach bald 150 Jahren die anspielungsreichen Einzelheiten nicht mehr dechiffrieren. Soviel aber darf vermutet werden: Am Weihnachtsabend des Jahres 1865 wurde in geselliger Runde ein Brief Heinrich Heines vorgeführt, den ein allzu neugieriger Gast ›stiebitzte‹, um seinen Inhalt in aller Ruhe für ein privates Ränkespiel zu verwenden. Ob der Inhalt des Briefes bei weitem nicht kompromittierend genug war, um das »Intrigue'chen« loszutreten, ob der Dieb die Entdeckung fürchtete oder ihn tatsächlich das schlechte Gewissen plagte: Mit dem Hinweis auf das siebte Gebot und gewürzt mit einer Prise Antisemitismus gegen den Nicht-Christen Heine sendet der Übeltäter wenige Minuten vor Beginn der Neujahrsnacht das Autograph an seine Eigentümerin zurück. Vermutlich als *captatio benevolentiae*, mit der Frau Schleiden besänftigt werden soll, ist die Reimform des Begleitschreibens zu verstehen.

Die »Frau Staatsrath Schleiden« besaß, wie damals üblich, den Titel nicht persönlich, sondern war eine angeheiratete »Frau Staatsrath«, Gattin vermutlich des 1804 geborenen Botanikers Matthias Jacob Schleiden, der im Herbst 1863 einen Ruf an die Universität Dorpat angenommen und anlässlich seiner Übernahme des dortigen Lehrstuhls für Pflanzenchemie den Titel eines ›kaiserlich russischen Staatsraths‹ erhalten hatte.[3] Doch in Dorpat gelang es Schleiden nicht, Fuß zu fassen. Der Zelltheoretiker unterstützte Charles Darwins Evolutionsthesen und geriet in Differenzen mit russischen Kirchenkreisen, die sich an Schleidens allzu naturwissenschaftlicher Auslegung der Schöpfungsgeschichte stießen. Nach nur einem Jahr, im September 1864, kehrte Schleiden Dorpat den Rücken und

Matthias Jacob Schleiden (1804–1881)
Lithographie von Rudolf Hoffmann nach einer Fotografie von C. Schenk (1856)

ließ sich als Privatgelehrter in Dresden nieder. An seiner Seite war seine (zweite) Ehefrau, jene »Frau Staatsrath Schleiden«. Bei ihr handelt es sich um die 1821 geborene Therese Marezoll, Tochter des Rechtsgelehrten Theodor Marezoll (1794–1873). Zunächst in Jena, später dann in Dorpat, pflegte Frau Schleiden als Frau des Dekans und Prorektors ein »reges gesellschaftliches Leben«⁴. Ob es sich bei der wenig schmeichelhaften Charakterisierung im Tagebuch des Leipziger Naturphysikers Gustav Theodor Fechner –

> Schleidens Frau, Therese, ist [...] ein sehr gescheutes, aber wegen ihrer Sucht genial zu erscheinen und sich vorzudrängen, wenig liebenswürdiges und beliebtes Frauenzimmer. Hier einen Zug von ihr: von ihren Stiefkindern lässt sie sich nicht Mutter, sondern Pensée (Stiefmütterchen) nennen.⁵

– allein um eine wenig repräsentative Einzelstimme handelt, ist aufgrund der unzureichenden Quellenlage schwer einzuschätzen. Immerhin: in das Bild, das man sich von Madame Schleiden machen mag, in das Bild nämlich einer literarisch gebildeten und zugleich leicht exaltierten Person, passt die Einschätzung Fechners – sie ist nur drei Jahre älter als ›unser‹ Brief – recht gut hinein.

Wenn wir annehmen wollen, dass die vertraute Anrede »verehrte Schwester« nicht allein geschah, um einen Reim auf »Sylvester« zu finden, sondern dass es sich bei dem Verfasser des Briefes tatsächlich um den Bruder der Therese Schleiden, geb. Marezoll handelt, so ist die Identifizierung denkbar einfach, besaß Therese Schleiden doch neben fünf Schwestern⁶ nur einen Bruder, den königlich sächsischen Oberappellationsrat Gustav Karl Franz Georg Marezoll (1822–1902).⁷ Es ist durchaus plausibel, dass Marezoll das Weihnachtsfest des Jahres 1865 im Kreise der Familie, also bei der fast gleichaltrigen Schwester und dem Schwager verbrachte, denn der in Leipzig ansässige Marezoll hatte nach Dresden keine weite Strecke zurückzulegen.

Dass sich der Philosemit Matthias Jacob Schleiden, ein gebürtiger Hamburger, und Heinrich Heine mehrfach persönlich begegnet sind, ist durch eine glaubwürdige Schilderung des Journalisten und Kulturhistorikers Adolph Kohut bezeugt. Immerhin wuchs Schleiden in Hamburg auf und kehrte 1826 nach bestandener Heidelberger Promotionsprüfung auch wieder dorthin zurück. Und just in jenen Jahren hielt sich auch der nur sechs Jahre ältere Heine, wie Schleiden Jurist, bekanntlich häufig in Hamburg auf. Kohut erinnert sich: »Zu den Jugendfreunden des Meisters [gemeint ist Schleiden, M.H.] gehörte auch Heinrich Heine, mit dem er in Hamburg, speziell bei Hoffmann und Campe [...] eifrig verkehrte.«⁸

Nachdem die Identität des Briefschreibers nun möglicherweise nachgewiesen werden konnte, wollen wir uns dem *corpus delicti*, dem entwendeten Brief Heines, nähern. Das Schreiben besitzt keine Anrede; als Adressatin gilt eine Madame Helbert in Hamburg.⁹ Der Brief lautet:

> Ich mache mir heute gern das Vergnügen, bey Ihnen um 3 Uhr zu essen. Daß Sie bey diesem Geschäfte nicht in den Fall kommen werden, meinen Geist anzubeten, dafür werde ich schon sorgen. Ich hoffe Sie in Ihrer hübschen Frisur zu sehen – wahrhaftig, die kleidet

Sie süperbe, die ist so witzig, phantastisch und aimabel. – Ich aber bin nur Ihr ergebener
H. Heine
d. 14. Febr. 1831 (HSA XX, 433)

Wir wissen nicht, wie intensiv und wie andauernd sich die Beziehung zwischen Heine und der Madame Helbert gestaltet hat. Die Überlieferung ist denkbar spärlich, haben sich doch nur zwei Briefe überhaupt erhalten: Briefe Heines an Madame Helbert, Gegenbriefe sind nicht bekannt. Der erste Brief, heute im Besitz der Bistums- und Landesbibliothek im südschwedischen Linköping, entstand in Hamburg und stammt vom 21. Oktober 1830. »Ich kann es nicht bestimmen«, schreibt Heine der Madame Helbert, »da ich mich irgend früher festgesagt; kann ich mich losmachen, was ich hoffe, so komme ich ganz bestimmt.« – Bedeutsamer als die kaum deutbare Ankündigung ist der Nachsatz Heines: »Entschuldigen Sie die Helgoländer Formlosigkeit dieses Billets: Besser gesagt die Unförmlichkeit« (HSA XX, 419). – Wir dürfen schlussfolgern, dass Heine die Madame Helbert spätestens auf Helgoland kennen gelernt hat, wenige Monate zuvor also, als Heine als Badegast seinen Sommerurlaub des Jahres 1830 auf Helgoland verbrachte, vielleicht aber auch bereits erheblich früher. Wenn Heine sich auf eine ›Helgoländer Formlosigkeit‹ bezieht, so liegt es nahe, an ein unförmliches, die Hamburger Konventionen der Etikette vernachlässigendes Miteinander zu denken, das vielleicht sogar eine leicht amouröse Note besaß. Der gemeinsam verlebte Sommer an der See zog spätestens im Oktober ein neuerliches Treffen nach sich – und weitere vier Monate sollten vergehen, bis sich Heine dann sehr viel freizügiger äußert. Ohne in reine Spekulation zu verfallen, darf man dem Brief Heines durchaus eine gewisse Frivolität beimessen, zumal die Sittenstrenge der Biedermeierära kaum mit dem moralischen *laissez-faire* unserer Tage zu vergleichen ist. Welche Hintergedanken hegt Heine mit seiner scherzhaften Drohung, er werde schon dafür sorgen, dass es bei der Madame Helbert nicht dazu kommen werde, Heines »Geist anzubeten«? Was wohl soll Frau Helbert stattdessen anbeten? Den erotischen Phantasien ist hier kein Ende gesetzt, denn Heine wird vermutlich nicht allein die Frisur der Madame Helbert als »aimabel« angesehen haben. »In Hamburg im Jahre 1816 beginnt«, so Rudolf Walter Leonhardt leicht süffisant, »was als Heinrich Heines ausschweifendes Leben weltberühmt wurde.«[10] Heine kultivierte in jenen Jahren seinen Ruf als »Lebemann und Weiberheld«[11]; und dies nicht allein bei käuflichen Dirnen, sondern – mehr oder minder erfolgreich – auch bei Damen der Hamburger Gesellschaft.

Gesicherte biographische Informationen über jene Madame Helbert sind zunächst kaum zu gewinnen. Selbst die Literatur des späten 19. Jahrhunderts, die ja entstand, als die Beziehungen Heines zu Madame Helbert erst wenige Jahrzehnte passé waren und zahlreiche der beteiligten Zeitgenossen noch gelebt haben dürften, ist inhaltlich so spärlich wie nur vorstellbar. Zwar ist die Rede von den Hamburger »Familien: Helbert, Helmrich, Godefroy, Sally Werner und Gorrissen, wo einst Heine verkehrte«[12], doch blieb bereits 1951 Friedrich Hirth in seiner Edition der Briefe Heines nichts übrig, als lakonisch zu konstatieren: »Über die Adressatin war nichts zu ermitteln« – und noch 1972 konnte Joseph A. Kruse sehr zu Recht von »einer sonst unbekannten Adressatin«[13] sprechen.[14] Wenn wir jedoch dem Literaten Rudolf Gottschall Glauben schenken wollen, der sich in seiner Autobiographie an seine Hamburger Jahre um 1850 erinnert, so erhalten wir einen wertvollen Hinweis auf einen englischen Kaufmann namens Helbert und seine Ehefrau, die Madame Helbert, die als gebildete Schönheit beschrieben und gar mit der Salonière Julie Récamier verglichen wurde. Gottschalk schreibt in seinen Erinnerungen über den literarischen Salon im Hause Helbert:

> Ich wohnte wieder in der Ferdinandstraße, in der Sahrlandschen Pension, wo derselbe internationale Verkehr herrschte wie früher. [...] Die Schwester des Fräulein Sahrland[15] war Frau Helbert, die Frau eines englischen Kaufmanns, welche die Rolle einer Hamburger Récamier übernahm. Sie war eine Jugendfreundin Heinrich Heine's gewesen und hatte sich ein sehr lebhaftes Empfinden für alles Poetische gewahrt. Oft besuchte ich sie draußen in Eimsbüttel[16] in ihrer Villa, wo ich ihr meine neuesten dichterischen Erzeugnisse vorlas [...]. Ihr Sohn, Dr. John Helbert, praktischer Arzt, wurde mein bester Freund. Da fanden sich junge Advokaten ein, die in Hamburg eine Rolle spielten, und mehr als durch den scharfen Ingwer wurden die Tafelfreuden durch Gespräche gewürzt, die an Schärfe und Witz nichts vermissen ließen.[17]

Auf der Suche nach einer Frau Helbert, offensichtlich einer geborenen Sahrland, verehelicht mit einem Engländer[18] namens Helbert, helfen die Hamburgischen Adressbücher. Im Jahr 1820 verzeichnet ist die Kaufmannsfirma »Helbert J. & Wilkinson« wie auch die »Modewaarenhandlung Helbert & Sahrland«, ansässig beide auf dem Alten Steinweg, was es nahe legt, an eine familiäre Verbindung beider Parteien zu glauben.[19] Ab 1837 konkretisieren sich die Angaben: John Helbert fungiert als nun kaufmännischer Bevollmächtigter der »Protector Life Association«[20], ab 1849 der »Eagle & Protector Lebens-Versicherungsgesellschaft in London«.[21] Ein Schritt also trennt uns nur noch von der Identität der Madame Helbert, der Ehefrau des John Helbert.

Es liegt – nach einiger biographischer Recherche – zunächst nahe, bei John Helbert sen. an jenen Engländer gleichen Namens zu denken, der 1817 Adelaide (auch: Adeline; 1799–1877) geheiratet hatte, Tochter des Londoner Bankiers, Juwelenhändlers und Präsidenten der Großen Synagoge, Levi Barent Cohen (1747–1808) und seiner Amsterdamer Frau Lydia Diamantschleifer (1752-?).[22] Doch dieser John Helbert (1785–1861), dessen Lebensdaten wie auch die seiner Frau Adelaide[23] exakt zu denen Heinrich Heines passen, kommt als Ehemann der

»Madame Helbert« leider nicht in Frage, denn er war Börsenmakler in London und nicht Versicherungsmakler[24] in Hamburg.[25] – Erneut führt uns Georg, der Sohn der Helberts, weiter und verhilft uns zum Vornamen der bislang so anonymen Madame Helbert: Im Geburtsregister der deutsch-israelitischen Gemeinde in Hamburg sind als Eltern des späteren Arztes Georg(e) Helbert der Vater John Helbert und die Mutter Nanette Sahrland eingetragen.[26]

Laut dem Sterberegister des Standesamts Hamburg 2 von 1885, Nr. 502, ist John Helbert sen. am 12. Februar 1885 in Alter von 87 Jahren und sechs Monaten in Hamburg gestorben. Als Sohn von (einmal mehr) John Helbert und Henriette geb. Israel wurde er in London geboren, war Kaufmann von Beruf und jüdischen Glaubens. Seine Ehe mit Nanette Sahrland (auch: Sarlandt) wurde am 24. Oktober 1819 in Hamburg geschlossen (522–1 Jüdische Gemeinden, 702a, Heiratsregister 1819 Nr. 35). Als Eltern der laut Heiratseintrag damals 26 Jahre alten Braut sind Kussel Schnabel Sahrland und Glückel geb. Nauen verzeichnet. Im Geburtsregister der Hamburger aschkenasischen Gemeinde erscheint »Kussel bar Michel Schnabel« (ohne den Zusatz Sahrland) als Vater von sechs zwischen 1792 und 1798 geborenen Kindern, darunter eine am 2. November 1796 geborene Tochter (ohne Angabe des Vornamens). Man wird davon ausgehen können, dass sie mit Nanette Sahrland (Sarlandt) identisch ist. Nanette Helbert geb. Sahrland (Sarlandt) starb am 3. September 1870 in Hamburg. Im Sterberegister des Zivilstandsamts Hamburg ist sie als Tochter von Carl (Entsprechung von Kussel) und Glückel Sahrland geb. Nauen verzeichnet.[27]

Von jener Nanette Helbert, der der quasi gleichaltrige Heine so zugeneigt war, haben sich leider nur wenige Lebenszeugnisse erhalten, die zudem über ihre Beziehung zu Heine keine Auskunft geben. Zwischen 1852 und 1856 richtete sie vier Briefe[28] nach Berlin an Ludmilla Assing (1821–1880), die Nichte Karl August Varnhagens und Tochter Rosa Maria Varnhagens[29], die auch Heine in ihrem Salon empfangen hatte. Nanette Helbert und Ludmilla Assing werden sich aus Hamburg gekannt haben, wo letztere die ersten beiden Jahrzehnte ihres Lebens verbracht hatte, bevor sie zu ihrem Onkel nach Berlin zog.[30] Die Anrede wechselt von »mein theures Fräulein« im März 1852 zu »meine theure Ludmilla« im Februar 1856. Nanette Helbert bezeugt in diesen vier Briefen Interessen, die durchaus an diejenigen Heines erinnern. Sie ist ungemein naturverbunden[31], reisefreudig und am politischen Tagesgeschehen interessiert. Sie liest täglich die Zeitung und kommentiert 1854 den (zunächst allein russisch-osmanischen) Krimkrieg:

> In der Politik ist noch alles beim Alten, ob Russisch, ob Türkisch wird beides noch lange die Frage sein, und wenn ich sage, daß ich nicht ohne die Zeitung gelesen zu haben sein mag, so könnte ich [sie] dennoch auf Jahre hin entbehren, da gar nichts geschieht, dennoch müssen wir fürchten, daß uns eine schlimme Zeit kommen kann.[32]

Breiten Raum widmet sie ihren Umzügen von der Landwohnung in Eppendorf bzw. in Eimsbüttel in die Stadtwohnung, sie erwähnt ihren Sohn, den »Doctor«, den jungen Herman Grimm[33] wie auch den gemeinsamen Freund Feodor Wehl[34] (1821–1890) – dem Redakteur und Schriftsteller bot sie an, zur Untermiete zwei Zimmer des Helbert'schen Haushaltes zu beziehen. Persönlich bekannt war Nanette Helbert vermutlich auch mit Karl August Varnhagen, worauf ihre im Jahr 1854 gestellte Frage »Könnten Sie Ihren Herrn Onkel nicht überreden, daß er einen Theil des Sommers hier mit Ihnen zubringt?« hindeutet. – Heinrich Heine wird in den vier Briefen der Nanette Helbert zwar nicht erwähnt, doch hatten beide, Nanette Helbert wie auch Ludmilla Assing, Heine persönlich kennen gelernt – erstere, wie erläutert, wohl in Helgoland und Hamburg, letztere zumindest einmal als Vierzehnjährige, als sie gemeinsam mit ihrer Mutter Heine im Juli 1835 in Paris besuchte. – Die Biographie der Nanette Helbert liegt, gelang es auch, ihre Identität zu entschlüsseln, weiterhin weitgehend im Dunkeln.[35]

Noch immer nicht beantwortet ist freilich die sich aufdrängende Frage, wie denn eigentlich Therese Schleiden in den Besitz eines Schreibens von Heine gelangte und welche Intrige man hieraus wohl spinnen könne. Die Antwort dürfte in dem Umstand zu suchen sein, dass alle drei beteiligten Parteien – Heine, das Ehepaar John und Nanette Helbert wie auch Matthias Schleiden – in ihren Hamburger Jahren persönlich miteinander bekannt waren.[36] Aus diesen alten Tagen dürfte auch der Versuch stammen, die womöglich erotische Komponente des Briefes an Nanette Helbert in kompromittierender Weise zu verwenden. Deutlich wird in den Briefzeilen zugleich auch: das rege sexuelle Interesse Heines und der ›Schlag‹, den er in der Damenwelt besaß, besitzen auch eine Kehrseite in Form der maskulinen Eifersucht und des Neides. »Wer doch hier Heinrich Heine wär!« – so ersehnt der Bruder der Frau Schleiden jene Attraktivität, die ihm, wie vielen anderen Männern, vermutlich fehlte und die er Heine neidete.

Anmerkungen

1 Dass beide Schreiben in der Tat zueinander gehören, geht aus dem Inhalt des letzteren hervor, der sich auf den Brief Heines bezieht.

2 Diese unverhohlene Ausdrucksweise versucht offensichtlich Heines ähnlich deutliche Worte von der »Schöne[n] Wiege meiner Leiden« (DHA I, 58) bzw. von den »schönen Gliedermassen / kolossaler Weiblichkeit« (DHA II, 42) zu imitieren.

3 Zu Schleiden vgl. vor allem Ilse Jahn und Isolde Schmidt: Matthias Jacob Schleiden (1804–1881). Sein Leben in Selbstzeugnissen. Stuttgart 2005 (Acta Historica Leopoldina, 44).

4 Ebd., S. 118.

5 Gustav Theodor Fechner: Tagebücher 1828 bis 1879. Hrsg. von Anneros Meischner-Metge. Bearb. von Irene Altmann. Teilbd. 1, Leipzig 2004 (Quellen und Forschungen zur sächsischen Geschichte, 27), S. 456.

6 Jahn/Schmidt: Matthias Jacob Schleiden [Anm. 3], S. 133.

7 Vgl. die spärlichen biographischen Angaben in: Biographisches Jahrbuch und Deutscher Nekrolog, Bd. 7 (1902); Totenliste, Sp. 75.

8 Es erfolgt an dieser Stelle der Nachdruck der gesamten Passage über Heine, auch jener über sein Verhältnis zu Platen, da weder diese von Kohut geschilderte Episode bei Werner wiedergegeben ist noch die von Kohut genannten Rezensionen Schleidens bzw. seine Stellungnahme gegen Heine in Sachen Platen Einzug in Galley/Estermann und in auf der Horst/Singh gefunden haben. Kohut fährt fort: »Ein grosser Verehrer der Heine'schen Lieder, veröffentlichte er in mehreren Blättern, namentlich Hamburgs, lobende Rezensionen über die Dichtungen des Verfassers ›des Buches der Lieder‹. Als jedoch dieser seine bekannten abscheulichen Ausfälle gegen den Dichter Grafen August von Platen erscheinen liess, ging die bisher bestandene intime Freundschaft zwischen Schleiden und Heine in die Brüche. Ersterer, dem die Wahrheit stets über alles ging, und dem nichts so verhasst war als persönliche Verunglimpfungen und ungerechte Schmähungen, veröffentlichte eine sehr scharfe Kritik gegen den Satiriker, sich damit zugleich von ihm lossagend. Der Zufall wollte es, dass nach einiger Zeit sich beide in einem Hamburger Café sahen. Für Schleiden war Heine nach dem Vorgegangenen natürlich Luft. Man kann sich daher das Erstaunen des Ersteren ausmalen, als sich ihm plötzlich der Dichter in liebenswürdiger Weise näherte, ihm freundschaftlich die Hand reichte und ihm, indem er die ernsteste Miene von der Welt annahm, die Worte sagte: ›Lieber Schleiden, ich habe mich wegen Ihrer Kritik entsetzlich über Sie geärgert und wissen Sie warum? Nun gerade deswegen, weil Sie in allem ganz recht haben‹ – und damit war vorläufig der Waffenstillstand zwischen beiden hergestellt!« (Adolph Kohut: Persönliche Erinnerungen an den Entdecker der Pflanzenzelle. Mit ungedruckten Briefen und Gedichten von Matthias Jakob Schleiden aus dessen Nachlass. – In: Allgemeine Botanische Zeitschrift für Systematik, Floristik, Pflanzengeographie etc. 12 (1906), Nr. 6, S. 95–96 u. Nr. 7/8, S. 115–122; hier S. 115).

9 Die Adresszeile des Briefumschlags ist teilweise abgerissen. Von Heines Hand sind nur die Worte »Ihrer Wohl« und »Madame« überliefert, die eine fremde Hand mit Bleistift in »Ihrer Wohlgeboren Madame Helbert geb. Schnabel Hamburg« ergänzt hat. Bei derlei nachträglichen Zuweisungen ist stets Vorsicht geboten: so auch in diesem Fall. Der Brief wurde erstmals 1914 bei Hirth gedruckt; schon damals war das Briefcouvert lädiert und der Name der Adressatin getilgt. Vgl. Heinrich Heine: Briefwechsel. Hrsg. von Friedrich Hirth. Bd. I. München 1914, S. 641.

10 Rudolf Walter Leonhardt: Verschiedene in Hamburg und Göttingen. Venus rediviva. – In: Ders.: Das Weib, das ich geliebet hab. Heines Mädchen und Frauen, Hamburg 1975, S. 53.

11 Edda Ziegler: Die große Frauenfrage. Zu Heines Mädchen und Frauen. – In: Ich Narr des Glücks. Heinrich Heine 1797–1856. Hrsg. von Joseph A. Kruse unter Mitwirkung von Ulrike Reuter und Martin Hollender. Stuttgart, Weimar 1997, S. 367–375, hier S. 373.

12 Martin Perels: Hamburger Feuilletons. – In: Die deutsche Schaubühne 10 (1869), S. 42.

13 Joseph A. Kruse: Heines Hamburger Zeit. Hamburg 1972, S. 138.

14 Freilich verfügte Kruse 1972 auch noch nicht über die Möglichkeit der Recherche in retrodigitalisierten Volltexten historischer Drucke, die heute die Suche nach den Helberts und den Schleidens ein wenig erleichtern.

15 Jene Pensionswirtin dürfte das »Fräulein Sophie Sahrland« sein, das, wie auch ihre Schwester »Frau Helbert, geb. Sahrland«, im Jahr 1840 zu den Subskribenten auf die neuhoch-

deutsche Festausgabe des Nibelungenliedes zählte (Das Nibelungenlied. Uebersetzt von Gotthard Oswald Marbach, Leipzig 1840, unpag. (bei ›Hamburg‹).
16 Im Stadtteil Eimsbüttel konzentrierte sich im 19. Jahrhundert das jüdische Leben Hamburgs.
17 Rudolf von Gottschall: Aus meiner Jugend. Erinnerungen. Berlin 1898, S. 325.
18 Herman Grimm, der Sohn Wilhelm Grimms, schreibt am 4./5. August 1850 an seinen Onkel Jacob: »ich habe gestern und heute in Eimsbüttel zugebracht (die nacht ebenfalls) wo Helberts eltern wohnen, das haus ist sehr schön gelegen mit einem großen schattigen garten. dazu gute luft, vortreffliche verpflegung in speise und trank [...]. Helberts bekannte sind lauter ausländische leute, Engländer meistentheils, darunter sehr schöne mädchen.« Brüder Grimm. Briefwechsel mit Herman Grimm. Hrsg. und bearb. von Holger Ehrhardt. Kassel 1998 (= Brüder Grimm. Werke und Briefwechsel. Kasseler Ausgabe. Briefe, 1), S. 194. Vgl. auch die Erwähnungen der Helberts ebd., S. 174, 192 und 193.
19 Hamburgisches Adress-Buch für das Jahr 1820. Hamburg o. J. [1820], S. 149.
20 Hamburgisches Adress-Buch für 1837. Hamburg o. J. [1837], S. 122.
21 Hamburgisches Adress-Buch für 1849. Hamburg o. J. [1849], S. II/109. – Die Vermutung wird gestützt durch den Beruf des Sohnes der Helberts. Dr. John Helbert sei, so Rudolf von Gottschall, sein bester Freund gewesen. Im Hamburgischen Adressbuch ist erstmals 1847 der »Dr. med. et chir. G.[eorg] Helbert«, nebenher Geburtshelfer im allgemeinen Krankenhause, nachgewiesen – mit der Adresse Admiralitätsstraße 24, jener Adresse auch John Helberts. Da beste Freunde häufig annähernd gleichaltrig sind, dürfte das Geburtsjahr Gottschalls – 1823 – mithin nicht allzu sehr von jenem Helberts abweichen, der tatsächlich (so das Biographische Lexikon der hervorragenden Ärzte aller Zeiten und Völker, Bd. 3, Berlin ²1931, S. 517), am 17. Juli 1820 zur Welt kam. Dass Gottschall von »John« spricht, das Adressbuch hingegen von »G.«, muss nicht irritieren, dürfte es sich um vermutlich abweichende Geburts- und Rufnamen handeln (Hamburgisches Adress-Buch für 1847, S. 106). Zu Georg Helbert vgl. auch C.M.: Nachruf. – In: Berliner Klinische Wochenschrift, Jg. 14, Nr. 6, 5. Feb. 1877, S. 80.
22 Vgl. Lucien Wolf: Essays in Jewish History. Ed. by Cecil Roth. London 1934. S. 234 ff.; Herbert H. Kaplan: Nathan Mayer Rothschild and the Creation of a Dynasty. The critical Years 1806–1816. Stanford 2006, S. 6 f. u. 16 f. – Vgl. auch den Stammbaum der Familie Barent-Cohen bei Abigail Green: Moses Montefiore. Jewish Liberator, Imperial Hero. Cambridge (Mass.), London 2010, S. 427 f.
23 Hinter Madame Helbert eine Engländerin zu vermuten, wird gestützt durch Heines Adressierung seines Briefes vom Oktober 1830. Dieses Schreiben – in Hamburg versandt und nach Hamburg expediert – ist nicht adressiert, wie es Usus wäre, »an Madame Helbert«, sondern »to Madame Helbert« (HSA XX K, 264). – Dass das Couvert des von der Berliner Staatsbibliothek verwahrten Briefes Madame Helbert eine geborene Schnabel nennt, muss nicht notwendigerweise einen Widerspruch zu unseren bisherigen Überlegungen bedeuten, kann es sich doch womöglich um eine gezielte Camouflierung handeln.
24 Noch 1851 nämlich war John Helbert im Versicherungsgewerbe tätig, wie eine heute nicht mehr ohne weiteres dechiffrierbare Notiz in einem Satireblatt belegt: »[General] Haynau will bei John Helbert in Hamburg, Bevollmächtigten der Eagle-Life-Insurance-Company, sein Leben versichern, wird jedoch ›wegen zu häufiger Stockungen‹ abgewiesen.« Komischer Volkskalender für 1851. Hrsg. von Adolf Brennglas. Hamburg o. J. [1851], Eintrag für den 15. Sept. 1851.
25 Vgl. Richard Roberts: Schroders. Merchants & Bankers. Basingstoke, London 1992, S. 355–359. Roberts weist hier auf die mögliche Etymologie des noch heute seltenen Nachnamens

Helbert hin. Jener Londoner John Helbert, den wir als Ehemann der Madame Schleiden ausschließen müssen, habe ursprünglich den Namen John Israel getragen. Der von ihm später gewählten Name Helbert verweise auf Halberstadt, den Herkunftsort seiner Familie.

26 Freundliche Auskunft des Staatsarchivs der Freien und Hansestadt Hamburg vom 28. März 2011 (Bestand 522–1 Jüdische Gemeinden, 696b, Nr. 83).

27 Ihr Lebensalter (78 Jahre) und ihr Geburtsort (»Mecklenburg«) sind darin offensichtlich falsch angegeben (332–3 Zivilstandsaufsicht, C 79). – Die biographischen Daten über John und Nanette Helbert verdanke ich der freundlichen Recherche des Archivars Jürgen Sielemann, Hamburger Gesellschaft für jüdische Genealogie e. V.

28 Diese Briefe sind Teil der Sammlung Varnhagen (Kasten 84) der Preußischen Staatsbibliothek in Berlin; gegenwärtig befinden sie sich in der Jagiellonen-Bibliothek in Krakau. – Weitere Korrespondenzen o. Ä. der Nanette Helbert waren nicht nachzuweisen,

29 Vgl. zu ihrer Biographie Nikolaus Gatter: »Was doch der Assing und der August für vortreffliche Frauen haben!« Heines Freundin Rosa Maria. – In: Vom Salon zur Barrikade. Frauen der Heinezeit. Hrsg. von Irina Hundt. Stuttgart, Weimar 2002, S. 91–110, passim auch zur Tochter Ludmilla.

30 »Meine Nichten, Ottilie und Ludmilla Assing, sind aus Hamburg zu mir gezogen, und wollen bei mir bleiben; Sie erinnern sich, nicht wahr? dieser lieben guten Kinder, die nun zu liebenswürdigen Mädchen herangewachsen sind!« Karl August Varnhagen von Ense an Heinrich Heine, 11. Oktober 1842 (HSA XXVI, 36).

31 »Kommen Sie nur recht bald, der Frühling ist so schön, es läßt sich nicht beschreiben, wie in diesem Jahr alles so üppig blüht, Sie können in Ihrem sandigen Berlin davon keine Vorstellung haben [...]« (Schreiben vom Juni 1854).

32 Ebd.

33 Vgl. Anm. 18.

34 Vgl. Anm. 36.

35 Wenig erhellend sind leider auch die Erinnerungen Rudolf von Gottschalls: »Herrn Helbert habe ich lange nachher in Hamburg wiedergesehen; Frau Helbert war inzwischen verstorben; seit ihrem Tode, nachdem schon mehrere Jahre verflossen waren, hatte der kleine wortkarge Herr ihr Zimmer gänzlich unverändert gelassen; alles stand an dem alten Platz. Da lag ihr Nähzeug noch auf dem Nähtischchen, daneben die Bücher, in denen sie zuletzt gelesen.« Gottschall: Aus meiner Jugend [Anm. 17], S. 328.

36 Man müsse, so der Schriftsteller und Theaterkritiker Feodor von Wehl, den Satiriker »Adolf Glaßbrenner und seine Gattin in den gastlichen Häusern der Familien Helbert, Hellmrich, Ladé, Roß u.a. gesehen haben, um sich eine Vorstellung von dem lebendigen Reiz und der bezaubernden Frische ihres Umgangs machen zu können. Besonders im zuerst genannten Hause, in dem einst Heinrich Heine und M. E. Schleiden verkehrten, [...] fühlten sich die Obengenannten vorzüglich wohl und behaglich.« Feodor von Wehl zit. n. Richard Schmidt-Cabanis: Adolf Glaßbrenner. Ein biographisch-literarischer Essay. – In: Unsere Zeit. Deutsche Revue der Gegenwart. N.F., Jg. 13 (1877), Erste Hälfte, S. 241–255; hier S. 253.

Isaak Heine und die Untersuchung wegen angeblicher Wechselfälschung während der Handelskrise 1799

Von Sylvia Steckmest, Hamburg

Isaak Heine (April 1763–14. Okt. 1828) war ein Onkel von Heinrich Heine, ein Jahr älter als dessen Vater Samson und vier Jahre älter als der reiche Onkel Salomon. Zum ersten Mal tauchte Isaaks Name im Hamburger Adressbuch für das Jahr 1798 auf (somit war er mindestens seit 1797 dort anwesend), also erst kurz vor der großen Handelskrise von 1799. Die Adresse lautet »Zeughausmarkt, no. 168«, und vermerkt ist dort auch seine Branche: »engl. und franz. Waaren«.[1] Interessanterweise ist unter dieser Adresse auch Lion von Embden zu finden.[2] Er wurde später der Schwiegervater von Heinrich Heines Schwester Charlotte, die 1823 seinen Sohn Moritz heiratete. Lion von Embden verstarb bereits 1809. Isaaks jüngerer Bruder Henry Heine, der wie Salomon Bankier in Hamburg war, hatte 1814 Moritz' Schwester Henriette von Embden geheiratet.

Über Isaak Heines Zeit in Hamburg war bisher nichts bekannt, es hieß nur, er hätte sich von Hamburg aus auf den Weg nach Bordeaux gemacht. Das ist aber nicht ganz richtig, denn er muss einige Jahre dazwischen noch woanders verbracht haben. In Bordeaux heiratete er im Jahre 1810. Aus Hamburg verschwand er womöglich schon 1801. Fest steht: Isaak Heine gehörte zu den Falliten des Jahres 1799.[3] Damit war seine Firma eines von 134 Unternehmen in Hamburg, die insgesamt mit einer Summe von über 38 Millionen Mark Banco in Konkurs gegangen waren.[4] Weitere jüdische Falliten waren u. a. Levin Jacob Schlesinger, Abraham Jacob Lazarus, David Hertz Ries, Moses Salomon Warburg, Pincus Schlesinger, Hertz David Wallach und sein Cousin Meyer Wolf Popert, der allerdings nicht in dieser Liste aufgeführt ist.[5] Vermutlich ging er erst im folgenden Jahr in Konkurs. Alle Personen hatten deutlich höhere Verluste als Isaak Heine, der »nur« 34.560 MBco (Mark Banco) an Schulden hatte[6] (450.000 Euro wären das mindestens nach heutigem Geld). Im Vergleich dazu: Das Haus seines Bruders Salomon Heine an der Elbe, inklusive Grundstück, kostete im Jahre 1812 30.000 MBco.[7]

Wie war es zu der Handelskrise des Jahres 1799 gekommen? Angefangen hatte die Misere mit einem außergewöhnlich kalten Winter, der bis zum April 1799 anhielt. Somit lagen alle Schiffe im Hamburger Hafen fest. Waren konnten nicht weitertransportiert werden, und Geld kam auch nicht mehr in die Stadt. Bis zum September sollten sich die Probleme zuspitzen, denn wegen Englands Seekrieg mit Frankreich, Spanien und den Niederlanden hatten die Engländer die Elbmündung für einige Monate blockiert und ließen keine Schiffe aus Hamburg heraus oder nach Hamburg hinein. Nun war in den Jahren vor dieser Krise ein großer wirtschaftlicher Aufschwung zu spüren gewesen, der in dem sonst so soliden Hamburg einen geradezu dekadenten Lebensstil bei den Reichen hervorgebracht haben soll. Man kann von Modesucht, lächerlichem Stolz und bizarrer Eitelkeit lesen, von Pracht und Verschwendung, von Luxusgegenständen, sogar von Faulheit und Vernachlässigung der Geschäfte. [8]

In der sich zuspitzenden Situation des Jahres 1799 versuchte jeder noch schnell sein Schäfchen ins Trockene zu bringen. Die Jagd nach Geldmitteln begann. Man brauchte Kredit oder besser gesagt: Man erlangte fiktive Mittel durch Wechselreiterei:

> Die geschicktesten Speculanten hielten auf den Hauptwechselplätzen sogenannte »Pferde«, d. h. Strohmänner ohne alles Vermögen, welche gegen eine geringe Gebühr in die Hunderttausende auf sich ziehen ließen, und vor der Verfallzeit durch anderes Papier wieder gedeckt wurden.[9]

Der Ausbruch der Krise war nicht mehr aufzuhalten. Der Missbrauch mit den Wechselkrediten war zu groß geworden. Auch kamen dadurch Kopenhagener Firmen in Bedrängnis.

> So suchten die Kopenhagener ihre Bons bei den nach Hamburg zu machenden Rimessen vorteilhafter anzubringen. Daraus entstanden viele Proteste, theils auf den ganzen Belauf der Wechselsumme, theils mit Vorbehalt des Ersatzes der Differenz, so daß die Beziehungen zwischen beiden Städten erst nach vollständiger Beilegung [...] wieder hergestellt werden konnten.[10]

Dass Isaak Heines Cousin Meyer Wolf Popert, bei dem sein Bruder Salomon Heine eine Weile tätig gewesen war, besonders von der Krise betroffen wurde, hatte folgenden Hintergrund: Bereits 1797 hatte Popert Leffman Samuel Hertz, Kredite verschafft, die durch Wechsel auf Popert abgedeckt werden sollten, doch Hertz vervielfältigte die Wechsel mehrfach und riss Popert mit einer großen Summe ins Verderben.[11] Hertz behauptete aber in seiner Verteidigungsschrift von 1801, dass nicht er der Betrüger sei, sondern Popert selbst.[12] Auch hätten Zeugen Meineid begangen. Er schrieb:

Marcus Abraham Heckscher und Salomon Heyne beweisen vielmehr ex actis durch den von ihnen gestifteten Vergleich, daß auf einer großen Debit-Sache, nicht aber auf falschen Wechseln verglichen worden ist, und suchen den Inquisiten keines Weges zu gravieren.[13]

Poperts Firma musste aufgelöst werden, aber mit den Neffen seiner Frau gründete er eine neue Firma, die schnell wieder erfolgreich wurde. Doch die Handelskrise von 1799 brachte ihn erneut um sein Geld, so dass er Konkurs anmelden musste. Geld und Gold aus England, das ihm die Rettung gebracht hätte, landete beim Untergang des Schiffes, das es transportierte, vor Texel im Meer.[14] Beide Ereignisse – der Prozess gegen Hertz, der ins Gefängnis kam, und der Schiffsuntergang – waren in Hamburg Gesprächsthema.

Die Wechselgeschäfte waren ein unausweichliches Übel, um im großen Stil Handelsgeschäfte betreiben zu können. Das Problem lag in der alten Struktur der Banken. Eine Handelsbank für Kaufleute, die ihnen Kredite gewährte, gab es zu jener Zeit noch nicht. Darum betätigten sich viele Kaufleute zugleich auch als Merchant Banker, das heißt, sie selber gaben über Wechsel Kredite an andere Handelsfirmen und bezahlten damit ihre Einkäufe. Da Wechsel von einem zum anderen weitergereicht werden konnten, als bargeldloses Zahlungsmittel, wurden deren Rückseiten mitunter im Laufe der Zeit mit Unterschriften ganz und gar ausgefüllt. Erstaunlich ist es trotzdem, dass das System gut funktionierte und Wechselfälscher selten in Erscheinung traten. Wie ein anonymer Zeitzeuge berichtet, hatten sich aber nun, in der Krise von 1799, »so verzwickte Rechnungs- und andere Vorfälle gezeigt, welche selbst den Erfahrensten stutzig machen, und sehr schwer auseinanderzusetzen und auszugleichen sind.«[15] Also war zu jener Zeit der Überblick doch nicht mehr ganz vorhanden. Der anonyme Schreiber berichtete weiter:

> Endlich denke man noch an die Verwicklung dieser Massen untereinander, durch die starken Wechselverbindungen – und man wird den langsamen Gang, den diese bedeutenden Fallitsachen zu ihrer Beendigung bringen, weniger tadelnswerth finden.[16]

Isaak Heines Geschäfte bestanden im Handel mit Stoffen, aber nicht allein mit englischen und französischen Waren, sondern auch mit Schweizer Stoffen. Außerdem war er im Juwelenhandel tätig, vielleicht verkaufte er auch noch weitere Artikel, so festgelegt war man damals noch nicht.[17]

Aus einer Auflistung in einem Kontoauszug für Lion von Embden geht hervor, dass dieser Seidenstoffe als Tücher in verschiedenen Breiten und Längen erwarb, dazu Bijouterien und Brillanten.[18] Allein für die Monate November und Dezember des Jahres 1798 betrug die Summe 9.860 Louis d'or, bei einer offenen Rechnung von 1.285 Louis d'or. Embden hat diese Ware, wie es scheint, von Isaak

Heine erworben, vielleicht war er sogar im Auftrag Embdens auf der Messe in Frankfurt am Main gewesen, um für ihn einzukaufen. Embden war immerhin 17 Jahre älter als Isaak und konnte die Strapazen einer solchen Reise eventuell nicht mehr auf sich nehmen. Er traf auf der Messe sicherlich auch Samson Heine, der dort ebenfalls Stoffe für sein neues Geschäft einkaufen wollte, das er gerade in Düsseldorf gegründet hatte, nachdem er Betty van Geldern geheiratet hatte.

In der angeblichen Wechselfälscher-Angelegenheit ging es um Stoffe aus St. Gallen. Damals war die Stadt noch nicht explizit für ihre Spitzenstoffe bekannt, das begann erst um 1830. In früheren Jahren hatte sich die Stadt durch ihre Leinwand-Produktion einen Namen gemacht, danach, als Baumwollstoffe über England günstig in die Schweiz kamen, wurde hier der Barchent hergestellt, eine Mischung aus Leinen und Baumwolle. Mit aufgerautem Baumwoll-Schuss wurden solche Stoffe Rauware genannt, und als Händler für Rauwaren war Lion von Embden im Jahre 1797 im Hamburger Adressbuch aufgeführt. Als Indigohändler, als der er bekannt wurde, stand er erst im Jahre 1799 im Adressbuch. Als Isaak Heine Stoffe aus St. Gallen erwarb, könnten es Baumwoll-Musseline, evtl. handbestickt, gewesen sein, die damals sehr en vogue waren. Die Damen der Gesellschaft trugen dünne weiße Kleider aus leichten Baumwollstoffen, wie es der Mode des Empire entsprach.

Aus folgendem Brief aus St. Gallen vom 20. Mai 1800 geht hervor, dass Heine Waren eingekauft hatte und die Wechsel, mit denen er bezahlte, sich als gefälscht herausstellten:

[...] Gedachte hiesige Handelsleute nemlich, haben mir zu wissen gethan, wie sie dem dortigen Isaac Heine in [der] Frankfurter Ostermesse 1799 für eine Summe von F. 1167.50 in Rtl. à F. 2 ¾ , welche nach Abzug des gewöhnlichen Sconto, netto F. 1116.10 betrugen, Waaren verkauft und abgeliefert haben; worauf Herr Isaac Heine in barem Gelde F. 48.6, und in Wechseln, Mark 1200 banco p. Hamburg im Cours à 149 angenommen, betrugen, F. 1068.40 übergab; diese Wechsel nemlich von

Mbco 600.- vom Febr. von 1799 in Hamb. Dot. Deller, Böcking & C. in Copenhagen
600.- sopra Lion von Embden in Hamb. per 3 Monate

übersandten hiesigen Bruderer, Looser et Comp. von ihrem Sachwalter die dortigen Herren von Axen, Hinsch & Co. zum Incasso, allein bald mußten sie von diesen vernehmen, daß die Wechsel falsch und sie auf die schändlichste Art hintergangen waren.
Immer hoffend sich für Ihren Schaden auf ein oder die andere Art bei Herrn I. Heine entschädigen zu können und darüber dies im vorigen Jahr die Communikation zwischen Deutschland und uns lange unterbrochen war[19], wollten Sie den Schritt, den Sie jetzt durch mich zu thun haben nicht eher unternehmen und glaubten, daß die Herren von Axen, Hinsch et Comp., den sie zu Betreibung ihres Interesses Vollmacht erteilt hatten, die Sache beendigen konnten, allein es zeigt sich nun, daß Güte an jenem Betrüger verschwendet wäre

und ich mache mir zur Pflicht, Eure Hochedlen, hiermit dringend um ernstliche Ahndung jenes abscheulichen Betruges und um diejenigen strengen Maaßregeln, die unsere Mitbürger zu dem Ersatz ihres Schadens verhelfen können, anzugehen.[20]

Interessant ist dabei, dass die Firma von Axen, Hinsch & Co. selber mit 360.000 MBco Konkurs anmelden musste.[21] Doch konnten diese und andere Firmen bald wieder ihre Zahlungen aufnehmen und ihre Gläubiger befriedigen.

Von Axen hatte den Notar Wülbern beauftragt, wegen der Wechsel bei Lion von Embden am 1. Mai 1799 nachzuforschen:

Habe ich Heyn Wülbern [...] bey dem hiesigen Handelsmann Herrn Lion von Embden in dessen Logis um Zahlung der nachgesetzten zwei acceptirten Wechselbriefe angehalten; und die mir von einem ebenfalls daselbst logierenden Namens Heine, zur Antwort ertheilt wurde: daß Herr von Embden schon seit mehreren Tagen nicht mehr daselbst logiere, man auch nicht weiß wo er geblieben sei.[22]

Lion von Embden war also anscheinend seiner Zahlungsverpflichtung nicht nachgekommen und hatte sich aus dem Staube gemacht.

Die Wechsel waren in Kopenhagen bereits am 1. Februar 1799 von der Firma Deller, Böcking & Comp. ausgestellt worden, zu Lasten von Lion von Embden (der dagegen zeichnete); Deller, Böcking reichten die Wechsel an Isaak Heine weiter. Heine bezahlte auf der Frankfurter Messe im März seine Stoffe bei Bruderer, Looser & Comp. mit diesen Wechseln. Die Schweizer beauftragten dann die Hamburger Firma von Axen, Hinsch & Co., das Geld einzukassieren. Nun stellte sich heraus, dass die Wechsel gefälscht waren, Isaak Heine bereits Konkurs angemeldet hatte und darum nicht bezahlen konnte und von Embden verschwunden war.

Anhand des Kontoauszugs von Isaak Heine für die Firma Deller, Böcking & Comp., erstellt vom vereidigten Buchhalter Tefes am 8. August 1800, hatte die Firma bei Heine Schulden in Höhe von 19.387 Mark Banco. Eingekauft hatten sie Colliers, Ohrringe, große Mengen an Brillanten, goldene Uhren, Medaillen und Ringe. Bezahlt wurde mit Wechseln auf Lion von Embden.[23] Bereits am 14. April 1799 hatte die Firma Deller, Böcking & Comp. an Isaak Heine folgenden Brief geschrieben:

Da ich wegen viele gehabten Unglücksfällen, worüber hauptsächlich diejenigen gehören des Lion J. von Embden, wie er mir unterm 10. dieses signirt, seine mir schuldig seyende Summe und dafür accept Wechselbriefe nicht bezahlen könnte, ferner daß mir leider der größte Theil, der von Ihnen gekauften und noch schuldig seyende Juwelen gestohlen ist, so sehe ich gar keinen Weg Sie itzt zu befriedigen zu können, sondern ich muß zu meinem größten Leidwesen unschuldig die Flucht ergreifen, in der Hoffnung, daß Sie gewiß als ehrlicher Mann bezahlen werde. Ich bitte Sie, da ich ohnehin unglücklich jung bin, mich nicht zu verfolgen.[24]

Ein Notar in Kopenhagen wurde daraufhin beauftragt, dort nach der Firma Deller, Böcking & Comp. zu forschen. Er fand weder im Adressbuch noch beim Postamt oder bei den dortigen Maklern oder an der Börse einen Hinweis auf die Existenz dieser Firma.[25]

Der Bericht des erwähnten Buchhalters Johan Daniel Tefes vom 8. August, listet folgendes auf:

> 1. Das Formular, dieser Wechsel, ist ein Kupfer Abdruck, und in den Verzierungen sind die Anfangs Buchstaben der Firma D B & C so wie auch das Wort Copenhagen sauber gedruckt.
> 2. Aus den Büchern des Falliten ergiebt sich, daß Fallitus so wol mit den Ausstellern als auch mit Acceptanten dieser Wechsel in Handlungs-Verkehr gestanden. Die Aussteller Deller, Böcking & Comp. haben den Falliten für von demselben empfangene Juwelen und andere Waaren für L d'or 9 400.- und Bco 6 000.- von diesen Wechseln in Bezalung gegeben und am Ende denselben um Bco 19 387.- betrogen. Auch der Acceptant – Léon J. von Embden hat den Falliten um L d'or 1 285.- angeführt […].[26]
> 3. Unter den Papieren des Falliten befindet sich in bandum ein Circular-Schreiben von Joseph Mayens aus Altona[…].[27]]
> 4. einen Brief s.d. Altona d. 14. Apr. 1799 […] Nach eingezogener Erkundigung hat wirklich in Altona, anfänglich im Hof von Dännemark in No.9 auf der großen Freyheit, bey Neilsen, und hernach in der Breitenstrasse in No. 366 ein Franzose Nahmens Mayens existiret, der die Handlungs Firma von Deller, Böcking & Comp. geführet, und der auch im Aprill Monath vorigen Jahres davon gegangen sein soll. Dieß scheinen auch
> 5. die beyden bereits bey den Acten befindlichen Postscheine vom Fürstlich Hessischen Postamte über Zwey an Deller, Böcking & Comp. in Altona im vorigen Jahre vom Falliten, welcher derzeit in Frankfurth auf der Messe war, abgesandte Briefe noch mehr zu bestätigen.
>
> Vorstehende data scheinen also keinen Zweifel über zu lassen, daß würklich eine Handlungs Firma Deller, Böcking & Comp. existiret habe, und da die gewesene Existens des Acceptanten Léon J. von Embden dessen Nahme so gar noch in dem dießjährigen so wie in dem vorjährigen Addreß Buche befindlich ist – nicht bezweifelt werden kan, weil derselbe hier bekannt genug war; so ist wol kein hinlänglicher Grund vorhanden, diese Wechsel für falsch zu erklähren, noch weniger aber dieserhalb den Falliten eines Falsi zu beschuldigen. Der Fallit behauptet durch einen gewissen Tesche die Bekantschaft mit diesem saubern Leuten gemacht, auch von ihm, diesen Tesche, zuerst die hier Sub
> No. 5.
> beygelegte, von Tesche eigenhändig geschrieben sein sollende Adresse empfangen, auch die von diesem Deller, Böcking & Comp. für seine Waaren empfangene Wechsel so gut wie baares Geld gehalten zu haben, um so mehr, als jeder diese Wechsel willig in Bezalung genommen wurde, hirvon anfänglich auch einen großen Theil promt bezalt worden wären.
> So viel ist gewiß, und hier zu erwehnen villeicht nicht gantz überflüssig, daß eben die Bekantschaft eines Joseph Mayens unter der Firma Deller, Böcking & Co., eines von Emden und vorzüglich eines Tesche, der, aller Wahrscheinlichkeit nach diese gantze Clique dirigirte, den Falliten unglücklich und jetzo so arm gemacht hat, daß derselbe kaum von einem Tage zum andern zu kommen weiß. Nach den Büchern hat der Fallit nichts herdurch gebracht,

sondern alles verhandelt, und an Deller, Böcker & Comp., von Emden und andere Menschen verlohren. Dieß habe ich hirdurch pflichtmäßig berichten wollen.
Hamburg d. 8 Aug. 1800

Johan Daniel Teves
Beeydigter Buchhalter bey Barthold
Der Fallit Massa von Isaac Heyne
Auf meinem geleist. Eyde.[28]

Friedr. Schult
Samson Schiff
[beide] als Concurator bonorum
Auf meine geleisteten Eyde[29]

Samson Schiff, der Sohn von Isaak Heines Tante Jette Popert und Bendix Schiff[30], war sein Cousin und Halbbruder. Er handelte ebenfalls mit Zitz und Kattun am Mönkedamm.

Am 26. August 1800 wurde auf das Schreiben aus St. Gallen geantwortet:

> Sie werden aus diesen Aktenstücken ersehen, daß der Verdacht als ob Heyne die quaestinierten Wechsel selbst fabricirt habe, gänzlich wegfällt, u. daß er selbst ein Opfer seines Zutrauens zu dem Aussteller u. Acceptanten derselben geworden zu seyn scheint. Unter diesen Umständen ist also eben so wenig eine Bestrafung des Isaac Heyne möglich, als sich, da er sich insolvent erklärt hat, für die dortigen Wechselinhaber, ein anderer Ersatz ausmitteln lassen wird, als den seine Masse, bey welcher sie ohne Zweifel sich gemeldet haben, ihnen zu geben im Stande ist.[31]

Die ganze Geschichte blieb am Ende ohne Anklage und Verurteilung, die Täter waren flüchtig. Die Briefe deuten auf sie hin, aber sie konnten nicht zur Rechenschaft gezogen werden.

Solche Wechselfälschungen, wenn sie gut gemacht waren, konnten oft nur schwer aufgedeckt werden und waren selbst für Fachleute schwer zu durchschauen. Die Aufklärungsrate war vermutlich gering. Mit Sicherheit hatte die Angelegenheit Isaak Heine aber im Ansehen geschadet, so dass er einige Häuser weiter zog, als auch Lion von Embden nicht mehr in selben Haus war wie er. 1801 verließ Isaak Heine vermutlich sogar die Stadt. Ob sein Bruder Salomon Heine ihm am Ende aus der Patsche geholfen hatte, ist nicht bekannt, es wäre aber möglich. Vor diesem Hintergrund ist dann der herbeigeführte Konkurs und die Entmündigung seines Bruders Samson Heine[32] besser zu verstehen.

Interessant ist noch die Fortsetzung der Firma Lion von Embdens, zuerst von seiner Wohnung in der 2. Marktstraße Nr. 369 aus.[33] Kurz darauf hieß sein neuer Partner David Gottschalk Goldschmidt et Comp., zuerst Groß Neumarkt Nr. 89, dann in der 2. Marktstraße Nr. 123, wo inzwischen auch Lion von Embden zu finden war.³⁴ Die Firma, neuerdings »von »Embden et Sohn«, handelte mit Manufakturwaren, Kattun und diversen Seidenwaren. 1801 ersteigerten Vater und Sohn auf einer öffentlichen Auktion das Schiff »Marie Elisabeth«³⁵, demnach ging es ihnen finanziell nicht so schlecht. Vermutlich war die Geschäftsverbindung mit Goldschmidt (um 1764–1829) durch Salomon Heine zustande gekommen, denn dieser war der Cousin von Salomons Ehefrau Betty. Lion von Embdens Söhne Adolph (= Abraham) und Barthold waren 1811, nach dem Tod ihres Vaters, Warenmakler in der Altewallstraße Nr. 54, wo auch Goldschmidt sein Comptoir hatte.

Isaak Heine kam in Bordeaux nicht zu Reichtum als Bankier, aber er hatte fünf Kinder mit seiner Ehefrau Judith Michel (1793–1869), die er am 19. März 1810 geheiratet hatte.³⁶ Sein erstgeborener Sohn Jacob, vielleicht in Niedersachsen geboren, kam mit der Hilfe von Salomon Heine im Jahre 1817 nach Bordeaux. Eine Nachfahrin von Isaaks Tochter Anna, verehelichte Hertz, schrieb:

> Isaak Heine was a merchant in Bordeaux when he died in 1828 [...]. He owned a textile and clothing shop on the ground floor of his home and never amassed a fortune.³⁷

Doch seine zuletzt geborenen Söhne Armand und Michel gehörten später sogar zu den reichsten Franzosen ihrer Zeit. Sie besaßen nicht nur Schiffe, Schlösser und Firmen sowie verschiedene Unternehmen in den USA, sie hatten auch ein großes Bankhaus in Paris und verfügten über riesige Weingüter im Bordeaux.

Zu Lion von Embden ist folgender Eintrag vom 24. Januar 1838 noch interessant (ob er im Zusammenhang mit der Wechselaffäre steht, geht allerdings nicht daraus hervor):

> Auf Bericht, daß Herr Adolph Embden nunmehr den Rest der rückständigen Schuld seines Vaters Lion von Embden mit 216,13 CT bezahlt habe und eine General Quittung darüber haben müsse.³⁸

Dieser Sohn Adolph (1780–1855) hatte mit seinem Vater zusammen gearbeitet, bis dieser 1809 starb. Das heißt, die Schulden waren 29 Jahre alt! Bereits 1800 hatte Adolph Serina Dellevie geheiratet. Ihre Tochter Charlotte war mit dem berühmten Pianisten Ignaz Moscheles verheiratet, mit dem sie in London lebte. Dort war übrigens Heinrich Heine gern zu Gast, als er 1827 in London weilte.

Anmerkungen

1 Neues Hamburger und Altonaer Address-Buch auf das Jahr 1798. Hamburg o. J. [1798], S. 102.

2 Vgl. ebd., S. 63.

3 Ein Fallit war jemand, der Konkurs machte, ein Bankrotteur. Zum Geburtsdatum vgl. Thomas W. High: Genealogical data and notes. Boston 2006 [Privatdruck], S. 193.

4 Anonymus: Handelskrise 1799 in Hamburg. Verzeichnis von 134 Fallit gewordenen Firmen mit über 36 Mill. MBco im Ganzen (Maschinenabschrift). Staatsarchiv Hamburg (StAHbg) 222–3, A4 Bd. 2. Danach betrug die Summe 38.337.933, 10 MBco.

5 Vgl. ebd., S. 1–4.

6 StAHbg: 331–2, Bestand: Polizeibehörde und Kriminalwesen, C 1800 Nr. 0048.

7 Vgl. Julia Berger: Salomon Heines Landhaus und Gärtnerhaus in Ottensen. Zwei bisher unbekannte Bauten Ramées? – In: Joseph Ramée. Gartenkunst, Architektur und Dekoration. Ein internationaler Baukünstler des Klassizismus. Hrsg. von Bärbel Hedinger und Julia Berger. München, Berlin 2003, S. 75–89, hier S. 78.

8 [Anonymus:] Schreiben eines Reisenden an einen Freund in Leipzig über die zahlreichen Fallissements und das Verzeichnis desselben. Hamburg 1799, S. 2 f.

9 Max Wirth: Geschichte der Handelskrisen. 4. verm. u. verb. Aufl. Frankfurt a. M. 1890, S. 99 f.

10 [Anonymus:] Schreiben eines Reisenden [Anm. 8], S. 104.

11 StAHbg: 331–2, C 1799 Nr. 41. Fallitsache Leffman Samuel Hertz wegen Ausstellung falscher Wechsel. Meyer Wolf Popert hatte 1797 Leffman S. Hertz einen großen Kredit in Form von Wechseln gegeben, die dieser durch Kopien vermehrte. Der Prozess kam 1802 vor das Reichskammergericht in Wetzlar. Vgl. dazu auch Joachim Grisebach: Die Popert-Chronik. Familie Popert in Hamburg und Altona. Hamburg 1988, S. 8.

12 Vgl. Lefmann Samson Hertz: Öffentlich gerichtliche Defension des unglücklichen Kaufmanns Herrn Lefman Samson Hertz zu Hamburg. O. O. [Hamburg] 1801.

13 Ebd., S. 13.

14 Vgl. dazu Otto-Ernst Krawehl: Die letzte Ladung der Lutine. Versuch einer handelsgeschichtlichen Erklärung. 1999. Handschrift. StAHbg: Handschriftenabteilung 731–1, Nr. 2789.

15 [Anonymus:] Einige Anmerkungen zu der Vergleichung unserer Fallitgesetze mit dem englischen Bankrupt-Law des Hrn. Dr. Hasche im 85sten Stück der Hamb. Address-Comtoir-Nachrichten. Hamburg 1802, S. 14.

16 S. Anm. 11. Transkription Jürgen Sielemann.

17 Der Handel mit Stoffen, Juwelen, Gold und Silber, Färbemitteln und Zucker war Juden erlaubt.

18 Aufstellung aus »Falliti Isaac Heyne extrahiert von Johann Daniel Tefes, beybezeygten Buchhalter [beeidigter Buchhalter] bey der Fallit Masse von Isaac Heyne.« StAHbg: 331–2, C 1800 Nr. 0048, Blatt 23.

19 Truppen der russischen Armee marschierten zu jener Zeit über die Alpen in Italien ein.

20 Wie Anm. 6. Blatt 2 u. 3.

21 Vgl. Wirth: Geschichte der Handelskrisen [Anm. 9], S. 110. Allerdings steht auch diese Firma nicht in der Liste der Falliten von 1799. StAHbg: 222–3, A4 Bd. 2. Hier steht die Konkurssumme von 402.030 MBco.

22 Wie Anm. 6. Blatt 12.
23 Wie Anm. 6. Blatt 29.
24 Wie Anm. 6. Blatt 28. Transkription Susanne Koppel.
25 Wie Anm. 6. Blatt 14f.
26 Das J. mag Jacob bedeuten. Dann könnte Joseph Jacob Embden (gest. 1809) sein Bruder gewesen sein. Diese Linie nannte sich später Emden. Der berühmteste Nachkomme war der Gründer des KaDeWe in Berlin, Dr. Max Emden.
27 In dem Brief steht, dass D. B. & C. in Altona ein Büro eröffnet hätte.
28 Ein Fallitenbuchhalter musste das Insolvenzdrama im buchhalterischen Rückwärtsgang aufklären.
29 Wie Anm. 6. Blatt 18 ff. Transkription Susanne Koppel.
30 Später heiratete Isaaks Mutter Mathe Popert den verwitweten Bendix Schiff.
31 Wie Anm. 6. Blatt 31. Transkription Susanne Koppel.
32 Vgl. dazu Vgl. Joseph A. Kruse: Heines Hamburger Zeit. Hamburg 1972, S. 18 ff.; Klaus H. S. Schulte: Das letzte Jahrzehnt von Heines Vater in Düsseldorf. Notariatsurkunden über Samson Heines Geschäfte (1808–1821). – In: HJb 13 (1974), S. 105–131 und Klaus Briegleb: Bei den Wassern Babels. Heinrich Heine, jüdischer Schriftsteller in der Moderne. München 1997, S. 62 ff.
33 Vgl. Hamburgisches Adress-Buch auf das Jahr 1801. Hamburg o. J. [1801], S. 65.
34 Vgl. Hamburgisches Adress-Buch auf das Jahr 1802. Hamburg o. J. [1802], S. 91 und Hamburgisches Adress-Buch auf das Jahr 1803. Hamburg o. J. [1803], S. 77.
35 Vielleicht war es ein Schwesterschiff der Sophia Elisabeth, einer Brigg mit zwei Masten.
36 High: Genealogical data and notes [Anm. 3], S. 192.
37 Persönliche Mitteilung durch Anna Marie Dahlquist (USA).
38 StAHbg: 522–1 jüdische Gemeinden, 273a Bd. 7.

Reden zur Verleihung der Ehrengabe der Heinrich-Heine-Gesellschaft 2012

Grußwort

Von Joseph A. Kruse

Sehr geehrter, lieber Herr Karahasan,
meine Damen und Herren,
liebe Mitglieder der Heinrich-Heine-Gesellschaft,

von ganzem Herzen möchte ich Sie heute Abend hier im Savoy-Theater willkommen heißen. Der verspätete Wintereinbruch hat uns in den vergangenen Wochen bewiesen, dass wir noch längst nicht auf den Wogen eines tröstlichen Frühlings schwimmen, sondern uns durchaus mit Kälte und Frost auseinandersetzen müssen, bevor wir etwa unbehandschuht die romantischen Weisen der Schumannschen »Dichterliebe« oder gar Mendelssohns »Leise zieht durch mein Gemüt« anstimmen können.

Der diesjährige 156. Todestag Heinrich Heines stellt, über das übliche Dichtergedenken und die Erinnerung an die Wiederkehr des Gründungstages der Heine-Gesellschaft seit dem 100. Todesjahr hinaus, einen ganz besonderen Tag für uns dar, weil wieder einmal die unregelmäßig verliehene Ehrengabe damit verknüpft ist. Es handelt sich um deren vierzehnte Verleihung. Natürlich kollidiert der heutige 17. Februar, wie es manchmal aufgrund des wechselnden römischen Kalenders im österlichen Jahreskreis mit Fastenzeit und anschließendem christlichen Hochfest eben geschieht, mit den hohen Tagen des rheinischen Frohsinns und Karnevals bis zum Aschermittwoch.

Aber ist das überhaupt ein so eklatanter Widerspruch zwischen dem Amt des Schriftstellers und den jeweils eigentümlichen, oft bewusst gewechselten Masken wie Kostümen, die zur Literatur gehören, zwischen der poetischen Beobachtung von Narrheiten wie Verrücktheiten, die in Vers und Prosa auf ewig festgehalten werden, und den unablässigen Sinnfragen, auf die es häufig keine Antwort gibt, zwischen dem Lachen des Dichters trotz der oft traurigen Anlässe und seiner, wenn auch unter Tränen, wahrgenommenen Vogelperspektive entgegen jedem verharmlosenden Populismus? Die Literatur hält der Realität den Spiegel vor wie der Hofnarr dem gerade einige Wochen lang regierenden Faschingsvolk.

Mir scheint also, Karneval und Heine, Fastnacht und Dichtung vertragen sich durchaus, auch wenn der Spaß dem ernsten Geschäft etwas hinderlich sein kann. Ohne Witz und Hintersinn keine Vermittlungsform schriftstellerischer Botschaften! Obendrein hätte es beim Todestag und dem Gedenken daran, was die Kollision angeht, leicht noch dicker kommen können. Übermäßige Ausgelassenheit und trauriger Ernst hätten harsch zusammenstoßen und sich überlagern oder gegenseitig auslöschen können. Soweit ist es zum Glück nun doch nicht gekommen. Denn zwischen Altweiberfastnacht und Rosenmontag hätte sich der in Düsseldorf geborene Dichter Heinrich Heine zum Abschluss seiner Pariser Matratzengruft durchaus gut eingerichtet und aufgehoben gefühlt. Der »Mummenschanz«, wie er diesen Tanz zwischen den Ständen und sozialen Schichten in seinem späten Gedicht »Schelm von Bergen« nennt, ist zwar nicht vorüber, aber pausiert im öffentlichen Straßenbild gerade einmal für einige Stunden. Und die wollen wir hier im Savoy-Theater für die Verleihung der Ehrengabe der Heinrich-Heine-Gesellschaft an Dževad Karahasan gerne nutzen. Ihm sei darum vor allem unsere herzlichste Begrüßung zuteil!

Er ist Heine in manchem so ähnlich: als Dramatiker, Erzähler und Essayist, als Schriftsteller mit vielfachen Grenzerfahrungen wie Grenzüberschreitungen, die er obendrein zu unserem Nutz und Frommen auf eindringliche Weise darzustellen versteht. Er ist ein Preisträger nach unserem Herzen, und wir freuen uns, dass er den Preis annimmt und zu uns gekommen ist. Das ist ein Wiedersehen nach vielen Jahren bzw. nach genau einem Jahrzehnt. Denn er hat natürlich längst im Heine-Zusammenhang, nämlich auch im Heinrich-Heine-Institut, dessen Leiterin Frau Dr. Sabine Brenner-Wilczek ich ebenfalls eigens begrüße, in Düsseldorf gelesen und kehrt ins Rheinland diesmal auf besonders persönliche Weise zurück.

Natürlich müssen wir dabei einen leichten Publikumsschwund verkraften. Denn die einen können sich einfach bestimmten Verpflichtungen des Karnevals denn doch nicht entziehen und vermögen, so gern sie auch wollten, nicht an zwei Orten gleichzeitig zu sein, die anderen sind just aus Anlass dieses Wochenendes vor dem närrischen Treiben geflohen, obgleich sie gerne gerade zu dieser Veranstaltung gekommen wären. Aber wir Menschen sind keine Engel, für die verschiedene Räume zur selben Zeit überhaupt kein Problem darstellen. Wir müssen uns mit unseren beschränkten Bedingungen begnügen. Darum möchte ich umso mehr all jene begrüßen und ihnen danken, nämlich allen Anwesenden, die hier erschienen sind! Man spürt, wie eindrucksvoll Sie, meine Damen und Herren, gerade durch Ihre Präsenz unter Beweis stellen, dass gute Literatur unter sämtlichen, auch spaßhaft sperrigen Bedingungen zu leben, ja sich durchzusetzen weiß und dass wir Dževad Karahasan, der ja nicht gerade um die Ecke wohnt, sondern in Sarajevo und Graz, am diesjährigen Todestag Heines unbedingt und mit Bewunderung die Ehre geben wollen, die ihm gebührt.

Weil er in der Reihe unserer Preisträger seit 1965 der erste ist, der nicht aus dem deutschsprachigen, sondern aus einem anderen europäischen, nämlich dem bosnischen Sprachraum stammt, weil er als Muslim in jener Vielvölkerwelt, aus der er kommt, die Stimme des wissenden Gesangs über Morgen- und Abendland eindringlich hören lässt, weil er tragisch-entsetzliche und liebenswürdig-beruhigende Erfahrungen des 20. und 21. Jahrhunderts auf intensivste und gelehrteste Weise mitzuteilen imstande ist, die zeigt, dass aus den alten Menschheitsquellen, wenn ich einmal den hehren Ton beibehalten darf, stets die Nachschöpfung der Schöpfung zu erreichen ist. Nicht zufällig ist er, genau wie der Jude Heine im frühen 19. Jahrhundert, in der zweiten Hälfte des 20. Jahrhunderts Schüler einer Franziskanerschule und weiß wie Heine aus der Bildung von sozialem Gewissen und Religion zugunsten der Verantwortung, die wir zu üben haben, zu schöpfen. Die Heine-Gesellschaft hat schon vor fast zehn Jahren der Frage nach Heines »schönem Islam« nachzuspüren versucht und die Beantwortung der Preisfrage im Heine-Jahrbuch 2004 dokumentiert. Unser diesjähriger Träger der Ehrengabe der Heine-Gesellschaft stellt durch sein Werk unter Beweis, dass die Welt bei aller Verschiedenheit doch eine Einheit bildet, wenn sie nur will.

Dass wir ihn als Preisträger heute Abend begrüßen können, dafür haben wir der bewährten Jury zu danken: Renate Loos, der 2. Vorsitzenden der Heine-Gesellschaft, und Dr. Beatrix Müller aus Düsseldorf, die beide große Kompetenz in der höheren Bildungsarbeit besitzen; Prof. Norbert Waszek, Germanist in Paris und besonderer Kenner des Heine-Umkreises; Prof. Jocelyne Kolb, Komparatistin am Smith College in Northhampton / USA und für die nordamerikanische Heine Society zuständig, sowie Thomas Geiger vom Literarischen Colloquium in Berlin, dessen fundierter Kenntnis so manche hervorragende Entscheidung der Heine-Gesellschaft und darüber hinaus zu verdanken ist. Ich freue mich, dass ein Teil der Jury heute Abend dabei sein kann und begrüße alle sehr herzlich.

Besonders begrüßen möchte ich schließlich den Laudator, Herrn Professor Lothar Müller, Literaturkritiker und Feuilletonredakteur bei der »Süddeutschen Zeitung« mit Sitz in Berlin, der sich auf dem Felde der literarischen Gesellschaften besonders gut auskennt. Ich darf ihm bereits jetzt dafür danken, dass er uns das Werk Dževad Karahasans näher bringen wird. Er hat sich übrigens unter anderem mit Karl Philipp Moritz auseinandergesetzt, der wie Heine, nur früher, schon seinen geistigen und von Heine bewunderten Beitrag zur autobiographischen Literatur geleistet hat. Mit Heine im Rücken könnte man also auf solche Weise tatsächlich auf den Gedanken verfallen, die hiesige Altstadt, aus der der Vielleser Heine stammt, sei, Karneval hin oder her, doch so etwas wie der Nabel einer ernst zu nehmenden literarischen Welt.

Schließlich sei mir gestattet, mich noch einmal an Herrn Karahasan zu wenden und ihm für manch wunderbare Leseeindrücke zu danken. Er webt am Teppich der Geschichten von Tausendundeiner Nacht weiter, von dem sich, wie wir wissen, Heine bereits verzaubert fühlte. Ihm sind die Geheimnisse von Wüste und Garten vertraut wie sonst kaum einem, und er beschreibt dadurch unsere Sehnsüchte wie deren Ankunft in einer ortlosen, aber dennoch zuverlässigen Heimat. Doch für uns deutsche Leser ist er nur verständlich durch die hervorragenden Übersetzungen, für die wir insonderheit Katharina Wolf-Grießhaber dankbar sind, die ich herzlich begrüßen möchte. Und was wären die Manuskripte ohne einen Verlag! Auch Frau Friederike Jacob sei als Lektorin aus dem Suhrkamp-Verlag in Berlin willkommen geheißen.

Ich darf Herrn Karahasan also in unser aller Namen zur Ehrengabe gratulieren, die ihrerseits von jenem Bildhauer stammt, der Heine nicht nur in Düsseldorf durch sein Denk- und Fragemal am Schwanenmarkt seit 1981, also zum 125. Todestag, bewusster und bekannter gemacht hat, sondern der auch jüngst die Büste Heines für die Walhalla bei Regensburg geschaffen hat, womit Heine gewissermaßen seine Rückkehr bzw. Ankunft, wenn auch nicht ohne eine gewisse Ironie der Geschichte, in der deutschen Erinnerungskultur endlich besiegelt hat. Ich spreche von Bert Gerresheim, der unseren Dank und jede Anerkennung im Reigen der Heine-Wirkung verdient und den ich herzlich unter uns begrüße. Seine versilberte Bronzearbeit »Die Schere der Zensur« symbolisiert die wahrhaft schwierige Aufgabe des Schriftstellers insgesamt. Herr Karahasan kann sicherlich ebenfalls ein Lied davon singen. Ich hoffe, dass ihn die schöne Ehrengabe immer auch an diesen Tag der harmonischen Lobreden erinnert und dass ihm unsere Begründung gefällt. Der Text der Urkunde, den ich gern auch hier schon einflechte und dann bei der nachher erfolgenden Überreichung der Ehrengabe wiederholen werde, lautet:

> Die Heinrich-Heine-Gesellschaft verleiht ihre Ehrengabe an den bosnischen Schriftsteller Dževad Karahasan. Er schöpft ganz im heineschen Sinne als »Künstler, Tribun und Apostel« aus dem Wissen der Menschheitsgeschichte samt ihren Höhen und Tiefen. Mit unablässigem und souveränem poetischen Charme überwindet er die Grenzen von Ländern, Zeiten, Kulturen und Religionen, zumal im muslimisch-christlichen Kontext. Als Dramatiker,

Erzähler und Essayist trägt er nachhaltig zur inneren wie äußeren Befreiung aus der Unterdrückung bei und hilft durch sein Werk, humane Bedingungen zu schaffen.

Von einprägsamen Wiederholungen lebt geradezu Heines Gedicht »Der Asra« aus dem »Romanzero«, das zum bosnischen Volkslied geworden ist und das in drei verschiedenen Fassungen diesen Abend musikalisch begleitet. In den Zeilen von »Täglich ging die wunderschöne / Sultanstochter auf und nieder«, bis zum Geständnis, dass ihr stets bleicher werdender Sklave dem Stamme jener Asra angehört, »Welche sterben, wenn sie lieben«, wird menschlichste Anteilnahme, ja tragische Erfüllung greifbar, eben das, was unser Leben immer ausmacht.

Herzlichen Dank für Ihre Aufmerksamkeit.

Der abwesende Zeitzeuge
Laudatio auf Dževad Karahasan

Von Lothar Müller

In Heinrich Heines »Romanzero« findet sich im Zyklus »Historien«, in der Nachbarschaft von Richard Löwenherz, der aus der österreichischen Haft zurückkehrt, und des letzten Maurenkönigs, der 1492 den Abschiedsblick auf seine von den Christen eroberte Residenz Granada wirft, das Gedicht »Der Asra«:

> Täglich ging die wunderschöne
> Sultanstochter auf und nieder
> Um die Abendzeit am Springbrunn,
> Wo die weißen Wasser plätschern.
>
> Täglich stand der junge Sklave
> Um die Abendzeit am Springbrunn,
> Wo die weißen Wasser plätschern;
> Täglich ward er bleich und bleicher.
>
> Eines Abends trat die Fürstin
> Auf ihn zu mit raschen Worten:
> »Deinen Namen will ich wissen,
> Deine Heimat, deine Sippschaft!«
>
> Und der Sklave sprach: »Ich heiße
> Mohamet, ich bin aus Yemmen,
> Und mein Stamm sind jene Asra,
> Welche sterben, wenn sie lieben.«

In Frankreich, in Stendhals »De l'Amour«, hat Heinrich Heine die arabische Quelle gefunden, aus der er schöpfte. In Südosteuropa wurde sein Gedicht zum Lied. Dževad Karahasan hat es von einem Patienten gehört, als er während der Kriegsmonate in einem Krankenhaus aushalf. So erzählt er es in seinem »Tagebuch der Aussiedlung« von 1993. Der Kranke glaubte ein bosnisches Volkslied zu singen, denn, so fährt Karahasan fort, »es gibt viele solcher Lieder, die – in Wien auf Verse deutscher oder österreichischer Dichter komponiert – mit der österreichischen Verwaltung zusammen nach Bosnien kamen. Sie wurden als

›österreichische Sevdalinkas‹ angenommen, und noch heute werden sie von den bosnischen Menschen gesungen, die sie lieben und die glauben, dass diese Gedichte etwas von ihnen und ihrem Weltverständnis aussagen. Die Bosnier wissen, dass es sich um keine Originale, um keine »echten Sevdalinkas« handelt, aber sie lieben sie, singen sie und sehen sie als ihre Lieder an. Das sind sie auch unbestritten, denn sie gehören zu Bosnien, sie sind ein Bild des Bosnien, wie ich es habe, so wie mein Bild die Vorstellung eines anderen Menschen von mir ist, mein Bild in seinen Augen.«

Dževad Karahasan ist 1953 als Kind einer muslimischen Familie in Duvno geboren, in Jugoslawien, einem Staat, den es nicht mehr gibt, in einer alten, in römischen Quellen auffindbaren Stadt, die ihren Namen gewechselt hat und jetzt, wie schon zwischen 1925 und 1945, nach dem mittelalterlichen ersten kroatischen König Tomislav heißt und von der ein aktuelles Lexikon weiß: »Es leben Wölfe, Schlangen und Bären in den Bergen rund um die Stadt. Tomislavgrad hat eine hohe Auswanderungsrate«. Leicht ließe sich aus dieser Herkunft Karahasans aus einem zerfallenen, in Kriegen untergegangenen Staat der Steckbrief eines Zeitzeugen herausschreiben. Eines Zeitzeugen, in dessen Wohnung in Sarajevo, wo er als Dozent an der Universität Dramaturgie lehrt, im Sommer 1992 ein Granatsplitter im Bücherschrank einschlägt und Faulkners Erzählungen ebenso halbiert wie Nadeshda Mandelstams »Furcht und Hoffnung« und eine alte, in einem Antiquariat in Zagreb erstandene Ausgabe von Kellers »Grünem Heinrich«, dessen mehrere tausend Bände umfassende Bibliothek von einquartierten Neubewohnern größtenteils verheizt wird, nachdem er im Februar 1993 die Stadt verlassen hat und in Graz Dramaturgie lehrt und seine Theaterstücke, Essays und Romane schreibt, dort Stadtschreiber wird, der nach Kriegsende immer wieder nach Sarajevo zurückkehrt, eine bipolare Existenz führt, mal zwischen Graz und Sarajevo pendelt, mal zwischen Sarajevo und Berlin, wo er im November 2009 an der Humboldt-Universität seine Antrittsvorlesung als Inhaber der Siegfried-Unseld-Professur über Anton Tschechow als Komödienschreiber hält. Es wäre aber mit diesem Steckbrief des Zeitzeugen Dževad Karahasan, der den Zerfall der Nachkriegsordnung, in der er aufwuchs, erlebte, der gleichnamige Autor zwar ins Spiel gebracht, aber noch nicht recht ins Licht gestellt. Denn wenn ich in einem Satz sagen müsste, wofür ich Dževad Karahasan loben will, so wäre es dieser: dafür, dass sein Werk uns ein gültiges Bild des historischen Ortes gibt, aus dessen Erfahrung es herausgewachsen ist, dass es aber aus der Weigerung entstanden ist, sich von der Zeitgeschichte seine Sprache und Poetik diktieren zu lassen. Meine Laudatio besteht daher aus nichts anderem als dem Versuch, den Titel zu erläutern, den ich ihr gegeben habe: Der abwesende Zeitzeuge.

Der russische Literaturwissenschaftler Michail Bachtin hat in den 1930er Jahren in seinen Abhandlungen über die »Formen der Zeit im Roman« die Verschränkung von Zeit- und Raumerfahrung in der Literatur untersucht und dabei den Begriff des »Chronotopos« entwickelt, den wir mit »Raumzeit« übersetzen können. Dževad Karahasan hat in seinem jüngsten Essayband »Die Schatten der Städte« (2010) Bachtins Konzept in der Interpretation antiker und moderner Dramen und der erzählenden Literatur vom griechischen Roman bis zu Kafka fortgeschrieben. Kern dieser Fortschreibung ist der Gedanke: Nicht nur durch seinen Stil und seine Sprache wird ein Autor zu dem Autor, der er ist, sondern auch durch seine Art und Weise der Darstellung von Zeit und Raum. Angeregt durch ihn selbst will ich im folgenden das Loblied Karahasans singen, indem ich die Verschränkung von Raum- und Zeiterfahrung in seinen Romanen und Essays und ihre drei Grundelemente nachzeichne: die Stadt, das Haus und den Garten.

Die Stadt hat einen Namen: Sarajevo. Sie ist die Hauptfigur in Karahasans »Tagebuch der Aussiedlung« (1993). Es geht darin nur am Rande um die Aussiedlung des Autors aus dem von der Jugoslawischen Volksarmee belagerten, von serbischen Heckenschützen beschossenen Sarajevo. Es geht vor allem um die Aussiedlung und Übersiedlung der Stadt selber: aus ihrer zerstörten Realität in die Welt der Wörter. Es geht um ihre Verwandlung in das Nachbild ihrer selbst.

Zu diesem Bild gehört ihre Einbettung in die Landschaft, das Verhältnis des Talbeckens zu den Bergen und Abhängen, von denen sie umschlossen wird, das Verhältnis des Geschäftszentrums zu den Wohnvierteln, den mahale, an den Hängen. Und ihre Einbettung in die Geschichte: dass sie schon bei ihrer Gründung im 15. Jahrhundert Menschen versammelte, die drei monotheistischen Religionsgemeinschaften angehörten – der islamischen, der katholischen und der orthodoxen –, und sehr viel mehr Sprachgemeinschaften, und dass ein halbes Jahrhundert später, nachdem 1492 die aus Spanien vertriebenen Juden als Vertreter der vierten monotheistischen Religion hinzukamen, und dann nach den sephardischen Juden die aschkenasischen aus dem Norden zuwanderten. In Karahasans Stadtbild von Sarajevo überspannt eine feste, unzerstörbare Brücke die Epoche zwischen 1492 und dem Jahr 1992, in dem kurz nachdem die Juden von Sarajevo die 500-Jahrfeier ihrer Ankunft in der Stadt begingen, der Krieg und mit ihm ein neuer Exodus begann. Die Grußformel der Juden – »Nächstes Jahr in Jerusalem!« – und damit die Verknüpfung von Rückkehrversprechen und Erinnerung an die Zerstörung (bei den Juden war es die Zerstörung des Tempels in Jerusalem) hat Karahasan in sein »Tagebuch der Aussiedlung« übernommen: »Nächstes Jahr in Sarajevo«. Die Verwandlung Sarajevos in einen eingeschlossenen Kriegsschauplatz und Objekt der Zerstörung ist in Karahasans Roman »Sara und Serafina« festgehalten. Die Formel »Nächstes Jahr in Sarajevo« gilt dem Mikrokosmos Sarajevo: »Wie das Aleph von Borges alles in sich trägt, was war, was wird und was je sein kann, so birgt Sarajevo alles in sich, worin die Welt westlich von Indien sich konstituiert.«

Zu den Schlüsseltexten in Karahasans Werk gehört die Erzählung »Ein Brief aus dem Jahre 1920« von Ivo Andrić. In seiner eigenen Erzählung »Briefe aus dem Jahr 1993« hat Karahasan diesen Brief und die Figur, die ihn schreibt, zu einem Bestandteil seines eigenen Werks gemacht. Die entscheidende Passage lautet so:

> Schwer und sicher schlägt die Uhr an der katholischen Kathedrale: zwei nach Mitternacht. Es vergeht mehr als eine Minute (ich habe genau 75 Sekunden gezählt), und erst dann meldet sich, etwas schwächer, aber mit einem durchdringenden Laut die Stimme der orthodoxen Kirche, die nun auch ihre zweite Stunde schlägt. Etwas später schlägt mit einer heiseren und fernen Stimme die Uhr am Turm der Beg-Moschee, sie schlägt elf Uhr und zeigt elf gespenstische türkische Stunden an nach einer seltsamen Zeitrechnung ferner, fremder Gegenden. Die Juden haben keine Uhr, die schlägt, und Gott allein weiß, wie spät es bei ihnen ist, wie spät nach der Zeitrechnung der Sepharden und nach derjenigen der Aschkenasen. So lebt auch noch nachts, wenn alle schlafen, der Unterschied fort, im Zählen der verlorenen Stunden dieser späten Zeit. Der Unterschied, der alle diese schlafenden Menschen trennt, die im Wachen sich freuen und traurig sind, Gäste empfangen und nach vier verschiedenen, untereinander uneinigen Kalendern fasten und alle ihre Wünsche und Gebete nach vier verschiedenen Liturgien zum Himmel senden. Und dieser Unterschied, der manchmal sichtbar und offen ist, manchmal unsichtbar und heimtückisch, ist immer dem Hass ähnlich, sehr oft aber mit ihm identisch.

Berühmt ist diese Passage, weil sie auf den Hass zuläuft. Und charakteristisch für Dževad Karahasan ist, wie sie in seinem Werk ein Echo findet. Zum einen, indem er sie als Figurenrede des vom Ersten Weltkrieg desillusionierten Arztes Max Loewenfeld durchsichtig macht, der bei Andrić den Brief schreibt. So entzieht Karahasan Ivo Andrić allen Lektüren, die ihn zum Apologeten der Unvermeidlichkeit und Alternativlosigkeit des Hasses in Bosnien machen. Zum zweiten dadurch, dass er in seinem eigenen Werk die dramatische Spannung zwischen den Stadtvierteln, den mahale, zum Grundgesetz Sarajevos macht, und zwar so, dass zwischen dem muslimischen Vratnik, dem katholischen Latinluk, dem orthodoxen Taslihan und dem jüdischen Bjelave zwar die Option des Hasses möglich, zugleich aber das Miteinanderauskommenmüssen ebenso unvermeidlich ist wie die Kultivierung der eigenen Besonderheit.

»Mein Bild in seinen Augen«, das war die Formel, mit der Karahasan das Lied nach Heinrich Heines »Asra«, die »österreichische Sevdalinka« in sein Bosnien hineinholte, statt es als Ausgeburt des westlichen Orientalismus und Begleitmusik der österreichischen Okkupation zu brandmarken. Und das gleiche gilt für das architektonische Äquivalent zur »österreichischen Sevdalinka«, den orientalisierenden Baustil, den sich die österreichische Verwaltung für Bosnien ausdachte. Auf eine Himmelsrichtung ist dieses Modell der Übersiedlung von Kulturformen in Bosnien, wie Karahasan es entwirft, nicht beschränkt. Zum Mikrokosmos der Welt »westlich von Indien« wird sein Sarajevo dadurch, dass es von einem vierten Vielvölkerstaat neben dem im Ersten Weltkrieg zerfallenden Habsburg, dem Königreich Jugoslawien und dem nach 1989 zerfallenden sozialistischen Jugoslawien geprägt ist: dem Osmanischen Reich. Über die osmanische Schicht der Stadt finden seit dem »Östlichen Diwan« von 1993 die persisch-arabische Erzähltradition ebenso wie die mystische Tradition des Islam in Gestalt von Wiedergängern Eingang in das Werk Karahasans. Die Techniken der Verschachtelung und Einbettung von Geschichten in tief gestaffelte Rahmenerzählungen prägen gerade den Roman, dessen Manuskript während der Belagerung Sarajevos zu wachsen begann, »Schahrijârs Ring«. Auf den ersten Blick hat das gewisse Ähnlichkeiten mit erzählerischen Konstruktionen, für die irgendwann in den 1980er Jahren in Amerika und Westeuropa der Begriff »postmodern« aufkam. In meinen Augen ist dieser Begriff den Listen des Erzählers Karahasan nicht recht gewachsen. Denn sie dienen weniger der Selbstreflexion und Komplizierung des Erzählens als dem Ziel, durch unablässige Erneuerung aller hier ansässigen Traditionen Sarajevo und Bosnien in eine möglichst sichere poetische Ordnung zu überführen.

Und noch etwas kommt hinzu. Grundelement in Karahasans Werk ist die Stadt nicht nur, weil dieses Werk von der Erfahrung Sarajevos geprägt ist, sondern weil Karahasan die Stadt generell als Bedingung der Möglichkeit seines Erzählens, des Erzählens in Prosa begreift. »Die Erzählprosa«, schreibt er in einem seiner jüngsten Essays, »ist unverbrüchlich mit der Stadt verbunden, sowohl historisch, in ihrer Entstehung, als auch technisch durch die Bedingungen, die für die Existenz und das normale Leben aller Erzählliteratur unumgänglich sind.« Die Stadt befördert und befeuert das Erzählen, weil sie die Begegnung einander Fremder wahrscheinlich macht und den Monolog erschwert. Dieser Gedanke gehört zu den Grundeinsichten des Dramaturgen wie des Prosaautors Karahasan. In seinen Romanen macht er gern die Monologisierer zu komischen Figuren und lässt in seinen Essays keinen Zweifel daran, dass er René Descartes zu den Monologisierern rechnet: »Nicht, daß du denkst, ist Beweis deiner Existenz, wie ein kluger Herr einst meinte. Den Beweis, daß du wirklich existierst, liefert dir die Tatsache, daß jemand anderer an dich denkt.«

Der Essayist Karahasan ist übrigens nicht nur in seinen Essays anzutreffen. Er begegnet auch in seinen Romanen häufig, tritt unversehens in sie ein wie durch eine Tapetentür und spricht nicht selten durch eine der Figuren. Man muss diesen Essayisten eigens loben, und zwar nicht nur wegen des Gedankenreichtums, mit dem er über das Zusammenlegen der Handflächen beim Beten, über das verborgene Dilemma des Judas, die Bedeutung von Barbieren für heranwachsende Jungen oder über die Universalisten und Virtuosen des Reparierens räsoniert. Sondern zugleich und vor allem wegen seiner Neigung, ein wichtiges Element der Erzählkunst Karahasans zur Geltung zu bringen: den Humor.

Der Raum ist in Karahasans Erzählkunst durch die Unvermeidlichkeit von Begegnungen bestimmt. Das gilt nicht nur für das Raumgebilde Stadt, es gilt auch für das nächstkleinere Raumgebilde, das Haus. Mehrfach hat Karahasan die Spannung zwischen Innen und Außen, von der es geprägt ist, physiognomisch beschrieben, im Blick auf die der Straße zugewandte Fassade und die dem Hang zugewandte Rückseite des bosnischen Hauses, im Blick auf die Veranda als Schwellen- und Übergangsraum, und im Blick auf den Hof und das Hoftor, die einen Raum bilden, der halb privat, halb öffentlich ist. In dem Essayband »Berichte aus der dunklen Welt« (2007) ist eine Seite dem Gedenken an die Höfe gewidmet, die nach dem letzten Krieg beim Wiederaufbau der Altstadt in Sarajevo verschwunden sind. Ich übertreibe kaum, wenn ich behaupte, bei Karahasan seien die Häuser und Wohnungen in so starkem Maße präsent, dass sie zu den Figuren seiner Romane zu gehören scheinen. Und ich kann mich des Eindrucks nicht erwehren, dass alle diese Häuser und Wohnungen nicht nur eine Adresse tragen, sondern auch eine historische Signatur. Sie sind nicht nur die Schauplätze von Aussiedlung und Übersiedlung, Aufbruch ins Exil und Rückkehr, sie sind wie im Kriminalroman zugleich aussagekräftige Zeugen dessen, was geschieht. Etwa, wenn sie die Räume bereitstellen, die im Roman »Sara und Serafina« die frisch angekommenen »Koffermenschen« der österreichischen Verwaltung beziehen, provisorisch, stets auf Abruf und ohne die Sprache ihrer Nachbarn zu verstehen, oder wenn zu Beginn des Romans »Schahrijârs Ring« Faruk eine witzig-polemische Suada gegen das moderne, aus Spanholz und Schrauben gefertigte Mobiliar richtet, das der verstorbene Onkel Ibrahim aus Deutschland mitgebracht hat. Dem Provisorischen von Wohnungen, aus denen man leicht ausziehen kann, stehen bei Karahasan die Häuser als poetische Immobilien gegenüber. Ihre Unbeweglichkeit wird von den genealogischen Ketten gesichert, die sie beherbergen. Ich weiß nicht, ob es im Bosnischen eine Entsprechung für die Neigung des deutschen Volksmundes gibt, Haus und Person ineins zu setzen, einen Freund mit »na, altes Haus, wie geht's?« zu begrüßen oder von einem Nachbarn zu sagen, in seinem Oberstübchen sei nicht alles in Ordnung.

Aber ich weiß, dass es Dževad Karahasan in seinem Roman »Der nächtliche Rat« gelungen ist, ein traditionsreiches europäisches Genre, die Erzählung vom Vorabend eines Krieges, vollkommen mit dem Motiv der Rückkehr eines in die Fremde gegangenen Sohnes in das Haus seiner Eltern und Herkunftsfamilie zu verschmelzen. Der Roman spielt Ende August 1991 in Berlin und der bosnischen Kleinstadt Foca, und nicht nur die Toten, die er im Verlauf seiner Handlung produziert und die allen Nationalitäten Bosniens entstammen, sind Vorboten des kommenden Krieges und der Massaker an den Muslimen, sondern auch die Toten, die in den an das Haus gebundenen genealogischen Ketten vergangenen Gewaltausbrüchen zum Opfer fielen. Es können aber bei Karahasan wegen der Lebendigkeit, die sich in ihren Geräuschen, ihren sich plötzlich öffnenden Kellertüren und ihrem Geruch ausdrückt, auch die Häuser selbst zu Toten werden, zu zerstörten Häusern, Ruinen. Es gibt im Roman »Schahrijârs Ring« als Kindheitserinnerung den Typ Ruine, bei dem ein von seiner Familie verlassenes Haus in die Natur zurücksinkt und zum Abenteuerspielplatz wird. In Karahasans Essay zur »Poetik der Ruine« gibt es zudem die Ruine des Orientalischen Institutes, das gleich nach Kriegsbeginn 1992 von Granaten in Brand gesetzt wurde. In beiden Typen von Ruinen liest Karahasan wie in einem Buch, aus den Resten des Hauses der Familie rekonstruiert er deren privaten Roman, aus der Ruine des Orientalischen Instituts die kulturellen Strukturen der Gesellschaft, in der es gebaut und genutzt wurde, die Vorstellungen Österreich-Ungarns von seiner Anwesenheit in Sarajevo, die Vorstellungen darüber, wie Büroarbeit zu organisieren und wie ein repräsentatives Gebäude auszusehen habe. Noch einen dritten Typ von Ruine findet Karahasan: die aus Gebäuden aus Stahl und Glas hervorgegangene, von der nichts bleibt als »eine grotesk deformierte Stahlkonstruktion und viel schwarze Masse«. In ihr sieht er den »Abgang in das pure Nichts«, das Verschwinden in der puren, von der Vergangenheit abgetrennten Gegenwart. Dieser Ruinentypus repräsentiert den äußersten Schrecken in Karahasans Welt, das Zugleich von Zerstörung eines Raumgebildes und Vernichtung seiner Vergangenheit. Ihm ist, anders als den beiden anderen Typen, der Übergang verwehrt, an dem aus der Ruinenlandschaft eine Gartenlandschaft wird.

Damit bin ich beim dritten elementaren Raumgebilde im Werk Karahasans: dem Garten. Und wieder beim Anfang angelangt, beim Schauplatz von Heinrich Heines »Asra«-Gedicht, dem orientalischen Garten. Denn wenn Karahasan, nicht nur in der Essaysammlung »Das Buch der Gärten. Grenzgänge zwischen Islam und Christentum« (2002), immer wieder auf den Garten zurückkommt, dann zwar auch deshalb, weil im Islam wie im Christentum der irdische Garten ein Schatten – und das radikal von ihm getrennte Gegenüber – des Paradieses ist. Sondern vor allem, weil der Garten dasjenige Raumgebilde ist, an das er seine Selbstauslegung als Muslim und seine Auslegung und Aneignung der orientalischen Erzählkunst gebunden hat, die bei seinem türkischen Generationsgenossen Orhan Pamuk erkennbar nicht ohne Wirkung geblieben ist. Wir müssten hier noch lange zusammenbleiben, wenn ich Ihnen Karahasans Bild des Gartens in allen seinen

Facetten erläutern würde: wie er ihn in seiner »Tausendundeine Nacht«-Lektüre als abgeschlossenen intimen Raum deutet, der aber zugleich – wie die Stadt und der Markt – unerwartete Begegnungen ermöglicht; wie er dem Christentum, das derselben Weltgegend entstammt wie der Islam, als Raum der Wunder und Versuchung die Wüste zuordnet, dem Islam aber den Garten; wie er den Metaphern nachgeht, die in der islamischen Kultur die Frau zum Garten machen; wie er die Friedhöfe der Muslime als Gärten schildert und schließlich in einem um der Bewahrung und Erinnerung willen entworfenen Landschaftsbild den Park von Sarajevo als Projektionsfläche der Stadt darstellt, in der sich zugleich ihre historische Tiefe und die Polaritäten ihrer Gegenwart spiegeln.

> Der flache Teil des Parks entspricht dem Garten in der europäischen Tradition, dem Markt und Bazar in der islamischen oder der Agora, dem Markt in der antiken Kultur – es ist ein rein sozialer Raum, in dem eine Gemeinschaft sich selbst und ihre Beziehungen immer aufs neue erkennt. Der obere Teil, der höhere und scheinbar verwahrloste, der mehr einem muslimischen Friedhof als einem Park im mitteleuropäischen Sinne gleicht, entspricht dem, was in der katholischen Tradition die Wüste und in der islamischen Tradition der Garten darstellt – ein Raum, in dem Wunder eine reale Seinsweise und deshalb nicht nur möglich, sondern auch wahrscheinlich sind.

Wo aber ist im orientalischen Garten, wo ist im Park von Sarajevo und im alten Haus am Vorabend des Krieges der Erzähler? Er ist abwesend und anwesend zugleich, genauer: Er erzählt als Abwesender. Im Essayband »Die Schatten der Städte« hat Karahasan diese paradoxe Position durch eine Lektüre des platonischen Dialogs »Phaidon« erläutert. Platon, der diesen Dialog schreibt, legt gleich zu Beginn Phaidon bei der Aufzählung derer, die beim Tod des Sokrates anwesend waren, den Satz in den Mund: »Platon aber, glaube ich, war krank.«

Mit diesem Satz, so Karahasan in seiner brillanten Interpretation, will Plato nicht so sehr eine Aussage über seine empirische Anwesenheit oder Abwesenheit treffen als vielmehr den Status und Anspruch dessen definieren, was er erzählt. Die Form des Erzählens soll der Behauptung entsprechen, der Autor habe nicht als unmittelbarer Augen- und Ohrenzeuge an dem Geschehen teilgenommen, von dem er erzählt. Angestrebt ist eine Form, die den Ton »hoch artikulierter Ruhe« erlaubt und zugleich dem Humor, dem Komischen und Lächerlichen sein Recht lässt, eine Form, die es erlaubt, aus der Zeitzeugenschaft auszusiedeln und doch die Welt, Sarajevo und Bosnien so darzustellen, wie der Autor sie erfahren, erinnert, erforscht hat. Mit der Auslöschung seiner Subjektivität ist diese Aussiedlung gerade nicht verbunden, im Gegenteil. Der nach dem Modell des abwesenden Plato schreibende Autor hat sich in die Unsichtbarkeit zurückgezogen, bleibt aber im Rhythmus seiner Sätze, in den Bildern der Stadt, des Hauses, des

Gartens anwesend. Dževad Karahasan lesen heißt, ihm in seiner Welt begegnen. Lieber Dževad, herzlichen Glückwunsch zur Ehrengabe der Heinrich-Heine-Gesellschaft!

Emigrieren ins Leben

Von Dževad Karahasan

Zuerst ein Geständnis: ich bin eine ziemlich unglückliche Natur, weil es mir nicht gelingt, meine Widersprüche zu überwinden. Ich liebe zum Beispiel die Aufklärung oder den Rationalismus, aber ebenso sehr liebe ich die Romantik, gerade als Auflehnung gegen die Diktatur der Rationalität. Auch heute ist wirklich gute Literatur für mich diejenige, die Humor und Weisheit, Distanz und Verständnis in sich vereint, also D. Diderot und G. E. Lessing, zwei Aufklärer, die ich immer wieder von neuem lese. Gleichzeitig sind für mich sowohl die Literatur als auch die Welt undenkbar ohne H. von Kleist, E.T.A. Hoffmann, G. Büchner, drei Autoren, die deutlich zeigen, dass zwischen Himmel und Erde am unwichtigsten ist, was wir rational erkennen können.

Lange habe ich mir diese Liebe zu unvereinbaren Dingen vorgeworfen und ihretwegen ein tiefes Unbehagen verspürt. Ich habe mich gefragt, ob es nur ein Mangel an intellektueller Ernsthaftigkeit oder ob es charakterlos sei, zwei gegensätzliche Welt- und Menschenanschauungen gleichermaßen zu lieben, die Auflehnung des Romantikers gegen den Rationalismus und den aufklärerischen Rationalismus für gleichermaßen richtig zu halten. Was bin ich für ein Mensch, habe ich mich gefragt, und was kann ich über Literatur wissen, wenn für mich die klassische Poetik der Aufklärung (bestimmt durch die Begriffe integritas, consonantia, claritas) und die romantische Poetik der Auflehnung (bestimmt durch die Begriffe expressio, personalitas, profunditas) gleichermaßen treffend und gleichermaßen überzeugend sind. Ich habe mir vorgeworfen, dass ich nicht einmal mich selbst ernstnehmen kann, solange das so ist, und habe dabei voller Panik geahnt, dass es so bleibt, solange ich lebe. Eine gewisse Tröstung und Hoffnung, dass ich mich vielleicht doch akzeptieren würde, gab mir Heinrich Heine, den ich kurz nach meinem zwanzigsten Lebensjahr las. Ein Romantiker, der sich bemüht, klar zu sein, und das oft bis zum Schmerz ist, zugleich ein Fortführer der aufklärerischen Tradition, der geistreich über den vulgären Rationalismus spottet. Auch jetzt empfinde ich Genuss, wenn ich mich an seine Verwunderung über Leute erinnere, die einen toten Schmetterling auf ein Blatt Papier stechen, um ihn zu studieren. Als könnte etwas ein Schmetterling sein, was des Fliegens beraubt ist, wundert sich Heine. Wenn Heine gegensätzliche

Dževad Karahasan bei der Verleihung der Ehrengabe der Heinrich-Heine-Gesellschaft
am 17. Februar 2012 im Savoy-Theater, Düsseldorf
Foto: Maria von Ettingshausen

Poetiken und »unvereinbare« Welt- und Menschenanschauungen schreibend in seinem Text miteinander vereinbaren konnte, würde wohl auch ich einen Weg finden, sie lesend in meinem Genuss zu vereinbaren. So habe ich mich eine Zeitlang getröstet und bin dann in die Jahre gekommen, in denen sich der Mensch damit abfindet, dass er sich nicht akzeptieren kann, wie immer er auch ist.

Kurz danach hat mir Heine ein weiteres Mal geholfen, zwar nicht, mich zu akzeptieren, aber mein Schicksal zu ertragen. Dieses Mal hat er nämlich nicht als Schriftsteller zu mir gesprochen, sondern als Emigrant. Er ist aus Deutschland fortgegangen, um es zu verstehen und objektiv darüber zu sprechen, d. h. zu schreiben. Dabei verliert er Deutschland keineswegs, nicht nur deshalb, weil er sein »inneres Deutschland«, wie die Romantiker sagen würden, überallhin mitnimmt, das wäre, fürchte ich, doch zu wenig für ein treffendes und objektives Sprechen. Durch die Emigration, das Weggehen von Zuhause erhält er die Möglichkeit, über Deutschland objektiv zu sprechen und zu denken, sich der Tatsache bewusst, dass objektiv nur der Blick ist, der die Innen- und die Außenperspektive vereint. Denken ist im übrigen exitus und reditus, wie die Lehrer des Mittelalters sagten, zuerst das Hinausgehen aus sich selbst und dann die Rückkehr in sich selbst, die Sicht nach außen, dann die Sicht nach innen. Das Denken sucht Wege und Möglichkeiten, das Innere und das Äußere, das Wissen, mit dem der Mensch auf die Welt kommt, und jenes, das er erwirbt, wenn er aus sich selbst in die äußere, materielle Welt hinausgeht, miteinander in Einklang zu bringen. Mit dem Weggang verliert Heine Deutschland nicht, vielmehr erwirbt er die Möglichkeit, objektiv darüber zu denken, weil er jetzt, aus der Emigration, dem Blick von innen, den er bis dahin gehabt hat, den Blick von außen hinzufügt, dem Wissen, das er als selbstverständlich angesehen und deshalb nicht überprüft hat, das Wissen, das man nur durch Betrachten aus der Distanz erwerben kann, hinzufügt.

Damit musste er freilich sein pathetisches Wesen zumindest ein wenig verunsichern, wie jeder Emigrant. Solange er zu Hause war, hatte er einen Schicksalsort, aber nun, als Emigrant, hat er zwei Orte, an denen er nicht zu Hause ist und nicht sein kann. Zu Hause verfügte er über Wissen, das ganz seins und nur seins war, weil er es vorausgesetzt hat, aber nun, als Emigrant, objektiviert er sein Wissen und öffnet es so gegenüber anderen. Das heißt, er verliert sein tiefstes Wissen, sagen wir, das Empfinden seiner Heimat, seines Schicksalsortes oder wie wir es nennen sollen, als etwas wesentlich ihm gehörendes, entfremdet es sich und öffnet und offenbart sich darüber anderen. Und damit »verliert« er, der Emigrant, »seine Unschuld«, kostet er vom Baum der Erkenntnis, würden die Theologen sagen, damit siedelt er das existentielle Unbehagen in sich an, das ein Mensch empfinden muss, der zum Zeugen geworden ist und zum Gegenstand des

Zeugens anderer Zeugen, der nach außen gelangt ist, erfahren hat, was man sonst voraussetzt, oder wie wir das schon nennen können, was mit uns geschieht, wenn wir angefangen haben, das zu objektivieren, was »natürliche Wesen« niemals erkennen. So wie wir unsere Niere nicht erkennen, wenn sie nicht entzündet ist und keinen Stein hat.

Die Erinnerung an die Genesis geschieht mit voller Absicht, denn mit dem Gang in die Emigration wiederholt der Mensch einen Archetyp, nämlich das Ereignis, durch welches alle monotheistischen Religionen geboren werden. Das ist der anfängliche, fundamentale, grundlegende, archetypische Akt des Auszugs, des Exodus, der Hedschra, dem der Akt des Auszugs bzw. der Vertreibung aus dem Paradies vorausgegangen ist, aus dem wir gerade deshalb vertrieben worden sind, weil wir angefangen haben, das Wissen, das wir als natürliche Wesen als selbstverständlich ansehen sollten, sagen wir, das Wissen über unseren Körper, zu objektivieren. Sie haben angefangen, das Wissen über ihren Körper in dem Moment zu objektivieren, als sie erkannt haben, dass sie nackt sind, und das haben sie begriffen, als sie vom Baum der Erkenntnis gekostet haben. Mit der Vertreibung aus dem Paradies werden wir als einzelne geboren, als Wesen, verdammt durch den Geist, d. h. durch das Wissen, das objektiviert wird und uns so anderen gegenüber öffnet, als Zeugen, über die andere zeugen werden, als Wesen, die niemals mehr nur natürlich sein werden. Mit dem Auszug der Juden aus Ägypten, dem Exodus der Apostel aus der hebräischen und aramäischen Sprache, der Hedschra (dem Umzug, der Flucht) der Muslime aus Mekka, zunächst nach Äthiopien, dann nach Jasrib-Medina, wird die Religion geboren, also eine Reihe von Formen, durch die eine Gemeinschaft ihren Glauben artikuliert. Als einzelne wie auch als Gemeinschaft sind wir also Emigranten, weil wir in beiden Fällen ins Dasein geraten, d. h. durch Auszug oder Vertreibung aus unserem bisherigen Aufenthaltsort ins Leben gestoßen worden sind.

Sind die Vorstellungen von der Vertreibung aus dem Paradies und dem Auszug einer Glaubensgemeinschaft kulturelle Formen, durch die wir eine menschliche Grunderfahrung, nämlich die Erfahrung der Geburt, artikulieren? Ich weiß es nicht, diese Erklärung scheint mir zu offensichtlich, als dass sie überzeugend wäre. Aber eine bessere habe ich nicht. Wie dem auch sei, jeden von uns hat seine Mutter aus sich vertrieben, als sie ihn geboren hat. Hat ihn ins Leben gestoßen, in die Unsicherheit, der er sich bewusst werden kann, aber nicht muss. Ist es uns im Paradies oder in der Gebärmutter wirklich besser ergangen als im Leben, in das wir vertrieben worden sind? Wahrscheinlich schon, denn dort waren wir vom Wissen verschont – wir konnten nicht wissen, wie sehr und was allem wir ausgesetzt sind, wir wussten nicht, dass wir nackt sind und dass uns jeder Körperteil geschenkt wurde, damit er uns wehtun könnte... Wir konnten nichts wissen, auch

Dževad Karahasan · Emigrieren ins Leben

nicht, dass wir sterben werden. All das müssen wir erkennen, nachdem man uns geboren hat, gibt es für uns kein Leben ohne Grundwissen, zumindest keines ohne das Wissen, welches uns aus dem Paradies vertreibt.

Ähnlich wie der Aufenthalt auf der Welt, der uns zwingt, Wissen zu erwerben, macht die Emigration den menschlichen Grundzustand bewusst und vergegenwärtigt ihn – den Zustand der Ausgesetztheit, Unsicherheit, Verletzlichkeit. Dank der Schutzsysteme, die um so besser sind, je reicher und besser die Gesellschaft geordnet ist, in der ein Mensch lebt, brauchen die Menschen, die zu Hause geblieben sind, das Bewusstsein von diesem Zustand nicht zu erwerben. Wir alle kennen diesen Zustand, aber diejenigen, die zu Hause geblieben sind, können dieses Wissen voraussetzen, so wie sie eine gesunde Niere und ihre Sterblichkeit voraussetzen. Der Emigrant kann es nicht voraussetzen, er hat es sich bewusstgemacht, wie man sich seine von einem Steinchen angegriffene Niere bewusstmachen muss. Selbst wenn er keine hässlichen Erfahrungen gemacht hat, weiß der Emigrant, dass die Polizei ein Recht auf Fehler hat und von diesem Recht oft Gebrauch macht, weiß er, dass die Fleischerei an der Ecke das Fleisch, das er braucht, meist nicht hat, und weiß, dass die Menschen die Sprache gern verwenden, um Missverständnisse zu produzieren und zu vertiefen. All das weiß auch ein Mensch, der zu Hause geblieben ist, aber als Information, so wie er weiß, dass es in Sibirien kalt ist und es dem Pferd wehtut, wenn man es beschlägt. Der Emigrant hat ein echtes, ästhetisches Wissen darüber, das niemals emotional neutral ist, weil er ein für allemal das Gefühl der Geschütztheit verloren hat, das Haus und Gewohnheit gewährleisten. Kurzum, der Emigrant setzt seinen menschlichen Zustand nicht voraus, er ist ihm bewusst, und zwar ganz konkret bewusst, sozusagen aus Erfahrung.

Die Erkenntnis, die die Emigration bringt, also das emotional konkretisierte Bewusstsein von der menschlichen Ausgesetztheit und Unsicherheit als primordialem menschlichem Zustand, ist besonders heute wichtig, wo die Menschen umfassender kontrolliert werden, als man das je in der Geschichte getan hat. Nicht einmal in den Gesellschaften des finstersten Totalitarismus wurden die alltäglichen Handlungen der einzelnen Menschen so sorgfältig und gründlich notiert wie heute, wahrscheinlich nur, weil den totalitären Mächten die technischen Möglichkeiten zur Verfolgung des Alltagslebens der Menschen und zur Registrierung ihrer Handlungen gefehlt haben, und nicht, weil diese Mächte weniger Interesse an der Bespitzelung gehabt hätten als die heutigen. Aber die Tatsache bleibt bestehen, dass der größte Teil unserer Handlungen im Alltag in verschiedenen Archiven registriert und gespeichert wird, und das tut man, sagt man uns, im Namen unserer Sicherheit. Nur meine Bank weiß, wie viele Schutz- und Geheimpolizeien jedes Mal informiert wurden, wenn ich meiner Mutter etwas Geld nach Bosnien geschickt habe. Aber wahrscheinlich weiß auch die Telekom nicht, an wie vielen Stellen und bei wie vielen Diensten jeder Anruf, der mein Telefon erreicht oder von ihm ausgeht, registriert wird. Und bestimmt weiß niemand, wie viel mal täglich durch verschiedene Kärtchen registriert wird, was ich gekauft habe und wo, wann ich geparkt habe und wo, welche Tür ich wann geöffnet habe, wie viel Geld ich abgehoben habe und wo, welchen Arzt ich besucht habe und warum... Und so weiter.

So oder ein wenig schlimmer steht es mit jedem, buchstäblich mit jedem von uns. Und das alles unserer Sicherheit zuliebe – damit uns nicht, Gott bewahre, etwas Unerwünschtes zustößt, damit wir nicht ausgesetzt, gefährdet, verletzbar sind. Will sagen, damit wir nicht lebendig sind, wenn das Leben, was es ja ist, ein Zustand der Ausgesetztheit, Unsicherheit und Verletzlichkeit ist. Es ist wertvoll, sich heute daran zu erinnern, wo wir von soviel Sicherheit umgeben sind. Einzig durch den Tod gelangen wir dorthin, wo uns niemand auf der Welt mehr etwas anhaben kann, davor ist Unsicherheit unser natürlicher Zustand. Oder sind wir in Wirklichkeit schon tot, wenn wir so vollkommen, so total sicher sind, denn so viel Sicherheit, wie wir genießen, ist einzig im Tod möglich.

Heinrich-Heine-Institut. Sammlungen und Bestände. Aus der Arbeit des Hauses

»Eine ganze Ladung Schmeichelworte« Neue Heine-Briefe (Berichtszeitraum 2005–2012)

Von Christian Liedtke, Düsseldorf

»[…] Du, liebes Lottchen, verdientest eine ganze Ladung Schmeichelworte« (HSA XXII, 28), schrieb der nicht unbedingt für »Schmeichelworte« berühmte Heinrich Heine am 23. Juni 1842 an seine Schwester. Der Brief, in dem dieser Satz steht, gehört zu den jüngsten Neuerwerbungen, die das Heine-Archiv des Heinrich-Heine-Instituts bereichern. Keine Schmeichel-, aber unbedingt Dankesworte gebühren denjenigen, ohne deren Unterstützung diese Neuerwerbungen nicht möglich gewesen wären: Der Stadt Düsseldorf und dem Land Nordrhein-Westfalen, der Kulturstiftung der Länder, dem Beauftragten der Bundesregierung für Kultur und Medien, der Stiftung van Meeteren, verschiedenen privaten Stiftern und nicht zuletzt der Heinrich-Heine-Gesellschaft und ihren Mitgliedern sei für das kontinuierliche Engagement gedankt, mit dem sie zu der beständigen Pflege und Erweiterung dieser einzigartigen Sammlung von Originaldokumenten zu Leben und Werk des Dichters beitragen.

Die bisher letzten Mitteilungen über neu aufgefundene und erworbene Heine-Briefe erfolgte im Heine-Jahrbuch 2005, wo über den Zeitraum von 1996 bis 2004 berichtet wurde.[1] Daran knüpft die folgende Darstellung an. Als Bestandsaufnahme für die Jahre 2005 bis 2012 stellt sie bisher unbekannte Briefe von und an Heine vor, teilt Korrekturen oder Ergänzungen zu bekannten, aber zeitweise nicht zugänglichen oder verschollenen Briefen sowie veränderte Besitzverhältnisse mit. Dabei berücksichtigt sie, wie die vorangegangenen Be-

richte, auch die neuen oder in dieser Zeit neu zu unserer Kenntnis gekommenen Heine-Briefe in anderen Sammlungen und Archiven. Sie ist in die folgenden Abschnitte unterteilt:
1. Neue Heine-Briefe im Archiv des Heinrich-Heine-Instituts
1.1. Bisher unbekannte oder nur teilweise gedruckte Briefe von Heine
1.2. Bereits gedruckte Briefe von Heine
2. Neue Briefe an Heine im Archiv des Heinrich-Heine-Instituts
3. Bisher unbekannte Briefe von Heine in anderen Archiven und Sammlungen
4. Bereits gedruckte Briefe von Heine in anderen Archiven und Sammlungen
5. Neue Inhaltsangaben verschollener Briefe von und an Heine

Die bisher unbekannten Briefe werden vollständig wiedergegeben, die Darstellung folgt den Editionsrichtlinien der Brief-Abteilung der Heine-Säkularausgabe (HSA). Die bereits gedruckten Briefe sind in einer Liste aufgeführt (mit Verweis auf die HSA). Dabei werden die Korrekturen gegenüber dem Abdruck in der HSA, die sich aus der durch den Erwerb für das Heine-Institut nun möglich gewordenen, erstmaligen oder erneuten Autopsie der Originalhandschriften ergeben, mitgeteilt, soweit sie den Wortlaut der Briefe oder aber wichtige Angaben und Ergänzungen zur Überlieferung, zum Datum, zum Empfänger, Absender oder auch zu den Erläuterungen betreffen. Innerhalb der einzelnen Abschnitte ist die Abfolge jeweils chronologisch. Ein Teil der hier behandelten neuen Briefe ist bereits in der vom Heinrich-Heine-Institut in Kooperation mit dem Kompetenzzentrum für elektronische Erschließungs- und Publikationsverfahren in den Geisteswissenschaften der Universität Trier dem Kompetenzzentrum erarbeiteten Online-Edition im Heine-Portal (http://www.heine-portal.de) abrufbar.

Der Abschnitt 5. ist eine Neuerung gegenüber früheren Berichten über Nachträge zu den Heine-Briefen: Er führt verschollene Briefe von und an Heine an, deren Existenz (und teilweise auch deren Inhalt) sich aus den hier vorgestellten neuen Heine-Briefen erschließen lässt.

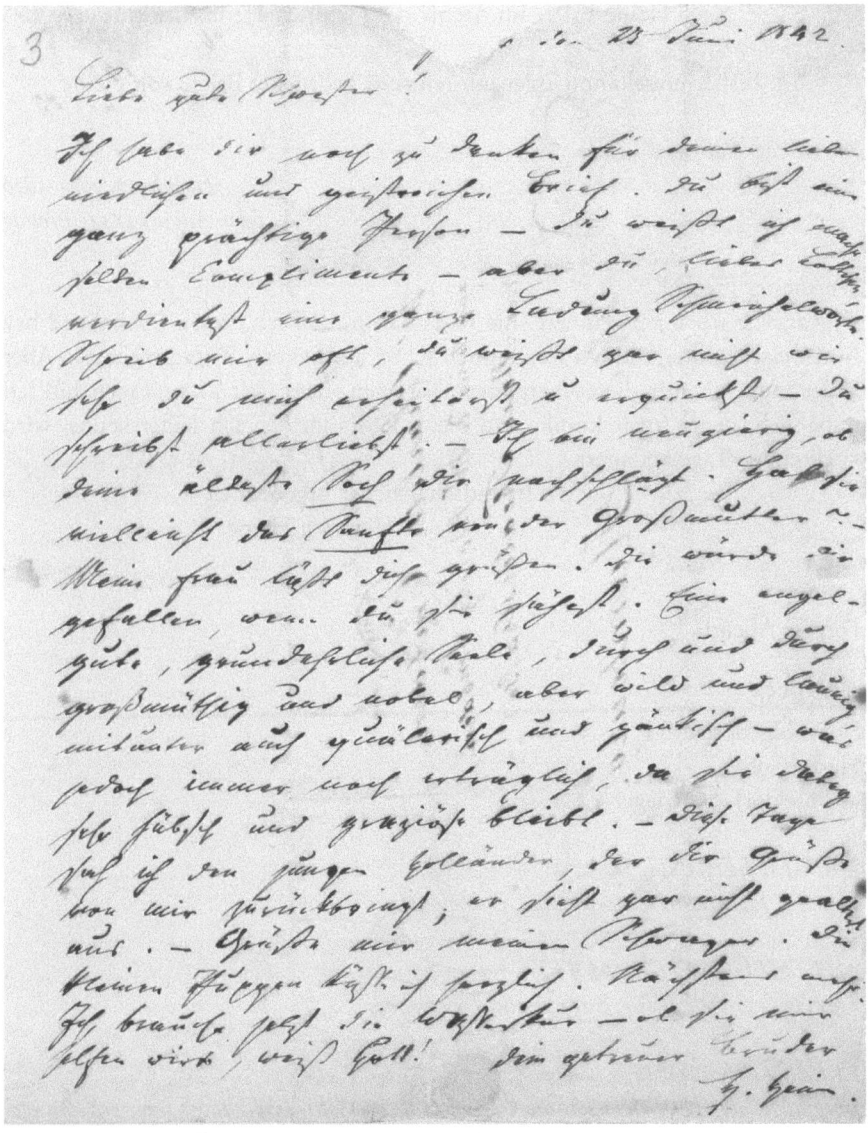

Heines Brief an seine Schwester Charlotte Embden vom 23. Juni 1842.
Neuerwerbung des Heinrich-Heine-Instituts, Düsseldorf

1. Neue Heine-Briefe im Archiv des Heinrich-Heine-Instituts

1.1. Bisher unbekannte oder nur teilweise gedruckte Briefe von Heine

An Gerson Gabriel [?] Cohn

Hamburg, 1823–1826
oder August 1844, Freitag

Werthester Freund!
Es war, wie ich mich erinnere, die Rede davon, daß ich diesen Sonnabend bey Ihnen essen sollte, und ich freute mich schon auf heiteres Zusammenseyn. Aber leider muß ich mir dieses Vergnügen versagen, denn seit zwey Tagen bin ich unpäßlich, heute sogar krank, und dieser Zustand, den ich leider kenne, wird noch einige Tage andauern.
      Mit freundschaftlicher Ergebenheit
        Heinrich Heine.

Freytag Abend.

ADRESSE
S$^{r.}$ Wohlgeboren
Herrn Cohen,
in Pöseldorf, Schwieger-Chaussée.

ÜBERLIEFERUNG
H Heinrich-Heine-Institut, Düsseldorf.

MITTEILUNGEN ZUM TEXT
Freytag – *eingefügt für:* Sonnabend *[gestrichen]*

ERLÄUTERUNGEN
Empfänger der Nachricht könnte Gerson Gabriel Cohn (1785–1865) sein, ein Zuckermakler und engagierter Mitarbeiter der Hamburger Filiale des Berliner »Vereins für Cultur und Wissenschaft der Juden«. Nachzuweisen ist ein engerer Kontakt zwischen Heine und ihm bisher nur von 1823 bis 1826²; möglicherweise hat Heine die Verbindung bei einem seiner späteren Hamburg-Besuche, 1843 oder 1844, wieder aufleben lassen. In dem Fall spräche Heines Hinweis auf eine Erkrankung, die ihn von der Verabredung abhalte, für den August 1844, denn am 23. August 1844 schreibt er

aus Hamburg an Detmold: Ich war einige Wochen unpäßlich *(HSA XXII, 120). Die Hamburger Adressbücher weisen Gerson Gabriel Cohn zu keiner Zeit unter der hier von Heine genannten Adresse (der heutigen Alsterchaussee) nach, er ist darin gar nicht aufgeführt (auch nicht mit der Schreibweise »Cohen«). Die Korrespondenz zwischen Cohn und der Berliner Zentrale des »Vereins für Cultur und Wissenschaft der Juden«, die im Zunz-Archiv in der National Library of Israel (Jerusalem) aufbewahrt wird, enthält keine Angaben zu seiner Adresse³, so dass ein Vergleich der Anschriften nicht möglich ist. Sowohl die Datierung dieses Briefes als auch die Identifizierung seines Empfängers müssen also spekulativ bleiben.*

An einen unbekannten Empfänger

Paris [?], Dezember 1836 – Mitte Juli 1838

Henri Heine
rue Cadet N°. 18.

ÜBERLIEFERUNG
H   *Heinrich-Heine-Institut, Düsseldorf.*

MITTEILUNGEN ZUM TEXT
Henri – *darüber, gestrichen:* H. Hen

ERLÄUTERUNGEN
Bei der eigenhändigen Notiz auf einem aus einem größeren Blatt herausgerissenen Stück Papier handelt sich um die Adresse der Wohnung von Heines späterer Ehefrau Crescence Eugénie Mirat (Mathilde), die er zwischen Dezember 1836 und Mitte Juli 1838 auch als seine eigene Wohnanschrift angab, zeitweilig parallel zu seiner Wohnung in der Cité Bergère Nr. 3 (dort lebte er von Januar 1836 bis Ende 1837). Wem Heine den Zettel ausgehändigt hat oder überbringen ließ, lässt sich nicht ermitteln – von insgesamt zehn in Paris ansässigen bzw. zeitweilig dort befindlichen Personen (und nur diese kommen wohl als Empfänger einer solchen Notiz in Betracht) sind an diese Adresse gerichtete Briefe überliefert: Custine, Dumas, Friedland, Carl Heine, Mercier, Meyerbeer, Savoye, Tessié du Motay, Treuenthal, Quinet. Sie sind aber natürlich nicht die einzigen möglichen Empfänger der Mitteilung.

An Victoire Clara Beaumarié

Paris [?], 1841–1842 [?]

[Albumblatt]

Ein Fichtenbaum steht einsam
Im Norden auf kahler Höh',
Ihn schläfert, mit weißer Decke
Umhüllen ihn Eis und Schnee.

Er träumt von einer Palme,
Die, fern im Morgenland,
Einsam und schweigend trauert
Auf glühender Felsendwand.
     H. Heine.

DATUM
Erschlossen aus den Paris-Aufenthalten Beaumariés, die sich aus anderen, datierten Einträgen in dem Album ergeben.[4]

ÜBERLIEFERUNG
H Heinrich-Heine-Institut, Düsseldorf (Eintrag auf S. 32 von insges. 87 gebundenen, nachträglich paginierten Seiten des Albums der Madame C. Beaumarié).
D Das Album der Madame C. Beaumarié. Hrsg. von der Kulturstiftung der Länder in Verbindung mit dem Heinrich-Heine-Institut, Düsseldorf. Berlin 2009 (Patrimonia 304), S. 11 (Faksimile).

ERLÄUTERUNGEN
Dass es sich bei der bis vor kurzem noch unbekannten Besitzerin dieses Albums um Victoire Clara Beaumarié (geb. Chevallier; 1811–1880) aus Orléans handelt, konnte jetzt durch Francis Maillard (Paris) nachgewiesen werden.[5] *Über Art und Dauer von Heines Kontakten zu ihr ließ sich bisher allerdings nichts ermitteln. Mit Heinrich Wilhelm Ernst, George Sand, Liszt, Moscheles, Meyerbeer, Berlioz und Thalberg sind zahlreiche Freunde Heines in dem Album vertreten, so dass es denkbar ist, dass einer von ihnen die Bekanntschaft vermittelt hat.*

glühender – *Abweichung von der gedruckten Version des Gedichts in* Tragödien. Nebst einem lyrischen Intermezzo *(1823) und im* Buch der Lieder *(1827), wo es jeweils* brennender *heißt. Dieselbe Variante findet sich auch auf Heines Albumblatt für Anna Embden vom 9. 10. 1844 (vgl. DHA I, 813 f.).*

An Maria de Merlin

Paris, 1843–1847 [?], Sonntag

Madame!
Un empechement imprevu et assez triste me ne permet pas diner aujourd' hui chez vous. Je suis desolé, chagriné au dernier degré, car c'aurait été pour moi un trés grand plaisir.

Conservez-moi, Madame la comtesse, votre indulgente bienveillance et daignez recevoir mes hommages respectueux.

Henri Heine.

Dimanche.

ADRESSE
Madame
la Comtesse Merlin.
52 Rue Bondi

ÜBERLIEFERUNG
H   Heinrich-Heine-Institut, Düsseldorf

ERLÄUTERUNGEN
Heines nachweisbare Kontakte zu der aus Kuba stammenden Schriftstellerin, Musikkennerin und insbesondere als Pariser Salon-Gastgeberin berühmten Maria de Merlin konzentrieren sich vor allem auf die Jahre 1843 und 1844 (vgl. HSA XXII, 46, 93, 95; HSA XXVI, 90)⁶, ihr Besuch an seinem Krankenlager im Jahre 1855⁷ zeugt aber von einer langjährigen, auch über diesen Zeitraum hinaus währenden Beziehung. Welcher Einladung die hier vorliegende Absage Heines gilt, lässt sich also nicht genau bestimmen; es handelt sich dabei aber nicht um die Antwort auf das auf Ende Januar 1844 datierte Schreiben Merlins (HSA XXVI, Nr. 702). Darin wird Heine zwar auf einen Sonntag eingeladen, allerdings für den Nachmittag, während es hier um ein Abendessen an einem Sonntag geht. Das Datum dieses Schreibens lässt sich nur spekulativ auf die Zeit bis zum Beginn von Heines Bettlägerigkeit begrenzen. Es ist jedenfalls keine Absage aus Krankheitsgründen, die Heine in der Regel auch als solche formulierte. Der Hinweis auf Un empechement imprevu et assez triste *könnte sich möglicherweise auf den Tod Salomon Heines (23. Dezember 1844) beziehen.*

Rue Bondi – *Die Rue de Bondy (heute: Rue René Boulanger) führt von der Porte St-Martin zur Place de la République.*

An Louis Gouin
                                    Passy, 16. September 1848, Samstag

Reçu de Monsieur Gouin la somme de cinq cents francs pour le compte de M^(r.) J. Meyerbeer. Passy ce 16 Sept. 1848
                                    Henri Heiné.

ADRESSE
Monsieur Gouin rue du bouloi 19.

ÜBERLIEFERUNG
H   Heinrich-Heine-Institut, Düsseldorf *(mit einer Notiz von Gouins Hand unterhalb des Textes:* »Emis à M^(me) Heine le 14 Sbpre 1848 Gn«. *Alt auf Trägerpapier montiert).*
D   HSA XXII, 295 (Nr. 1246), *unkorrekt erschlossene Inhaltsangabe nach einem Autographenkatalog.*

ERLÄUTERUNGEN
la somme de cinq cents francs – *Damit sollten die finanziellen Differenzen zwischen Heine und Meyerbeer beglichen werden, die sich aus der Affäre um die von Meyerbeer versprochenen, aber nicht ausgeführten Vertonungen von Heine-Gedichten ergeben hatten und die vorübergehend zu einem Bruch des ohnehin äußerst komplizierten Verhältnisses zwischen dem Dichter und dem Komponisten geführt hatten (vgl. Heines Brief an Meyerbeer vom 24. Dezember 1845; HSA XXII, Nr. 1094). Die Höhe der Geldsumme, um die es dabei ging, und auch die Anzahl und Art der am Ende tatsächlich erfolgten Zahlungen Meyerbeers ist unsicher. In jenem Brief ist von strittigen 1.000 Francs die Rede sowie von 500, die Meyerbeer bereits gezahlt habe. Alexandre Weill berichtet, er habe Heine im März 1848 1.000 Francs von Meyerbeer überbracht, kurz vor dessen Versöhnungsbesuch bei Heine*[8]*, der auch unter dem 10. März 1848 in Meyerbeers Taschenkalender vermerkt ist (wobei allerdings keine Geldsumme erwähnt wird).*[9] *Kurz nach der hier vorliegenden Quittung Heines vom 16. September berichtet Meyerbeer am 10. Oktober 1848 in einem Brief an seine Mutter, Heine habe ihm* »vor 6 Monaten [...] 500 Franken abgepreßt, und jetzt, bei meiner Ankunft wieder 500 Franken«[10] – *also genau jenen Betrag, dessen Empfang Heine hier bestätigt. Die Zahlung* »vor 6 Monaten« *bestätigt der entsprechende Vermerk Gouins auf dem an ihn gerichteten Brief Heines vom 17. Mai 1848.*[11] *Auf jene ersten 500 Francs scheint sich die – in dem Fall allerdings recht verspätete – Quittung Heines für Gouin vom 7. September 1848 (HSA XXII, Nr. 1241) zu beziehen. Deren Originalhandschrift ist unbekannt (vgl. HSA XXII K, 198), so dass sich auch über einen möglichen Zahlungs-*

vermerk Gouins, der sich darauf befinden könnte, nichts sagen lässt. Die auf diesem Dokument vom 16. September befindliche Notiz Gouins bestätigt jedenfalls eindeutig eine erfolgte Zahlung – verbunden mit der interessanten Information, dass er das Geld Mathilde Heine übergeben hat (am 14. September, genau eine Woche nach dem Datum der anderen Quittung). In Meyerbeers Taschenkalender steht unter dem 15. September 1848 der Vermerk »Gouin. Heine«[12], mit dem die hier quittierte Zahlung gemeint sein dürfte.

rue du bouloi 19 – vermutlich hat Heine sich hier mit der Hausnummer der in der Nähe des Palais Royal gelegenen Straße vertan. Gouin selbst gibt in einem früheren Schreiben an Heine seine Adresse mit »rue du Bouloi 17« an (HSA XXVI, 57).

An Sigmund Engländer

Paris, 15 März 1852. Montag

Liebster Herr Engländer!
Wenn ich Sie lange nicht gesehn habe, so überkömmt mich immer die Furcht, als wären Sie wieder verdenunzirt ud. von Paris fortbuxirt worden. Lassen Sie sich doch so bald als möglich bei mir sehn. Heute habe ich den ganzen Tag frei, ja ich habe alle Tage frei, mit Ausnahme des Montags, Mittwochs ud. Freitags, wo ich von 11 bis 1 nicht gern gestört wäre, sonst aber den ganzen übrigen Tag zu Ihrer Verfügung stelle. Von Löwengardt habe ich ebenfalls lange nichts vernommen; ich hätte Ihnen gern mitgetheilt, wie er sich das letzte Mal geäußert.
    Ich bin immer sehr leidend, ud. das Übermaß der Schmerzen macht, dass manchmal Empfindungen in mir auftauchen, die mich an den Helden Ihres Romans erinnern; ich muß dann darüber lachen.
    Ihr freundschaftlich ergebener
        Heinrich Heine

ÜBERLIEFERUNG
h   *Heinrich-Heine-Institut, Düsseldorf (Schreiber: Reinhardt, eigenhändige Unterschrift; auf der freien Seite ein e. Br. von Sigmund Engländer an Robert, Paris, 17.4.1852).*

ERLÄUTERUNGEN
verdenunzirt – *Engländer war im September 1851 wegen des Verdachts staatsfeindlicher Aktivitäten in Untersuchungshaft genommen worden (vgl. seinen Brief an Heine vom 12. September 1852, HSA XXVI, 315[13]).*

Von Löwengardt... – *Zum letzten nachweisbaren Treffen Heines mit Löwengard scheint es im August 1851 gekommen zu sein. Vgl. den Brief Heines an Löwengard vom 21. August 1851.*[14]

Romans – *Vgl. Engländers Brief an Heine vom 19. Januar 1852 (HSA XXVII, Nr. 962*[15]*).*

An Arthur Mangin

Paris, 31. Mai 1855, Donnerstag
Le 31 Mai
55.

Monsieur,
J'ai l'honneur de vous accuser la réception de votre lettre accompagnée de celle de Madame votre mère. Je regrette beaucoup que vous ne m'ayez pas remis cette lettre en personne. Il est vrai que je suis très souffrant et rarement à l'état de recevoir du monde; mais pour vous, monsieur, je serai visible à toute heure depuis 1 heure et j'espère que vous viendrez bientôt me faire la visite que M votre mère m'a annoncé avec tant d'amabilité. Seulement ayez la complaisance de dire à ma domestique que vous êtes le fils d'une dame du Hâvre, afin qu'il n'y ait pas de malentendu, comme il m'arrive souvent avec les personnes dont on estropie les noms. Je serais très content de recevoir par vous des nouvelles de votre famille qui m'a comblé d'amitiés lors de mon séjour à Boulogne-sur-Mer.

Recevez, monsieur, mes compliments empressés et agréez-en de l'expression sincère.

Henri Heine

ÜBERLIEFERUNG
h   Heinrich-Heine-Institut, Düsseldorf *(eigenhändige Unterschrift).*

ERLÄUTERUNGEN
Arthur Mangin (1824–1887), der später als Autor populärwissenschaftlicher Werke zu naturkundlichen Themen hervortrat, ist der Sohn des Postdirektors von Boulogne-sur-mer. Heine kannte die Familie seit seinen dortigen Badeaufenthalten in den Jahren 1833, 1834 und 1835.

votre lettre – *Brief von Arthur Mangin an Heine vom 30. Mai 1855 (HSA XXVII, Nr. 1238).*

de Madame votre mère – *Brief von Mangins Mutter Julie Mangin an Heine vom 19. Mai 1855 (HSA XXVII, Nr. 1232); beide Briefe wurden zusammen geschickt.*

la visite – *Der Besuch kam kurz darauf zustande, wie aus dem Schreiben von Julie Mangin an Heine vom 25. Juli 1855 (HSA XXVII, Nr. 1251) hervorgeht, in dem sie sich für das bei dieser Gelegenheit von Heine signierte Exemplar von* Lutèce *bedankt.*

1.2. Bereits gedruckte Briefe von Heine

An Joseph Lehmann

E. Br. m. U., Lüneburg, 26. 6. 1823; 3 S. u. Adr.
HSA XX, Nr. 68
Geringfügige Abweichungen in Orthographie und Zeichensetzung. Zu ergänzen:

DATUM
Poststempel: Lüneburg 26. Juni.

ADRESSE
Herrn Joseph Lehmann / p^r Adresse d Herrn David Veit / Heiligen Geist Straße N° 35 / in / B e r l i n

An eine unbekannte Adressatin

E. Albumbl. m. U., Berlin, 27. 4. 1824; 1 S.
HSA XX, Nr. 107
Abweichender Zeilenumbruch. Einen Hinweis auf die Empfängerin, die sicher im Umkreis der Berliner Salons zu suchen ist, könnte der zusammen mit dem Blatt überlieferte Sammlervermerk auf dem Brief einer Vorbesitzerin geben, der wie auch die Beschreibung des Papiers (das ebenfalls ein Indiz liefern könnte) zu ergänzen ist:

ÜBERLIEFERUNG
Herausgelöstes Albumblatt, Quer-Oktav mit Goldschnitt, Wasserzeichen: gekrönter Adler mit Zepter und Schwert in den Fängen, in der Mitte die Buchstaben »E W«; Beilage: Brief der Vorbesitzerin J. Oppenheimer aus Hamburg (o. D.) mit

dem Vermerk eines späteren Besitzers, »Frl. Oppenheimer« habe »dies Stammbuchblatt von ihrer Großmutter geerbt, die in Berlin mit H[eine] befreundet war«.

An Moritz Embden

E. Br. m. U., Göttingen, 11. 5. 1825; 2 S. u. Adr.
HSA XX, Nr. 134
Geringfügige Abweichungen in Orthographie und Zeichensetzung. Zu ergänzen:

DATUM
Poststempel: Göttingen 12 Mai; 14 May.

ADRESSE
Herrn Moritz Embden / Neuer Wall, neben der Polizey / in / H a m b u r g .

An Rudolf Christiani

E. Br. m. U., Hamburg, 6. 12. 1825, 2 S. u. Adr.
HSA XX, Nr. 157
Geringfügige Abweichungen in Orthographie und Zeichensetzung. Zu ergänzen:

DATUM
Poststempel: Hamburg 6 Dec. 25; ein weiterer Stempel unleserlich.

An Moses Moser

E. Br. m. U., Lüneburg, 14. 2. 1826; 2 S. u. Adr.
HSA XX, Nr. 163
Geringfügige Abweichungen in Orthographie und Zeichensetzung.

An Christian Moritz Oppenheimer

E. Widm. m. U., Hamburg, Anfang April 1827
in: Heinrich Heine: Reisebilder. Zweiter Theil. Hamburg 1827
HSA XX, Nr. 213. Zu ergänzen:

ÜBERLIEFERUNG
Buchseiten alt beschnitten; Textverluste am Rand.

An Friedrich Merckel

E. Br. m. U., [Hamburg,] 13. 10. 1829; 1 S.
HSA XX, Nr. 314

An Friedrich Merckel

E. Br. m. U., Hamburg, 7. 3. 1830; 1 S. u. Adr.
HSA XX, Nr. 336
Abweichungen in Orthographie und Zeichensetzung; Korrekturen am Wortlaut: »den 5ᵗᵉⁿ Theil« statt »den fünften Theil« (390, 23) und »Später Sonntagmorgen« statt »Guten Sonntagmorgen« (390, 26). Zu ergänzen:

ADRESSE
An Herrn Merkel.

ÜBERLIEFERUNG
Auf der Rückseite eine Notiz von Merckels Hand: »153. Pastorenstraße.«

An Alfred de Vigny

E. Br. m. U., Paris, 3. 6. 1835; 2 S. u. Adr.
HSA XX, Nr. 526
Geringfügige Abweichungen in der Orthographie. Zu ergänzen:

DATUM
Poststempel: 4 / 1835 (Rest unleserlich); ein weiterer unleserlicher Stempel.

An Charlotte Embden

E. Br. m. U., Paris, 23. 6. 1842; 1 S. u. Adr.
HSA XXII, Nr. 906

Abweichungen in Orthographie und Zeichensetzung; Korrektur: die Datumszeile lautet »den 23 Juni« statt »d 23 Juny«(28, 22). Zu ergänzen:

DATUM
Poststempel: Paris 60; 24 Juin 42; T. T. Hamburg 29. Juni 42.

ADRESSE
Madame / Me. Charlotte Embden / aux Soins de Mr. Moritz Embden, / rue: Neue Theaterstraße, / à / Hambourg.

An Sigismund Thalberg

E. Br. m. U., Paris, 20. 3. 1843; 1 S. u. Adr.
HSA XXII, Nr. 932
Zahlreiche Abweichungen in Orthographie und Zeichensetzung; Korrektur im Wortlaut der Anrede: »Liebster Maestro!« statt »Lieber Maestro!«(51, 30). Zu ergänzen:

ADRESSE
Monsieur / M$^{r.}$ Thalberg

An Betty Heine

E. Br. m. U., Brüssel / Paris [14./16. 12. 1843]; 2 S. u. Adr.
HSA XXII, Nr. 981
Geringfügige Abweichungen in Orthographie und Zeichensetzung. Im Brieftext ist der in der Säkularausgabe fehlende Schluss des zweiten, in Paris geschriebenen Briefteils (89, 23) mit Heines Unterschrift und der ironischen Grußformel zu ergänzen: »Hochachtungsvoll / H. Heine«; außerdem:

DATUM
Poststempel: Paris 18. Dec. 1843; T. T. Hamburg 21. Dec. 43.

ADRESSE
Madame / Betty Heine, née de Geldern / 20. Dammthorstraße / Hamburg.

An Caroline Jaubert

E. Br. m. U., Paris, 6. 2. [1846]; 1 S.
HSA XXII, Nr. 1141

An Moritz Daniel Oppenheim

Br. (Schreiber: Reinhardt) m. e. U., Paris, 25. 7. 1851; 2 S.
HSA XXIII, Nr. 1339
Bei dem neu erworbenen Stück handelt es sich um den bisher unbekannten, an Oppenheim übersandten Originalbrief (s. dessen Eingangsvermerk). Die in der Bibliothèque nationale als Teil der Sammlung Schocken überlieferte Schreiberhandschrift, die bislang die alleinige Textgrundlage für den Druck dieses Briefes darstellte, erwies sich bei der erneuten Prüfung im Zusammenhang mit diesem Erwerb als eine von Julius Campe angefertigte Kopie, was im Apparat der Säkularausgabe allerdings nicht vermerkt ist.[16] Auch die auf demselben Blatt befindliche, von Campe erstellte Abschrift seines Begleitschreibens an Oppenheim wird dort nicht mitgeteilt. Sie gibt Aufschlüsse über den Entstehungshintergrund und die Übergabe des Briefes an Oppenheim, zudem enthält sie mit dem Hinweis auf die 1821/22 während seines Italienaufenthaltes zustande gekommene Bekanntschaft Campes mit Oppenheim ein interessantes, bisher unbekanntes biographisches Detail. Der Text dieses Briefes wird darum hier in den neuen Erläuterungen (s. u.) erstmals mitgeteilt.
   Der Brieftext der Säkularausgabe, der Campes Abschrift folgt, weist gegenüber der Originalhandschrift nur geringfügige Abweichungen in Orthographie und Zeichensetzung auf, der Apparat hingegen ist nun wie folgt zu korrigieren bzw. zu ergänzen:

ADRESSE
An Herrn Professor Oppenheim zu Frankfurt a/m.

ÜBERLIEFERUNG

h[1]   Heinrich-Heine-Institut, Düsseldorf (Schreiber: Reinhardt, eigenhändige Unterschrift. Auf der Rückseite Antwortvermerk von Oppenheims Hand: »1851. / Paris d. 25. Juli / Heinrich Heine / A. d. 3. Aug«).

h[2]   Bibliothèque nationale de France, Paris (Abschrift von der Hand Julius Campes mit dem Vermerk »Copie«; auf dem selben Blatt auch Campes

Abschrift seines eigenen Begleitschreibens an Oppenheim vom 31. Juli 1831, das er ihm mit Heines Brief übersandte, s. u.).

DATUM
Versandt wurde der Brief erst am 31. Juli 1831, zusammen mit Julius Campes Begleitschreiben vom selben Tag.

ERLÄUTERUNGEN
108, 30: »Lithographie ... Kupferstich« – Sechs verschiedene Stiche von Oppenheims berühmtem Heine-Porträt, das bis heute zu den bedeutendsten Bildnissen des Dichters zählt, wurden vor 1851 publiziert[17], zwei davon kannte Heine mit Sicherheit: Küstners in der von Heines Freund Eugen von Breza herausgegebenen »Gallerie der ausgezeichnetsten Israeliten« (1835) und Langes in dem bei Hoffmann und Campe erschienen »Jahrbuch der Literatur« (1839)[18], das auch Heines »Schwabenspiegel« enthielt. Offenbar wussten aber weder er noch Julius Campe, dass Oppenheim auch selbst eine Lithographie von seinem Ölgemälde angefertigt hatte, die um 1831 bei König in Hanau gedruckt worden war. Möglicherweise erhielt Heine auf diesen Brief hin ein Exemplar davon, denn aus dem Antwortvermerk Oppenheims (s. o., »Überlieferung«), geht hervor, dass der Maler ihm geschrieben hat.

108, 31: »Erbieten ... lassen« – Seit 1848 trug Campe beharrlich den Wunsch nach einem repräsentativen Porträt des Dichters an Heine heran.[19] Ganz offensichtlich steht jener Wunsch des Verlegers auch hinter diesem Brief Heines an Oppenheim. Er hat ihn wohl auf Bitten, vielleicht sogar im Beisein Campes diktiert, der Heine zu jener Zeit gerade in Paris besuchte. Der Plan, dass Campe diesen Brief auf seiner Rückreise dann persönlich in Frankfurt überbringen sollte (für diesen Zweck ist er geschrieben), zerschlug sich. Campe nahm den Brief mit nach Hamburg. Am 31. Juli traf er dort ein (vgl. HSA XXVI, 307), und noch am selben Tag – ein Zeichen für die Dringlichkeit seines Anliegens – sandte er ihn an Oppenheim, zusammen mit einem Begleitschreiben an den Maler, von dem wir wissen, da er für seine eigene Ablage eine Abschrift von Heines Brief an Oppenheim anfertigte und direkt darunter eine Abschrift seines eigenen Begleitbriefes (»Supplement«) an Oppenheim setzte (s. o., »Überlieferung«). Er notierte:

Zu diesem Schreiben fügte ich als Supplement den Gegenstand flüssig zu machen hinzu:

C o p i e

Hamburg d 31 July 1851
Oppenheim
in Frankfurt

Verehrter Hr Professor
Auf die Anlage mich beziehend u da leider mein Weg mich nicht über Ffrt führt, wie es meine Absicht war, wodurch ich verhindert bin: eine alte r ö m i s c h e Bekanntschaft a. d. Jahren 1821 u 22[20] zu erneuern, wo wir uns oft mit Hempel[21] billardspielend u Portugalli[22] essend ergötzten – dem dolce far niente ergaben – huldigten.

Gnung – ich präsentiere den einliegenden Wechsel u frage: werde ich die Valuta oder einen Protest erhalten? –

Am liebsten, ich gestehe es Ihnen als alter Spielkammerad ganz offen, nehme ich von I h n e n eine Copie von I h r e r Hand in Anspruch! Zwei Gründe habe ich dafür: es ist der Mann, der dargestellt i s t , u d i e H a n d , w e l c h e d a r g e s t e l l t h a t , beides Männer die ich hochachte!

Ich bedarf eines g u t e n B i l d e s von Heine, für die Gesammt Ausgabe, an die ich, seit 17jähriger Erwerbung, nun ernstlich denke.

Eben komme ich von Paris zurück, wo ich allerdings von Herrn Kiz ein Bildniß besorgen ließ. Aber der K r a n k e Heine u der r ü s t i g e – : – d a s ist es, worauf ich ziele; es ist zu verschieden.

Ohne weiteren Commentar fassen Sie, was ich meine; u d a s ist es, was ich haben mögte. Viele schöne Bücher habe ich verlegt, ich stelle Ihnen meinen ganzen Verlag zur Ausgleichung zur Disposition, der ich j. Zeit entgegen sehe.

Sie freundschaftl u herzl. grüßend Ihr
   Julius Campe
Firma H & C

Es ist ein interessanter Brief, nicht zuletzt deshalb, weil Campe, trotz der kaufmännischen Metaphorik (»Wechsel«), mit der er sein Ansinnen umschreibt, dem Maler kein normales Geschäft gegen Geld anbietet, sondern stolz auf seine Verlagsproduktion als »Ausgleichung« verweist. Das hier erwähnte, von Campe in Auftrag gegebene Bild von Ernst Benedikt Kietz (Campe schreibt »Kiz«), das in Deutschland große Verbreitung fand und geradezu als »Ikone« des kranken Heine galt, vertrieb Campe höchst erfolgreich als Einblattdruck, sehr zum Leidwesen des Dargestellten, der mit diesem Porträt unzufrieden war.[23] Eine Reproduktion von Oppenheims Bild, um die er sich durch diesen und Heines Brief bemühte, verlegte er jedoch nie. Zu dem gewünschten »Nachstich« (HSA XXIII, 109), von dem Heine schreibt, kam es nicht, und die Gesamtausgabe, für die er laut Campe gedacht sein sollte, erschien ohne Heine-Porträt. Aber auf andere Weise hatte dessen Bemühen, »den Gegenstand flüssig zu machen«, doch Erfolg, denn er erhielt am Ende tatsächlich das Original-Ölgemälde Oppenheims. Ob er den Kaufpreis tatsächlich in Büchern abgegolten hat, ist allerdings nicht bekannt. Jedenfalls gelangte das Gemälde später aus dem Besitz Campes bzw. seiner Nachfahren in die Hamburger Kunsthalle, wo es sich heute befindet. Durch dieses Begleitschreiben zu Heines Brief – zugleich der einzige Beleg für die »italienische« Bekanntschaft Campes und Oppenheims – lässt sich seine Provenienz nun lückenlos nachweisen.

An J. Homberg & Co. (Empfänger korrigiert statt: Hoffmann & Campe)

E. Notiz (Rimesse) m. U., Paris, 12. 6. 1852, 1 S., Anlage
HSA XX–XXVII R, Nr. 1437
Abweichungen in der Textpräsentation und Überlieferungsbeschreibung sowie Korrektur des Empfängers, die sich aus den Gepflogenheiten des Wechselverkehrs ergeben: Aussteller des vorliegenden Wechsels ist die Bank Homberg & Co., Bezogener die Firma Hoffmann und Campe, die den Wechsel durch Querschrift akzeptiert hat. Begünstigter aber ist Heine, der das Dokument seinerseits wiederum durch seinen Vermerk zur Gutschrift bei dem Bankhaus eingereicht hat. Der Empfänger einer solchen Rimesse aber ist nicht der Bezogene des Wechsels, sondern die Bank (analog z. B. zu Heines gleichlautender – und in dem Fall korrekt zugewiesener – Notiz an J. Homberg & Co. vom 15. 5. 1854; HSA XX–XXVII R, Nr. 1548), was auch daraus hervorgeht, dass diese deren Eingang am selben Tag bestätigt – »Wir bekennen uns zum Empfang Ihres werthen Schreibens vom heutigen Tage« (Homberg & Co. an Heine, 12. 9. 1852, HSA XXVII, 51^{24}) – und ihm die 650 Mark Banco gegen Abzug der Bearbeitungsspesen gutschreibt (vgl. ebd.).

Der als Auftrag an die Bank gerichtete Heine-Text lautet also nur: »gut für sechshundert fünfzig Mark Banko / Heinrich Heine.« Der Rest ist aus dem Brieftext zu streichen, und der Apparat ist zu ersetzen:

DATUM
Erschlossen aus dem Datum des Wechsels und der Eingangsbestätigung des Empfängers (HSA XXVII, Nr. 990).

ÜBERLIEFERUNG

H   Heinrich-Heine-Institut, Düsseldorf (Vermerk zur Rimesse eines Wechsels für Homberg & Co. auf Hoffmann und Campe: »Paris, den 12ten Juni 1852. Für B^{co} m 650,- / Den ersten Juli zahlen Sie für diesen meinen Wechsel an die Ordre der Herren Homberg & Co. die Summe von Sechs Hundert und Fünfzig Mark Banco / Werth in Rechnung, und stellen mir solche auf Conto laut Bericht. / Herrn Hoffmann & Campe / Buchhandlung in Hamburg«, quergeschriebener Akzept-Vermerk des Bezogenen: »Angenommen / Hoffmann & Campe«. Weitere Vermerke und Wechselstempel von H. J. Merck & Co. (Hamburg). Anlage: die angeheftete »Copie jusqu'a l'endossement« mit Wiederholung des Textes und von Heines Auftrag, rückseitig indossiert von den Bankhäusern J. Homberg & Cie. (Paris), Carl F. Plump & Co. (Bremen) und W. L. & E. L. Behrens (Hamburg).

ERLÄUTERUNGEN
sechshundert fünfzig Mark Banko – Teilbetrag der jährlichen Pension, die Campe dem Vertrag über die Gesamtausgabe gemäß an Heine zu zahlen hatte (vgl. HSA XXII, Nr. 975, § 10). Die Firma Homberg & Co. bestätigte Heine die Bearbeitung und Gutschrift in ihrer Antwort vom selben Tag (HSA XXVII, Nr. 990).

2. Neue Briefe an Heine im Archiv des Heinrich-Heine-Instituts

Von Giacomo Meyerbeer

Paris, 1. April 1836 [?], Freitag

Mr Beer

Sehr werther Freund!
Als Ihr Messager ankam, war ich eben im Begriff Ihnen zu schreiben um Sie freundlichst zu bitten morgen Vormittag um 12 Uhr mir die Ehre zu schenken mit dem Herrn Lehwaldt ud Alexandre Dumas bei mir zu frühstücken. Schlagen Sie es mir nicht ab liebster Freund. Wir plaudern dann auch von Manchem andern. Heute ist es mir leider ganz unmöglich das Glück zu haben Sie zu sehen.
    Also morgen um 12 Uhr j'y compte.
                            Ihr
                            treu ergebenster
                            Meyerbeer.
Freitag.

ADRESSE
à
Monsieur Heine.
DATUM

Erschlossen aus einem Eintrag im Taschenkalender Meyerbeers (vgl. HSA XXIV K, 295).

ÜBERLIEFRERUNG
H   Heinrich-Heine-Institut, Düsseldorf.
D   HSA XXIV, S. 387 (Nr. 282); unvollständiger Abdruck nach einem Auszug in einem Auktionskatalog.

ERLÄUTERUNGEN
frühstücken – dem für die Datierung herangezogenen Kalendereintrag (vgl. HSA XXIV K, 295^{25}) zufolge nahmen schließlich nur Dumas und Lewald tatsächlich an dem Frühstück teil. Lewald hielt sich von März bis Anfang April 1836 in Paris auf, so dass für die hier gemeinte Zusammenkunft sowie für diesen Brief also auch ein anderes Datum innerhalb dieses Zeitraums in Betracht kommt.

Von Julius Sichel

Paris, November 1839

[Albumblatt]

Ecrit par M$^{me.}$ Sichel en 1831
et offert à son ami H. Heine en Novbre 1839 par
Sichel, D. M.

ÜBERLIEFERUNG
H   Heinrich-Heine-Institut, Düsseldorf (Widmung auf einem Blatt mit einer 1831 von Sichels Ehefrau angefertigten Abschrift von Lord George Gordon Byrons Gedicht »When we two parted«).

ERLÄUTERUNGEN
Julius Sichel (1802–1868) aus Frankfurt a. M. hatte »den Ruf des größten Augenarztes von Frankreich, stand an der Spitze einer der bedeutendsten Augenkliniken; und war auch im Besitz der größten augenärztlichen Privat-Praxis in der ganzen Welt«^{26}; Heine war seit 1831 mit ihm befreundet, 1837 wurde er von ihm behandelt^{27}, später stand Sichel ihm auch in der Affäre Strauß zur Seite. Am 25. Oktober 1831 waren Ludwig Börne und Heine Trauzeugen bei Sichels Hochzeit.^{28} Seine Frau, deren Vor- und Geburtsname unbekannt ist, stammte aus England, was die englischen Verse erklärt (»When we two parted« war erstmals 1816 in Byrons »Poems« gedruckt worden). Fraglich ist, warum Sichel Heine ein acht Jahre zuvor von seiner Frau geschriebenes

Brief von Giacomo Meyerbeer an Heinrich Heine.
Neuerwerbung des Heinrich-Heine-Instituts, Düsseldorf

Blatt überreichte, das zudem weder ihre Unterschrift noch eine Widmung von ihr an Heine trägt. Eine nahe liegende mögliche Erklärung dafür wäre, dass sie vielleicht kurz vorher verstorben war und Sichel Heine dieses Blatt als Andenken an sie übergab. Man weiß, dass Sichels Frau bei der Geburt ihres Sohnes August starb[29] (sein Geburtsdatum ist unbekannt). Im Oktober 1839 hatte Heine zuletzt Kontakt mit ihr (vgl. HSA XXI, 337), danach wird sie in der erhaltenen Korrespondenz Heines nicht mehr erwähnt. Der zeitliche Rahmen würde also zu dieser Vermutung passen, solange sich aber keine Lebensdaten für Julius Sichels Ehefrau ermitteln lassen, bleibt das Spekulation.

3. Bisher unbekannte Briefe von Heine in anderen Archiven und Sammlungen

In das Fremdenbuch der Grube Dorothea
                                    Bei Clausthal, 16. September 1824, Donnerstag

[Gästebucheintrag]

H. Heine aus Dusseldorff. Stud. Juris in Göttingen

DATUM
Erschlossen aus dem Datumsvermerk auf der Seite.

ÜBERLIEFERUNG
H   Landesamt für Bergbau, Energie und Geologie Niedersachsen, Bibliothek, Clausthal-Zellerfeld (Eintrag in: Fremdenbuch der Grube Dorothea bei Clausthal, November 1814 – Mai 1829, S. 101 [unpaginiert]).

ERLÄUTERUNGEN
Seinen Besuch der zwey vorzüglichsten Clausthaler Gruben, der »Dorothea« und der »Carolina« (DHA VI, 93) hat Heine in der Harzreise *ausführlich geschildert. Durch diesen eigenhändigen Eintrag hat man nun ein gesichertes Datum für seinen Aufenthalt in Clausthal.[30] Für weitere Erläuterungen vgl. den Beitrag von Christian Liedtke: Heinrich Heines Eintrag im Fremdenbuch der Grube »Dorothea« bei Clausthal, in diesem Heine-Jahrbuch S. 137–143.*

An Franz Wolfgang Adam Ullrich

Hamburg, Mai-Juni 1826 [?]

Dem Herrn Pr. Ulrich übersendet dieses Buch als ein Zeichen der Hochachtung und Ergebenheit

der Vfr

DATUM
Erschlossen aus dem Erscheinungstermin des Buches und Heines Versendung anderer Widmungsexemplare.[31]

ÜBERLIEFERUNG

H   *Privatbesitz (Widmung in: Heinrich Heine: Reisebilder. Erster Theil. Hamburg 1826).*

D   *Kotte Autographs, Katalog Nr. 43. O. O. o. J. [2011], S. 31.*

ERLÄUTERUNGEN
Ulrich – *Der Altphilologe Franz Wolfgang Adam Ullrich (1785–1880), seit 1823 Professor am Hamburger Johanneum. Heine kannte ihn vermutlich aus Berlin, wo Ullrich zuvor als Privatdozent an der Universität sowie an verschiedenen Gymnasien unterrichtet hatte. Am 17. Juni 1823, kurz vor seiner Abreise nach Hamburg, hatte Heine seinem Berliner Freund Varnhagen, der ebenfalls mit Ullrich bekannt war, geschrieben:* Ich werde dort auch den Dr Ulrich finden, der mir nützlich seyn kann *(HSA XX, 95) – diese Hoffnung, die sich darauf gründete, dass Ullrich als Neffe des Hamburger Senators Johann Christian Merck über hochrangige Verbindungen verfügte, erfüllte sich nicht: Ullrich äußerte sich später äußerst kritisch über Heines dritten* Reisebilder-*Band.*[32] *In seiner 7.000 Bände umfassenden Bibliothek, die als* »Bibliotheca Ullrichiana« *am Hamburger Johanneum aufbewahrt wird, finden sich heute keine weiteren Bücher oder Widmungsexemplare von Heine mehr.*[33]

An Adolphe Thiers

Paris, 10. Mai 1835, Sonntag

A Thiers l'historien – Comme temoignage du grand respect et de la grande admiration de l'auteur

Paris ce 10 May

1835

ÜBERLIEFERUNG
H   Fondation Thiers, Paris (Widmung in: Œuvres de Henri Heine V. De l'Allemagne. I. Paris 1835).

An Franz Liszt

Paris den 25 May 1841. *Dienstag*

Liebster Lißt!
Von Ihren Triumphen in London habe ich seitdem vielfach Nachricht erhalten und mich gewiß herzlich darüber gefreut. Nur die 3 0 0 fs, die Sie mir hierherschicken wollten, sind nicht so schnell gereist und ich habe sie bis auf diese Stunde noch nicht erhalten. Ich will gern dem Zufall diese Verzögerung zuschreiben, obgleich die große zersplitternde und betäubende Zerstreuung, worin Sie dort leben, ebenfalls Schuld dran seyn kann. Den 8' oder 9ten Juny reise ich ins Bad, und wenn mich also Ihr Brief noch hier treffen soll, müssen Sie mir bald schreiben, addressirt: rue Bleue, N$^{o.}$ 25. – Lassen Sie bey dieser Gelegenheit mir auch einige Notizen über dortiges Treiben zukommen, wenn Ihnen ein Moment Muße übrig bliebe. – Leben Sie wohl und seyn Sie überzeugt daß ich Sie liebe; denn ich verstehe Sie.

Ihr
Henri Heiné.

ADRESSE
Monsieur
Mr Franz Liszt,
aux Soins de Mr Erard, facteur
de Pianos, great Malborougstreet 18.
à Londres.

DATUM
Poststempel: 25 Mai 41 (60); 27 My 27 1841

ÜBERLIEFERUNG
H   Goethe- und Schiller-Archiv, Weimar.

D   Ulrich Felzmann, Auktionshaus Düsseldorf. Katalog: Autographen-Auktion vom 21. Januar 1995. Nr. 20702, Umschlag, S. 4 (Faksimile).

ERLÄUTERUNGEN
die 3 0 0 fs – Was es mit dieser Geldsumme auf sich hat, ließ sich bisher nicht ermitteln.

Triumphen in London – Nach einer unglücklich verlaufenen Tournee durch die englischen Provinzen zu Beginn des Jahres feierte Liszt im Mai und Juni 1841 in London große Erfolge. »Kaum verging ein Tag, an dem er nicht zu hören war mit Staudigl oder mit Benedict oder mit Moscheles, [...] dann wieder mit Miß Kemble, Fräulein Löwe, Mme. Dorus-Gras und anderen Künstlern. [...].Trotz der gegnerischen Stimmen gehörten Liszt's Erfolge als Virtuos zu den außerordentlichsten in England, speziell in London. Nur Tragöden und Bühnensänger, wie Charles Kemble, Talma, die Pasta, Malibran und Andere, konnten sich hier ähnlicher Siege rühmen.«[34]

8' oder 9ten Juny – Heine reiste erst am 23. Juni in das Pyrenäenbad Cauterets.[35]

Erard – Pierre Érard (1796–1855) führte seit 1831 die Londoner Filiale der berühmten, von Sébastian und Jean-Baptiste Érard gegründeten Klavierfabrik Érard Frères.

An Adolphe Thiers

Paris, Anfang Juli 1855

Hommage respectueux de la part de l'auteur.

DATUM
Erschlossen aus dem Auslieferungstermin des Buches, dem 4. Juli 1855.[36]

ÜBERLIEFERUNG

H   Fondation Thiers, Paris (Widmung in: Poëmes et légendes par Henri Heine. Paris 1855 [Œuvres complètes de Henri Heine]).

4. Bereits gedruckte Briefe von Heine in anderen Archiven und Sammlungen

An Eduard von Schenk

E. Br. m. U., München, 2. 4. 1828, 1 S.
HSA XX, Nr. 261
Staatliche Bibliothek Regensburg.
Geringfügige Abweichungen in der Zeichensetzung.

An Eduard von Schenk

E. Br. m. U., Livorno, 1. 9. 1828, 3 S.
HSA XX / XXIII (korrigierter Nachtrag), Nr. 281
Staatliche Bibliothek Regensburg.

An Jenny Marx

E. Br. m. U. Paris, 1. 1. 1845, 2 S.
Familie Marx privat. Die Foto- und Fragebogen-Alben von Marx' Töchtern Laura und Jenny. Eine kommentierte Faksimileausgabe. Hrsg. von Izumi Omura, Valerij Fomičev, Rolf Hecker und Shun-ichi Kubo. Berlin 2005, S. 396 f. (Faksimile nach S. 114)
Russländisches Staatliches Archiv für Sozial- und Politikgeschichte, Moskau.

An Adolphe Thiers (korrigiert statt: »unbekannten Empfänger«)

E. Widm. in Henri Heine: Lutèce. Lettres sur la vie politique, artistique et sociale de la France. Paris 1855 [Œuvres complètes de Henri Heine]
HSA XXII, Nr. 1642
Fondation Thiers, Paris.
Die Korrektur des Empfängers ergibt sich aus dem Standort des Buches in der Nachlassbibliothek von Adolphe Thiers.

5. Neue Inhaltsangaben verschollener Briefe von und an Heine

An Giacomo Meyerbeer

Paris, 31. März oder 1. April 1836. Donnerstag / Freitag

[Inhaltsangabe]

Heine schlägt ein Treffen am 1. April 1836 vor.

ÜBERLIEFERUNG
Erschlossen aus: Brief von Giacomo Meyerbeer an Heine vom 1. April 1836 (s. o.)

Von Moritz Daniel Oppenheim

Frankfurt a. M., 3. August 1851. Sonntag

[Inhaltsangabe]

Oppenheim beantwortet den Brief Heines vom 25. 7. 1851; mögliche Beilage: Lithographie seines Öl-Porträts von Heine, gedruckt bei F. König (Hanau), ca. 1831.

ÜBERLIEFERUNG
Erschlossen aus: Antwortvermerk Oppenheims auf dem Brief von Heine an Oppenheim vom 25. Juli 1851 (s. o., S. 199).

An Julie Mangin

Paris, Juni – Mitte Juli 1855

[Inhaltsangabe]

Widmung in: Henri Heine: Lutèce. Lettres sur la vie politique, artistique et sociale en France. Paris 1855 [Œuvres complètes de Henri Heine]

ÜBERLIEFERUNG
Erschlossen aus: Brief von Julie Mangin an Heine vom 25. Juli 1855 (HSA XXVII, Nr. 1251). Der Zeitraum für das Datum ergibt sich aus dem neu aufgefundenen Brief von Heines an Arthur Mangin vom 31. Mai 1855 (s.o.) und des Dankesschreibens von Julie Mangin.

Aufgrund einer Recherche von Herman Moens (Deutsches Literaturarchiv Marbach) – dem ich herzlich für die Mitteilung danke – gibt es zudem möglicherweise eine Korrektur der Datierung eines bereits bekannten, erschlossenen Heine-Briefes (HSA XXII, Nr. 1061) sowie des entsprechenden Antwortschreibens der Empfängerin. Julie von Meyendorff bedankt sich in einem undatierten Schreiben, dessen Handschrift unbekannt ist und dessen Wortlaut nur mit großem zeitlichen Abstand durch Henri Julia überliefert wurde, bei Heine »für das Buch, das mich in hohem Grade interessiert« (HSA XXVI, 125). In der Säkularausgabe wird vermutet, es handle sich dabei um »Deutschland. Ein Wintermährchen«, so dass Heines Sendung und der Brief Meyendorffs auf Dezember 1844 datiert wurden. Die Bibliothek des Deutschen Literaturarchivs Marbach hat jedoch kürzlich ein Exemplar der im September 1841 erschienen vierten Auflage von Heines »Buch der Lieder« erworben, das auf dem Titelblatt den handschriftlichen Besitzvermerk der Baronin Julie von Meyendorff sowie die Notiz »donné par Mr Heine« trägt. Mit Recht vermutet Herman Moens, dass der Dank der Baronin der Übersendung dieses Exemplars gilt und ihr Brief also auf den September oder Oktober 1841 zu datieren ist.

Anmerkungen

1 Vgl. Joseph A. Kruse und Marianne Tilch: »Ich hatte mir so oft vorgenommen Ihnen zu schreiben«. Neue Heine-Briefe (Berichtszeitraum Mitte 1996-Ende 2004). – In: HJb 44 (2005), S. 204–219. Vgl. auch die vorangegangenen Mitteilungen von Inge Hermstrüwer, Joseph A. Kruse und Marianne Tilch: »Blätter verweht zur Erde der Wind nun«. Neue Heine-Briefe (Berichtszeitraum 1983–1996). – In: HJb 35 (1996), S. 176–223 und Joseph A. Kruse: Neue Heine-Briefe. – In: HJb (22) 1983, S. 121–134, sowie zu neu aufgefunden Briefen in anderen Archiven Bernd Füllner und Christian Liedtke: Die Datenbanken des Heinrich-Heine-Portals. Mit fünf unbekannten Briefen von und an Heine. – In: HJb 43 (2004), S. 268–276.

2 Vgl. dazu Joseph A. Kruse: Heines Hamburger Zeit. Hamburg 1972, S. 109 f.

3 Für diese Auskunft danke ich Frau Rachel Misrati (Department of Archives, The National Library of Israel, Jerusalem).

4 Vgl. dazu den Beitrag von Francis Maillard: Madame C. Beaumarié: das Album, das Reisetagebuch und der Zufall, im vorliegenden Jahrbuch S. 86–98.

5 Vgl. ebd. Dort auch weitere Literatur über das Album.

6 Henri Blaze de Bury erwähnt schon Begegnungen mit Heine, Dumas und Merlin in 30er Jahren (vgl. Werner/Houben I, 270 f.); die Nennung der von Heine erst sehr viel später bewohnten Adresse in der rue d'Amsterdam in diesem Zusammenhang weckt jedoch Zweifel an der Datierung seiner Erinnerung.

7 Vgl. Mende, 326.

8 Vgl. Werner/Houben II, 103 ff.

9 Vgl. Heinz Becker: Der Fall Heine-Meyerbeer. Neue Dokumente revidieren ein

Geschichtsurteil. Berlin 1958, S. 106. Dort auch eine eingehendere Analyse der Dokumente zu dieser Affäre.

10 Giacomo Meyerbeer: Briefwechsel und Tagebücher. Bd. 4: 1846–1849. Hrsg. und kommentiert von Heinz Becker und Gudrun Becker. Berlin 1985, S. 448.

11 Abgedruckt in Hermstrüwer, Kruse, Tilch: »Blätter verweht zur Erde der Wind nun« [Anm. 1], S. 183 f.

12 Meyerbeer: Briefwechsel und Tagebücher, Bd. 4 [Anm. 10], S. 437.

13 Vgl. dazu Wolfgang Häusler: Sigmund Engländer: Kritiker des Vormärz, Satiriker der Wiener Revolution und Freund Friedrich Hebbels. – In: Juden im Vormärz und in der Revolution von 1848. Hrsg. von Walter Grab u. Julius H. Schöps, Stuttgart 1983, S. 83–137, hier S. 118 f. und die Erläuterung bei Werner/Houben II, 622 f.

14 Hermstrüwer, Kruse, Tilch: »Blätter verweht zur Erde der Wind nun« [Anm. 1], S. 185.

15 Zu den unveröffentlicht gebliebenen Romanen Engländers vgl. Häusler: Sigmund Engländer [Anm. 13], S. 90.

16 Vgl. HSA XXIII K, 53. Anders als dort vermerkt trägt das Blatt auch keine eigenhändige Unterschrift Heines.

17 Vgl. Christian Liedtke: Verzeichnis der Heine-Porträts 1819–1856. – In: Heinrich Heine im Porträt. Wie die Künstler seiner Zeit ihn sahen. Hrsg. von Christian Liedtke. Hamburg 2006, S. 136–144, hier S. 139. Zur kunsthistorischen Bedeutung von Oppenheims Gemälde vgl. Ekaterini Kepetzis: »Was habt ihr gegen mein Gesicht?« Heinrich Heines zeitgenössische Porträts. – In: ebd., S. 113–134; 151–157, hier S. 120 ff.

18 Zu Langes Stich vgl. auch Christian Liedtke: Bilderstreit und Bilderrätsel. Zur Biographie der Heine-Porträts. – In: Liedtke (Hrsg.): Heinrich Heine im Porträt [Anm. 17], S. 85–112; 147–151, hier S. 99 f.

19 Ebd., S. 108 ff.

20 Von 1821 bis 1823 hielt Julius Campe sich in Italien auf.

21 Der nazarenische Maler Josef von Hempel (1800–1871) aus Wien, der sich von 1821 bis 1825 in Rom aufhielt.

22 Portokali: griechisch für Apfelsinen.

23 Vgl. Liedtke: Bilderstreit und Bilderrätsel [Anm. 18], S. 108 ff. und die Abbildung einer Werbeanzeige Campes im Vorwort desselben Bandes, ebd., S. 12.

24 In HSA XXVII K, 51 ist in der Erläuterung zu »Ihr werthes Schreiben« statt »Nicht überliefert« ein Verweis diesen Brief (HSA XX–XXVII R, Nr. 1437) einzusetzen.

25 Der Hinweis ist dort allerdings nur nach einer mündlichen Mitteilung wiedergegeben. In der Edition von Meyerbeers Taschenkalender für den März des Jahres 1836 steht dieser Eintrag jedoch nicht. Vgl. Giacomo Meyerbeer: Briefwechsel und Tagebücher. Bd. 2: 1825–1836. Hrsg. und kommentiert von Heinz Becker. Berlin 1970, S. 509.

26 Gräfe-Sämisch: Handbuch der gesamten Augenheilkunde. 2., neu bearb. Aufl. Bd. 14, Abt. 3: J. Hirschberg: Geschichte der Augenheilkunde. Leipzig 1912, S. 50.

27 Vgl. DHA XI, 575 und DHA XV, 1305 sowie Henner Montanus: Der kranke Heine. Stuttgart, Weimar 1995, S. 354 ff. u. ö.

28 Vgl. Werner/Houben I, 245 f.

29 Vgl. Gräfe-Sämisch: Handbuch [Anm. 26], S. 54.

30 Bisher hatte man lediglich vermutet, die Besichtigung habe am 18. September stattgefunden. Vgl. Mende, 46.

31 Vgl. Mende, 54 ff.

32 Zu Heine und Ullrich vgl. Kruse: Heines Hamburger Zeit. [Anm. 2], S. 207ff., zu Ullrichs Rezensionen vgl. DHA VII, 1097f. und DHA XII, 1022f.
33 Für diese Auskunft danke ich Frau Henrike Schröder, Bibliotheca Johannei, Hamburg.
34 Lina Ramann: Franz Liszt. Als Künstler und Mensch. Bd. 2.1. Leipzig 1887, S. 108ff.
35 Vgl. Mende, 192f.
36 Vgl. ebd., 332.

»Emanzipazion der ganzen Welt«
14. Forum Junge Heine Forschung 2011 mit neuen Arbeiten über Heinrich Heine

Von Karin Füllner, Düsseldorf

»Es ist schöne und ergebnisreiche Tradition, dass sich im Dezember, um den Geburtstag Heinrich Heines, junge Forscher aus aller Welt an der Bilker Straße treffen, um ihre frischen Erkenntnisse über den Dichter auszutauschen«, hieß es am 6. Dezember 2011 in der Ankündigung des 14. Forum Junge Heine Forschung in der »Neuen Rhein-Zeitung«.[1] Zum 214. Heine-Geburtstag hatten die Veranstalter fünf junge Vortragende eingeladen: Andreas Turnsek aus Düsseldorf, Nora Ramtke aus Bochum, Joachim Franz aus Mannheim, Kathrin Nühlen aus Wuppertal und Katy Heady aus Southampton.[2] Die Themen betrafen nicht ausschließlich Heine, sondern auch die Heine-Zeit und Vergleiche mit Heine, und so kündigte die »Westdeutsche Zeitung« an: »Sie sprechen dabei auch über Tucholsky, Ferdinand Freiligrath und den Goethekritiker Pustkuchen. Dabei stehen das Reise-Thema bei Heine im Fokus, die Liebe, die politische Zensur und das Briefeschreiben im 19. Jahrhundert. Für den besten Vortrag wird ein Preis ausgelobt.«[3]

Andreas Turnsek promoviert in Düsseldorf über »Das Reise-Thema bei Heinrich Heine und Kurt Tucholsky« und gab als erster einen Einblick in seine entstehende Arbeit. Mit vielen Zitaten zeigte er sehr anschaulich Parallelen im Reise-Erleben und Reise-Beschreiben der beiden Autoren auf, die in unterschiedlichen Jahrhunderten dennoch in ähnlicher Weise als Schriftsteller und Journalisten gearbeitet und von Deutschland kommend Exilerfahrungen in Frankreich gemacht haben. In den Mittelpunkt seiner Untersuchungen stellte er Heines »Harzreise« und Tucholskys »Pyrenäenbuch«: »Beiden gemeinsam sind als persönliche Motive des Aufbruchs die fremde Heimat und die heimatliche Fremde.« Das Neue werde mit »Neu-Gier« wahrgenommen und mit dem »Blick für das Detail« beschrieben. Vor allem stellte Turnsek heraus, wie sehr bei beiden Autoren eine »subjektive Perspektive« kennzeichnend sei, die sich dem beginnenden Tourismus der Heine-Zeit und dem Massentourismus zur Zeit Tucholskys widersetze. Bei aller Übereinstimmung sah Turnsek einen Unterschied in der literarischen Gestaltung: »Tucholskys Zugang zu Landschaftsbildern und Naturbeschreibungen ist distanzierter, weniger spielerisch-metaphorisch.« Übereinstimmung und Abgrenzung zeigt sehr schön eine witzige, wie es bei Turnsek heißt, »patzige« Hommage Tucholskys an den »Bruder im Geiste«, mit der er sich unter dem Titel »Nun gerade nicht« in seinem »Pyrenäenbuch« auf Heines »Atta Troll« bezieht.[4]

Nora Ramtke, seit 2010 Stipendiatin der Research-School an der Ruhr-Universität Bochum, sprach im Anschluss über den »Goethekritiker Johann Friedrich Wilhelm Pustkuchen in Heines Kritik: Von ›omelette soufflée‹ bis zu ›pietistischem Sauerteig‹«. Von Goethes Namen onomastisch als »göttlichem Namen« ausgehend, untersuchte sie, wie der Autor der sogenannten ›falschen‹ »Wanderjahre« 1821 durch die anonyme Herausgeberschaft als Goethe-Kritiker wirken konnte. Sobald er »seine strategisch vorteilhafte, ja für das Projekt der ›falschen‹ »Wanderjahre« nachgerade notwendige Anonymität« nicht mehr wahren konnte, gab sein Name Anlass zu allerlei literarischer Häme. Als »Bäckersknecht« verspottet, konnte er mit seiner Kritik gegen den göttlichen Autor Goethe nicht mehr bestehen: »Das Sprichwort ›nomen est omen‹ bewahrheitet sich solchermaßen auch an Pustkuchen, zugleich aber zeigt der Fall, wie das dem Namen beigesellte ›omen‹ ein diskursiv erzeugtes ist.« Heine greift diesen Diskurs auf und schreibt ihn, wie Nora Ramtke sehr interessant und engagiert zeigte, weiter, indem er mit »omelette soufflée« und »pietistischem Sauerteig« die »gesamte Richtung einer moralisch-ästhetischen Goethekritik« verspottet.[5] Wenn er dagegen in der »Romantischen Schule« das Ende der »goetheschen Kunstperiode« proklamiere, stelle er sehr selbstbewusst seinen eigenen Namen neben den Goethes und konstatiere mit Anspielung auf den »göttlichen« Namen: »Les dieux s'en vont. Goethe ist todt.« (DHA VIII, 163)

Die folgenden beiden Vorträge nach der Mittagspause bezogen sich auf Themen der Heine-Zeit, es ging um den Publizisten Sylvester Jordan und Heines Schriftstellerkollegen Ferdinand Freiligrath. Joachim Franz promoviert an der Universität Mannheim über die Kritik an Inszenierungen abseits der Bühne im Werk von Dramatikern und Filmemachern von Georg Büchner bis Michael Moore und schlägt damit einen Bogen weit über die Heine-Zeit hinaus. Unter dem Titel »Sylvester Jordan –›Publizist‹ mit ›Gänsefeder‹ und bisweilen gemäßigter Liberaler« hinterfragte er in seinem Beitrag zum Forum das Bild des vormärzlichen Juristen und Staatsrechtlers als »mustergültigem Kompromissliberalen«. Zwar war Jordan 1839 des Hochverrats angeklagt und nach jahrelanger Untersuchungshaft verurteilt worden, 1845 jedoch wurde das Urteil zurückgenommen. Akribisch und mit genauen Textbelegen zur Bildersprache, Syntax und Argumentationsstruktur zeigte Joachim Franz auf, dass Jordan, anders als es der Freispruch des Gerichts konstatierte, 1834 Mitautor der Flugschrift »Leuchter und Beleuchter für Hessen oder der Hessen Nothwehr« gewesen sei: »Zumindest für die Zeit unmittelbar nach seinem erzwungenen Ausscheiden aus dem Landtag 1833 muss man ein differenzierteres Bild von Jordans politischer Haltung zeichnen.« Diesen »anderen Jordan« skizzierte er überzeugend auch in den beiden »eher literarisch angelegten Texten« des Autors, die 1847 und 1848 erschienen waren. Die vielstimmige Dialogizität dieser Schriften eröffne dem Leser »Freiraum« für »radikalere Optionen« jenseits des gemäßigten Liberalismus.[6]

»'Frankieren kann ich aber nicht!' Briefe von Ferdinand Freiligrath an Levin Schücking 1839–1845« war der Beitrag von Kathrin Nühlen überschrieben, die an der Bergischen Universität Wuppertal im Masterstudiengang »Editions- und Dokumentationswissenschaften« über Ferdinand Freiligrath arbeitet. Sie informierte an einem exemplarischen Ausschnitt von Freiligraths Briefen an Schücking über Probleme der bislang vorliegenden Edition. Einzig in Buchners Freiligrath-Biografie von 1882 sind ausgewählte Teile dieses Briefwechsels veröffentlicht. Indes sei dies keine Ausgabe, die wissenschaftlichen Ansprüchen genüge: »Beim Vergleich mit den Originalhandschriften fällt u. a. auf, dass ganze Passagen fehlen.« Interessant zeigte sie an einigen Beispielen auf, dass politische Zensur geübt wurde, ebenso aber auch ausführliche Schilderungen Freiligraths über das tägliche Leben am Rhein gekürzt wurden. Das Interesse des Biographen sei zum einen ein anderes als das eines Editors. Zum anderen aber lässt die Disparatheit der Auslassungen möglicherweise darauf schließen, dass dem Biographen nur bereits von der Witwe des Dichters gekürzte Abschriften vorlagen. Kathrin Nühlen plädierte daher für die Notwendigkeit einer »fundierten, kritischen Briefedition« zu Freiligrath, die »geistige und soziale Prozesse« verortet und »Einblick gibt in epochenübergreifende Verflechtungen«.[7]

Mit dem letzten Vortrag des Forums führte Katy Heady, die an der Universität Sheffield mit einer Arbeit über deutsche Literatur und Zensur in der frühen Restaurationszeit promoviert hat, zurück zu einem genuinen Heine-Thema: »Nicht nur Ideenschmuggel – Heine und die Zensur in den 1820er Jahren«. Am Beispiel der »Reise von München nach Genua« ging sie sehr eindrucksvoll mit vielen Beispielen den Strategien nach, »die Heine verwendete, um seine deutlich subversiven Aussagen vor Zensureingriffen zu schützen«. Im Vergleich von frühen Vorfassungen und dem gedruckten Text zeigte sie, wie Heine durch »Zurückhaltung in der Wortwahl« seiner Kritik an Adel und Kirche einen »ruhigeren und milderen Ton« verlieh. Auch vermeide er in seiner Kritik an den Regierungen die konkreten Namen der jeweils verantwortlichen Staaten. Heine streue seine politisch brisanten Botschaften, so Katy Heady, sie wirkten damit für die Zensoren weniger bedrohlich, aber die Leser könnten ihren Zusammenhang erlesen. Die Zensur verringere auf diese Weise »Präzision, Aggression und Gründlichkeit« der Kritikmöglichkeit, dennoch bleibe der oppositionelle Charakter des

Textes für die Leser unmissverständlich erhalten.[8] Der Beitrag regte an zur Diskussion über das Schreiben unter Zensurbedingungen und stieß ebenso wie alle anderen Beiträge auf großes Interesse beim Publikum.

Den Preis für das 14. Forum Junge Heine Forschung erkannte die Jury[9] dem Beitrag von Katy Heady zu. Die Heine-Gesellschaft gab die Entscheidung auf ihrer Mitgliederversammlung am 21. März 2012 öffentlich bekannt. Heines Plädoyer für die »Emanzipazion der ganzen Welt« in der »Reise von München nach Genua« als der »große[n] Aufgabe unserer Zeit« (DHA VII, 69) stand im Zentrum aller Beiträge des 14. Forum, das sowohl mit dem Reise-Thema, mit dem »Ende der Kunstperiode« (DHA XII, 47), mit politischen Schriften und Briefen der Zeitgenossen wie mit der Zensurproblematik immer wieder die politischen Hintergründe der Heine-Zeit befragte.[10]

Anmerkungen

1 Neue Rhein-Zeitung, Düsseldorf, 6. Dezember 2011.

2 Zu Konzeption, Organisation und Geschichte des von Heinrich-Heine-Institut, Heinrich-Heine-Gesellschaft und Heinrich-Heine-Universität gemeinsam veranstalteten Forums vgl. auch die Berichte über die vorangegangenen Kolloquien: Karin Füllner: »...eine neue Zeit mit einem neuen Prinzipe«. Das Düsseldorfer-Studierenden-Kolloquium mit neuen Arbeiten über Heinrich Heine. – In: HJb 40 (2001), S. 164–173; dies.: »Dieses ist die neue Welt!« Das Düsseldorfer Studierenden-Kolloquium 2001 mit neuen Arbeiten über Heinrich Heine. – In: HJb 41 (2002), S. 245–247; dies.: »und gerade Heine überzeugt mich«. Das Düsseldorfer Studierenden-Kolloquium 2002 mit neuen Arbeiten über Heinrich Heine. – In: HJb 42 (2003), S. 188–191; dies.: »Europäischer Heine«. Das Düsseldorfer Studierenden-Kolloquium 2003 mit neuen Arbeiten über Heinrich Heine. – In: HJb 43 (2004), S. 277–281; dies.: Heinrich Heine: europäisch, musikalisch und kulinarisch. Das Düsseldorfer Studierenden-Kolloquium 2004 mit neuen Arbeiten über Heinrich Heine. - In: HJb 44 (2005), S. 232–236; dies.: Heinrich Heine: Über Groteske, Poesie und Mythos. 8. Forum Junge Heine Forschung 2005 mit neuen Arbeiten über Heinrich Heine. - In: HJb 45 (2006), S. 249–253; dies.: Politik und Maskerade. Von Heine bis heute. 9. Forum Junge Heine Forschung 2006 mit neuen Arbeiten über Heinrich Heine. – In: HJb 46 (2007), S. 223–228; dies.: »Heinrich Heine und die fröhliche Wissenschaft«. 10. Forum Junge Heine Forschung 2007 mit neuen Arbeiten über Heinrich Heine. – In: HJb 47 (2008), S. 246–250; dies.: Musterhafte Vorbilder. 11. Forum Junge Heine Forschung 2008 mit neuen Arbeiten über Heinrich Heine. – In: HJb 48 (2009), S. 227–232; dies.: »Im Namen des Dichters«. 12. Forum Junge Heine Forschung 2009 mit neuen Arbeiten über Heinrich Heine. – In: HJb 49 (2010), S. 250–254; dies.: »Das ausgesprochene Wort ist ohne Schaam«. 13. Forum Junge Heine Forschung 2011 mit neuen Arbeiten über Heinrich Heine. – In: HJb 50 (2011), S. 214–218.

3 Westdeutsche Zeitung, Düsseldorf, 6. Dezember 2011.

4 Zitiert nach dem von Andreas Turnsek vorgelegten Beitrag.

5 Zitiert nach dem von Nora Ramtke vorgelegten Beitrag.

6 Zitiert nach dem von Joachim Franz vorgelegten Beitrag.

7 Zitiert nach dem von Kathrin Nühlen vorgelegten Beitrag.
8 Zitiert nach dem von Katy Heady vorgelegten Beitrag.
9 Mitglieder der Jury waren in diesem Jahr: Prof. Dr. Volker Dörr, Dr. Karin Füllner, Prof. Dr. Joseph A. Kruse, Renate Loos, Janina Schmiedel und Prof. Dr. Manfred Windfuhr.
10 Das Hochschulradio Düsseldorf berichtete am 14.12.2011 über das 14. Forum Junge Heine Forum mit einem Interview mit Andreas Turnsek.

Buchbesprechungen

Ludwig Börne: *Das große Lesebuch*. Hrsg. von Inge Rippmann. Frankfurt a. M.: Fischer Taschenbuch 2012. 335 S. € 12,-.

In der Reihe des »Großen Lesebuchs« beim Frankfurter S. Fischer-Verlag haben sich beispielsweise Alexander von Humboldt und Arthur Schopenhauer, Wilhelm Busch und Joachim Ringelnatz, Arthur Schnitzler und Karl Kraus bereits zu einem abwechslungsreichen Stelldichein zusammengefunden. Nun ist glücklicherweise auch Ludwig Börne (1786–1837) in dieser Runde vertreten. Er erhält somit just zum 175. Todesjahr eine Würdigung, wie sie nicht passender und sympathischer sein könnte. Der umsichtig und klug zusammengestellte Band wurde von Inge Rippmann betreut, die ihrerseits seit über einem halben Jahrhundert die maßgebliche Garantie für Börnes nachhaltige, wenn auch von ihr selbst stets als mühsam bezeichnete Wirkung geboten hat. Ohne ihre fünfbändige Börne-Ausgabe der Sämtlichen Schriften und Briefe aus den Jahren 1964–1968, die sie gemeinsam mit ihrem jüngst verstorbenen Mann Peter Rippmann herausgab, dem das Lesebuch gewidmet ist, ohne ihren »Börne-Index« von 1985 und weitere wichtige Studien oder Publikationen zu diesem Vorreiter eines unabhängigen Bewusstseins wäre von einer modernen Börne-Rezeption solcher Intensität wie dieses Umfangs überhaupt nicht zu sprechen.

Der Band ist in 15 Abschnitte gegliedert, die jeweils unter einem sprechenden Zitat samt der zugehörigen exakten Zuordnung als Überschrift den Horizont des börneschen Lebens und Schreibens abschreiten: vom für ihn problematischen Vater über seine Muse Jeanette Wohl zur Judenfrage und zum kritischen deutschen Patrioten Börne, weiter über die literarischen und theaterkritischen Tätigkeiten sowie seinen Kampf für die Pressefreiheit zum Satiriker und radikalen Demokraten, dann vom Flaneur in Paris und Musikfreund zu seiner Europa-Vision, von dort zur Goethe-Gegnerschaft hin zum »Zeitgeschichtsschreiber« und schließlich zur Freund- wie Feindschaft mit Heine. Den Abschluss dieser ausgewählten Textfolge bildet ein interessanter Einblick in Börnes Beziehung zu seinen Verlegern Cotta und Campe. Eine ebenso glänzende wie sympathetische »Einleitung«(S. 7–14)sowie am Schluss einige informative »Daten zu Leben und Werk«(S. 323–332) und die als kleine Bibliographie zu nutzenden »Literaturhinweise« rahmen die Börne-Texte ein. Hervorzuheben ist der ruhige Atem der stets längeren Texte selbst. Es handelt sich also nicht um eine Anthologie im Stakkato-Stil, die möglichst durch kurze Sentenzen unterhalten will, sondern um ein wirkliches Lesebuch, das mit zusammenhängenden Textbeispielen arbeitet und eine eindringliche Lektüre im weitläufigeren Zusammenhang erlaubt.

Der kritische und genaue Blick Börnes findet seinen bewundernswert adäquaten Ausdruck. Dennoch ist der ältere Zeitgenosse Heines zweifellos nicht von dessen Leichtigkeit und Eleganz geprägt. Vor allem war ihm sein freundfeindlicher Zwilling natürlich durch die Wirkung der

Lyrik überlegen. Börnes Verständnis für das Weltgeschehen im Kleinen wie im Großen entbehrt trotz aller Satire nicht eines zu gewaltigen, ja quälenden Ernstes von belastender Folge für den Schriftsteller selbst. Doch unvergesslich sind z. B. seine Worte zu Ehren von Jean Paul, die unkonventionelle Sicht auf Schillers »Wilhelm Tell« oder Shakespeares »Hamlet«. Bedenkenswert bleiben seine scharfen Prognosen gesellschaftlicher Verhaltensweisen und die luziden Einsichten in materielle und kulturelle Verhältnisse gleichermaßen. Er litt in der Tat an den deutschen Zuständen und entwarf Prospekte für eine lebenswertere Welt. Es ist also mehr als richtig, gut und dankenswert, aus einem solchen Fundus zu schöpfen und ein Lesebuch zu schaffen, das in jedem Sinne als groß zu bezeichnen ist. Dem Bande ist darum eine spürbare Aufnahme in der breiteren Öffentlichkeit zu wünschen.

Joseph A. Kruse

Dietmar Goltschnigg/Hartmut Steinecke (Hrsg.): *Heine und die Nachwelt. Geschichte seiner Wirkung in den deutschsprachigen Ländern. Texte und Kontexte, Analysen und Kommentare. Band 3: 1957–2006.* Berlin: Erich Schmidt 2011. 837 S. € 89,-.

Die ersten beiden Bände der Wirkungsgeschichte decken hundert Jahre zwischen 1856 und 1956 ab. Der zweite Band endet mit dem 100. Todestag Heinrich Heines und den zu diesem Anlass in großer Zahl erschienenen Festreden und Gedenkartikeln. Hier haben die großen Rezeptionslinien in der Bundesrepublik Deutschland und in der Deutschen Demokratischen Republik unterschiedliche Spezifika, was die beiden Herausgeber Dietmar Goltschnigg und Hartmut Steinecke zu Recht noch einmal zu Beginn des dritten Bandes betonen: »Im Westen feierte man den trotz vieler verbliebener Vorurteile allmählich wiedergewonnenen Dichter, den Liebeslyriker vor allem, aber auch den Freiheitssänger, gelegentlich gar als Künder der Demokratie. In der DDR wurde sogar das gesamte Jahr zum ›Heine-Jahr‹ erklärt, die Regierungspartei SED gab das Ziel aus, den Dichter als Nationalautor zu etablieren.« (S. 5)

Auch im dritten Band, der Heines Wirkungsgeschichte zwischen 1957 und 2006 nachzeichnet, spielen politische Entwicklungen und Heine-Gedenkjahre als Zäsuren eine wichtige Rolle. Im vorangestellten Darstellungsteil werden die Bundesrepublik Deutschland und die Deutsche Demokratische Republik bis 1990 getrennt voneinander verhandelt. Nach dem Bau der innerdeutschen Mauer 1961 erstarken allmählich die Studentenbewegungen in der Bundesrepublik Deutschland, die mit ihren Protesten die außerparlamentarische Opposition unterstützen und maßgeblich zur Politisierung der Gesellschaft beitragen. Diese gesellschaftspolitischen Kontexte führten auch zu wissenschaftsgeschichtlichen Veränderungen: »Für die Literaturwissenschaft hieß das: ein wachsendes Interesse an engagierter, politischer Literatur, eine intensivere Beschäftigung mit demokratischen, sozialistischen und revolutionären Schriftstellern der Vergangenheit, damit auch – und im starkem Maße – mit Heine.« (S. 5)

Die Stoßrichtungen der divergierenden Rezeptionsprozesse, die auch im dritten Band anschaulich und quellenbasiert nachzuvollziehen sind, bedingen einen Wettbewerb der beiden deutschen Staaten um den »geistigen und politischen ›Besitz‹ des Dichters« (S. 5). Während die BRD bis 1972 »den langen Weg der Anerkennung Heines« beschreibt, pflegt die DDR den »Nationalautor und sozialistischen Klassiker«, wie es in den Kapitelüberschriften heißt. Die Herausgeber wählen in ihrer literarhistorischen Betrachtung den 175. Geburtstag Heines als Binnenzäsur, um ihre Kapitel zu gliedern. Dies erscheint sinnvoll, da das Jubiläumsjahr, geprägt durch zwei internationale Konferenzen, Ausgangspunkt ist für zwei entstehende historisch-kritische Gesamtausgaben und zwei Heine-Preise.

Auf dem »Weg zur Kanonisierung« in der BRD finden vor allen Dingen die Düsseldorfer Heine-Zusammenhänge (Heine-Institut, Heine-Gesellschaft, Heine-Ehrengabe, Heine-Preis, Heine-Jahrbuch und Heine-Ausgabe) Berücksichtigung.

Während Hartmut Steinecke im Gesamtwerk der beiden Herausgeber den Darstellungsteil bis 1990 verfasst hat, widmete sich Dietmar Goltschnigg den gesamtdeutschen und deutschsprachigen Rezeptionslinien bis 2006. Auch hier spielen – dies ist kaum verwunderlich und nur folgerichtig – die Jubiläumsjahre 1997 und 2006 eine entscheidende Rolle, um die öffentlichen und öffentlichkeitswirksamen Debatten um Heine zu skizzieren.

Der Aufbau des dritten Bandes entspricht dem bewährten Grundkonzept. Nach dem einleitenden literarhistorischen Darstellungsteil werden in chronologischer Reihenfolge Texte als Rezeptionsdokumente angeordnet und zumeist vollständig und bis auf wenige begründete Ausnahmen nach dem Wortlaut des Erstdrucks veröffentlicht. Der begleitende Apparat umfasst eine Zeittafel mit einem Überblick zu den wichtigsten wirkungsgeschichtlichen Ereignissen, eine Bibliographie, ein Abbildungsverzeichnis sowie mehrere Register, die nach Heine-Werken, Personen und Sachzusamnenhängen befragbar sind. Der Kommentarteil enthält Quellenangaben, kurze Erläuterungen zum Text und biographische Notizen zum jeweiligen Verfasser.

Insgesamt werden im dritten Band 143 Texte abgedruckt, wobei die hohe Anzahl von 62 Textbeiträgen auffällt, die aus der Feder von Schriftstellern stammen. Zu den abgedruckten Autoren gehören Peter Rühmkorf, Rolf Dieter Brinkmann, Wolf Biermann, Hermann Kesten, Rose Ausländer, Günter Grass, Dieter Forte, Martin Walser und Elfriede Jelinek. Aber nicht nur die Beitragsanzahl von Schriftstellern ist hoch, es sind auch im Gros hochwertige, kreative, kritische und bisweilen amüsante Beiträge. Zu Recht betonen auch die Herausgeber, dass »epigonales Heinisieren« (S. 7) in der Unterzahl ist und die Qualität der schriftstellerischen Auseinandersetzung mit Heine – auch im Vergleich mit den Textabdrucken in den anderen Bänden der Wirkungsgeschichte – zugenommen hat. Hilde Domin führt beispielsweise ein fiktives Interview mit Heinrich Heine, in dem sie beide Lebensläufe in Teilen parallel liest und die Aktualität und Virulenz Heines für ihr eigenes schöpferisches Schaffen herausstreicht. Dieses Interview ist mehr als nur ein spielerisches Geistergespräch, wie auch schon der Anfang des Textes andeutet: »Domin: Herr Heine, ich möchte Sie zu einigen aktuellen Problemen befragen: ›Die ganze Zeitgeschichte ist jetzt nur eine Jagdgeschichte. Es ist die Zeit der hohen Jagd gegen die liberalen Ideen … Und es fehlt nicht an gelehrten Hunden, die das blutende Wort heranschleppen. Berlin füttert die beste Koppel, und ich höre schon, wie die Meute losbellt‹, so schrieben Sie 1931. Heine: Am 8. März 1831. Domin: Verzeihen Sie. Man vertut sich so leicht in den Jahrhunderten.« (Hilde Domin 1972, Text Nr. 31, »Interview mit Heinrich Heine«, S. 299)

Der im dritten Band behandelte Zeitraum wird außerdem geprägt von den bereits skizzierten, virulenten wissenschaftsgeschichtlichen Zusammenhängen, die maßgeblich die Heine-Bilder prägen. Diesen Entwicklungen tragen die Herausgeber durch den Abdruck von Beiträgen aus der Heine-Forschung im engeren Sinne oder von essayistischen Texten oder Festreden von Heine-Forschern, die in diesem Zeitschnitt auch zu Protagonisten und Motoren der öffentlichen Debatte werden, Rechnung. Zwar wird der starke Forschungsandrang und die »Verwissenschaftlichung der Beschäftigung mit Heinrich Heine« (S. 6) aufgezeigt und durch zahlreiche Aufsätze und Buchauszüge dokumentiert, selbstverständlich können und wollen die Herausgeber aber keinen Forschungsüberblick oder gar eine Heine-Bibliographie zusammenstellen.

Insbesondere der geringe historische Abstand zu den Jahren 1957 bis 2006 ist eine große Herausforderung bei der Auswahl und Wertung der Texte, die sich abermals innerhalb einer großen, reizvollen Spannbreite von Textsorten, angefangen von Essays, Feuilletons, Anekdoten, Festreden bis hin zu Gedichten und literaturwissenschaftlichen Abhandlungen, bewegen. Gewiss entsteht – in Zukunft mit größerem historischem Abstand oder aber auch schon jetzt an der einen oder anderen Stelle – der Wunsch, die Textauswahl zu modifizieren.

Das schmälert die Leistung der beiden Herausgeber am Ende des rechercheintensiven Mammutprojekts einer dreibändigen Wirkungsgeschichte mit über 400 Texten, Materialsammlung, Kommentaren und Chronologie aber keinesfalls. Die umfangreiche, aber selbstverständlich nicht vollständige oder gar objektive Dokumentation bietet lebhafte und anregende Einblicke in die Auseinandersetzung um Heinrich Heine. Berücksichtigt werden ausschließlich gedruckte Texte als eine Form der Erinnerungskultur. Gerade für den Zeitraum des dritten Bandes bietet sich eine Zusammenstellung mit der Rezeption in modernen Medien wie Film, Fernsehen, Internet und Rundfunk an, was gewiss noch ein Desiderat für die Zukunft ist.

Buchbesprechungen

Zwar ist dem Beitrag von Matthias Mattussek aus der Zeitschrift »Spiegel« zum Thema Heine-Rezeption in mehrfacher Hinsicht zuzustimmen, wenn er schreibt: »Den Rechten war er zu links, den Linken zu rechts. Den Nationalsozialisten galt er als Vaterlandsverräter, den Intellektuellen als trivial. Im neuen Deutschland, zu seinem 150. Todestag, ist der geniale Dichter und Journalist Heinrich Heine endlich angekommen.« (Matthias Matussek 2006, Text Nr. 141, »Pistolenknall und Harfenklang«, S. 655) Trotzdem ist zu hoffen, dass auch weiterhin der plakative und zum Diskurs anregende Spruch aus dem Düsseldorfer Heine-Jahr 1997 zutrifft »Heine? Ist doch tot! Oder?« Glücklicherweise bieten Heines Leben und Werk genügend Widerhaken, um nicht als »St. Heine« gegenstandslos zu werden – oder, um es mit Robert Gernhardt zu sagen: »Viel fehlt nicht, sie sprechen dich heilig. / Willst du dich dessen erwehr'n, / Dann lasse nochmal deine Stimme / In göttlicher Frechheit hör'n.« (Robert Gernhardt 1997 / 1998, Text Nr. 117, »St. Heine«, S. 570)

Sabine Brenner-Wilczek

Ralph Häfner (Hrsg.): *Heinrich Heine und die Kunstkritik seiner Zeit. Akten des Internationalen und interdisziplinären Kolloquiums, Paris, 26.–30. April 2006.* Heidelberg: Winter 2010 (= Beihefte zum Euphorion; H. 57). XI, 254 S. € 35,-.

Das Thema ›Heine und die Musik‹ erlebt seit einigen Jahren einen großen Aufschwung und findet in der jüngeren Forschung viel Beachtung. Heines Verhältnis zur Bildenden Kunst dagegen wurde im Vergleich dazu in letzter Zeit deutlich seltener behandelt – auch wenn es natürlich nie ganz aus dem Fokus verschwand. Ein Sammelband wie dieser, der sich nun wieder damit beschäftigt, ist also in jedem Falle zu begrüßen. Er enthält elf Beiträge zum Thema (fünf davon in deutscher, sechs in französischer Sprache), die im Heine-Jubiläumsjahr 2006 bei einem Symposium im Deutschen Forum für Kunstgeschichte, Paris, vorgetragen worden waren. Ein gewisser Nachteil einer solchen verzögerten Publikation liegt natürlich immer darin, dass eine Reihe der darin enthaltenen Beiträge in der Zwischenzeit ganz oder in Teilen auch schon andernorts veröffentlicht wurden. Das gilt auch für einige Artikel in diesem Buch, tut dessen Bedeutung insgesamt jedoch gar keinen Abbruch. Es eröffnet, gerade in der Zusammenschau der Beiträge, viele interessante und auch manche neue Perspektiven, nicht zuletzt deswegen, weil seine Themenstellung sich nicht auf Heines Beschäftigung mit einzelnen Bildern oder Künstlern beschränkt, sondern diese ausdrücklich in den weiten (literarischen) Kontext der zeitgenössischen Kunstkritik stellt. Das Erkenntnisinteresse richtet sich also einerseits auf die Art und Weise von Heines literarischem Schreiben über Kunst – und das nicht nur in seinen explizit kunstkritischen Texten – und andererseits auf den kunstkritischen Diskurs seiner Zeit insgesamt. Seine Stellung innerhalb dieses Diskurses deutlich herausgearbeitet zu haben und auch die Bedeutung der Gattung Kunstkritik für das Verständnis der Ideengeschichte des 19. Jahrhunderts ins rechte Licht gerückt zu haben, ist ein Verdienst, das man diesem Buch als ganzem ohne jeden Zweifel bescheinigen kann.

Das Buch ist in vier Abschnitte (und einen Epilog) gegliedert: Im ersten davon, überschrieben mit »Die Kunst der Kritik«, steht die Kunstkritik als solche im Mittelpunkt. »Gemeinsame Grundlage der Beiträge ist die Überzeugung, daß das komplexe Phänomen der Kunstkritik […] nur durch den interdisziplinären Zugriff angemessen erfaßt werden könne.« (S. VIII) Dieser vom Herausgeber formulierten Maxime werden die beiden Artikel in diesem ersten Kapitel in besonderem Maße gerecht. Wolfgang Drost entfaltet ein kleines Panorama der französischen Kunstkritik zur Entstehungszeit von Heines »Salon«-Berichten. Übersichtlich und konzis benennt er die wichtigsten Strömungen und Debatten, charakterisiert die Kunstwerke, an denen letztere sich entzündeten, und vermittelt einen guten Eindruck von der besonderen, veränderten Rolle, die dem Kunstkritiker zukam. Vor diesem Hintergrund wird Heines Position klar erkennbar und die Bedeutung und Leistung seiner Kunstkritik vor allem als ein Phänomen der Zeit deutlich: »Heine trat als Kunstkritiker in einem Moment des Umbruchs auf. Er war auf der Seite der Romantiker […]. Seine Wendung gegen jegliche Art allzu verstandesmäßiger und pedantischer Auseinandersetzung mit Kunst hatte einen Nerv der Zeit getroffen.« (S. 27) Ralph Häfner, dem Herausgeber des Bandes, gelingt es in seinem Artikel überzeugend, zu zeigen, »daß Kunstkritik, zumindest im Falle Heines, sich zu einer Kritik der ›Menschen, Sitten, Meinungen und Zeiten‹ (Shaftesbury) auswachsen konnte« (S. 44). »Der Kunstkritiker als Maler des modernen Lebens« (so lautet der Untertitel von Häfners Aufsatz) wird dadurch als eine Art Rollenmodell für den Schriftsteller Heine erkennbar, das sich keineswegs auf dessen Kunstberichte beschränkt. Das Moment narrativer Stringenz tritt zurück, an seine Stelle treten das Malerisch-Pittoreske und der Blick des Kunstkritikers, der gleichermaßen die Distanz zur Realität als auch zu deren

Buchbesprechungen

künstlerischer Abbildung betont. Damit lässt sich Heines Schreibweise gut charakterisieren, wobei eingewendet werden muss, dass diese natürlich nicht erst in seiner Pariser Zeit entstand, sondern mit dem bewusst unsystematischen Causerie-Stil der »Reisebilder« längst vorgeprägt war. Besonders interessant ist es, wie Häfner Bildanalysen (Decamps' »Türkische Patrouille«) und Textanalysen (Heines »Atta Troll«) miteinander verbindet und Ähnlichkeiten in Sujets und Darstellungsformen beschreibt, exemplarisch anhand von Balkonszenen. Auch wenn sein letztes Beispiel, eine von Henri Julia – hier fälschlicherweise als »Heines Freund« (S. 44) bezeichnet – geschilderte Szene, die den sterbenskranken Heine ein letztes Mal als Balkon-Beobachter zeigt, in diesem Zusammenhang ein wenig überinterpretiert scheint, ist Häfner ein origineller Blick auf Heine, seine Wahrnehmungs- und seine Darstellungsweise gelungen.

Auf diesen ersten Abschnitt, »Die Kunst der Kritik«, folgt das Kapitel »Nach der Juli-Revolution«, in dem sich Renate Stauf und Bodo Morawe speziell mit Heines »Salon«-Bericht von 1831 und den unmittelbaren Bezügen seiner anderen Texte über die aktuelle Kunst zu jenem epochalen Ereignis beschäftigen, welches, wie Heine schrieb, »unsere Zeit gleichsam in zwey Hälften auseinander sprengte« (DHA XI, 56). Ähnlich wie Häfner betont auch Stauf, wie sehr gerade die Rolle des Kunstbetrachters, der durch die Zeit schreitet wie durch die die Räume einer Galerie, der Schreibhaltung des politischen Publizisten Heine gemäß ist. Literaturhistorisch interessant ist besonders der Zusammenhang, den sie dabei zwischen Heines Gemäldebericht und der französischen Romantik herstellt. Er gibt Heines spezifischer Verbindung von Literatur und Zeitkritik eine neue Facette, die zweifellos auch im Hinblick auf andere Texte und Themen mehr Beachtung verdient, als ihr bisher zuteil geworden ist. Während Stauf deutlich macht, wie die Ausweitung des Blicks, das »multiperspektivische Sehen« (S. 70), es Heine ermöglicht, eine komplexe Zeit komplex zu schildern – ihre Ausführungen erinnern in dieser Hinsicht an Wolfgang Preisendanz, der die bewusst hergestellte »Polyphonie« als ein Charakteristikum von Heines Paris-Berichten beschrieb (vgl. Preisendanz: Der Sinn der Schreibart in den Berichten aus Paris 184–1843 »Lutezia«, in ders: Heinrich Heine. Werkstrukturen und Epochenbezüge. München ²1983, S. 97) –, geht es Bodo Morawe hingegen eher um eine Engführung des Blicks: Er sucht nach Anzeichen republikanischer Tendenzen in Daumiers Karikaturen und Heines »Französischen Zuständen«, die er beide mit der Gestalt des Revolutionärs Louis-Auguste Blanqui in Verbindung bringt. Interessant sind hier die herausgearbeiteten ästhetischen Ähnlichkeiten in Heines und Daumiers Darstellungsweise, die Morawe mit Hilfe des Begriffs des »Crossover« recht treffend beschreibt. Weniger zu überzeugen vermag dagegen die Rede von einem von ihm konstruierten ›Dreigestirn‹ Blanqui/Daumier/Heine«, das »am rechten Ort und zur rechten Zeit mit gleichen politischen Emphase, aber auch mit der gleichen emanzipatorischen Zielrichtung« eine republikanisch geprägte »kultur-, mentalitäts- und mediengeschichtliche ›Sternstunde‹« herbeigeführt habe (S. 83). Mit dieser Sichtweise erscheinen Heines vielschichtige Reportagen dann doch recht eindimensional als bloße ›Bekenntnistexte‹, zudem wird ausgeblendet, dass Heine ja gerade kein »republikanische[n] Kairos« (ebd.) beschreibt, sondern im Gegenteil vielfach die Unzeitgemäßheit und den mangelnden Rückhalt der Republikaner thematisiert. Zusammen gelesen zeigen beide Beiträge aber in jedem Fall, wie sehr sich Heine gerade in seiner neuen Rolle als Kunstbetrachter auf der Höhe des Zeitgeschehens bewegt.

Der Abschnitt »Die Gegenwart der Tradition« widmet sich speziell deutsch-französischen Wechselbeziehungen im Schnittpunkt von Heines Kunstbetrachtungen. France Nerlich erläutert einerseits die enorme Bedeutung, die die Historienmalerei Paul Delaroches in Deutschland gewinnt und beleuchtet andererseits Heines Auseinandersetzung mit Delaroches Aktualisierung historischer Sujets für die eigene Gegenwart, insbesondere anhand von dessen »Cromwell«-

Gemälde. Einleuchtend wird hier herausgearbeitet, dass Heine nicht an einer allzu direkten, eindimensionalen und emotional aufgeladenen Aktualisierung gelegen war, und dass in dieser Hinsicht Horace Vernet in seinen Augen der entscheidende Gegenpol zu Delaroche war. Geht es bei Nerlich auch um die Rezeption eines französischen Künstlers in Deutschland, so beschäftigt sich Marie-Ange Maillet mit der Rezeption eines deutschen Künstlers in Frankreich: des Düsseldorfer und Münchener Akademiedirektors Peter (von) Cornelius, der dort zeitweilig sehr geschätzt wurde. Sie stellt Heines spöttische Kritik vor allem an der religiösen Malerei Cornelius' und seiner Schüler dar, zeigt jedoch auch, dass Heine und Cornelius bei einem anderen Thema durchaus ähnliche Ansichten hatten, nämlich was die Illustration literarischer Werke betraf. Weniger um die Betrachtung einzelner Kunstwerke als vielmehr um ästhetische Grundanschauungen geht es in Bernd Kortländers Essay »L'art des Salons: Heine et Diderot«. Er vergleicht Diderots kunstkritische Texte mit denen Heines, und ohne nach so etwas wie einem unmittelbaren »Einfluss« Diderots auf Heine zu suchen – schließlich kommt dessen Name in Heines gesamtem Werk gerade an vier Stellen vor –, stößt er doch auf Gemeinsamkeiten zwischen ihnen, die er vor allem auf der stilistischen Ebene ausmacht sowie in der Art und Weise, in der beide Schriftsteller die Rolle des Autors als Kunstrichter verstehen und ausfüllen. Sie geht bei beiden weit über die reine Kunstbetrachtung hinaus.

Während sich zwischen den ersten drei Sektionen häufig interessante thematische Querbezüge untereinander ergeben, wirkt die vierte Abteilung, zusammen mit dem Epilog, etwas isoliert von diesen und erscheint auch in sich ein wenig disparater als diese. Sie trägt den Titel »Kritik, Bild, Fiktion«. In zwei der darin zusammengefassten Artikel wie auch im Epilog geht es um Théophile Gautier. Concetta Rizzo untersucht, inwiefern sich der spezielle Blick des Kunstsammlers Gautier in dessen literarischen Werken niederschlägt, Claudia Albert beschäftigt sich mit den Künstlerfiguren Balzacs und Gautiers, während Maria Teresa Puleio in ihrem Epilog das Verhältnis von Gautier und Heine beleuchtet und zeigt, dass es gerade die Elemente des Phantastischen wie auch des Schauerlichen im Werk Heines waren, die Gautier besonders inspiriert haben. Eine sehr intensive Textbetrachtung mit dem Schwerpunkt auf Heines früher Lyrik hat Hans-Jürgen Schrader vorgelegt. Er untersucht, wie es im Untertitel seines Beitrages heißt, »imaginierte Bildlichkeit in Heines Traumbildern« und zeigt anhand einer Vielzahl von Belegstellen, wie der Dichter die Technik der Bildbeschreibung in seinen poetischen Werken, insbesondere den vielen Traum-Gedichten nutzt, welche Rolle optische Effekte, Farben und Formen dabei spielen. Es gelingt Schrader auf diesem Wege, überraschende Parallelen zwischen Heines Lyrik und seinen Kunstberichten aufzuzeigen.

Das Buch ist mit einem Namensregister versehen und enthält auch eine Reihe von Illustrationen: Einige der von Heine erörterten Gemälde sind abgebildet, wobei die Qualität dieser Reproduktionen allerdings in vielen Fällen leider zu wünschen übrig lässt. Andererseits ist dies kein Bildband oder Ausstellungskatalog, und es geht nur darum, eine Erinnerungsstütze oder einen ersten Eindruck von den Bildern zu vermitteln, um die es in den Texten geht. Diesen Zweck erfüllen die Illustrationen, und den guten Gesamteindruck können sie ohnehin nicht schmälern. Zweifellos liegt mit diesem Band eine Sammlung interessanter und anregender Studien vor, die der Diskussion um Heines Ästhetik und auch seine Rolle als Zeitschriftsteller neue Impulse geben können.

Christian Liedtke

Astrid Henning: *Die erlesene Nation. Eine Frage der Identität – Heinrich Heine im Schulunterricht in der frühen DDR*. Bielefeld: transcript 2011 (= lettre). 315 S. € 32,80.

Die Arbeit von Astrid Henning, eine Hamburger Dissertation aus dem Jahre 2010, beschäftigt sich am Beispiel der Lektüre Heinrich Heines in der frühen DDR mit der Rolle der Literatur bei der Herausbildung von so etwas wie nationaler Identität. Im Anschluss vor allem an theoretische Überlegungen von Michel Foucault begreift Henning Nation und Identität nicht als feste Größen, sondern als Prozesse des Werdens, des Entscheidens der Individuen zwischen Diskursangeboten, die zudem immer abhängig sind von den konkreten gesellschaftlichen Rahmenbedingungen. Das heißt aber zugleich, dass es nationale Identität überhaupt nur in dem Maße gibt, wie sich Individuen in einer bestimmten historischen Lage zu ihr bekennen, Nation/Staat und Subjekt stehen nicht in einem einsinnig kausalen, sondern in einem interdependenten Verhältnis zueinander. Mit der Frage nach der Identität stellt sich gleichzeitig die Frage nach der Entstehung von Subjektivität im modernen Nationalstaat und deren Rolle im Prozess der Konsolidierung und Reproduktion von Herrschaft. Die Findung eigener Identität hat die Auseinandersetzung mit Sinnangeboten zum Gegenstand, die von Seiten der Gesellschaft gemacht werden. Die Subjekte setzen sich mit solchen Vorgaben auseinander und übertragen sie unter bestimmten Voraussetzungen auf die Selbstentwürfe.

Zu diesen Voraussetzungen, ohne die keine wirksame Identifizierung gelingen kann, gehört die Vertiefung einer bloß kognitiv erfassten Identität durch die Emotion ebenso wie der eigene Praxisvollzug. Und genau in diesen beiden Feldern liegt die besondere Bedeutung, die kulturelle für die Entstehung von nationaler Identität haben. In Kunst, Musik und Literatur werden Angebote gemacht, um die Praxis der Identitätsfindung auszuhandeln. Die Schule und der schulische Literaturunterricht haben sich diesen Umstand seit je zu Nutze gemacht. Dabei folgt die Schule als Agent des Staates den Hauptlinien des nationalen Selbstentwurfes, der sich in der DDR vor allem an den Gegensätzen von Arbeit und Nichtarbeit, von Sozialismus und Kapitalismus und von Antifaschismus und Faschismus ergab. Die Verfasserin versucht, solche Fixpunkte des Selbstbildes der DDR im Umgang mit der Biographie und dem Werk Heines herauszuarbeiten. Dabei stützt sie sich auf ein Konvolut von 40 Abituraufsätzen zu Heinrich Heine aus dem Jahre 1956, entstanden im Heinrich-Heine-Gymnasium der Stadt Haldensleben. Die schulische Heine-Rezeption steht im Rahmen der allgemeinen Rezeption des Autors in der damaligen DDR, die insbesondere durch seine stark betonte Freundschaft zu Karl Marx eng an das kommunistische Weltbild und die kollektive Biographie der DDR angeschlossen wird. Die Schüler erfuhren sich in der Interpretation von Heine-Texten als Antifaschisten und Werktätige und hatten das Gefühl, auf der richtigen Seite des besseren Deutschland zu stehen. »Heine wird damit zu einem kollektiven Phantasma – ein (Pop)Idol, welches gerade durch das Vormarxistische, das Noch-nicht-angekommen-Sein die Begehrensstrukturen der Schülerinnen bündelt.« (89) Am Beispiel des Umgangs mit dem Gedicht »Enfant perdü« innerhalb der Abituraufsätze zeigt die Verfasserin dann, warum Heines nationalpolitische Diskurse besonders geeignet waren für die frühe DDR: Als historische Erzählung von einer besseren Zukunft und der Jugend als deren Vollstreckerin; wegen des nationalen Sendungsbewusstseins; aber auch, weil Heines Ironie ein besonders gut geeignetes Mittel war, um jene Brüche zu bündeln, die sich notwendig zwischen den schulisch verlangten Identifizierungen und den subjektiven, durch die familiäre Sozialisation erfahrenen Wirklichkeiten ergaben. Denn die Wirklichkeit der DDR-Familien war, genau wie die in der BRD, bestimmt durch Kriegstraumata und nicht aufgearbeitete Erfahrungen mit Faschismus und Antisemitismus. Was die Jugendlichen an Heine und »Enfant perdü« besonders herausstellen, ist seine direkte Ansprache an die Jugend; seine märtyrerhafte Identifizierung mit der Volksgemeinschaft über den Tod hinaus; seine kriegerische Positionierung auf Seiten der Arbeiterklasse und seine Rolle als permanenter Wächter gegen den ausbeuterischen Klassenfeind.

Während Heine allein stand, so ist in den Aufsätzen immer wieder zu lesen, steht jetzt das nationale Kollektiv gegen den Klassenfeind. Hier erweist sich in besonderer Weise die Eignung von Literatur, um den Schritt von der bloß gedachten zur emotionalen Gemeinschaft zu vollziehen und Nation gleichsam zu ›Familiarisieren‹. Heine wird in den Schulaufsätzen zur Projektionsfläche, das Bekenntnis zu ihm ästhetischer Ersatz für eigenes Handeln, verknüpft mit der Vorstellung, künftig ebenso zu handeln wie Heine. Genau wie Heine identifizieren sich die Schüler als Feinde der ›faulen Bäuche‹ des »Wintermährchens«, als Mitglieder jenes »neuen Geschlechts«, das Garant ist für ein besseres Deutschland, das im DDR-Staat Realität geworden ist.

Abgesehen von ein paar Kleinigkeiten, etwa was die Linie von der sowjetischen Heine-Verehrung zur Heine-Rezeption in der DDR oder Einzelheiten zum Konvolut der Abituraufsätze betrifft, gibt es an der gründlichen und gut geschriebenen Untersuchung kaum etwas auszusetzen. Die dreibändige Zusammenstellung der Dokumente zur Heine-Rezeption von Goltschnigg/ Steinecke hat die vielen Verwendungszusammenhänge noch einmal nachdrücklich vor Augen geführt, in denen Heine und sein Werk eine Rolle gespielt haben. Astrid Henning hat einen kleinen Ausschnitt aus dieser großen Rezeptions-Erzählung herausgenommen und unter das Mikroskop der ideologiekritischen Analyse gelegt. Das Ergebnis ist in vieler Hinsicht vorbildlich und sollte weitere, ähnliche Untersuchungen anregen.

Bernd Kortländer

Buchbesprechungen

Bernd Kortländer/Enno Stahl (Hrsg.): *Zensur im 19. Jahrhundert. Das literarische Leben aus Sicht seiner Überwacher.* Bielefeld: Aisthesis 2012. 267 S. € 28,00.

Die 11 Beiträge des Buches sind das Ergebnis eines Kolloquiums, das das Rheinische Literaturarchiv des Heinrich-Heine-Instituts, Düsseldorf, am 22. und 23. Oktober 2009 unter dem Titel »Das literarische Leben des 19. Jahrhunderts im Spiegel der Zensur« veranstaltet hat. Die Beiträger sind Literatur-, Buch- und Kulturwissenschaftler sowie Historiker; sie kommen aus Deutschland, Österreich, USA, Niederlande und Polen. Drei der Beiträger gehören dem Heinrich-Heine-Institut an. Behandelt wird ein Zeitraum, der vom Ende des 18. Jahrhunderts bis in den Ersten Weltkrieg reicht. Etwa die Hälfte der Beiträge beschäftigt sich mit der Vormärzzeit. Der Anspruch der Herausgeber ist nicht gering: Sie wollen mit ihrem Band, der sich als ein »erster Versuch« (S. 10) versteht, anregen, die Zensurforschung »auf ein ganz neues Fundament« (S. 7) zu stellen, soll heißen: »weg von den Einzelfällen (wichtigen Autoren und deren persönlicher Zensurgeschichte) hin zur Erfassung der institutionellen Mechanismen.« (S. 7) Das neue Alleinstellungsmerkmal dieses an sich nicht neuen literatursoziologischen Ansatzes ist, so das Vorwort, eine dezidiert auf Archivalien der zensierenden Instanzen und der davon Betroffenen gestützte Forschungsarbeit. In den Fokus geraten so auf der einen Seite staatliche Akten (z. B. Behördenkorrespondenzen, amtliche Listen, Verordnungen, Urteile), auf der anderen Seite Privatakten von Verlegern, Druckern und Autoren (z. B. Korrespondenzen, Eingaben, Abrechnungen). Das in Frage kommende Material, das in den letzten Jahren mehr und mehr durch den Aufbau von regionalen Datenbanken erschlossen worden ist bzw. wird, beläuft sich – gemessen in Papier – gleichwohl auf hunderte von Aktenmetern. Diese Fülle erschließen zu wollen, ist ein gewaltiges Vorhaben. Verständlich, dass der vorliegende Band nur ein paar Kostproben liefern kann – dennoch bleibt zu fragen, ob auf diese Weise eine Art Paradigmenwechsel in der Zensurforschung befestigt werden kann bzw. soll, wie er im angloamerikanischen Raum unter dem Titel »New Censorship« spätestens seit dem von Robert C. Post herausgegebenen Buch »Censorship and Silencing. Practices of Cultural Regulation« (Los Angeles 1998), gefordert wird. Danach wäre »Zensur« kein einseitig repressiver Akt von oben gegenüber zu Tätern/Opfern gemachten Autoren, in dem die Bewertungen »gut« und »böse« bereits festliegen, sondern eine komplexe Aktionsform kultureller Regulierung mit Interventionsabsichten, die von behördlichen Meinungsverboten bis hin zu pädagogisch-politischen Verbesserungsprogrammen reichen und nicht zuletzt auch noch solche sprachlichen Selektionsmechanismen umfassen, die Selbstzensur bzw. Schweigen einschließen.

Die Abfolge der einzelnen Beiträge ist weder chronologisch noch systematisch. Das kann Absicht gewesen sein, um die Vielfalt des »literarischen Lebens aus Sicht seiner Überwacher« zu dokumentieren. Es kann aber auch sein, wie nicht selten bei Tagungsbänden, dass die Herausgeber ein interessantes Konzept, die Beiträger aber (die allesamt keine Anfänger sind) ihr Forschungskonzept mit ihrem Spezialgebiet hatten, und beide Konzepte nicht voll übereinstimmen. So folgen dem Anspruch »weg von den Einzelfällen [...] hin zur Erfassung der institutionellen Mechanismen« letztlich nur 6 Beiträge, lässt man einmal die beiden knappen, aber informativen Beiträge im Kapitel »Ausblick über die Grenzen der Rheinprovinz« beiseite (Marek Rajch: »Polnisches Schrifttum und die preußische Zensur 1848–1918«, S. 231–253; Norbert Bachleitner: »Die Zensur der Habsburger. Zur Datenbank der in Österreich zwischen 1750 und 1848 verbotenen Bücher«, S. 255–267). Dem stehen drei interessante Beiträge gegenüber, die sich explizit mit Einzelfällen aus der Zeit des Vormärz beschäftigen, gestützt zwar auf archivalische Quellen (Handschriften, Briefe, Presse, Zensurakten), ohne jedoch damit auf bisher völlig unbetretenen Boden vorzustoßen. Es sind die Beiträge von Bernd Kortländer über Heinrich Heine und die Zensur (S. 11–20), Bernd Füllner über Hermann Püttmanns »Album« (S. 111–126) und James M. Brophy über den demokratischen Verleger Heinrich Hoff (S. 203–227). Sie stehen in guter Tradition und bewähren sie. Brophy hält sogar ein ausdrückliches Plädoyer für die Einzelfall-Forschung: »Abstrakte Begriffe wie Struktur oder Prozess, wie sie in der neueren Literatur zur Zensur Verwendung finden, beschreiben die eigentümliche Haltung solcher Verleger wie Hoff aber nur unzureichend. [...] Es ist leider ein weit verbreiteter Irrtum, dass in der deutschen Geschichte Menschen dieses Schlages selten vorkommen. Sie sind nur zu wenig historisch erforscht.« (S. 227)

Welche Erkenntnisse bringen nun die Beiträge, die den Akzent auf die Struktur, die Kommunikationsprozesse und die Akteure staatlicher Zensur und buchhändlerischer Distribution legen? In eine chronologische Ordnung gebracht ergibt sich folgendes Bild für das 19. Jahrhundert: Christian Liedtke (»Brief und Siegel«, S. 81–110) schöpft aus dem reichen Fundus des Archivs des Heinrich-Heine-Instituts, das im wesentlichen aus Werknachlässen (im weiten Sinne) besteht. An ausgewählten Dokumenten (u.a. zu Heines Band 4 der »Reisebilder«, zwei Flugschriften von 1835, Börnes »Briefen aus Paris«, Verlagskorrespondenz von Campe) liefert er mikroanalytische Fallbeispiel-Untersuchungen, die das penibel bürokratische Vorgehen der zensierenden Behörden illustrieren. Eher makroanalytisch thematisieren die nächsten beiden Aufsätze ihren Gegenstand: Bärbel Holtz (S. 153–176) untersucht die Binnenstruktur der beiden zentralen Zensurbehörden Preußens, das Ober-Censur-Collegium (1820–1843) und das Obercensur-Gericht (1843–1848) sowie die maßgeblichen Zensoren; Christine Haug stellt die strukturellen Probleme des deutschen Buchhandels dar, für den der Umgang mit der Zensur ein bedeutsames Entwicklungshemmnis neben den ohnehin existierenden Beschränkungen durch die vielfältigen Währungs-, Zoll- und Mautbestimmungen war – das aber selbst nicht weiter behandelt wird. Dass der Behördenapparat und seine Akteure trotz repressiver Macht letztlich nicht effektiv funktionierte, umgekehrt aber der Buchhandel trotz massiver Behinderung durch die Zensur (zum Teil sogar wegen ihr) sich erfolgreich entwickeln konnte, bestätigen beide Arbeiten detailliert. Zu einem ähnlichen Ergebnis kommt Bodo Plachta in seinem Längsschnitt über die Praxis der Zensurlücke (S. 45–77). Er stützt sich dabei kaum auf archivalische Quellen, sondern auf die mit Zensurlücken bestraften Werke sowie gegen sie protestierende Dokumentationen. In seinem Überblick vom 18. bis zum 20. Jahrhundert konturiert er den Wandel von der Zensurlücke als Bloßstellung eines Autors zur Zensurlücke als Bloßstellung der Zensurinstanz.

Ambitioniert im Sinne des im Vorwort artikulierten Anspruchs, eine bislang vernachlässigte behördliche Quellengattung für die Zensurforschung zur Geltung zu bringen, sind die Aufsätze von Enno Stahl über die Überwachungsorgane in der Rheinprovinz (S. 129–152) und Kaspar Maase über Zensur und kulturelle Regulierung populärer Lektüre im Ersten Weltkrieg (S. 23–44). Stahl zeigt, dass die Abschaffung der Vorzensur 1848 zu einer behördlich verschärften Presseüberwachung mit durchorganisierten »Befehlsketten« vom Innenministerium über den Oberpräsidenten bis zum Landrat bzw. zu den unteren Polizeidienststellen führte, die bis weit über das Reichspressegesetz von 1874 hinaus reichte. Maase legt nach 2002 noch einmal detailliert dar, dass »Zensur« anstrebende/ausübende Initiativen im Kaiserreich nicht nur, wie gehabt, von Staats wegen ausgingen, sondern mehr und mehr von »Gruppen des gebildeten Bürgertums und der volkserzieherischen Professionen, in enger Kooperation mit Teilen des Staatsapparats, insbesondere im Bildungswesen.« (S. 29) Er verdeutlicht damit, wie tradierte staatliche Repressiv-Zensur in das fortgeschrittenere Stadium eines kulturellen Regulierungsdruckes übergeht, den die zerfallende bürgerliche Öffentlichkeit quasi gegen sich selbst ausübt. Der Rezensent fragt sich allerdings: Soll die Platzierung dieser für den Übergang vom 19. zum 20. Jahrhundert bedeutsamen, den Horizont erweiternden Studie an den Anfang des Sammelbandes sagen, dass deren methodischer Ansatz auch für die erste Hälfte des 19. Jahrhunderts leitend werden sollte? Oder allgemeiner und über Maases Beitrag hinausgehend gefragt: Soll »New Censorship« an die Stelle des bisherigen, durchaus differenzierten Zensurbegriffes treten? Einer der Beiträger, Norbert Bachleitner (Wien), führte dagegen aus: »Die Erforschung der von autoritären Regierungen durchgesetzten Form von Zensur, der man im 18. und 19. Jahrhundert begegnet, entspricht aber wohl mehr dem Begriff eines ›old censorship‹.« (S. 255).

Peter Stein

Ariane Martin/Isabelle Stauffer (Hrsg.): *Georg Büchner und das 19. Jahrhundert*. Bielefeld: Aisthesis 2012 (= Vormärz-Studien; Bd. XXII). 339 S. € 29,80.

Georg Büchner gilt gleichsam als exzeptioneller Vorbote der literarischen Moderne und als scharfsichtiger Analytiker der politischen und sozialen Spannungen des 19. Jahrhunderts, als wegweisender Dramatiker und als agitatorisch wirkender Sozialrevolutionär. Die Vielschichtigkeit des Autors, die oftmals als widersprüchlich empfunden wurde, und seine überschaubare, zum Teil Fragment gebliebene literarische Hinterlassenschaft fordern Philologinnen und Philologen seit Jahrzehnten dazu heraus, Büchners Œuvre bis in die kleinsten Partikel zu sezieren. Doch viele der ambitionierten Annäherungsversuche und detailreichen Ausführungen führen schlussendlich beim interessierten Rezipienten dieser Studien zum Fazit: Büchner polarisiert, und sein Werk entzieht sich oftmals eindeutigen Kategorisierungsversuchen. 2013 jährt sich der Geburtstag des viel zu früh verstorbenen Dichters zum 200. Mal. Der in diesem Jahr erschienene und von Ariane Martin und Isabelle Stauffer veröffentlichte Sammelband »Georg Büchner und das 19. Jahrhundert« könnte somit als literaturwissenschaftlicher Ausblick auf das Büchner-Jubiläum gewertet werden.

Die beiden Herausgeberinnen postulieren im Vorwort den Anspruch, dass die »Beiträge des Bandes [...] fundierte Kenntnis der Büchner-Forschung mit innovativen Sichtweisen und bisher unbehandelten Themen zusammenführen [sollten], um dadurch neue Forschungsperspektiven zu dem berühmten Autor und seiner Zeit zu eröffnen.« (S. 8) Auf das Gros der abgedruckten 16 Beiträge mag diese Prämisse in der Tat zutreffen, sodass man auf die hinlänglich ausgeleuchtet anmutenden Werke Büchners neue Schlaglichter werfen konnte, auch wenn manche Erkenntnisse eher als leichte Fokusverschiebung gewertet werden müssen. Eine gemeinsame Herangehensweise liegt laut den Herausgeberinnen darin, dass man den Autor »in seinem Jahrhundert historisch kontextualisieren« (ebd.) möchte. Dabei ist es die Anwendung der Literaturtheorie des »New Historicism«, die vor allem durch Stephen Greenblatt in den 1980er-Jahren an der Universiät von Berkeley entwickelt wurde, durch die die »soziale Energie« in Büchners Texten »wieder spürbar« gemacht werden soll. Die angestrebten »innovativen Sichtweisen« bedeuten somit vor allem, dass ein solcher Methodentransfer in der Büchner-Forschung bisher nicht vollführt wurde, wobei literaturwissenschaftliche Studien zum Vormärz seit jeher den politisch-historischen Kontext berücksichtigt haben, was auch den Bereich der Intertextualität inkludiert.

Als ausgesprochen positiv hervorzuheben ist in jedem Fall der Umgang der Beiträgerinnen und Beiträger mit zum Teil unerschlossenen oder unberücksichtigten Quellen, um die intertextuellen Bezüge im Werk Büchners deutlicher hervortreten und die Geschichtlichkeit der Schriften evident werden zu lassen. Bodo Morawes Beitrag »›Bonjour, Citoyen!‹ Georg Büchner und der französische Republikanismus der 1830er Jahre« wäre hierbei nicht zuletzt zu nennen. Wie der Titel des Aufsatzes bereits suggeriert, ist es die Hauptthese und Motivation Morawes, Büchners geistige Nähe zu den französischen Sozialrevolutionären und ihrer Idee einer Republik aufzuzeigen und nachzuweisen. Zu diesem Zweck übersetzte Morawe beispielsweise Artikel der französischen Tageszeitung »La Tribune«, des Zentralorgans der Pariser Republikaner in diesen Jahren, in denen der im November 1831 ausgebrochene Seidenweberaufstand von Lyon kommentiert wurde, denn: »Schon die ersten Berichte der *Tribune* spinnen die Diskursfäden, die tief in das literarische Werk von Büchner hineinführen.« (S. 36) Das republikanische Gedankengut französischer Provenienz weist Morawe nachfolgend in der Korrespondenz Büchners, im »Hessischen Landboten« und in »Dantons Tod« nach. Hierbei sieht Morawe einen deutlichen Berührungspunkt zwischen Büchner und Heinrich Heine, die beide in einer Tradition stehen sollen,

»die von der Aufklärung über den Jakobinismus zum Republikanismus der 1830er Jahre und von dort über den politischen Radikalismus zum Frühkommunismus, den neobabouvistischen *Travailleurs Egalitaires* führt [...].« (S. 39) Dabei verbindet Morawe immer wieder »Diskursfäden«, die von Gracchus Babeuf, Louis-Auguste Blanqui sowie von Maximilien Robbespiere stammen und die Volkssouveränität und »Menschenrechtsprogrammatik« betreffen, im Büchner-Kontext, und unterfüttert somit en detail seine These, dass Büchner den »empathischen, sozialrevolutionär aufgeladenen Republik-Begriff« französischer Prägung verinnerlicht habe und somit »ein Republikaner ›par excellence‹ gewesen« sei (S. 58) – eine These, die Morawe bereits im ersten Band seiner Veröffentlichung »Citoyen Heine. Das Pariser Werk« (2010 im Aisthesis Verlag erschienen) im direkten Heine-Bezug entwickelt hat.

Burghard Dedners Beitrag »Mehr Socialist als Republikaner« scheint sich auf den ersten Blick antithetisch auf den Morawe-Aufsatz zu beziehen, doch bereits der Untertitel »Politischer und ökonomischer Egalitarismus im *Hessischen Landboten*« verweist auf ein ähnliches Erkenntnisinteresse. Dedner bechäftigt sich vor allem mit der agitatorischen Flugschrift aus dem Jahre 1834 und den im Subtext verborgenen Facetten des Gleichheitsbegriffs. Während sich Bodo Morawe in seinem Beitrag eingehender mit der Theorie der französischen Sozialrevolutionäre beschäftigt, hebt Dedner nur »wenige[n] Schwerpunkte wie Egalitarismus, Besteuerungsdiskussionen und Republikanismus« theoretisch hervor. Hierbei berücksichtigt er ebenso »einige[n] Elemente des politischen Diskurses in Deutschland« (S. 62), die Büchner in den »Hessischen Landboten« aufgenommen hat. Dedner reflektiert im Folgenden die entscheidenden Theoriedebatten in Frankreich sowie in der Darmstädter und Gießener Sektion der »Gesellschaft der Menschenrechte« und ihren Einfluss auf den »Hessischen Landboten« und analysiert gleichsam die dort immanenten Kommunikationssragien.

In seinem Beitrag »Büchner und die Zeit« untersucht Norbert Otto Eke die veränderte Zeitwahrnehmung des Menschen im 19. Jahrhundert und den Umgang mit dieser in der literarischen Bearbeitung bei Büchner, vor allem im Drama »Dantons Tod«, im Novellenfragment »Lenz« und in den »Woyzeck«-Fasungen. Von Heines Bericht über die Eröffnung der Eisenbahnlinien von Paris nach Orléans und Rouen im 57. Abschnitt der »Lutezia« ausgehend und Schriften Johann Gottlieb Fichtes berücksichtigend, beschreibt Eke die schwindende »Zeitsouveränität« aufgrund der beschleunigten Lebensverhältnisse, die wiederum durch technischen Fortschritt und Innovationsverdichtung gekennzeichnet sind. Ein Problem, dass im 21. Jahrhundert nachwievor oder wieder ein aktuelles ist. Eke hebt in diesem Zusammenhang Georg Büchner besonders hervor, da in »dessen Werk die Zeitdiskussion unter den veränderten Bedingungen des Vormärz noch einmal grundsätzliche Züge annimmt.« (S. 15) Während in »Dantons Tod« die Titelfigur den Verlust der Zeitsouveränität erleidet und entsprechend keine Zukunft gestalten kann und sich »angeekelt in einem melancholischen Hedonismus einmauert« (S. 18), weist Eke bei St. Just eine grundlegend andere Sichtweise nach (»Gewalt als Beschleunigungsmodus der Geschichte und Fortschrittsprinzip« [S. 19]).

Den Themenkomplex »Zeit und Langeweile« behandelt Eke anhand des »Woyzeck«-Fragments und des Lustspiels »Leonce und Lena«, was nur bedingt neue Erkenntnisse in der Büchner-Forschung evoziert. Auch die Verweise auf den jungdeutschen Zeitdiskurs sind keineswegs neuartig. Dennoch weist Eke umsichtig die Vielschichtigkeit Büchners Zeitbegriff nach, der zwischen Kritik an den »Heilserwartungen auf das Fortschrittskonzept des Bürgertums« (S. 28) und der Hoffnung auf grundsätzliche Veränderung durch das Mittel der Revolution zu oszilieren scheint.

Isabelle Stauffers Beitrag zur »Galanterierezeption in Georg Büchners *Dantons Tod*« erfasst systematisch das dekadente Verhalten der Dantonisten im Drama und stellt dieses in einen Tradionszusammenhang. »Anhand des Galanteriebegriffs lässt sich dieses aristokratisch markierte Verhaltenskonzept erstmals als ein sinnvolles Ganzes und nicht mehr nur als verstreute, unzusammenhängende Elemente fassen.« (S. 99) Im direkten Bezug auf Greenblatts »New Historicism« wertet Stauffer Galanterie, deren Begriffsgeschichte sie ebenso umreißt, als »soziale Energie«, und stellt heraus, dass die »Dantonisten als galant in der Nachfolge der guillotinierten Aristokratie präsentiert« (S. 90) werden. Somit liefert Stauffer für die oftmals untersuchte Dekadenz der scheiternden Revolutionäre eine neue Terminologie.

Ariane Martin bearbeitete ein bisher wenig beachtetes Thema, nämlich das Verhältnis Büchners zum Straßburger Münster. Martin interpretiert dabei das Straßburger Münster aus kulturwissenschaftlicher Sicht als »ein Gedächtnis- oder Erinnerungsort im Sinne eines imaginären mentalitäts- und ideengeschichtlichen Archivs« (S. 121). Im Folgenden legt sie überzeugend dar, welche Anziehungskraft »das höchste Gebäude Europas« auf den jungen Büchner ausgeübt hat. Des Weiteren betont Martin die kosmopolitische Dimension des beeindruckenden Bauwerks und resümiert, dass »das Straßburger Münster als französisch-deutscher Gedächtnisort [...] bei Büchner (und Heine) grundsätzlich als europäischer, wenn nicht als universeller Gedächtnisort angelegt« ist (S. 138).

Ein weiterer Beitrag von Ariane Martin widmet sich der Dechiffrierung der philosophischen Anspielungen in Büchners Lustspiel »Leonce und Lena«. Die Hauptthese, die Martin vertritt, besagt, dass die vermeintlichen pseudo-philosophischen Phrasen der Figur König Peter, der Herrscher des Duodezfürstentums Popo im posthum veröffentlichten Lustspiel, keineswegs nur Worthülsen sind. »Entlarvt wird auch nicht in erster Linie dessen Unfähigkeit [König Peter] (die gleichwohl mehr als deutlich ist), sondern absolutistischer Herrschaft wird durch ihren Repräsentanten selbst durch einen dialektischen Witz in forcierter Komik die Grundlage entzogen.« (S. 186 f.) Anhand Büchners philosophischer Studien weist die Autorin des Beitrags allein in den ersten zwei Sätzen, die König Peter spricht, ein beeindruckend verdichtetes Anspielungskonstrukt nach. Martin ermittelt in dem analysierten Szenenauftakt Referenzen, die sich auf die »philosophischen Systeme von Descartes, Spinoza, Kant und Fichte« (S. 190) beziehen. In Büchners dialektischem Witz hebe sich der Absolutismus »im Rekurs auf die Kategorien des Absoluten in verschiedenen philosophischen Systemen selbst auf. Er ist somit erledigt.« (S. 197)

Arnd Beise plädiert in seinem Beitrag dafür, im Œuvre Büchners »Romantik und Realismus einmal nicht als Gegensätze zu begreifen«, somit würde beispielsweise auch das Stück »Leonce und Lena« als kohärenter Bestandteil des Gesamtwerks erscheinen. Daher betrachtet Beise »Büchners Romantik-Rezeption nicht in Abgrenzung oder Konkurrenz zu seinem ästhetischen Realismus oder seinem politischem Radikalismus [...], sondern als produktive Aufnahme einer ästhetischen Verfahrensweise, die in seinem Werk gleichwertig mit anderen Verfahrensweise zusammen gebracht wird [...].« (S. 218) Beise führt in seinem Beitrag anschaulich diverse Romantikmotive bei Büchner auf und zeichnet dessen Rezeption E.T.A. Hoffmanns und Ludwig Tiecks nach. Beise zeigt zudem in überzeugender Weise, dass die Adaption von ästhetischen Elementen und Verfahrensweisen, die der Romantik zuzuordnen sind, Büchner als »Vormärz-Romantiker« kennzeichnen und dies keineswegs ein Oxymoron ist. Der Sammelband beweist generell, dass das literarische Werk vom »Kind der neuen Zeit«, wie Karl Gutzkow einst über seinen eigenwilligen Protegé schrieb, keineswegs erschöpfend behandelt wurde und sich nach wie vor neuartige Anknüpfungspunkte für philologische Studien und Potenzial für neuerliche Kontroversen finden lassen.

Jan von Holtum

Sikander Singh: *Einführung in das Werk Heinrich Heines*. Darmstadt: Wissenschaftliche Buchgesellschaft 2011. 142 S. € 14,90.

Renate Stauf: *Heinrich Heine: Gedichte und Prosa*. Berlin: Erich Schmidt 2010. 261 S. € 17,80.

Auf 125 Seiten führt Sikander Singh in leicht verständlicher, kurzweiliger wie sachlicher Sprache den Erstinteressierten in das komplexe Leben und Werk Heinrich Heines sowie in die nicht minder komplexe Forschung ein. Besonders wertvolle erste Orientierungen bietet dieser Band Studierenden im ersten Semester der Literaturwissenschaften, um sich beispielsweise auf Prüfungen vorzubereiten oder die eigenen Studien zu Heinrich Heine zu vertiefen. Kapitel II, »Zum Stand der Forschung«, nimmt eine prioritäre, unerlässlich wichtige Position für das gerade begonnene Studium ein. Hier wird das notwendige Wissen über Heine verortet. Klar unterteilt sich das Kapitel in das WO und anschließend in das WAS des Forschungswissens. Die Frage »Wo suche ich?« wird geschickt mit der Frage »Was suche ich?« kombiniert. Die Forschungsgeschichte zeigt traditionelle neben historisch-kritischer Forschung anhand wissenschaftlicher Hilfsmittel auf. Dem Interessierten werden relevante Recherchemittel in Form von Handbüchern, kommentierten Ausgaben, Regestenwerken, Chroniken, Quellensammlungen usw. vermittelt. Hervorzuheben ist die sehr gute Erläuterung digitaler Recherchemittel, wie dem »Heine-Portal«, welches das in Druckform vorhandene Wissen online zugänglich macht. Ebenso werden allgemeine Datenbanken der Literaturwissenschaft, die »Bibliografie der deutschen Sprach- und Literaturwissenschaft«, vorgestellt. Mit dem WAS der Suche werden in Verbindung mit dem Kanon der Sekundärliteratur die zentralen Thematiken benannt, die Schwerpunkte für die Auseinandersetzung mit dem Werk Heines sind. Gleichzeitig dienen sie als roter Faden durch die Einführung: Poetische Selbstdarstellung, Heine und die Moderne, Heine als Schriftsteller und Journalist, sein Spätwerk usw.

Renate Stauf verfolgt im Gegensatz zu Sikander Singh eine gänzlich andere Herangehensweise mit ihrer »Klassiker-Lektüre« aus dem Erich Schmidt Verlag: Aus Vorwort und Klappentext sind zwei gegensätzliche, anspruchsvolle Ziele herauszulesen. Einerseits sollen die Analysen in ihrer Monographie die Funktion einer Einführung haben und gleichzeitig »Anregungen für eine anspruchsvollere Lesart« (S. 7) bieten. Dabei betont Stauf, wie sehr sie sich mit ihrem Werk dem Erstinteressierten zuwenden möchte: »[e]in den Band abschließendes Werk-, Personen- und Sachregister und eine die Interpretationen begleitende Auswahlbibliographie« würde »vor allem Erstlesern den Zugang zu Heines Textwelten [erleichtern]« (ebd.). Im Gegensatz zu traditionellen Einführungen entwickelt Stauf eine individuelle, subjektive Ordnungsweise, um das Werk Heines darzustellen. Die eigene Systematik schafft thematisch geordnete Kapitel, die übergeordnet von der »Denkfigur der poetischen Zeitgenossenschaft« (ebd.) geleitet werden sollen. Diese ›Denkfigur‹ fungiere dann als »analytische[...] Orientierung« (ebd.), damit Stauf Heines Denkweise in »bewusstseinsgeschichtliche[r] Modernität« (ebd.) vermitteln könne. Im Folgenden gilt es also, die von Stauf angekündigten ambitionierten Ziele zu überprüfen – welchen Nutzen kann ihr Werk für einen Studierenden im ersten Semester der Germanistik bereithalten? Schaut man sich das erste Kapitel mit der Überschrift »Heine ein unbequemer Klassiker« an, fällt besonders dieses Zitat ins Auge: »[es wird mehr] um die Beleuchtung als um die Lösung von Verständnisproblemen gehen und den kaum noch überschaubaren Bibliotheken der Heine-Philologie eine zwar respektable, aber doch eher sparsame Referenz erwiesen werden.« (S. 10) Selbstbewusst auf die marginale Verwendung des Heine-Sekundärwissens hinzuweisen und gleichzeitig die wertvolle Information dem Heine-Anfänger vorzuenthalten, macht einen verwirrenden Eindruck. Zwar ist im Anhang das übliche Regestenwerk einer jeden Einführung zu finden, jedoch bleibt jenes unkommentiert und führt lediglich eine alphabetische Ordnung der verwendeten Literatur sowie subjektiv geführte Begriffslisten auf. Das schnelle Auffinden zu einem bestimmten Wissen wird so erschwert. Beispielsweise betont Stauf im Zusatz zum Hauptsachtitel ihres Werkes, es gehe um »Gedichte und Prosa«. Weil sich Heines Lyrik im »Buch der Lieder« besonders durch »authentische Liebessehnsucht, absolute Liebe und echt[en] Liebesschmerz« (S. 30) auszeichnen würde, findet der Rezipient im Sachwortverzeichnis auch zahlreiche Stichworte unter L, die verschiedenste Liebesvarianten dokumentieren. Im Vergleich zu anderen Stichworten ist kein anderes im selben Maße gewichtet. Zum einen entsteht aufgrund dieser Gewichtung Verwirrung, zum anderen ist es auch unübersichtlich, weil der Zusatz des Titels nicht eingelöst wird. Die Gedichte Heines werden gerade einmal in einem einzigen Kapitel (von insgesamt 8) mit einem Umfang von 28 Seiten abgehandelt. Gerade wenn das Werk Staufs als Einführung gelten soll, ist an dieser Stelle auch die Erwähnung des populären Forschungsmissverständnisses zum »Buch der Lieder«, welches Singh einbindet, wie später noch zu sehen sein wird, unerlässlich.

In Kapitel V weist Singhs Einführung 12 Einzelanalysen auf und wird durch eine Zeittafel, kommentierte Bibliografie und Begriffs- wie Personenregister abgeschlossen. Die Einzelkapitel des Buches sind in sinnhafte Themenabschnitte gegliedert und am Seitenrand mit übergeordneten Stichwörtern (den ehemals »weisenden Händen«) benannt. Die so auch im Layout wieder zu findende hohe Lesefreundlichkeit wird mit effizienten Recherchemöglichkeiten der gewünschten Schlagwörter zusätzlich unterstützt. Zitiert wird ebenfalls in optischer Lesefreundlichkeit mit knapper naturwissenschaftlicher Zitierweise, die den Lesefluss nicht stört.

In Staufs Einführungswerk wirkt das Layout eher chaotisch, was den verschiedenen Formatierungen geschuldet ist. Der Text erscheint im Fließtext ohne Absätze, die Sinnabschnitte markieren würden. Signalwirkung haben Begriffe, die fett hervorgehoben sind. Erläutert wird jedoch nicht, warum jene oder diese Begriffe so markiert sind. Auf den Lesefluss störend wirkt auch die sich abwechselnde kursive und fette Markierung, weil das kursive Format nicht allein für Titel anderer Werke eingesetzt wird und neben »subjektiv fetten« Begriffen existiert.

Bei einem ersten Durchblättern fällt auch der schwankende Schreibstil Staufs auf, der sich zwischen komplizierten Schachtelsätzen und metaphorisch-blumiger Sprache bewegt, z. B. wenn Stauf Heines Bildbetrachtungen aus Frankreich im 4. Kapitel folgendermaßen verständlich machen möchte: Heine baue seinen LeserInnen eine »magische Brücke, die [ihnen das Zittern] des Bodens [im Gemälde] unter [ihren] Füßen spüren, das weltgeschichtliche Rasen des Sturmes hören und den gähnenden Abgrund vor [ihnen] sehen [lassen würde]« (S. 100). Diese Aussage macht eine beeinflussende Funktion offensichtlich, wie der Leser oder die Leserin Heines Texte verstehen soll. Daneben wird auf indirekter Ebene auch ein methodisches Verständnis für den »Eingeweihten« klar – Stauf bedient sich hier scheinbar auch älterer, hermeneutischer Maximen. Da aber Studierende im ersten Semester noch kein fundiertes Methodenwissen erworben haben können, stellt sich insgesamt die methodische Vorgehensweise, die an keiner Stelle definitorisch ausgeführt oder in einem Exkurs erläutert wird, als weitere Verkomplizierung für den Zugang zum Heinewissen dar.

Singh beginnt mit dem Kapitel »Heine im 21. Jahrhundert« und stellt einleitend die wichtigsten Aspekte der aktuellen Heine-Forschung vor. Diese Vorstellung weckt Interesse und Lust, sich mit einem literaturgeschichtlichen Ereignis vor der Folie der jeweils eigenen Gegenwart auseinanderzusetzen. Hervorgehoben werden die verschiedenen Kernpunkte, welche die Sonderstellung des Heine-Werkes begründen: z. B. Heines Werk im französischen wie deutschen

Kanon, seine Vermittlerrolle zwischen Deutschland und Frankreich in Hinblick auf ein geeintes Europa mit politisch-aufklärerischem Impetus in Heines Sinne. Diese Vermittlerrolle kann er nur aufgrund des (freiwillig wie unfreiwillig) gewählten Exils einnehmen. Schon nach wenigen Sätzen hat Singh die wichtige autobiographische Verflechtung des Autors mit seinem Werk hergeleitet und macht pointiert auf inhaltliche und formale Schwerpunkte im Oeuvre des Autors aufmerksam. Als methodischen Appell präsentiert Singh die kritische Hinterfragung nach einer angemessenen Bewertung des Heine-Werkes, welches nur in seiner Ästhetik gedeutet wohl keinen Mehrwert in der Forschung erbringen würde. Des Weiteren betont Singh Heines Stil, seine Form, die deutlich durch ihr intertextuelles wie intermediales Wesen besteche und den Inhalt seiner Texte dominiere. Gerade die »Reisebilder« sind in ihrem fragmentarischen Charakter, ihrer nicht abgeschlossenen Form, ihrer »Bilder« im bloßen Nebeneinander von Stilen und Gattungen ein gelungenes Beispiel für intertextuelle und intermediale Problemstellungen. So würde Singh solche Probleme bzw. Irritationen mit den Strömungen der »Post-Post-Moderne« (S. 8) vergleichen, um evtl. Erkenntnisse einer fortschreitenden Globalisierung zu erlangen. Singh ist es jedoch wichtig, zu vermitteln, dass zwar Gegenwartsbezüge hergestellt werden können, aber nicht in jedem Falle Sinn machen. Auch nicht jeder Heinetext würde eine Antwort auf heutige Probleme bereithalten.

Stauf stützt sich, um authentisch vorzugehen, auf zahlreiche »Originalzitate« Heines, die sie z. T. der Düsseldorfer Heine-Ausgabe (DHA) entnimmt. Diese textnahe Aufbereitung des Œuvres im Stil des »close reading« weckt Motivation – sie wird jedoch unter den individuellen, systematischen Ordnungspunkten Staufs für Neulinge möglicherweise eingedämmt. Hilfreiches Kontextwissen, wie soziologisch-strukturelle Epochendaten, Lebensdaten des Autors werden angeführt, wenn es in der Logik von Staufs thematischer Anordnung notwendig erscheint. Separierte Kapitel für solche Informationen gibt es nicht. Das macht das Lesen für den Anfänger zu einer Art Puzzle-Spiel, wenn er sich für eine Prüfung gezielt Wissen zu einem oder mehreren Schwerpunkten holen möchte. Man muss sich erst in die Konstruktion Staufs hineindenken, um dann in einem zweiten Schritt nachzuvollziehen, wie Staufs Vermittlung von Heines »Denkbewegung« (S. 10) funktioniert. Z. B. erklärt sie im ersten Kapitel, was sie unter »poetischer Zeitgenossenschaft« versteht. Dieses Stichwort ist dann wiederum in mehrere Unterkapitel des ersten Kapitels geordnet und wird unter den Aspekten, die mit teils plakativen Überschriften versehen sind, in seinen Dimensionen im Sinne Staufs aufgefächert: »Sich-Einschreiben in die Gegenwart im Medium des Journalismus« (S. 15); um Heine unter die »poetische Zeitgenossenschaft« zu subsumieren, müsse auf sein Bestreben nach Popularität und seine »neue Schreibweise« (S. 13) hingewiesen werden, die alte Gattungsmuster durchbreche und eine »Aufhebung der Distanz zwischen Leben und Literatur« (S. 15) bewirkt habe. Hier ist ein umfangreiches Wissen zu ästhetisch-künstlerischen Bewegungen von mehreren Jahrhunderten angerissen – ohne sie zu erläutern. Am Ende jedes Kapitels weist Staufs Buch Zusammenfassungen in grau hinterlegten Kästen auf, um noch einmal die wichtigsten Inhalte aus dem Kapitel zu wiederholen, was didaktisch sehr klug ist, weil hier noch einmal Merksätze in Erinnerung gerufen werden. Jedoch werden hier oft gängige Schlagworte des Heinewissens genannt, die im Haupttext aber wiederum nicht als übergeordnete Begriffe dienen. Wenn Stauf Positionen zu Heines »Romantischer Schule« in Kapitel 6 zusammenfasst, wird Heines »subjektive und unsystematische Schreibweise [...] mit ihrer vorgeblich leichthändigen Mischung von Kunst, Religion, Wissenschaft und Politik« (S. 140) dargestellt. Diese spezielle Schreibweise steht für Stauf als Markenzeichen für die Vermittlung »von Wissensbereichen, [...] die bislang den Gelehrten und Spezialisten vorbehalten war [...].« (ebd.).

In Singhs Einführung wird die besondere Schreibweise Heines über die gesamte Einführung hervorgehoben und verdeutlicht so das Prinzip des Inhalts, der letztlich immer auf seine Form zurückführbar ist. Unter Heines »Schreibart« (Singh, S. 30/39) subsumiert Singh Heines typische Ironie und Subversion als Markenzeichen. Positiv anzumerken ist hier, dass die systematische Kapitelstellung auf indirekte Weise dem Rezipienten die Prioritäten in der aktuellen Heine-Forschung verdeutlicht. Hier reflektiert Singh kritisch die etymologische Bedeutung des Heine-Witzes, der im 19. Jahrhundert eher als Scharfsichtigkeit mit der Prise des französischen »Esprits« wahrgenommen wurde. So macht Singh den bemerkenswerten *Opener* des Kapitels mit »Heine ist nicht witzig« (ebd.), um zu zeigen, wie wichtig eine begriffliche Definition in einer Forschungsarbeit ist, weil bei bloßer Verwendung eines Begriffes meist kein Konsens über seine Bedeutung besteht. Neben bekannten Problemstellungen aus der Lebens- und Werkgeschichte (z. B. Platenstreit), die unabkömmlich für das kontextuelle Interpretationswissen sind, geht Singh bei der Vorstellung des literaturgeschichtlichen Gattungswissens von Heines individueller Schreibart aus, um sie mit allgemeinen Standards zu vergleichen und entwickelt so das Gattungswissen aus den spezifischen Reflexionen des Dichters, da diese retrospektiv einen neuen Stil vorbereiten konnten – die Moderne. Da Heine ein Spiel mit der Form betrieb, führt Singh noch einmal gesondert nach einer ausführlichen Humor-Witz-Ironie-Diskussion die Gattungsformen auf, in denen Heine schrieb. Vorgeschaltet sind den literarhistorischen Eckdaten epochenspezifische Informationen, um auf die inhaltlichen Aspekte in den Heine-Texten vorzubereiten.

Als Kind des 19. Jahrhunderts wird Heine von den politischen Verhältnissen geprägt und spiegelt die Ereignisse der Zeit, die Französische Revolution, daran anschließende Revolutionen, Demokratiebewegungen, Industrialisierung und Kapitalismus und daraus sozial-gesellschaftlich resultierende Konsequenzen in seinen literarischen wie journalistischen Texten. Solche Ereignisse beschäftigen Heine in philosophischer, sensualistischer, individualistischer, gesellschaftlich-spiritueller und geschichtlicher Weise, die in Heines spezifischem Geschichtsbild kulminiert. Erwähnt sei hier nur die Prägung durch Georg Wilhelm Friedrich Hegel (der Mensch als Teil eines geschichtlichen Prozesses, bei dem dieser sich immer weiter entwickeln kann), bei dem Heine Vorlesungen hörte, und dem späteren, teilweise bedingt durch Krankheit, pessimistischen Geschichtsbild (Geschichte als Kreislauf, in diesem sich alles wiederhole).

Als zentrale Verbindung zwischen den zeitgeschichtlichen Ereignissen in Heines Epoche und dem Autor/der Person Heine fächert Singh die jüdische Herkunft sowie spätere Konversion zum Protestantismus und die Frage nach der Funktion der Kunst in Zeiten der Restriktion und Restauration auf. Die Moderne vorbereitend entwickelt Heine vor dem Hintergrund großer historischer struktureller Veränderungen eine neue Schreibweise, die literaturgeschichtlich eine Gegenbewegung zu Romantik, Klassik, Empfindsamkeit und Biedermeier darstellt. Im Herzen ein Romantiker, der in den Berliner und Pariser Salons noch Akteure der Spätromantik persönlich kennen lernte, parodiert Heine klassisch-romantische Formen, transformiert z. B. die Bedeutung idyllischer Topographie-Metaphern des Sturm und Drangs in seine subjektiv-literarische Zeitwahrnehmung. Begleitet von den industriellen Moderne-Entwicklungen ist Heines Zeit eine zerrissene Epoche, die sich mehr oder weniger in der Zerrissenheit vieler Menschen zeigt, auf der Suche nach einem freien Ich dokumentiert ist und hier Sensualismus wie Empfindsamkeit meint und auf der Makroebene die Befreiung des Bürgers aus der Herrschaft des Adels bzw. den Kampf darum dokumentiert. In Heines Auffassung des autonomen Kunstwerks sind hier die revolutionären Befreiungsakte der Literatur zu verorten, der Freiheit generell. Im Fokus des Spätwerks, kombiniert mit einer pessimistischen-melancholischen Weltsicht, ist das Ich nur in der Literatur frei, nicht dem Körper, nicht der Zensurpolitik und dem ewig Gleichen der Geschichte untergeordnet.

Zusammenfassend betrachtet Singh »Heines Nachwirkung« (S. 121), um noch einmal zentrale Thematiken im Spiegel der aktuellen Forschung hervorzuheben. Heine wird in seiner teilweise bis heute widersprüchlichen Rezeption diskutiert und in den hauptsächlichen Leitlinien der Heine-Forschung dargestellt: 1. außerliterarische Faktoren wie antisemitische Rezeption, 2. werkimmanente Faktoren: keine Einordnung in das Gattungs-Raster des damaligen Literaturbetriebs möglich, da widerwillige Akzeptanz des Widersprüchlichen herrscht, 3. Diskrepanz zwischen Erwartungshaltung des Literaturbetriebs mit seinem Publikum und den Autorpositionen. Rezeptionsgeschichtliche Bedeutung Heines in der Weimarer Republik, zur Zeit des Nationalsozialismus, der DDR und nach dem Fall der Mauer. Die Wende konnte erstmals eine ideologiefreie Erforschung Heines ermöglichen. Z. B. wurde Heine in der DDR auf seine kommunistischen Aktivitäten reduziert, wobei unbeachtet blieb, dass er sich anfänglich nicht auf Marx sondern die Saint-Simonisten stützte.

In Kapitel V unternimmt Singh für jede Gattungsform, die Heine im Schreiben verwendete, eine Beispielanalyse auf werkimmanent-hermeneutischer Basis. Bei Relevanz berücksichtigt Singh Autobiographie und Werkgeschichte sowie die Einbettung in den literarhistorischen Kontext. Dabei ist die thematische Vielfalt in Heines Werken selbst vorgegeben und wird von Singh herauspräpariert. Hieraus ergeben sich automatisch thematische und formelle Schwerpunkte. Z. B. werden in der Deutung der Tragödie »Almansor« die Schlagworte Sensualismus, Spiritualismus, das Verhältnis zwischen Christentum und Islam sowie Geschichtspessimismus hervorgehoben. Die Themen werden werkimmanent begründet. In der Kürze, dem Umfang und der Funktion der Einführung geschuldet, erhält der Studierende und jeder andere Erstinteressierte eigene Orientierungspunkte, um sich selbst im Werk Heines zu vertiefen, indem beim Erarbeiten der Werke in einem ersten Schritt auf diese Signalworte geachtet werden kann.

Da Stauf Heines Texte unter Überschriften wie »Ideenkampf« (S. 20) oder »Streitorte« (S. 24) einordnet, ist ein schneller Zugriff für den Erstinteressierten nicht einfach möglich – weil diese Überschriften nichts Eindeutiges über Heines Werk aussagen. Zwar mag abschließend für einen Kenner der Heine-Forschung anregendes Umdenken eingeleitet worden zu sein, jedoch wäre diese Einführung für einen Heine-Neuling weniger empfehlenswert. Zur Verdeutlichung soll noch ein methodisches Beispiel angeführt werden, welches für die Zielgruppe der Erststudierenden einen erschwerten Zugang zu Heines variantenreichem Werk bildet. Im vierten Kapitel, »Schriften über Frankreich«, erörtert Stauf Heines Bildbetrachtungen. Dabei sind ihre Erkenntnisse auf einen bereits vor der Einführung publizierten Aufsatz zurückzuführen (vgl. S. 87). In einem späteren, nachfolgenden Kapitel wiederholt sich diese Praxis noch einmal. Doch das sei nur am Rande erwähnt. Während Singh den Ausblick auf Intermedialität und Intertextualität im Werk Heines gibt, bleibt Stauf vage, obwohl sie aus diesen Theorien inhaltlich Wissen generiert. Heines Bildbeschreibungen zeugten von einer »Konkurrenz der Worte und Bilder« (S. 88). Weiter gebe Heine seine eigenen Interpretationen zu diesen Bildern; er lasse z. B. die Erläuterung der Maltechniken weg. Dieses Vorgehen nennt Stauf »imaginierte Bilder« (ebd.). Der Begriff scheint schwammig zu sein – zumal er auf die veraltete Disziplin der Imagologie hinweist. »Bild und Text [erzählen] gemeinsam« (ebd.). Hier könnte z. B. weiter auf das Phänomen zweier grenzüberschreitender konventioneller Medien eingegangen werden, auch, weil Stauf selbst in vorherigen Kapiteln betonte, dass Heine die Romantik ironisiere. Die Romantik kann als ein intermediales Experimentierfeld betrachtet werden. Dann erläutert Stauf den Blick des Rezipienten auf die von Heine beschriebenen Text-Bilder. »Dieses Sehen [eines grenzüberschreitenden Phänomens zwischen literarischer Vorlage und einem danach gemalten Bild] hat einen mit dem Wahrsagen vergleichbaren Zustand der Inspiration zur Voraussetzung, [...]« (S. 89). Wie sollen die Studierenden mit dieser methodischen Umsetzung einer Interpretation umgehen? Eine germanistische Hausarbeit mit der Glaskugel anzugehen mag zwar mit einer Flasche Rotwein reizvoll sein, aber wissenschaftlich wäre sie leider nicht. Abschließend fällt Stauf auch kein Resümee oder Fazit mit einem Ausblick zur Heineforschung. Zwar nennt sie auch immer wieder die Forschung in ihrer Abhandlung, sagt der Leserschaft aber nie, welche Heineforschung sie meint. Vielleicht ist das Buch für einen Kenner ein anregender Kommentar zur gesamten Heineforschung wie zum gesamten Werk – für den Heine-Anfänger ist es jedoch mit Vorsicht zu genießen.

Alle Einzelanalysen von Singh wurden auf dieselbe Weise methodisch erarbeitet – so wiederholt sich im Fazit eine immer wieder ähnliche Erkenntnis über Heines Schreibart: der Stil der gebrochenen Ironie. Fruchtbar wäre im methodischen Kapitel auch eine Gegenüberstellung verschiedener methodischer Formen unterschiedlicher Theorieschulen gewesen, die unter einem besonderen Fokus thematische Schwerpunkte in neuer Weise beleuchten könnten. Jedoch bietet die Methodik des hermeneutischen Ansatzes »(a)ls Frage nach den Bedingungen literarischer Rezeptions-und Wirkungsprozesse und als grundlegende Orientierung im Umgang mit Texten und ihren >Leerstellen< [...] auch in der Weiterentwicklung in der Literaturwissenschaft in Richtung auf eine Medienkulturwissenschaft hin wichtig[e Erkenntnisse].« (S. 49; Ingo Berensmeyer in: Methoden der literatur- und kulturwissenschaftlichen Textanalyse, 2010.) Die moderne Losung der Hermeneutik hat Singh prägnant in den Beispielanalysen umgesetzt. Eine bereichernde erste Einführung für Studienanfänger wie alle anderen Interessierten!

Sandra Heppener

Anne Stähr: »*...eine Mischung von Sinnlichkeit und Witz...*«. *Ironische Inszenierung der Geschlechter in Heinrich Heines »Lutezia«*. Bielefeld: Aisthesis 2012 (=Vormärz-Studien, Bd. XXIII). 236 S. € 29, 80.

Die Dissertation, an der Humboldt-Universität zu Berlin und im Umfeld des Graduiertenkollegs »Geschlecht als Wissenskategorie« entstanden, will für eine Analyse von Heines komplexem Journaltext »Lutezia« nachdrücklich die Kategorie ›Geschlecht‹ fruchtbar machen. Herausgearbeitet werden soll dessen Involviertheit in Diskurse der ersten Hälfte des 19. Jahrhunderts, die zunehmend von »Kategorien des Jüdischen, des Orientalischen, des Nationalen und des Körperlichen« bedingt und dabei »unabhängig von ihrer spezifischen Thematik geschlechtlich codiert« sind (S. 20). Zudem geht es der Arbeit darum, zu zeigen, dass die »Inszenierung« solcher Verknüpfungen von einem »Modus der Ironie« geprägt ist, der auf den »Konstruktionsaspekt der Kategorie Geschlecht aufmerksam macht« (S. 20). Verfolgt werden diese Fragestellungen dann in vier thematisch ausgerichteten Kapiteln, denen einleitende Ausführungen zur einschlägigen Forschung, zur kulturwissenschaftlichen Grundorientierung der Arbeit (ganz knapp zu New Historicism/Diskursanalyse und zu den Gender Studies nach Judith Butler) und ein zweites Kapitel vorgeschaltet sind, das die hier in Anschlag zu bringenden Konzeptualisierung von ›Ironie‹ und ›Geschlecht‹ vor allem mit Blick auf Darstellungsverfahren (Performanz, Mimesis, Maskerade, Subversion, Agieren der Erzählinstanz) erläutert.

Die darauf folgenden Analysen konzentrieren sich dann zumeist auf Passagen aus ausgewählten Artikeln und ziehen partiell auch Handschriftenfassungen heran (und unternehmen damit durchaus keine »Gesamtanalyse« der »Lutezia«, wie die Einleitung auf S. 15 ankündigt). Sie zeigen einerseits die Relevanz eines ganzen Spektrums an zeitgenössisch umlaufenden Kategorien (vor allem ›Geschlecht‹, ›Rasse‹, ›Anderes‹, ›Devianz‹, ›Orient‹, ›Körper‹, ›Kunst‹, ›Stadt‹, ›Nation‹) und deren komplexe Verflechtungen auf und sie verfolgen andererseits, wie diese historische Bedingtheit von Heine durch verschiedene Verfahren der Ironisierung durchbrochen und relativiert wird. Am Ende eines jeden Kapitels sind die so gewonnenen Ergebnisse knapp und präzise zusammengefasst; ein Schlusskapitel hebt die ironische Struktur der Texte noch einmal hervor und schlägt möglicher Anschlussforschung eine Erweiterung des Textkorpus und die Aufmerksamkeit auf unironische »Stellen« (S. 222) vor, um die Reichweite der hier als dominant herausgearbeiteten Strategie der Geschlechterinszenierung noch genauer bestimmen zu können.

Der erste Themenschwerpunkt (»Vergeschlechtlichung des Jüdischen«) verfolgt mit den Artikeln zur Damaskusaffäre aus dem Frühsommer 1840, dem Artikel zum Lafarge-Prozess Ende 1840 und verstreuten Darstellungen von Rothschild, Meyerbeer, Dessauer und der Figuren »Nasenstern« und »Herr Pixis« detailliert die Verfahren einer »Sexualisierung des Jüdischen« (S. 32) und zugleich die – zeitgenössisch sich durchsetzende – Verschränkung von Antisemitismus und Misogynität. Auch über die Textgrenzen hinweg (etwa mit Blick auf die Gumpelino-Figur aus den »Reisebildern« oder auf »Teufel« und »Werwolf« in »Doktor Faust« und den »Elementargeistern«) lässt sich so zeigen, wie traditionsreiche Bildarsenale für die von Unterscheidungskrisen betroffene Gegenwart funktionalisiert sind und Abwertungsmodelle wie die des effeminierten und von devianter (Homo-)Sexualität geprägten ›Juden‹ in die »Lutezia« einwandern und dabei doch durch Überdeterminierung und Hyperbolik in ihrer Rigidität hier auch schon wieder entschärft werden können. Das zweite Themenkapitel (»Orientalismus, Judentum und Geschlecht«) beschäftigt sich mit Heines Kommentar zu Horace Vernets im Pariser Salon von 1843 ausgestelltem Gemälde »Juda und Thamar« und verknüpft ihn mit zeitgenössischen Orientalismen und dem Konzept der ›schönen Jüdin‹, die in diesem Fall als Prostituierte in der

Variante einer wiederum ungezügelt-»naturnahen« und zugleich ökonomisierten Sexualisierung erscheint. Auch hier geht Heine über eine bloße »Übernahme des Imagine hinaus« und stellt das »Porträt der Jüdin« durch »vielfältige ironische Brechungen, unzuverlässiges Zitieren und hyperbolische Anspielungsironie«, vor allem aber dadurch, dass die »Inszenierung der Figur der Thamar mit der Darstellung des Kamels in unmittelbare Beziehung gesetzt wird«, in einen »instabilen Raum« (S. 126). Ähnliche Korrelationen zeigen sich dann aber auch an zwei nichtjüdischen, gleichwohl typisch weiblich-›exotischen‹ Künstlerinnen, der Tänzerin Carlotta Grisi und der Sängerin Pauline Viardot. An der Darstellung dieser beiden Frauenfiguren wird so deutlich, dass Zuschreibungen zwischen dem ›Jüdischen‹ und dem ›Weiblichen‹ zirkulieren können, weil sie selbst gleichermaßen im Zeichen von Abweichung und Exotismus stehen.

Das dritte Kapitel (»Raum, Stadt und Prostitution«) möchte die »komplexen Verschränkungen topographischer und nationaler Erzählungen mit geschlechternarrativen Strategien [...] sichtbar machen und dabei vor allem »Heines Poetik der Nation und deren geschlechtliche Dimension und die Wahrnehmung der Großstadt und deren Darstellung als geschlechtlich aufgeladener Raum im Hinblick auf den Diskurs über Flanerie und Prostitution« (S. 137) herausstellen. Der Strukturierung von Räumen (Großstadt, Nation) und der Sicherung nationaler Grenzen dienen, so das Ergebnis dieser Analysen, vor allem weibliche, auf spezifische Weise vergeschlechtlichte Körper. In der Darstellung der zeitgenössisch äußerst erfolgreichen Sängerin Jenny Lind zeigt sich aber zugleich, wie Heine solche Korrelationen von ›Körper‹ und ›Nation‹ in den etablierten nationalen Stereotypen »mithilfe ironischer Geschlechterbilder« wiederum ebenso erschüttert wie traditionelle »Diskurse über Sittlichkeit, Religion und Sexualität« (S. 177) untergräbt. Der Flaneur schließlich »inszeniert« Weiblichkeit als ein »Kollektiv ohne Gesicht«, das sich erst in den männlichen Raum- und daran anschließenden Blickbewegungen überhaupt zu sehen gibt. Die Prostituierte gerät dabei zu einer ambivalenten und komplexen Figur, an der die Eigenständigkeit in Heines Umgang mit bereits vormodellierten Weiblichkeitsvorstellungen jetzt doch nur noch schwer zu erfassen ist, weil hier »tatsächliche soziale Probleme mit bildhaften Konstrukten so zusammen[fallen], dass nicht feststellbar ist, ob der Alltagsdiskurs die Kunstauffassung stabilisiert oder eher umgekehrt« (S. 177).

Das letzte Kapitel schließlich (»Maskerade, Körper und Geschlecht«) konzentriert sich auf Phänomene der Maskerade und deren Funktion für die Konzipierung von ›Körpern‹. Berücksichtigt wird hier zum einen das in Heines Werk immer wieder auftauchende Melusinenmotiv, über das die männliche Sprechinstanz eine Auseinandersetzung mit den Gefährdungen durch weibliche Erotik/Sexualität führt und dabei durchaus wieder – anders als im Umgang mit der »realen« Großstadtprostituierten – in ironische Selbstdistanzierung ausweichen kann. Ausführungen zu George Sand und Victor Hugo arbeiten sich noch einmal ab an der Verschränkung von Kunst und Geschlecht, die ja schon mit den Tänzerinnen und Sängerinnen im Spiel war, nun aber im Zeichen von Genialität und Kunstautonomie verhandelt wird. Dem akuten Konkurrenzdruck und der Markt- und Mediengebundenheit der Literatur, die die Vorstellung von der Selbstwertigkeit und Unabhängigkeit der Kunst auf das schärfste irritieren, kann auch der Ironiker Heine nur noch im Rekurs auf ein forciertes *engendering* begegnen: Ästhetische Qualitäten werden an vergeschlechtlichte Körperqualitäten zurückgebunden – der effeminierte und groteske Körper Victor Hugos produziert in krisenhafter Männlichkeit schlechte Kunst, und auch die weibliche Konkurrentin George Sand muss am Ende ihre männliche Maske und die entsprechenden Werkqualitäten fallen lassen.

Mit diesen Fragestellungen und mit den gewonnenen Ergebnissen reagiert die Arbeit auf ein – ganz zu Recht nachdrücklich ausgewiesenes – Defizit der Heineforschung, die sich bis heute nur sehr zögerlich kulturwissenschaftlichen Ansätzen gegenüber öffnen möchte. Denn bislang findet sich, der Etablierung der *gender studies* im Methodenkanon auch der germanistischen Literaturwissenschaften zum Trotz – keine Veröffentlichung, die »auch nur ansatzweise das Verhältnis von Heines Texten und zeitgenössischen Geschlechterdiskursen fokussierte« (S. 21). Der Anspruch, hier eine »Leerstelle« (S. 21) zu füllen, ist damit vollkommen berechtigt, und ebenso sei hier der Vorschlag, die herkömmliche und gut bestellte »Frauenbilder«-Forschung durch eine Alternative zu korrigieren, nachdrücklich begrüßt: nicht, weil man Methodenmoden folgen muss, sondern weil *gender studies* und Geschlechterforschung längst unter Beweis gestellt haben, dass sich mit ihrem Instrumentarium neue Phänomene in den Blick nehmen und deshalb auch gewichtige neue Erkenntnisse gewinnen lassen.

Die Art und Weise, in der sich die vorliegende Studie der »Inszenierung von Geschlecht« nähert, zieht nun allerdings einige Unklarheiten und Unstimmigkeiten nach sich. Das gilt vor allem für eines der Hauptanliegen der Arbeit, die »Lutezia« im Kontext der historischen Geschlechterdebatten samt deren Umfeldern zu situieren. Denn hier müssen die Interpretationen mit einem enormen Abstraktionsgefälle zurechtkommen: Knapp und thesenbzw. handbuchartig zusammengefasste Ergebnisse der (nur sehr partiell berücksichtigten) Forschung zu Konzepten wie ›Orientalismus‹ und ›schöner Jüdin‹, zum jüdischen Körper und zur Verschränkung der Diskurse über das ›Jüdische‹ und das ›Geschlecht‹ oder zum ›Flaneur‹ werden ins Verhältnis gesetzt zu ausgewählten Einzeltextpassagen. Im Rahmen einer solchen Relation kann sich der Einzeltext gegenüber diesen Diskursen in der Deutungsperspektive der Arbeit aber nur affirmativ oder subversiv (oder beides zugleich) verhalten. So fragt schon das Einleitungskapitel danach, an »welcher Stelle« Heines »Narrationen über das ›Andere‹ und Geschlecht mit dem zeitgenössischen Diskursfeld [*korrespondieren*]« und »welche Wirkung« die »Ironisierung der Geschlechterrepräsentationen für die Kategorie Geschlecht und für die *Glaubwürdigkeit* des ›Wissens‹ über Geschlecht [hat]« (S. 20; Hervorhebungen M.P.). Plausibilisiert wird diese Klassfizierung der Textverfahren als »Bestätigung« und »Abweichung« methodisch nicht ganz korrekt mit der Übernahme kulturwissenschaftlicher, am New Historicism orientierter Vorstellungen von »Zirkulation« und – mit Foucault – vom »kulturellen Archiv« (S. 27): Mit ihnen soll davon ausgegangen werden, dass der »symbolische Gehalt eines literarischen Textes wiederum auf den gesellschaftlichen Diskurs, auf die Kultur, zurückwirken kann, also nicht allein durch die Realität hergestellt wird, sondern im Umkehrschluss wieder Realität produziert.« (S. 27)

Aber so einfach ist es nicht: Wer die komplexen Diskursgemengelagen von Vormärz- und Nachmärz (für den Vormärz/Biedermeier wurde eben deshalb der Begriff »Experimentierfeld« geprägt) kennt, wird hier historische Sensibilität zunächst einmal im Blick auf die Darstellungsverfahren der »Lutezia« vermissen. Deren journalaffine Schreibweise konnte und musste aufkommen, weil goethezeitliche Wissensordnungen in die Krise geraten waren. Sie erlaubte es, abseits (idealistischer) Systemzwänge die traditionellen Grenzen zwischen Kunst, Journalismus und Wissenschaft (Stichwort: Diskursintegration) zu unterwandern und dabei neue Kombinationen von Sprecherrollen, Textformen und Semantiken in immer neuen Varianten und Widersprüchen und ohne Anspruch auf Dauer auszuprobieren. Die Prozesshaftigkeit eines solchen »Experimentierens« und »Arbeitens« betrifft auch die (noch) instabilen Konzepte von ›Geschlecht‹, ›Judentum‹ oder ›Flaneur‹. Mit solchen Klassifikationen wie »Echo« und »Korrespondenz« oder »Subversion« und »Absage« (S. 219) ist sie längst nicht ausreichend erfasst, sondern wird sie vielmehr vorschnell vom Raster einer Alternative zwischen zwei Optionen auf- oder besser noch eingefangen.

Eine zweite Unstimmigkeit ergibt sich aus der Konzeption der für Heines Geschlechtermodellierung hier so zentralen ›Ironie‹: Sie wird, wiederum methodisch nicht ganz stringent, zum einen historisch und ganz im Sinne der etablierten Heineforschung als eine Weiterentwicklung romantischer Ironie (S. 38–45) gefasst, zum anderen aber auch eher systematisch als »typisches« Verfahren des Umgangs mit Geschlechterkonstruktionen. Nur aus Letzterem aber wird das Arsenal an Klassifikationskategorien für die Erfassung der ironischen Darstellungsverfahren gewonnen, ergänzt um ein erzähltheoretisch etwas ungenaues Konzept vom »unzuverlässigen Erzählen« (S. 53–61). Damit aber treffen in den einzelnen Analysen Beobachtungen zu historischen Geschlechterkonzepten (die in Heines Texte »einfließen«) auf nicht gleichermaßen historisch situierte Darstellungsverfahren, die aber doch eben diese Konzepte »unterwandern«. Ungeklärt bleibt damit der genuin geschichtliche Ort der ironischen Interventionsverfahren und unbeantwortet die Frage, warum sie überhaupt nötig und möglich sind. Mit solchen Fragen, ergänzt um die nach dem medialen und institutionellen Umfeld, an denen solche Ironien ihren Ort haben (dürfen), ließe sich der Historizität der Heineschen Geschlechtermodellierungen sensibler auf die Spur kommen; ebenso mit einem Blick auf das, was Texteinheiten jeweils leisten bzw. nicht leisten können (in der Einleitung hebt die Autorin im Rückgriff auf goethezeitliche Werkkategorien die »innere Einheit« (S. 13) der Journalartikel im Anschluss an die Heineforschung hervor, was aber merkwürdig mit der gleichzeitig favorisierten kulturwissenschaftlichen Zirkulationsperspektive kollidiert). Dafür aber wäre auch die Tendenz zur »Stellen«-Interpretation, die die Arbeit ab und an zeigt (vgl. auch die diesbezüglich »verdächtige« und oben zitierte Formulierung aus der Einleitung) in Richtung einer Gesamtanalyse mindestens der »Lutezia« zu überschreiten und insgesamt ein größeres Textkorpus zu konsultieren, um das missliche Gefälle zwischen *longue durée*-Kontexten und Einzeltext(stellen) zu mildern. Solche Wege deutet die Autorin ganz am Ende ihrer Arbeit selbst auch an: Nach den Geltungsbereichen der hier vorgestellten Textverfahren zu fragen, könnte dahin führen, sie kleinteiliger – aber doch präziser – zunächst einmal in einem historischen Text-, statt zu zügig in einem abstrakten historischen Diskursumfeld und einem stabil-typisierten Gegendiskurs zu situieren.

Madleen Podewski

Sigrid Weigel (Hrsg.): *Heine und Freud. Die Enden der Literatur und die Anfänge der Kulturwissenschaft.* Berlin: Kulturverlag Kadmos 2010 (= LiteraturForschung 7). 358 S. € 29,80.

Die Tagungen und Symposien des Heine-Jahres 2006 liegen nun einige Zeit zurück, doch noch ist die Flut von Forschungsbeiträgen, kanalisiert in Tagungsbänden und Zeitschriftensonderheften, nicht ganz abgeklungen. Als ein Nachzügler erschien 2010 der hier anzuzeigende Band zu Heine und Sigmund Freud, der die Beiträge eines Symposiums aus dem Mai 2006 am Berliner Zentrum für Literaturforschung sammelt.

Heines Todesjahr 1856 ist zugleich das Geburtsjahr Freuds, doch in der Kontingenz dieser Daten liegt nur der Anstoß, über die besonderen Beziehungen zwischen beiden Autoren zu reflektieren. Sigrid Weigel, Veranstalterin des Symposiums und Herausgeberin des Bandes, spricht in ihrer Vorrede von einer Konstellation, »in der die Kulturwissenschaft das Erbe eines spezifischen Vermögens der Dichter antritt, indem sie deren Aufmerksamkeit für die Affekte und Imaginationen der Subjekte in der Geschichte und für das Nachleben alter mythischer, religiöser und magischer Vorstellungen in der Moderne in eine wissenschaftliche Betrachtung der Kulturgeschichte aufnimmt.« (S. 7)

Der Fokus, der sich so auf das Werk Heines ergibt (denn nur vom Ertrag des Bandes für die Heine-Philologie soll in dieser Rezension die Rede sein), ist ein spezieller, der vor allem den Prosa-Autor Heine in den Blick nimmt, der die Leichen in den (deutschen und französischen) Kellern von Kultur, Zivilisation und Religion aufsucht und allerlei Nachtgetier und Gespenster aufscheucht. Der Lyriker Heine kommt dabei – mit Ausnahme des Beitrags von Klaus Briegleb zu Heines »Poetik der Affekte« – kaum vor, umso mehr dafür der Verfasser der Schriften über Deutschland und Frankreich und über die in den Untergrund des Gespenstischen gedrängten Elementargeister und exilierten Götter. Die Kulturkritiker und -analytiker Heine und Freud erweisen sich dabei, sicherlich vermittelt über Freuds manifestes Interesse am Autor Heine und seiner Vertrautheit mit dessen Werk, als verwandte Geister. Noch einmal Sigrid Weigel: »Während Heines Schreibweise die Grenzen der Dichtung überschreitet, wenn er beim Reisen und Flanieren durch die Schriften und Bilder, die Räume und Archive der europäischen Kulturen die Spuren individueller und kollektiver Ängste und Wünsche in der Weltgeschichte kommentiert, ist die Erfindung der Psychoanalyse durch Freud umgekehrt nicht denkbar, wäre er nicht neben der Neurologie auch bei Dichtung und Kunst, Experten der Sprache des Unbewussten, in die Lehre gegangen.« (S. 8)

Einen Schwerpunkt des Bandes bilden Beiträge zum spezifischen Zugriff Heines und Freuds auf die jüdische und christliche Religion. Der Sektionstitel »Athen und Jerusalem – die Religion(en) an der Schwelle von Literatur und Kulturgeschichte« führt dabei ein wenig irre, weil viel von Jerusalem, aber sehr wenig von Athen die Rede ist. Sigrid Weigel fragt nach der »kulturwissenschaftlichen Deutung von Götterbildern bei Heine und Freud«, Daniel Weidner geht dem Umgang beider Autoren mit dem Sprach- und Bildmaterial der Bibel nach. Im Mittelpunkt steht dabei jeweils Freuds Moses-Buch, dessen These, dass der jüdische Monotheismus ägyptischen Ursprungs sei, schon von Freud selbst mit Heines Versen »Die aus dem Nylthal mitgeschleppte Plage, / Der altegyptisch ungesunde Glauben« (DHA II, 117) aus »Das neue Israelitsche Hospital in Hamburg« in Verbindung gebracht wird. Diese religionsgeschichtliche (und -kritische) Hypothese entfaltet der Ich-Erzähler der »Reisebilder« im Streitgespräch mit Mylady in der »Stadt Lukka«:

> Die Religion war eine liebe Tradizion, heilige Geschichten, Erinnerungsfeyer und Mysterien, überliefert von den Vorfahren [...]. Da kam aber ein Volk aus Egypten, dem Vaterland der Krokodille und des Priesterthums, und außer den Hautkrankheiten und den gestohlenen Gold- und Silbergeschirren, brachte es auch eine sogenannte positive Religion mit, eine sogenannte Kirche, ein Gerüste von Dogmen, an die man glauben, und heiliger Ceremonien, die man feyern mußte, ein Vorbild der späteren Staatsreligionen. (DHA VII, 192)

Auf welchen Wegen und über welche Vermittlungsinstanzen Heine hier auf die aufklärerische Bibelkritik und auf die sich entwickelnde historisch-kritische Methode der theologischen Bibelexegese rekurriert, ist bislang nicht im Detail nachvollzogen worden, Ausgangspunkte einer Spurensuche könnten der Moses-Artikel in Voltaires »Dictionnaire philosophique« oder die deutsche Rezeption einschlägiger Schriften des englischen Deismus sein. Aufschlüsse (auch wenn seine Argumentation in eine andere Richtung zielt) bietet hier sicherlich Jan Assmanns Studie »Religio duplex. Ägyptische Mysterien und europäische Aufklärung« (Berlin 2010). Weigel und Weidner jedenfalls arbeiten die »Kontinuität von Lektüretraditionen« (Weidner, S. 163) bei Heine und Freud heraus, Veronika Feuchtner erweitert den Blick durch den Einbezug von Arnold Zweigs Auseinandersetzung mit Freuds Moses-Schrift. Der an anderer Stelle in den Band integrierte Beitrag »Erzählen Erzählen. Passagen von Heine zu Freud« von Marianne Schuller fragt nach der »Wahrheit der Fiktion« (S. 262) als Movens der Moses-Figuren bei Freud und Heine, wobei Schuller vor allem die Moses-Passagen in den »Geständnissen« in den Fokus der Aufmerksamkeit rückt.

Eine Reihe weiterer Beiträge (André Michels, Stephan Braese, Susanne Lüdemann, Uwe Wirth) widmet sich Freuds Theorie des (jüdischen) Witzes, ausgehend von Freuds Abhandlung »Der Witz und seine Beziehung zum Unbewußten« und den dort ausgiebig als Exempla und Spielmaterial herangezogenen Äußerungen der Figur des Hirsch-Hyazinth aus den »Bädern von Lukka«. Ein dritter Schwerpunkt des Bandes liegt, unter dem Sektionstitel »Ende der Kunstperiode«, auf den »Autorpositionen zwischen Literatur und Wissenschaft«. Neben dem erwähnten Beitrag von Marianne Schuller finden sich hier Texte von Esther Kilchmann zu Heines »De l'Allmagne« als Bespiel einer Kulturgeschichte als »Ort der Gespenster«, von Eva Geulen über Heine und Hegel zum Ende der Kunstperiode (beide Beiträge kommen fast ohne Freud aus) und von Anne-Kathrin Reulecke über Heines und Freuds Umgang mit Tradition, Vorgängern, Einflüssen, die beide als genuin moderne Denker beschreibt, die das Problem der Interferenz von Tradition und Innovation, von Eigenem und Fremden, in ihren Werken implizit thematisieren.

Eine Textcollage von Klaus Briegleb, »O Freiheit! du bist ein böser Traum!«, die man gerne – wie bei der Abschlussveranstaltung des Symposiums geschehen – rezitiert gehört hätte, schließt den Band ab. Auf diesen Monolog des Dichters Heine hätte man zudem gerne die Antwort Freuds gehört, aber beide Autoren in Dialog treten zu lassen, blieb den Beiträgen des Symposiums überlassen. Schade ist, nebenbei bemerkt, dass nicht alle im Programm des Symposiums (http://www.zfl-berlin.org/veranstaltungen-detail/items/heinrich-heine-und-sigmund-freud-die-enden-der-literatur-und-die.html) angezeigten Beiträge den Weg in den Band gefunden haben: Manfred Schneiders Ausführungen zum Zensor in der »Witz«-Sektion des Symposiums darf man sich als erhellend vorstellen.

Robert Steegers

Nachruf

Elisabeth Genton
(1.4.1923, Braunschweig – 2.11.2011, Nancy)

Von Philippe Alexandre, Nancy

1978: Jeden Samstagmorgen saß ich in Nancy mit einigen Kommilitonen in einem geräumigen Büro, in dem Prof. Elisabeth Genton uns die Geschichte der deutschen Literatur und der Germanistik vermittelte und uns dabei auf spätere Forschungen vorbereitete. So entdeckten wir große Literaturwissenschaftler und -theoretiker wie Wilhelm Scherer, Wilhelm Dilthey, Franz Mehring, Georg Lukács, bis hin zu Hans Robert Jauss. Dieses Seminar fand in einer wohltuend entspannten Atmosphäre statt. Elisabeth Genton wusste uns zu unterrichten und zu beraten – und für unser Fach zu begeistern.

Nach dem Studium der Germanistik in München und Tübingen promovierte Elisabeth Genton 1955 an der Freien Universität Berlin bei Prof. Dr. Hermann Kunisch zum Thema »Die rationalistischen Elemente im Denken und Dichten des Sturmes und Dranges: Lenz, Klinger, Wagner«. In dieser Arbeit stellte sie sich gegen die traditionell nationalistische und irrationalistische Auffassung vom Sturm und Drang, eine »Legende«, die Georg Lukács in seinem Buch »Goethe und seine Zeit« (1947) widerlegt hatte: Gerade der Sturm und Drang stellt eine besonders konsequente Vertiefung und Radikalisierung der Aufklärung dar, indem er die Widersprüche der bürgerlichen Gesellschaft ganz konkret thematisierte. Mit dem von Lukács allerdings vernachlässigten Jakob Michael Reinhold Lenz befasste sich Elisabeth Genton in ihrer nächsten wissenschaftlichen Arbeit. Sie promovierte 1966 an der Sorbonne bei Prof. Grappin über die Aufführungsgeschichte der Werke Lenz' auf der deutschen Bühne (»J. M. R. Lenz et la scène allemande«. Paris: Didier 1966). Diese Arbeit beruht auf einer intimen Kenntnis aller veröffentlichten, aber auch unveröffentlichten Quellen, die mit Lenz, seinem Umfeld und den technischen und ideologischen Problemen der deutschen Bühne vom Sturm und Drang bis in die 1960er Jahre zusammenhängen. In der

Habilitationsschrift zum Sturm-und-Drang-Dichter Heinrich Leopold Wagner, die sie an der Sorbonne bei Prof. Eugène Susini verteidigte und die 1981 bei Peter Lang erschien (»La Vie et les opinions de Heinrich Leopold Wagner«), beschrieb und analysierte sie das Leben und das Werk eines jungen Autors, der heute als Vorläufer eines realistischen sozial- und zeitkritischen Dramas gilt. Im Verlaufe dieser Arbeiten erschloss Elisabeth Genton zahlreiche unveröffentlichte Schriften der Sturm-und-Drang-Generation einem breiteren Publikum. So entdeckte sie in den »Frankfurter Gelehrten Anzeigen« auch einen Text, den sie als die in Straßburg abgelehnte Doktorarbeit Goethes identifizierte und 1971 mit den Kommentaren einiger Wissenschaftler der Universität Nancy herausgab (»Goethes Straßburger Promotion. Urkunden und Kommentar«, mit Beiträgen von F. Cros, H. Lühmann, C. Collot. Basel 1971). Ihre Forschung beschränkte sich jedoch nicht auf das 18. Jahrhundert. Elisabeth Genton gab mit Pierre Grappin die ersten zwei Bände der Düsseldorfer Heine-Ausgabe heraus (»Buch der Lieder« und »Neue Gedichte«). Mit Pierre Grappin gründete sie 1974 in Metz auch eine Forschungsstelle »Deutsche Periodika von Lessing bis Heine«, deren Publikationen in Frankreich entscheidend zu einer fundierteren Kenntnis des deutschen Pressewesens und Geisteslebens beigetragen haben. Elisabeth Genton verstand es stets, viele Menschen für das Gelingen ihrer Projekte zu gewinnen – deutsche und französische Wissenschaftler, Studenten, Bibliothekare, Zeitzeugen, Schriftsteller und Künstler – und tatkräftig auf den Reichtum damals in Frankreich vernachlässigter Gebiete hinzuweisen. So organisierte sie in den 1980er Jahren zwei Symposien, die die Aufmerksamkeit junger Forscher auf Schulbücher, Kinder- und Jugendliteratur, Bilder, Illustrationen und viele andere Medien lenkte. In beiden Fällen wurden Ausstellungen gestaltet. Aus diesen Veranstaltungen gingen die Bücher »Le Nazisme et les jeunes« (Nancy: Presses universitaires, 1985) und »Révolution, Restauration et les jeunes 1789–1848. Ecrits et images« (Paris: Didier érudition, 1989) hervor. Neben diesen wissenschaftlichen Aktivitäten lehrte Elisabeth Genton als Lektorin, Dozentin und seit 1973 als Professorin an der Universität Nancy und war auch Mutter von sieben Kindern. »Unser Ziel«, sagte sie anlässlich eines Symposiums, »ist es, uns an die deutsche und an die französische Jugend zu wenden.« Sie wollte auf Grund eines schöpferischen und kritischen Umgangs mit neuen Quellen gegen das Vergessen, aber auch gegen Moden, Stereotype und Klischees wirken und so zu einem fruchtbaren Dialog zwischen unseren beiden Ländern beitragen. Auch dafür sind wir ihr besonders dankbar.

Heine-Literatur 2011/2012 mit Nachträgen

Zusammengestellt von Elena Camaiani

1   Primärliteratur

1.1 Gesamtausgaben
1.2 Einzelausgaben und Teilsammlungen
1.3 Texte in Anthologien
1.4 Übersetzungen

2   Sekundärliteratur

2.1 Studien zu Leben und Werk
2.2 Untersuchungen zur Rezeption
2.3 Forschungsliteratur mit Heine-Erwähnungen und -Bezügen

3   Literarische und künstlerische Behandlung von Person und Werk

3.1 Literarische Essays und Dichtungen
3.2 Werke der bildenden Kunst
3.3 Werke der Musik, Vertonungen
3.4 Das Werk auf der Bühne, im Film

4   Rezensionen

5   Allgemeine Literatur mit Heine-Erwähnungen und -Bezügen

1 Primärliteratur

1.1 Gesamtausgaben

1.2 Einzelausgaben und Teilsammlungen

Heine, Heinrich: Atta Troll. El sueño de una noche de verano. (Ein Sommernachtstraum). Trad., pres. y glosario: Jesús Munárriz. Ed. bilingüe. Madrid 2011. 250 S. (Poesía Hiperión; 615).

Heine, Heinrich: Deutschland. Ein Wintermärchen. Eine Studienausgabe mit chinesischer Übersetzung, Erläuterungen und Materialien. Hrsg. von Rahel Rutetzki, Winfried Woesler und Yang Yang. Neue Ausg. Bochum 2011. 397 S. (Bochumer Germanistik; 13).
Heine, Heinrich: Deutschland. Ein Wintermärchen. Ill. von Hans Traxler. Hrsg. Werner Bellmann. Ditzingen 2011. 152 S.
Heine, Heinrich: Deutschland ein Wintermärchen. Berlin 2011. 1 CD. (Christian Brückner liest Gedichte der Romantik – Heine, Hölderlin, Novalis; 1/2. Edition Christian Brückner).
Heine, Heinrich: Florentinische Nächte. Hrsg. von Bernd Kortländer. Stuttgart 2012. 111 S. (Reclams Universal-Bibliothek; 18974).
Heine, Heinrich: Die Harzreise. 1824. Köln 2010. 80 S.
Heine, Heinrich: Die Harzreise. Hrsg. von Manfred Windfuhr. Stuttgart 2011. 96 S. (Reclams Universal-Bibliothek; 2221).
Heine, Heinrich: Ich weiß nicht, was soll es bedeuten ... Autorenporträt. [Mitschnitt einer Matinee in Schloß Reinbek am 11. März 1990]. Von und mit Gert Westphal. Hamburg 2005. 2 CDs.
Heine, Heinrich: Musik, das edle Ungetüm. Über Komponisten und Virtuosen. Hrsg. von Jan-Christoph Hauschild. Hamburg 2012. 127 S.
Heine, Heinrich: Der Teufel, den man Venus nennt. Gedichte und Erzählungen. Wiesbaden 2012. 192 S.
Heine, Heinrich: Wenn ich in deine Augen seh. Gedichte & Balladen. Gesprochen von Gerd Baltus, ... Hamburg 2011. 1 CD. (GoyaLit).
Heine, Heinrich: Zur Geschichte der Religion und Philosophie in Deutschland. Volltextlesung. Sprecher: Axel Grube. Düsseldorf 2001. 1 Mp3-CD. (Onomato-Hörbücher).
Heine zum Vergnügen. Hrsg. von Heinz Puknus. Stuttgart 2011. 191 S., Ill. (Reclams Universal-Bibliothek; 18800).

1.3 Texte in Anthologien

Alles auf Anfang. Trennungsgedichte. Hrsg. von Anja Möbest. Stuttgart 2011. 96 S.
Blumen auf den Weg gestreut. Gedichte. Hrsg. von Heinke Wunderlich. Stuttgart 2011. 192 S.
Deutsche Liebeslieder. Hrsg. von Theodor Storm. Frankfurt a.M. 2012. 191 S. (Fischer; 90381: Fischer Klassik).
Donnerwetter! Da hab' ich mich umsonst besoffen. Dichter-Anekdoten. Hrsg. von Peter Köhler. [2. Aufl.]. Stuttgart 2010. 240 S.
Du bist mein Mond. Geschichten und Gedichte. Hrsg. von Tilman Spreckelsen. Orig.-Ausg. Frankfurt a.M. 2010. 175 S. (Fischer; 90238: Fischer Klassik).
Dem Eros zur Feier. Eine Anthologie aus Lyrik, Prosa und Erzählungen. Gelesen von Axel Grube. Düsseldorf 2001. 2 CDs.
Der erste Frost kommt unverlangt. Hundert Wintergedichte. Hrsg. von Tobias Lehmkuhl. Berlin 2011. 181 S.
Frühling, ja du bists! Geschichten und Gedichte. Hrsg. von Sabine Schiffner. Orig.-Ausg. Frankfurt a.M. 2009. 216 S. (Fischer; 90153: Fischer Klassik).
Das Frühlings-Lesebuch. Hrsg. von Günter Stolzenberger. Orig.-Ausg. München 2012. 190 S. (dtv; 14089).
Funken in den Augen, Rosinen im Kopf. Das Hausbuch der Liebe. Ges. von Arnhild Kantelhardt. Mit Bildern von Philip Waechter. Hildesheim 2012. 143 S., Ill.

Gedichte für einen Frühlingstag. Hrsg. von Gudrun Bull. Neuausg. München 2011. 158 S. (dtv; 13969).

Heiteres Darüberstehen. Geschichten & Gedichte zum Vergnügen. Zusammengest. von Stephan Koranyi. Stuttgart 2010. 230 S.

Ist es Freude, ist es Schmerz? Jüdische Wurzeln – deutsche Gedichte. Eine alphabetische Anthologie. Hrsg. und mit bio-bibliografischen Angaben vers. von Herbert Schmidt. Düsseldorf 2012. 1279 S., Ill.

Ja i Ty = Ich und Du. Nemeckie romantiki o ljubvi. Sost. i perevod. Romen Nudel'man. Düsseldorf, Gelsenkirchen 2011. 211 S.

Kennst du das Land? Deutschlandgedichte. Hrsg. von Volker Meid. Stuttgart 2012. 245 S. (Reclam-Taschenbuch; 20241).

Ein Lächeln zum Weiterreichen. Gedichte. Hrsg. von Karl-Heinz Hartmann. Stuttgart 2012. 96 S.

Liebesfunkeln. Lesung. Janina Sachau, Andrea Sawatzki, Anna Thalbach ... lesen Gedichte und Erzählungen von A. v. Arnim ... Freiburg i. Br. 2011. 1 CD.

Die Lieblingsgedichte der Deutschen. Mit e. Nachw. von Lutz Hagstedt und 20 Federzeichnungen von Wolfgang Nickel. 16. Aufl. München; Zürich 2011. 173 S., Ill. (Piper; 3830).

Ein Märchen aus uralten Zeiten. Die schönsten Sagen und Balladen. Kompilation & Red.: Elsa Middeke. Hamburg 2010. 1 CD. (Goya NiCE).

Musikgedichte. Hrsg. von Mathias Mayer. Orig.-Ausg. München 2011. 173 S. (dtv; [13943]).

Nemeckie ballady = Deutsche Balladen. Sost. i perevodcik Romen Nudel'man. [Gelsenkirchen], Düsseldorf 2010. 217 S.

Die Rose. Ausgew. von Beatrix Müller-Kampel. Mit farb. Zeichn. von Pierre-Joseph Redoute. Berlin 2012. 187 S., Ill. (Insel-Taschenbuch; 4131).

Das Schönste, was es gibt auf der Welt. Gedichte über Freundschaft. Hrsg. von Andrea Wüstner. Stuttgart 2011. 92 S.

Die schönsten Frühlingsgedichte. Hrsg. von Michael Adrian. Orig.-Ausg. Frankfurt a.M. 2011. 223 S. (Fischer; 90300: Fischer Klassik).

Sehnsucht. Eine thematische Anthologie. Die schönsten deutschsprachigen Gedichte über das ewige Verlangen. Hrsg. von Andreas Kellner. Spiegelberg 2010. 171 S., Ill.

Sei mir gegrüßt, mein Sauerkraut. Hundert kulinarische Gedichte. Hrsg. von Walter Hansen. Berlin 2012. 196 S.

Der Tag ist nun vergangen. Geschichten und Gedichte zur Nacht. Hrsg. von Heinz Ludwig Arnold. Orig.-Ausg. Frankfurt a.M. 2010. 227 S. (Fischer; 90233: Fischer Klassik).

Tysjačeletie nemeckoj liriki = Millennium der deutschen Lyrik. Sost. i per. Romen Nudel'man. Düsseldorf, Gelsenkirchen 2009. 146 S.

Das Wein-Hörbuch. Weiß Bianco Blanc. Literarische Genüsse. Von und mit Stefan Kaminski, Barbara Nüsse, Jürgen Uter, Almuth Heuner und Joseph von Eichendorff. Hamburg 2012. 1 CD.

Welch ein Fest! Die schönsten Geschichten und Gedichte zur Weihnachtszeit. Ausgew. von Gilda Donata und Hubert Selig. Berlin 2011. 278 S. (Insel-Taschenbuch; 4065).

Das Wellness-Hörbuch. Traumhaft entspannen mit Poesie und Musik. Gesprochen von: Sven Görtz, Andreas Muthesius, Jürgen Fritsche. Merenberg 2010. 1 CD.

Zum Platzen glücklich. Geschichten und Gedichte vom sichtbaren und unsichtbaren, schnellen und dauerhaften Glück. Hrsg. von Klaus Seehafer. Stuttgart 2009. 96 S. (Reclams Universal-Bibliothek; 18638).

50 erotische Gedichte. Ausgew. von Harry Fröhlich. Stuttgart 2010. 111 S.

1.4 Übersetzungen

Agenda 2, 2010. [darin: Übers. von »Wo?« ins Englische von Terese Coe S. 143].
Chicago review 46, 2000, 2. [darin: Übers. von »Die Rose, die Lilje, die Taube, die Sonne,« ins Englische von Bill Berkson S. 32].
Heine, Heinrich: Atta Troll. El sueño de una noche de verano. (Ein Sommernachtstraum). Trad., pres. y glosario: Jesús Munárriz. Ed. bilingüe. Madrid 2011. 250 S. (Poesía Hiperión; 615). [Atta Troll. Ein Sommernachtstraum <span.>].
Heine, Heinrich: Deutschland. Ein Wintermärchen. Eine Studienausgabe mit chinesischer Übersetzung, Erläuterungen und Materialien. Hrsg. von Rahel Rutetzki, Winfried Woesler und Yang Yang. Neue Ausg. Bochum 2011. 397 S. (Bochumer Germanistik; 13).
Heine, Heinrich: La escuela romantica. Ed. a cargo de Juan Carlos Velasco. Madrid 2010. 286 S. (El libro de bolsillo; 4499). [Die romantische Schule <span.>].
Heine, Heinrich: História da religião e da filosofia na Alemanna e outros escritos. Ed. por Terry Pinkard. Trad.: Guilherme Miranda. São Paulo 2010. 288 S. [Zur Geschichte und Religion der Philosophie in Deutschland <portug.>].
Heine, Heinrich: Lirika. Perevod s nemeckogo. [Sost. i avtor predisl. V. Modestov]. Moskau 2006. 254 S., Ill. [Gedichte <russ.>].
Heine, Heinrich: Lutetia. Correspondances sur la politique, l'art et la vie du peuple. Trad., annotation et postface par Marie-Ange Maillet. Paris 2011. 368 S. (Bibliothèque franco-allemande). [Lutezia <franz.>].
Heine, Heinrich: Memorias del Señor de Schnabelewopski. Introd. y trad. de Carmen Bravo-Villasante. Córdoba 2010. XXXIV, 83 S., Ill. (Clásicos Berenice; 30). [Aus den Memoiren des Herren von Schnabelewopski <span.>].
Heine, Heinrich: Narrativa. Trad. Sabine Ribka. Madrid 2010. 200 S. [Enth.: »De las memorias del Señor de Schnabelewopski«, »Noches florentinas«, »El rabino de Bacherach«]. [Aus den Memoiren des Herren von Schnabelewopski <span.>, Florentinische Nächte <span.>, Der Rabbi von Bacherach <span.>].
Heine, Heinrich: Sangernas bok. Urval och tolkning Martin Tegen. Efterord: Axel Englund. Stockholm 2011. 303 S. [Buch der Lieder <schwed.>].
Ja i Ty = Ich und Du. Nemeckie romantiki o ljubvi. Sost. i perevod. Romen Nudel'man. Düsseldorf, Gelsenkirchen 2011. 211 S.
Nemeckie ballady = Deutsche Balladen. Sost. i perevodcik Romen Nudel'man. [Gelsenkirchen], Düsseldorf 2010. 217 S.
Són 4, 2006. [darin: Übers. von »Ein Traum, gar seltsam schauerlich,« ins Isländische von Einar Thoroddsen S. 81–82].
Tysjaceletie nemeckoj liriki = Millennium der deutschen Lyrik. Sost. i per. Romen Nudelman. Düsseldorf, Gelsenkirchen 2009. 146 S.

2 Sekundärliteratur

2.1 Studien zu Leben und Werk

Bärwinkel, Roland: Vergebliche Werbung. Heines Reisebilder in Goethes Hand. – In: Reise in die Bücherwelt. Drucke der Herzogin-Anna-Amalia-Bibliothek aus sieben Jahrhunderten. [Ausstellung Herzogin-Anna-Amalia-Bibliothek, Histor. Bibliotheksgebäude, Renaissancesaal, 9. April 2011 bis 11. März 2012]. Hrsg. im Auftr. der Klassik Stiftung Weimar von Michael Knoche. Köln [u. a.] 2011. S. 104–105.

Bartel, Nesrin: Orient im Okzident. Orientalismus in H. Heines und F. Freiligraths Lyrik. – In: Grabbe-Jahrbuch 28/29, 2011. S. 128–157.

Bauer, Josephine: Deutsche Italienbilder im Vormärz. Zur ›literarischen‹ Darstellung der »Fremde« anhand der Reiseberichte von Heinrich Heine und August Graf von Platen-Hallermünde. Jena, Univ., Bachelorarb., 2012. 78 Bl., Ill.

Bevilacqua, Mario: Spiriti e reazioni nell'opera di Arrigo Heine. Saggio. Arrone 2005. 37 S.

Bock, Helmut: Unsterbliche Utopie. Von Größe und Tragik Heinrich Heines. – In: Ders.: Freiheit, Gleichheit – und kein Ende. Streit um Menschenrechte. Maximilien Robespierre, Marx und Engels, Heinrich Heine. Berlin 2001. S. 51–72. (Philosophische Gespräche; 3).

Bodenheimer, Alfred: Hegel und Abarbanel. Zur Metaphorik des Marranentums bei Heinrich Heine und Robert Menasse. – In: Ders.: In den Himmel gebissen. Aufsätze zur europäisch-jüdischen Literatur. München 2011. S. 25–41. (Schriften der Gesellschaft für europäisch-jüdische Literaturstudien; 4).

Bodenheimer, Alfred: Heines Hiob. – In: Ders.: In den Himmel gebissen. Aufsätze zur europäisch-jüdischen Literatur. München 2011. S. 15–24. (Schriften der Gesellschaft für europäisch-jüdische Literaturstudien; 4).

Busch, Dieter: Das sind ja unsere alten Burschenschaftsfarben. Burschenschaftliches um Heinrich Heine. Hannover 2011. 234 S.

Busch, Dieter: Das sind ja unsere alten Burschenschaftsfarben. Burschenschaftliches um Heinrich Heine. Koblenz 2010. 140 S. (Jahresgabe der Gesellschaft für Burschenschaftliche Geschichtsforschung e.V. 2010).

A Companion to the Works of Heinrich Heine. Ed. by Roger F. Cook. Paperback-Ausg. Rochester, NY 2010. XII, 373 S. (Studies in German Literature, Linguistics, and Culture).

Cusack, Andrew: The Wanderer as »Weltbürger«. »Die Harzreise« and the Genesis of Heine's Cosmopolitanism. – In: The Cause of Cosmopolitanism. Dispositions, Models, Transformations. Patrick O'Donovan and Laura Rascaroli (ed.). Oxford [u. a.] 2011. S. 153–172. (Cultural Identity Studies; 21).

Decker, Heinz: Heinrich Heine »Armer Subjektivling«. »Sie trank mir fast den Odem aus ...«. – In: Deutsche Exlibris-Gesellschaft: Mitteilungen 2006, 1. S. 2–5. (Heine-Exlibris, incl. Abb.).

Destro, Alberto: Dove la precisione del linguaggio giuridico aiuta l'interpretazione letteraria. Un esempio da Heinrich Heine. – In: Diritto e letteratura. Prospettive di ricerca. A cura di Carla Faralli, Maria Paola Mittica. Rom 2010. S. 229–238. (Aracne / 12; 318).

Doskas, Maria: Formen und Darstellungen der Liebe in Heinrich Heines »Buch der Lieder«. Düsseldorf, Univ., Magisterarb., 2011. 73 S.

Elder, Lara: Constructing Legitimacy. Strategies of Self-authorization in Heinrich Heine's Prefaces. – In: Oxford German Studies 40, 2011, 3. S. 240–252.

Endemann, Fritz: Heinrich Heine und die schwäbischen Musen. – In: Schwäbische Heimat 61, 2010. S. 53–60.
Fingerhut, Karlheinz: Heine kompetent lesen. Über die didaktische Bedeutung ästhetischer Polyvalenz. – In: »Vergnügungen«. Sprache, Literatur, Leben. Festschrift für Wolfgang Brekle. André Barz (Hrsg.). Trier 2010. S. 135–158.
Fritzlar, Lydia: Heinrich Heine und die Diaspora. Der Zeitschriftsteller im kulturellen Raum der jüdischen Minderheit. Potsdam, Univ., Diss., 2009. 316 S.
Füllner, Bernd: »... der wird mir noch viele Freude machen ...« Karl Gutzkow und sein Verleger Julius Campe. Freundschaft und Zerwürfnis gespiegelt im Verhältnis zu Heinrich Heine. – In: Karl Gutzkow and his Contemporaries = Karl Gutzkow und seine Zeitgenossen. Beiträge zur internationalen Konferenz des Editionsprojekts Karl Gutzkow vom 7. bis 9. September 2010 in Exeter. Hrsg. von Gert Vonhoff. In Zusammenarb. mit Beke Sinjen und Sabrina Stolfa. Bielefeld 2011. S. 151–168. (Vormärz-Studien; 21).
Füllner, Karin: »Das ausgesprochne Wort ist ohne Schaam«. 13. Forum Junge Heine Forschung 2010 mit neuen Arbeiten über Heinrich Heine. – In: HJb 50 (2011). S. 214–218.
Füllner, Karin: »Mein Geschenk ist die Schrift«. »Heimkehr« bei Heinrich Heine, Hanns-Josef Ortheil und Jean Paul. – In: Várias viagens. Estudos oferecidos a Alfred Opitz. Organização: Fernando Clara, Manuela Ribeiro Sanches, Mário Matos. Ribeirão 2011. S. 79–88.
Gamper, Michael: Ästhetik und Politik des Luxus bei Heinrich Heine. – In: Luxus. Die Ambivalenz des Überflüssigen in der Moderne. Hrsg. von Christine Weder und Maximilian Bergengruen. Göttingen 2011. S. 175–191.
Gamper, Michael: Gegenwärtige Politik des Vergangenen. Politische Nachträglichkeit bei Heinrich Heine. – In: Gleichzeitigkeit des Ungleichzeitigen. Formen und Funktionen von Pluralität in der ästhetischen Moderne. Sabine Schneider, Heinz Brüggemann (Hrsg.). Paderborn 2011. S. 89–104.
Gasseleder, Klaus: West-östliche Harzreise (Heinrich Heine). – In: Ders.: Auf Dichters Rappen. Fuß-Wanderungen auf den Spuren der Dichter und ihrer Figuren. 2., korr. Aufl. Erlangen 2011. S. 67–82.
Gómez Pato, Rosa Marta: Die spanische Rezeption im literarischen Werk Heinrich Heines. – In: Slowakische Zeitschrift für Germanistik 3, 2011, 1. S. 51–58.
Großklaus, Götz: Heinrich Heine und die technische Revolution 1830–1850. – In: Ders.: Vierzig Jahre Literaturwissenschaft 1969–2009. Zur Geschichte der kultur- und medienwissenschaftlichen Öffnung. Frankfurt a.M. [u. a.] 2011. S. 105–120.
Hansen, Volkmar: Heinrich Heines Paris-Berichte 1844. – In: Várias viagens. Estudos oferecidos a Alfred Opitz. Organização: Fernando Clara, Manuela Ribeiro Sanches, Mário Matos. Ribeirão 2011. S. 23–44.
Hauschild, Jan-Christoph: Verknickte Ecken einer Seite. Eselsohren als Markenzeichen bei Heinrich Heine. – In: Lesespuren – Spurenlesen. Oder: wie kommt die Handschrift ins Buch? Von sprechenden und stummen Annotationen. Hrsg. im Auftrag des Literaturarchivs der Österreichischen Nationalbibliothek und der Wienbibliothek im Rathaus von Marcel Atze und Volker Kaukoreit. Wien 2011. S. 347–348. (Sichtungen; 12/13).
Heemst, Jan R. van: Berlin Cobweb, the late Heine. Jewish Wisdom, Hegelianism. Amsterdam, Univ., Diss., 2003. VI, 236 S. [URL: http://dare.uva.nl/record/145846].
Hessing, Jakob: Heine und die alten Griechen. Zur Ironie eines Verhältnisses. – In: Die Gegenwärtigkeit deutsch-jüdischen Denkens. Festschrift für Paul Mendes-Flohr. Hrsg. von Julia Matveev und Ashraf Noor. Paderborn 2011. S. 335–348. (Makom; 7).

Höhn, Gerhard: Der Flaneur Heinrich Heine. – In: Várias viagens. Estudos oferecidos a Alfred Opitz. Organização: Fernando Clara, Manuela Ribeiro Sanches, Mário Matos. Ribeirão 2011. S. 45–62.

Holtum, Jan von: »Heines Reisen durch Europa«. Ein Ausstellungsbericht sowie kulturgeschichtliche Betrachtungen zum Reise-, Medien- und Rezeptionswandel. – In: HJb 50 (2011). S. 201–207.

Horch, Hans Otto: Die unheilbar große Brüderkrankheit. Zum Zeitgedicht »Das neue Israelitische Hospital zu Hamburg« von Heinrich Heine. Deutsch-jüdische Literatur im Unterricht. – In: Wissenstransfer im Deutschunterricht. Deutsch-jüdische Literatur und mittelalterliche Fachliteratur als Herausforderung für ein erweitertes Textverstehen. Thomas Bein, Hans Otto Horch (Hrsg.). Frankfurt a.M. [u. a.] 2011. S. 27–44. (Germanistik, Didaktik, Unterricht; 6).

Horch, Hans Otto; Gurdon, Andrea: Die »Lore-Ley« zum Beispiel. Anregungen für den Deutschunterricht zur Thematisierung jüdischer Aspekte im Werk Heinrich Heines. – In: Wissenstransfer im Deutschunterricht. Deutsch-jüdische Literatur und mittelalterliche Fachliteratur als Herausforderung für ein erweitertes Textverstehen. Thomas Bein, Hans Otto Horch (Hrsg.). Frankfurt a.M. [u. a.] 2011. S. 45–92. (Germanistik, Didaktik, Unterricht; 6).

Ilbrig, Cornelia: Heinrich Heine. Leben und Werk. Sprecherin: Kerstin Hoffmann. Regie: Thorsten Reich. Darmstadt 2011. 2 CDs.

Ivanović, Christine: Im Zwischen-Raum der Geschichte. Reisen in Texten von Heinrich Heine, Sigmund Freud, Paul Celan und Ilse Aichinger. – In: Jewish Spaces. Die Kategorie Raum im Kontext kultureller Identitäten. Petra Ernst, Gerald Lamprecht (Hrsg.). Innsbruck [u. a.] 2010. S. 191–216. (Schriften des Centrums für Jüdische Studien; 17).

Jané, Jordi: Heinrich Heine (1797–1856). Madrid 2011. 95 S., Ill. (Biblioteca de la literatura alemana; 17).

Jané, Jordi: La ironia i la sàtira al servei de »la gran tasca« de Heine. – In: Homenaje a Herta Schulze Schwarz. Hang Ferrer Mora, Herbert Josef Holzinger, Berta Raposo Fernández (eds.). València 2007. S. 83–101. (Cuadernos de filología / Anejo; 62).

Joskowicz, Ari: Heinrich Heine's transparent Masks. Denominational Politics and the Poetics of Emancipation in nineteenth-Century Germany and France. – In: German Studies Review 34, 2011. S. 69–90.

Kortländer, Bernd: »Censur muß sein«. Heine, die Zensur, das Archiv. – In: Zensur im 19. Jahrhundert. Das literarische Leben aus Sicht seiner Überwacher. Bernd Kortländer, Enno Stahl (Hrsg.). Bielefeld 2012. S. 11–20. (Veröffentlichungen des Heinrich-Heine-Instituts).

Kortländer, Bernd: Verweigerte Annäherung. Zu Heines kultureller Übersetzungsarbeit. – In: »Das Fremde im Eigensten«. Die Funktion von Übersetzungen im Prozess der deutschen Nationenbildung. Bernd Kortländer und Sikander Singh (Hrsg.). Tübingen 2011. S. 195–206. (Transfer; 21).

Kruse, Joseph Anton: »Die Ausarbeitung einer profilierten schriftstellerischen Identität«. Zur Variation von Heines autobiographischer Prosa (mit einem Blick auf einige Heine-Ausgaben). – In: Várias viagens. Estudos oferecidos a Alfred Opitz. Organização: Fernando Clara, Manuela Ribeiro Sanches, Mário Matos. Ribeirão 2011. S. 63–78.

Kupferberg, Yael: Dimensionen des Witzes um Heinrich Heine. Zur Säkularisation der poetischen Sprache. Würzburg 2011. 221 S. (Epistemata/Reihe Literaturwissenschaft; 720).

Kuschel, Karl-Josef: Die Abhängigkeit des Geistes vom Geld: Der Fall Heinrich Heine. – In: Ders.: Assmann, Heinz-Dieter: Börsen, Banken, Spekulanten. Spiegelungen in der Literatur – Konsequenzen für Ethos, Wirtschaft und Recht. Gütersloh 2011. S. 71–79.

Kuschel, Karl-Josef: Islam im Spiegel der Literatur. Heinrich Heines andalusische Dichtungen. – In: Liber Amicorum. Katharina Mommsen zum 85. Geburtstag. Für den Bernstein-Verlag im Namen der Beiträger hrsg. von Andreas Remmel, Paul Remmel. Bonn 2010. S. 315–346.

Lämke, Ortwin: Heinrich Heines schollernd schnöde Klänge. Der »Romanzero« als »Hör«-Buch. – In: HJb 50 (2011). S. 54–70.

Liedtke, Christian: Raub- und Nachdrucke bei Heinrich Heine. – In: Von Goethe zu Google. Geistiges Eigentum in drei Jahrhunderten. In Verbindung mit dem Projektseminar »Ausstellung zur Geschichte des Nach- und Raubdrucks vom 18. Jahrhundert bis zur digitalen Revolution«. Hrsg. von Irmtraud und Albrecht Götz von Olenhusen. Düsseldorf 2011. S. 83–94.

Mennemeier, Franz Norbert: Heinrich Heines Blumen des Bösen. – In: Ders.: Brennpunkte der Literatur. Von der deutschen Frühromantik bis zur Gegenwart. Von Friedrich Schlegel bis zu Elfriede Jelinek und Botho Strauß. 2., verb. und erw. Aufl. Berlin 2011. S. 73–78.

Mossop, Frances: Urban Space in Heinrich Heine's »Briefe aus Berlin« and Ernst Dronke's »Berlin«. – In: Patterns of Knowledge in the 19th Century. Proceedings of the Symposium in Honour of Professor Martina Lauster's Retirement (26 September 2008). Ed. By Ricarda Schmidt and Gert Vonhoff. Münster 2010. S. 137–154. (MV-Wissenschaft).

Neumann, Gerhard: Konfigurationen romantischer Schöpfungsästhetik II. Vom Genie zum Talent zum Virtuosen. Der Fall Heine: Natur- oder Kulturvirtuose. – In: Genie – Virtuose – Dilettant. Konfigurationen romantischer Schöpfungsästhetik. Hrsg. von Gabriele Brandstetter und Gerhard Neumann. In Verbindung mit Alexander von Bormann ... Würzburg 2011. S. 27–42. (Stiftung für Romantikforschung; 53).

Nitzberg, Alexander: Die ungleichen Brüder Heine und Lermontov. – In: Russkij Gejne – Der russische Heine. Düsseldorf 2011. S. 41–53.

Pelloni, Gabriella: Lettere e »flânerie«. I »Briefe aus Berlin« di Heinrich Heine. – In: La scrittura epistolare in Europa dal Medioevo ai nostri giorni. Generi, modelli e trasformazioni. A cura di Margherita Cottone e Eleonora Chiavetta. Acireale [u. a.] 2010. S. 141–150. (Percorsi diversi; 9).

Perraudin, Michael: Heinrich Heine and Karl Gutzkow. No Love lost. – In: Karl Gutzkow and his Contemporaries = Karl Gutzkow und seine Zeitgenossen. Beiträge zur internationalen Konferenz des Editionsprojekts Karl Gutzkow vom 7. bis 9. September 2010 in Exeter. Hrsg. von Gert Vonhoff. In Zusammenarbeit mit Beke Sinjen und Sabrina Stolfa. Bielefeld 2011. S. 55–78. (Vormärz-Studien; 21).

Peters, George: Conspicuous Silence. Heine's Response to Halevy's »La Juive«. – In: HJb 50 (2011). S. 25–53.

Pott, Hans-Georg: L'économie poétique de Heine et Marx. – In: Europe 988/989, 2011. S. 100–116.

Pronin, Vladislav A.: Poèzija Genricha Gejne. Genezis i recepcija = Heinrich Heines Poesie. Genesis und Rezeption. Moskau 2011. 242 S., [4] Bl., Ill. (Nemeckij genij v russkoj i mirovoj kul'ture).

Rickes, Joachim: (Anstands-)Striche in Heinrich Heines Gedicht »Beine hat uns zwei gegeben / Gott der Herr«. – In: Die Poesie der Zeichensetzung. Studien zur Stilistik der Interpunktion. Hrsg. von Alexander Nebrig, Carlos Spoerhase. Bern 2012. S. 259–274. (Publikationen zur Zeitschrift für Germanistik; 25).

Rigby, Kate: »Wie ist die Natur doch im allgemeinen so schön!« Heine's green-edged Sword of Satire. – In: Groteske Moderne – moderne Groteske. Festschrift für Philip Thomson. Hrsg.

von Franz-Josef Deiters, Axel Fliethmann, Christiane Weller. St. Ingbert 2011. S. 325–342. (Transpositionen; 3).
Rose, Margaret Anne: Carnival and »Tendenz«. Satiric Modes in Heine's »Atta Troll. Ein Sommernachtstraum« [1975]. – In: Passagen: 50 Jahre Germanistik an der Monash Universität = Passages: 50 Years of German Studies at Monash University. Hrsg. von Franz-Josef Deiters ... St. Ingbert 2010. S. 67–88. (Transpositionen; 1).
Roshwald, Mordecai: Heinrich Heine. The Predicament of a cultural Pluralist. – In: Modern Age 53, 2011, 2/3. S. 29–40.
Roth, Ursula: »Die Russen sind ein braves Volk«. Anmerkungen zu Heines literarischen Äußerungen über Russland. – In: Russkij Gejne – Der russische Heine. Düsseldorf 2011. S. 55–71.
Russkij Gejne – Der russische Heine. Russlands Blick auf Heinrich Heine. [Katalog erscheint anlässlich der] Ausstellung des Heinrich-Heine-Instituts in Zusammenarbeit mit dem Staatlichen A. S. Puschkin-Museum Moskau, Düsseldorf, 27. November 2011–29. Januar 2012. Bernd Kortländer, Ursula Roth (Hrsg.). Düsseldorf 2011. 94 S., Ill. (Veröffentlichungen des Heinrich-Heine-Instituts).
Sader, Jörg: »Mein Herz, mein Herz ist traurig, doch lustig leuchtet der Mai«. Annäherungen an Heinrich Heine. – In: Ders.: Bilder und Lektüren. Einsichten zu Literatur und Kunst. Hagen 2012. S. 149–170. (Bibliotope; 11).
Schäfer, Julia: Die Raubübersetzung von Heinrich Heines »Die Götter im Exil«. – In: Von Goethe zu Google. Geistiges Eigentum in drei Jahrhunderten. In Verbindung mit dem Projektseminar »Ausstellung zur Geschichte des Nach- und Raubdrucks vom 18. Jahrhundert bis zur digitalen Revolution«. Hrsg. von Irmtraud und Albrecht Götz von Olenhusen. Düsseldorf 2011. S. 95–105.
Schmiedel, Janina: Synthesemomente in Heinrich Heines lyrischem Fragment »Jehuda ben Halevy«. – In: HJb 50 (2011). S. 71–84.
Schmitter, Elke: Heinrich Heine – Erfinder der modernen Liebe. Von einem Mann, der die Frauen nicht nur liebte, sondern auch achtete. – In: Universitas / Deutsche Ausgabe 66, 2011, 2 = 776. S. 35–43.
Schnell, Ralf: Das fremde Selbst: Auto(r)inszenierungen und Ausgrenzungsstrategien. Heine – Börne – Platen. – In: Schriftstellerische Inszenierungspraktiken. Typologie und Geschichte. Christoph Jürgensen, Gerhard Kaiser (Hrsg.). Heidelberg 2011. 215–229. (Euphorion / Beihefte; 62).
Seeba, Hinrich C.: »The man in the crowd«. Zur Individualisierung der Masse in ihrer frühen Repräsentation bei Heine und E.T.A. Hoffmann. – In: Metropolen als Ort der Begegnung und Isolation. Interkulturelle Perspektiven auf den urbanen Raum als Sujet in Literatur und Film. Hrsg. von Ernest W. B. Hess-Lüttich ... Frankfurt a.M. [u.a.] 2011. S. 113–124. (Cross cultural Communication; 20. Publikationen der Gesellschaft für Interkulturelle Germanistik; 15).
Seifriz, Enno: Begegnungen. Chopin, Schumann und Heine. Nachklänge zum Internationalen Bodenseefestival 2010. – In: Leben am See 28, 2011. S. 251–259.
Shedletzky, Itta: 1830: »Die Bäder von Lucca«. Hirsch Hyazinth, die Papagoyim und Rothschild – ganz famillionär. Heinrich Heines innovativer Umgang mit jüdischen Belangen und Figuren. – In: Kalender kleiner Innovationen. 50 Anfänge einer Moderne zwischen 1755 und 1856. Für Günter Oesterle. Hrsg. von Roland Borgards, Almuth Hammer und Christine Holm. Würzburg 2006. S. 349–358.

Singh, Sikander: Heinrich Heine (1797–1856): Carl I. – In: Deutsche Lyrik in 30 Beispielen. Andrea Geier, Jochen Strobel (Hrsg.). Paderborn 2011. S. 115–122. (UTB; 3348).
Söhnen, Albrecht von: »Petite fée ...« Heinrich Heine, Caroline Jaubert und die Welt der Salons. – In: Heinrich-Heine-Gymnasium <Oberhausen>: Schulzeitung 2011. S. 5–29.
Stackelberg, Jürgen von: Heinrich Heine und Voltaire. – In: Ders.: »Wir müssen unseren Garten bebauen«. Candide als Experimentalroman und andere Voltaire-Studien. Berlin 2010. S. 196–205.
Stahl, Enno: Heines »Vorrede zu den Französischen Zuständen« aus Sicht der Zensurbehörden. Unter Verwendung unbekannter archivalischer Materialien aus dem Geheimen Staatsarchiv Preußischer Kulturbesitz. – In: HJb 50 (2011). S. 85–107.
Starke, Matthias: Heinrich Heines Auffassungen von der Geschichte und der Revolution als impulsgebenden Elementen des Prosaschaffens im französischen Exil (1831–1848). Als Ms. gedr. Aachen 1997. 291 S. (Sprache & Kultur). [Zugl.: Leipzig, Pädag. Hochsch., Diss., 1992].
Stein, Peter: »Verlorner Posten in dem Freiheitskriege«. Missdeutungen der Begriffe in Heinrich Heines Gedicht ›Enfant perdu‹. – In: Krieg und Frieden in der Literatur. Zu Zeugnissen aus Literatur und Publizistik der letzten drei Jahrhunderten. Beiträge eines Kolloquiums anlässlich des Beginns des Zweiten Weltkrieges vor 70 Jahren. Berlin 2009. S. 16–21. (Pankower Vorträge; 137).
Stein, Ursula: Heinrich Heine – ein deutscher Europäer im französischen Exil. Vortrag, gehalten vor der Juristischen Gesellschaft zu Berlin am 9. Dezember 2009. Berlin; New York, NY 2010. 38 S. (Schriftenreihe der Juristischen Gesellschaft zu Berlin; 188).
Stenger, Gerhardt: Marx, Heine et le matérialisme de l'âge classique. – In: Orthodoxie et hétérodoxie. Libertinage et religion en Europe au temps des Lumières. Institut Claude Longeon, Renaissance et Âge Classique. Ouvr. coordonné par Marie-Hélène Quéval. Saint-Etienne 2010. S. 199–212.
Stoppelenburg, Charlotte: Heinrich Heine und die Musik. Utrecht, Univ., Bachelorarb., 2010. 42 Bl.
Tebben, Karin: Tannhäuser. Biographie einer Legende. Göttingen 2010. 247 S., Ill. [Kapitel 5 »... sozusagen eine vergleichende Anatomie der Literatur ...«. Heinrich Heines ›Der Tannhäuser‹. Eine Legende‹, S. 56–70].
Tournier, Michel: Henri Heine et le pot de chambre de la déesse Germania. – In: Ders.: Les vertes lectures. Cervantes, Chamisso, Heine, Ségur, Verne, Carroll, Daudet, May, Lagerlöf, Rabier, Kipling, London, Hergé, Gripari. Éd. augm. Paris 2007. S. 109–120. (Collection folio; 4650).
Trabert, Florian: »Die Hölle des Dante«. Zu Heinrich Heines produktiver Dante-Rezeption im Spannungsfeld von Patriotismus und Exilerfahrung. – In: »Das Fremde im Eigensten«. Die Funktion von Übersetzungen im Prozess der deutschen Nationenbildung. Bernd Kortländer und Sikander Singh (Hrsg.). Tübingen 2011. S. 179–194. (Transfer; 21).
Ujma, Christina: Fanny Lewalds »Französische Zustände«. Paris, die Februarrevolution und Heinrich Heine. – In: Links 11, 2011. S. 39–50.
Veh, Markus: »Ich weiß nicht, was soll es bedeuten ...«. Heinrich Heine und der Rhein. – In: Rhein-Maas 2, 2011. S. 217–232.
Vogt, Margrit: Wertende Kunstworte. Oder: Heinrich Heines Salonkritik, »Die französischen Maler« (1831). – In: German Life and Letters 63, 2010, 2. S. 124–132.
Vormbaum, Thomas: »Die Einheit im Denken und Sinnen«. Zensur und totalitäre Gefahr in Heines »Wintermärchen«. – In: Ders.: Diagonale. Beiträge zum Verhältnis von Rechtswissenschaft und Literatur. Berlin; Münster 2011. S. 59–92. (Humaniora; 2).

Vormbaum, Thomas: »Kraft meiner akademischen Befugniß als Doktor beider Rechte«. Heinrich Heine als Jurist. – In: Ders.: Diagonale. Beiträge zum Verhältnis von Rechtswissenschaft und Literatur. Berlin, Münster 2011. S. 93–126. (Humaniora; 2).
Windfuhr, Manfred: Fanny Lewald im Gespräch mit Heinrich Heine. – In: Fanny Lewald (1811–1889). Studien zu einer großen europäischen Schriftstellerin und Intellektuellen. Christina Ujma (Hrsg.). Bielefeld 2011. S. 37–42. (Vormärz-Studien; 20).
Windfuhr, Manfred: Weltkenner und Welterneuerer. Heines globale Visionen. – In: HJb 50 (2011). S. 1–24.
Wohlfahrt, Agnes: Die Macht des Wortes. Heines Kampf um politische Veränderung am Beispiel Deutschland. Ein Wintermärchen. – In: Buchgeschichten. Wege zur Weltliteratur. [Red. Grit Steuer ...] Leipzig 2011. S. 60–62. (Liaisons Dossier; 1).
Wolf, Norbert Richard: Gibt es eine Grammatik der Emotionen? [»Sie saßen und tranken am Teetisch«]. – In: Studia germanistica 6, 2010. S. 31–37.
Wortmann, Simon: »das Wort will Fleisch werden«. Körper-Inszenierungen bei Heinrich Heine und Friedrich Nietzsche. Stuttgart, Weimar 2011. 306 S. (Heine-Studien).
Zhang, Yushu: Liebe auf den zweiten Blick. Heines Verhältnis zu China. – In: Literaturstraße 12, 2011. S. 143–156.

2.2 Untersuchungen zur Rezeption

Aminova, Zaira: Heinrich Heine und das moderne Russland. – In: Russkij Gejne – Der russische Heine. Düsseldorf 2011. S. 87–94.
Benedict, Hans-Jürgen: Entstellung und Berührung. Zwei entstellte Heinezitate und zwei unvorhergesehene Berührungen zwischen Wichern und Heine. – In: Pastoraltheologie 100, 2011, 4. S. 243–251.
Bogatyrev, Evgeny: Zur Ausstellung. – In: Russkij Gejne – Der russische Heine. Düsseldorf 2011. S. 8–9.
Canje, Hans: Heine holt auf. – In: Ossietzky 2010, 21. O. S.
Carusi, Simonetta: Edgar Allan Poe e la letteratura tedesca. Tre esempi: Kafka, Heine e Arno Schmidt. – In: Il ritorno di Edgar Allan Poe & Co. 1809–2009. [Papers presented at a Conference held in Pescara, Italy, May 26, 2010]. A cura di Annalisa Goldoni, Andrea Mariani, Carlo Martinez. Neapel 2011. S. 113–122. (Monografie del Dipartimento di Scienze Linguistiche e Letterarie, Università degli Studi G. D'Annunzio, Chieti-Pescara; 14).
Colombat, Frédérique: Peter Rühmkorf et Heinrich Heine ou les paradoxes de l'existence poétique. – In: Chemins de la poésie allemande de Friedrich Hölderlin à Volker Braun. Hommage à Remy Colombat. Études réunies par Alain Muzelle. Paris 2011. S. 411–429. (Études Germaniques 66, 2).
Geller, Jay: ›Eidola‹ or ›Eidechsen‹? Kafka asks Brod asks Kraus asks Heine a Jewish Question. – In: Journal of the Kafka Society of America 33–34, 2010, 1–2. S. 8–18.
Gruschka, Roland: »Ss' harz in benkn gejt mir ojß«. Heinesche Motive im Werk des jiddischen Dichters Oscher Schwarzman. – In: HJb 50 (2011). S. 108–128.
Hansen, Volkmar: Thomas Manns Verhältnis zu Heinrich Heine. – In: Düsseldorfer Beiträge zur Thomas-Mann-Forschung 1, 2011. S. 15–36.
Heine und die Nachwelt. Geschichte seiner Wirkung in den deutschsprachigen Ländern. Texte und Kontexte, Analysen und Kommentare. Dietmar Goltschnigg und Hartmut Steinecke (Hrsg.). Bd. 3: 1957–2006. Berlin 2011. 837 S., Ill.

Henning, Astrid: Die erlesene Nation. Eine Frage der Identität. Heinrich Heine im Schulunterricht in der frühen DDR. Bielefeld 2011. 315 S. (Lettre).
Kenny, Aisling: Josephine Lang's Goethe, Heine and Uhland Lieder. Contextualizing her Contribution to nineteenth-Century German Song. Maynooth, Univ., Diss., 2010. 271, 250 S. [URL: http://eprints.nuim.ie/2292/].
Kortländer, Bernd: Heinrich Heine in Russland. – In: Russkij Gejne – Der russische Heine. Russlands Blick auf Heinrich Heine. Düsseldorf 2011. S. 11–38.
Köster, Jürgen: Halberstadt und die Heines. – In: Zwischen Harz und Bruch 3, 2011, 65. S. 26–32.
Mik, Patrick Christopher: Sigmund Freud liest Heinrich Heine. Graz, Univ., Masterarb., 2010. 83 Bl.
Pronin, Vladislav A.: Poėzija Genricha Gejne. Genezis i recepcija = Heinrich Heines Poesie. Genesis und Rezeption. Moskau 2011. 242 S. [4] Bl.: Ill. (Nemeckij genij v russkoj i mirovoj kul'ture).
Russkij Gejne – Der russische Heine. Russlands Blick auf Heinrich Heine. [Katalog erscheint anlässlich der] Ausstellung des Heinrich-Heine-Instituts in Zusammenarbeit mit dem Staatlichen A. S. Puschkin-Museum Moskau Düsseldorf, 27. November 2011–29. Januar 2012. Bernd Kortländer, Ursula Roth (Hrsg.). Düsseldorf 2011. 94 S., Ill. (Veröffentlichungen des Heinrich-Heine-Instituts).
Söhn, Stefan: Die Erinnerung an Heine in Bayern. – In: HJb 50 (2011). S. 183–188.
Zhang, Yushu: Aufwachen mit Heine. Wie deutsche Klassiker uns Chinesen Erkenntnis, Moral und Gefühle lehren. – In: Kulturaustausch 61, 2011, 2/3. S. 82–83.

2.3 Forschungsliteratur mit Heine-Erwähnungen und -Bezügen

Albert, Claudia: Intellektuelle Strategien vom 18. Jahrhundert bis zur Gegenwart. – In: Weimarer Beiträge 57, 2011, 3. S. 414–433.
Altenburg, Detlef: Liszt und sein Kreis – Künstlernetzwerke. – In: Franz Liszt – ein Europäer in Weimar. Katalog der Landesausstellung Thüringen im Schiller-Museum und Schlossmuseum Weimar 24. Juni–31. Oktober 2011. Hrsg. von Detlef Altenburg. Köln 2011. S. 76–79.
Amberger, Alexander: Der konstruierte Dissident. Berlin 2011. 64 S. (Hefte zur DDR-Geschichte; 127).
[anonym]: Wernerkapelle, Bacharach – das Fenster. Denkmal für jüdisch-christliche Aussöhnung. – In: Hansen-Blatt 2007, Juli = 60. S. 71–74.
Ansel, Michael; Hettche, Walter: Zahnloser Tiger. Randnotizen eines Zeitgenossen zu Robert Prutz' »Vorlesungen über die deutsche Literatur der Gegenwart«. – In: Lesespuren – Spurenlesen. Oder: wie kommt die Handschrift ins Buch? Von sprechenden und stummen Annotationen. Hrsg. im Auftrag des Literaturarchivs der Österreichischen Nationalbibliothek und der Wienbibliothek im Rathaus von Marcel Atze und Volker Kaukoreit. Wien 2011. S. 96–112. (Sichtungen; 12/13).
Atze, Marcel: Libri annotati. Annäherung an eine vernachlässigte Spezies: Hand- und Arbeitsexemplare. – In: Lesespuren – Spurenlesen. Oder: wie kommt die Handschrift ins Buch? Von sprechenden und stummen Annotationen. Hrsg. im Auftrag des Literaturarchivs der Österreichischen Nationalbibliothek und der Wienbibliothek im Rathaus von Marcel Atze und Volker Kaukoreit. Wien 2011. S. 11–54. (Sichtungen; 12/13).

Battegay, Caspar: Das andere Blut. Gemeinschaft im deutsch-jüdischen Schreiben 1830–1930. Köln [u. a.] 2011. 329 S. (Reihe Jüdische Moderne; 12). [Zugl.: Univ., Heidelberg, Diss., 2009]. [zahlreiche Heine-Bezüge, bes. Kapitel II »Die Weltblutfrage« – Heinrich Heine S. 56–121].

Behr, Johannes; Eich, Katrin; Struck, Michael: Neues aus der Kieler Forschungsstelle der Neuen Brahms-Ausgabe. – In: Brahms-Studien 16, 2011. S. 195–207.

Blecken, Gudrun: Erläuterungen zur Lyrik der Romantik. Hollfeld 2010. 165 S. (Königs Erläuterungen spezial).

Borchmeyer, Dieter: Weimarer Klassik. Portrait einer Epoche. Studienausg. Weinheim 1998. 616 S.

Briese, Olaf: Der arme Vetter Hermann Schiff. – In: HJb 50 (2011). S. 149–165.

Brilli, Attilio: El viaje a Italia. Historia de una gran tradición cultural. Trad.: Juan Antonio Méndez. Boadilla del Monte 2010. 445 [36] S.

Büchner, Georg: Die Briefe. Hrsg. von Ariane Martin. Stuttgart 2011. 240 S. (Reclams Universal-Bibliothek; 18835).

Büchner, Georg: Sämtliche Werke und Briefe. Hrsg. von Ariane Martin. Stuttgart 2012. 821 S., Ill. (Reclam-Bibliothek).

Bunzel, Wolfgang: Spätromantik – Konturen eines Phänomens. – In: Romantik. Aspekte einer Epoche. Hrsg.: Ortsvereinigung Hamburg der Goethe-Gesellschaft in Weimar e.V. Wettin 2009. S. 70–88. (Hamburger Goethe-Gesellschaft: Jahresgabe 2009).

Cepl-Kaufmann, Gertrude; Grande, Jasmin: Der tote Körper. Literarische Metamorphosen des Leibes und der Seele. – In: Objekt Leiche. Technisierung, Ökonomisierung und Inszenierung toter Körper. Dominik Groß, Jasmin Grande (Hrsg.). Frankfurt a.M.; New York, NY 2010. S. 193–243. (Todesbilder; 1).

Danneberg, Lutz: Das perforierte Gewand. Geschichte und hermeneutische Funktion von ›distinctiones‹, ›partiones‹ und ›divisiones‹. – In: Die Poesie der Zeichensetzung. Studien zur Stilistik der Interpunktion. Hrsg. von Alexander Nebrig, Carlos Spoerhase. Bern 2012. S. 89–132. (Publikationen zur Zeitschrift für Germanistik; 25).

Decker, Heinz: Vorwort. – In: DEG-Jahrbuch ... Exlibriskunst und Graphik 2001. S. 3–4.

Deterding, Klaus: Schiller und die anderen. Leistung, Schönheit und Ausdruckskraft der deutschen Sprache in der Literatur. Würzburg 2011. 390 S.

Deutsche und Deutschland aus russischer Sicht. Bd. 2: 19./20. Jahrhundert von den Reformen Alexanders II. bis zum Ersten Weltkrieg. Hrsg. von Dagmar Herrmann. Red. Bearb. Mechthild Keller, Maria Klassen und Karl-Heinz Korn. München 2006. 1287 S. (West-östliche Spiegelungen / B; 4).

Die Düsseldorfer Malerschule und ihre internationale Ausstrahlung 1819–1918. [Die Publikation erscheint anlässlich der Ausstellung »Weltklasse. Die Düsseldorfer Malerschule 1819–1918« Museum Kunstpalast, Düsseldorf, 24. September 2011–22. Januar 2012]. Bettina Baumgärtel (Hrsg.). Bd. 1: Essays. Petersberg 2011. 448 S., Ill.

Fischer, Hubertus; Vaßen, Florian: Europa der Karikaturen. – In: Politik, Porträt, Physiologie. Facetten der europäischen Karikatur im Vor- und Nachmärz. Hubertus Fischer, Florian Vaßen (Hrsg.). Bielefeld 2010. S. 7–16. (Vormärz-Studien; 18).

Foerster, Manfred J.: Bürgertum und Nationalismus. Ein deutsches Verhältnis. Aachen 2011. 505 S.

Fontane als Biograph. Hrsg. von Roland Berbig. Berlin; New York, NY 2010. VI, 281 S., Ill. (Schriften der Theodor-Fontane-Gesellschaft; 7).

Frank, Gustav; Podewski, Madleen: Denkfiguren. Prolegomena zum Zusammenhang von Wissen(schaft) und Literatur im Vormärz. – In: Wissenskulturen des Vormärz. Hrsg. von Gustav Frank und Madleen Podewski. Bielefeld 2012. S. 11–54. (Forum Vormärz-Forschung: Jahrbuch 17, 2011).

Frank, Gustav: Symptoms of epistemological Change. Intersections with Music and the visual Arts in German Novel of the long nineteenth Century. – In: Textual Intersections. Literature, History and the Arts in nineteenth-Century Europe. Ed. by Rachael Langford. Amsterdam [u. a.] 2009. S. 53–62. (Internationale Forschungen zur allgemeinen und vergleichenden Literaturwissenschaft; 129).

Füllner, Bernd: Zur Entstehungs- und Zensurgeschichte der sozialistischen Lyrikanthologie »Album. Originalpoesien von Georg Weerth [...] und dem Herausgeber H. Püttmann«. – In: Zensur im 19. Jahrhundert. Das literarische Leben aus Sicht seiner Überwacher. Bernd Kortländer, Enno Stahl (Hrsg.). Bielefeld 2012. S. 111–126. (Veröffentlichungen des Heinrich-Heine-Instituts).

Geschichte der sozialen Ideen in Deutschland. Sozialismus – Katholische Soziallehre – Protestantische Sozialethik. Ein Handbuch. Hrsg. von Helga Grebing. 2. Aufl. Wiesbaden 2005. 1160 S.

Grenzüberschreitende Biographien zwischen Ost- und Mitteleuropa. Wirkung – Interaktion – Rezeption. Im Auftr. des Bundesinstituts für Kultur und Geschichte der Deutschen im Östlichen Europa ... Tobias Weger (Hrsg.). Frankfurt a.M. [u. a.] 2009. 513 S., Ill. (Mitteleuropa – Osteuropa; 11).

Grüning, Hans-Georg: Tirol-Südtirol. Dekonstruktion und Rekonstruktion einer Region. – In: Konstruktionsprozesse der Region in europäischer Perspektive. Kulturelle Raumprägungen der Moderne. Gertrude Cepl-Kaufmann, Georg Mölich (Hrsg.). Essen 2010. S. 251–266. (Düsseldorfer Schriften zur Literatur- und Kulturwissenschaft; 6).

Hertz, Deborah: How Jews became Germans. The History of Conversion and Assimilation in Berlin. New Haven, CT; London 2007. XII, 276 S., Ill.

von der Heyden-Rynsch, Verena: Das Spiel der Verführung. Liebe und Galanterie im Wandel der Zeiten. Düsseldorf, Zürich 2004. 259 S., Ill.

Hosfeld, Rolf: Tucholsky. Ein deutsches Leben. München 2012. 318 S., Ill.

Jeanblanc, Helga: Schubart & Heideloff. Stratégies d'insertion de libraires allemandes à Paris sous la Restauration. – In: L'Europe et le livre. Réseaux et pratiques du négoce de librairie. XVIe–XIXe siècles. Sous la dir. de Frédéric Barbier, Sabine Juratic, Dominique Varry. Paris 1996. S. 543–570. (Cahiers d'histoire du livre; 1).

Jers, Norbert: Mendelssohn und die nationalsozialistische Musikpublizistik im Rheinland. – In: Mendelssohn und das Rheinland. Bericht über das Internationale Symposium Koblenz 29.–31.10.2009. Hrsg. von Petra Weber-Bockholdt. Paderborn 2011. S. 203–220. (Studien zur Musik; 18).

Kammann, Petra: George Grosz: Künstler zwischen Berlin und New York. – In: ... in Rheinkultur 2011, 3. S. 70–71.

Klotz, Volker: Venus Maria. Auflebende Frauenstatuen in der Novellistik. Ovid – Eichendorff – Mérimée – Gaudy – Bécquer – Keller – Eça de Queiroz – Fuentes. 2., unv. Aufl. Bielefeld 2010. 262 S.

Kluge, Rolf-Dieter; Świderska, Malgorzata: Zarys historii literatury i kultury niemieckiej. Łódź 2010. 230 S.

Knoblich, Aniela: »The old Men's Voices«. Stimmen in Thomas Klings später Lyrik. – In: Das Gellen der Tinte. Zum Werk Thomas Klings. Frieder von Ammon, Peer Trilcke, Alena Scharfschwert (Hrsg.). Göttingen 2012. S. 215–240. (Deutschsprachige Gegenwartsliteratur und Medien; 9).

Koch, Ursula E.: Die Münchner »Fliegenden Blätter« vor, während und nach der Märzrevolution 1848. »Ein deutscher ›Charivari‹ und ›Punch‹«? – In: Politik, Porträt, Physiologie. Facetten der europäischen Karikatur im Vor- und Nachmärz. Hubertus Fischer, Florian Vaßen (Hrsg.). Bielefeld 2010. S. 199–256. (Vormärz-Studien; 18).

Kontemeniotou, Christina: Die Entwicklung der Naturlyrik von der Aufklärung bis zum Expressionismus. Halifax, Nova Scotia, Univ., Diss., 2001. 118 S.

Kortländer, Bernd: Phantastische Geschichten. Schwarze Romantik in Deutschland und Frankreich. Eine Ausstellung des Heinrich-Heine-Instituts und der Maison de Balzac, Paris mit Unterstützung der Robert Bosch Stiftung 13. Mai–15. Juli 2012. Düsseldorf 2012. 20 S., Ill.

Kruse, Joseph Anton: Auch ein Beitrag zum Thema »... kommen Sie, Cohn«. Einige Bemerkungen über Fontanes zu Unrecht vergessenen Weggefährten Gustav Karpeles. – In: Fontane-Blätter 91, 2011. S. 132–143.

Lesespuren – Spurenlesen. Oder: wie kommt die Handschrift ins Buch? Von sprechenden und stummen Annotationen. Hrsg. im Auftrag des Literaturarchivs der Österreichischen Nationalbibliothek und der Wienbibliothek im Rathaus von Marcel Atze und Volker Kaukoreit unter Mitarb. von Thomas Degener, Tanja Gausterer und Martin Wedl. Wien 2011. 455 S., Ill. (Sichtungen; 12/13).

Liedtke, Christian: Brief und Siegel. Zensurdokumente aus dem Archiv des Heinrich-Heine-Instituts. – In: Zensur im 19. Jahrhundert. Das literarische Leben aus Sicht seiner Überwacher. Bernd Kortländer, Enno Stahl (Hrsg.). Bielefeld 2012. S. 81–110. (Veröffentlichungen des Heinrich-Heine-Instituts).

Liedtke, Christian: Maximilian Heines literarische Russland-Ansichten. – In: Russkij Gejne – Der russische Heine. Düsseldorf 2011. S. 73–85.

Ludwig Tieck. Leben, Werk, Wirkung. Hrsg. von Claudia Stockinger und Stefan Scherer. Berlin [u. a.] 2011. XVII, 845 S.: Ill. (De-Gruyter-Lexikon).

Maes, Sientje: Figurationen der Macht. Grabbes Napoleon-Drama als Projektionsfläche neuer sozio-politischer, philosophischer und bühnentechnischer Denkansätze. – In: Wissenskulturen des Vormärz. Hrsg. von Gustav Frank und Madleen Podewski. Bielefeld 2012. S. 183–204. (Forum Vormärz-Forschung: Jahrbuch 17, 2011).

Marquart, Lea: Goethes Faust in Frankreich. Studien zur dramatischen Rezeption im 19. Jahrhundert. Heidelberg 2009. 545 S. (Ereignis Weimar-Jena. Kultur um 1800; 27). [Zugl.: Freiburg i. Br., Univ., Diss., 2008].

Mendelssohn Bartholdy, Felix: Sämtliche Briefe. Bd. 1: 1816 bis Juni 1830. Hrsg. und komm. von Juliette Appold und Regina Back. Kassel [u. a.] 2008. 764. S., Noten; Bd. 2: Juli 1830 bis Juli 1832. Hrsg. und komm. von Anja Morgenstern und Uta Wald. Kassel [u. a.] 2009. 788 S.

Musgrave, Michael: The Life of Schumann. Cambridge [u. a.] 2011. X, 224 S., Ill. (Musical lives).

Nebrig, Alexander; Spoerhase, Carlos: Für eine Stilistik der Interpunktion. – In: Die Poesie der Zeichensetzung. Studien zur Stilistik der Interpunktion. Hrsg. von Alexander Nebrig, Carlos Spoerhase. Bern 2012. S. 11–32. (Publikationen zur Zeitschrift für Germanistik; 25).

Nebrig, Alexander; Spoerhase, Carlos: Über den Aufbau und die Beiträge dieses Bandes. – In: Die Poesie der Zeichensetzung. Studien zur Stilistik der Interpunktion. Hrsg. von Alexander Nebrig, Carlos Spoerhase. Bern 2012. S. 41–52. (Publikationen zur Zeitschrift für Germanistik; 25).

Oguro, Yasumasa: Die aus der Wassertiefe auftauchende Negativität. Ein literarisches Fluidum mit Namen »Wasserfrau«. – In: Neue Beiträge zur Germanistik. 9, 2010, 2: Aspekte literarischer Negativität. München 2010. S. 72–91. (Doitsu-bungaku; 142). [japanisch mit dt. Zusammenfassung].

Osterhammel, Jürgen: Die Verwandlung der Welt. Eine Geschichte des 19. Jahrhunderts. Sonderausg. München 2011. 1568 S. (Historische Bibliothek der Gerda-Henkel-Stiftung).

Plachta, Bodo: »Zahnlücken der Zeit«. Zur Sichtbarkeit von Zensur. – In: Zensur im 19. Jahrhundert. Das literarische Leben aus Sicht seiner Überwacher. Bernd Kortländer, Enno Stahl (Hrsg.). Bielefeld 2012. S. 45–77. (Veröffentlichungen des Heinrich-Heine-Instituts).

Quadflieg, Josef: Bertha von Suttner. Eine Frau kämpft für den Frieden. – In: Ders.: Sie bewegten die Welt. Lebensbilder unserer Zeit. Düsseldorf 2000. S. 19–28.

Ringler, Dick: Bard of Iceland. Jonas Hallgrimsson, Poet and Scientist. Madison, WI 2002. XIV, 474 S., Ill.

Robert Schumann und die französische Romantik. Bericht über das 5. Internationale Schumann-Symposium der Robert-Schumann-Gesellschaft am 9. und 10. Juli 1994 in Düsseldorf. Hrsg. von Ute Bär. Mainz [u. a.] 1997. 307 S., Noten. (Schumann-Forschungen; 6).

Rose, Margaret Anne: Sirens, Centaurs, and Stickmen. The Comic-Grotesque and Parody in Art and Caricature. – In: Groteske Moderne – moderne Groteske. Festschrift für Philip Thomson. Hrsg. von Franz-Josef Deiters, Axel Fliethmann, Christiane Weller. St. Ingbert 2011. S. 91–110. (Transpositionen; 3).

Russen und Rußland aus deutscher Sicht. Hrsg. von Mechthild Keller. Bd. 2: 19./20. Jahrhundert: Von der Bismarckzeit bis zum Ersten Weltkrieg. München 2000. 1160 S., Ill. (West-östliche Spiegelungen / A; 4).

Scheiffele, Eberhard: Wider das Erzählen gegen eine Welt ohne Eigenschaften. »Peter Waterhouse (Krieg und Welt)«. – In: Neue Beiträge zur Germanistik. 10, 1: Der Krieg als Thema deutschsprachiger Literatur seit 1945. München 2011. S. 77–92. (Doitsu-bungaku; 143).

Schilling, Heinz: Kleinbürger. Mentalität und Lebensstil. Frankfurt a.M., New York, NY 2003. 252 S.

Schütz, Erhard: Der Einzige und die Typenwirtschaft. Satz- und andere Zeichen bei Arno Schmidt. – In: Die Poesie der Zeichensetzung. Studien zur Stilistik der Interpunktion. Hrsg. von Alexander Nebrig, Carlos Spoerhase. Bern 2012. S. 363–384. (Publikationen zur Zeitschrift für Germanistik; 25).

Schumann, Robert: Neue Ausgabe sämtlicher Werke. Ser. 7: Klavierauszüge, Bearbeitungen, Studien und Skizzen. Werkgruppe 3: Studien und Skizzen. Bd. 3, 2: Brautbuch Anhang R11 = Brautbuch (Bridal Book) Appendix R11. Hrsg. von Bernhard R. Appel. Mainz [u. a.] 2011. XVI, 247 S.

Schumann, Robert; Schumann, Clara: Freundes- und Künstlerbriefwechsel. Bd. 3: Briefwechsel Robert und Clara Schumanns mit Leipziger Verlegern IV. Köln 2010. 554 S. (Schumann, Robert: Schumann-Briefedition; 3, 4).

Seiderer, Ute: Flusspoeten und Ozeansucher. Konstruktionen von Kultur und Männlichkeit oder: Kleine Geschichte der Männlichkeit expliciert an diversen Phantasien zum Wasser (1500–2000). Würzburg 2009. 450 S., Ill. (Epistemata/Reihe Literaturwissenschaft; 582). [Teilw. zugl.: Berlin, Humboldt-Univ., Diss., 2006].

Spormann, Doris: Die Wernerlegende. Ihre geschichtliche Grundlage und der Wernerkult. Festvortrag, gehalten am Mittwoch, dem 2. August 2006, anlässlich des Hansefestes. – In: Hansen-Blatt 2007, Juli = 60. S. 51–70.

Steckmest, Sylvia: Beer Carl Heine. – In: HJb 50 (2011). S. 129–148.
Thier, Susanne: »Gefunden auf dem Tisch des Zeitungshändlers Heimann«. Arnold Zweigs Drama »Bonaparte in Jaffa« und seine Lektüre von Jacques Bainvilles »Bonaparte en Ègypte«. – In: Lesespuren – Spurenlesen. Oder wie kommt die Handschrift ins Buch? Von sprechenden und stummen Annotationen. Hrsg. im Auftrag des Literaturarchivs der Österreichischen Nationalbibliothek und der Wienbibliothek im Rathaus von Marcel Atze und Volker Kaukoreit. Wien 2011. S. 236–245. (Sichtungen; 12/13).
Trobitz, Norbert: Der Literaturkritiker Karl Gutzkow. Düsseldorf, Univ., Diss., 2003. 245 S. [URL: http://docserv.uni-duesseldorf.de/servlets/DerivateServlet/Derivate–259 9].
Tür an Tür. Polen – Deutschland. 1000 Jahre Kunst und Geschichte. Martin-Gropius-Bau, Berlin (23.9.2011 – 9.1.2012). Hrsg. von Malgorzata Omilanowska unter Mitarb. von Tomasz Torbus. Kuratorin der Ausstellung Anda Rottenberg. Köln 2011. 783 S., Ill.
Vaßen, Florian: Parlamentsszenerie und Bewegungsbild. Johann Hermann Detmolds und Adolf Schrödters Bild-Satire »Thaten und Meinungen des Abgeordneten Piepmeyer«. – In: Politik, Porträt, Physiologie. Facetten der europäischen Karikatur im Vor- und Nachmärz. Hubertus Fischer, Florian Vaßen (Hrsg.). Bielefeld 2010. S. 135–198. (Vormärz-Studien; 18).
Vedder, Ulrike: Das Testament als literarisches Dispositiv. Kulturelle Praktiken des Erbes in der Literatur des 19. Jahrhunderts. Paderborn 2011. 428 S. (Trajekte). [Zugl.: Berlin, Techn. Univ., Habil.-Schr., 2009].
Vloed, Kees van der: Clara Schumann-Wieck. De pijn van het gemis. Soesterberg 2012. 200 S.
Voci, Anna Maria: Karl Hillebrand. Vergessen, missverstanden oder unverstanden? Ein Forschungsbericht. – In: HJb 50 (2011). S. 166–182.
Vormbaum, Thomas: Zum Judeneid im 19. Jahrhundert. – In: Ders.: Juristische Zeitgeschichte. Darstellungen und Deutungen. Berlin, Münster 2011. S. 217–279. (Humaniora; 1).
Waldner, Kyra: Ein Autor schreibt ins Holzschnittbuch. Zu Frans Masereels »Geschichte ohne Worte« aus dem Nachlaß von Leopold Wolfgang Rochowanski. – In: Lesespuren – Spurenlesen. Oder: wie kommt die Handschrift ins Buch? Von sprechenden und stummen Annotationen. Hrsg. im Auftrag des Literaturarchivs der Österreichischen Nationalbibliothek und der Wienbibliothek im Rathaus von Marcel Atze und Volker Kaukoreit. Wien 2011. S. 171–174. (Sichtungen; 12/13).
Wehner, Ralf: Felix Mendelssohn Bartholdy, Düsseldorf und das MWV. – In: Mendelssohn und das Rheinland. Bericht über das Internationale Symposium Koblenz 29.–31.10.2009. Hrsg. von Petra Weber-Bockholdt. Paderborn 2011. S. 23–42. (Studien zur Musik; 18).
Wiborg, Susanne; Wiborg, Jan Peter: Salomon Heine. Neue Ausg. Hamburg 2012. 128 S., 30 Zeichn. (Hamburger Köpfe).
Wiegmann, Hermann: Und wieder lächelt die Thrakerin. Zur Geschichte des literarischen Humors. Frankfurt a.M. [u. a.] 2005. 378 S.

3 Literarische und künstlerische Behandlung von Person und Werk

3.1 Literarische Essays und Dichtungen

Härtling, Peter: Liebste Fenchel! Das Leben der Fanny Mendelssohn-Hensel erzählt in Etüden und Intermezzi. 4. Aufl. Köln 2011. 375 S.
Pöttering, Hans-Gert: Laudatio auf Simone Veil. – In: HJb 50 (2011). S. 189–195.

Posche, Ulrike: Zwei oder drei Dinge, die Sie über Alice Schwarzer noch nicht wussten. – In: Stern 2011, 37. S. 164–168.
Rump, Bernd: Frühlingsmärchen 1983. Dresden 2006. 104 S., Ill.
Salmagundi 168–169, 2010. [darin: John Matthias: »After Heine: The Double«, S. 106].
Sparre, Joachim: Rose unter dem Eis. Gedichte. Hamburg 2010. 149 S. [darin: »Heinrich Heine (Erdachtes Selbstgespräch)« S. 136–138].
Stadtler, Rainer: Was heisst denn hier Freiheit? Ein Anstoss durch Heinrich Heine: »Die Freiheit der Menschen setzt voraus, dass man eine hat.« Eine Antwort aus dem Stegreif. – In: Schweizer Monatshefte 89, 2009, Feb = 967. S. 67.
Veil, Simone: Dankrede. – In: HJb 50 (2011). S. 196–199.
Wendenburg, Valerie: Heinrich Heine als »geheime Herberge«. Fritz Stern in Basel. – In: Tachles 16.09.2011. S. 26–27.

3.2 Werke der bildenden Kunst

Decker, Heinz: Heinrich Heine »Armer Subjektivling«. »Sie trank mit fast den Odem aus ...«. – In: Deutsche Exlibris-Gesellschaft: Mitteilungen 2006, 1. S. 2–5. (Heine-Exlibris, incl. Abb.).
Drafz, Helge: Religiöse Gefühle und Körperteile aus Wachs. Heinrich Heines Verse und Martin Lerschs Bilder zur Wallfahrt nach Kevelaer. – In: Ders.: Die Wallfahrt nach Kevlaar von Heinrich Heine. Kevelaer 2011. O. S.
Lersch, Martin: Die Wallfahrt nach Kevlaar von Heinrich Heine. Begleitpublikation zur Ausstellung »Dynamische Momente – Martin Lersch«, 19. Februar – 10. April 2011 Niederrheinisches Museum für Volkskunde und Kulturgeschichte, Kevelaer. (Heinrich-Heine-Institut, Düsseldorf 7. Juli – 21. August 2011). [Hrsg. vom Niederrheinischen Museum für Volkskunde und Kulturgeschichte e. V. Publ.: Burkhard Schwering, Martin Lersch, Helge Drafz]. Kevelaer 2011. O. S., überw. Ill. (Schriften des Niederrheinischen Museums für Volkskunde und Kulturgeschichte Kevelaer; 7).
Otto, Waldemar: Heinrich-Heine-Denkmal, 1982. – In: Kunst in der Stadt Hamburg. 40 Werke im öffentlichen Raum. Hrsg. von Uwe Fleckner. Berlin 2007. S. 79–81.

3.3 Werke der Musik, Vertonungen

Aeldaborn: Fountain of darkened Fires. Remda-Teichel 2011. 1 CD. [»Die schlesischen Weber«].
Burgmüller, Norbert: Sämtliche Lieder. Hrsg. von Klaus Martin Kopitz. Köln 2008. 112 S. (Denkmäler rheinischer Musik; 31). [Enth.: Sechs Gesänge von Uhland, Goethe, Heine und Platen, op. 3].
Laufer, Norbert: Drei Heine-Lieder (1988–91). Für Bariton und Klavier. [Partitur]. Köln 2006. 17 S.
Luisi, Barbara: Pearls, Tears of the Sea. A Photobook. Michael Heltau reads Rückert and Heine. Lieder by Schumann, Reger, Adolphe u. a. Wien [u. a.] 2011. 109 S., Ill. + 1 CD. [mehrere Vertonungen von »Das Meer hat seine Perlen«].
Reimann, Aribert: Ollea. Vier Gedichte von Heinrich Heine für Sopran solo. Mainz 2006. 8 S. [Auftragswerk des Festivals »Alpenklassik«. Uraufführung: 24. August 2006 Bad Reichenhall].

Rihm, Wolfgang: Heine zu »Seraphine«. Sieben Gedichte von Heinrich Heine. Für Gesang (Mezzosopran oder Tenor) und Klavier (2006). [Partitur]. Wien [u. a.] 2010. 25 S.

Steinauer, Mathias: DIE EINE – frei nach Heine. Für Klarinette in B, Violine, Cello und (keltische) Harfe (1999). Stimmen. [Aarau] 2000. 4 St. à 10 Bl. (Harfe plus).

Strasnoy, Oscar: Heine. Sur des poemes de Heinrich Heine. Pour ténor et/ou mezzo-soprano et piano = Based on Poems by Heinrich Heine. For Tenor and/or Mezzo-soprano and Piano. Klavierpartitur. Paris 2011. 24 S.

3.4 Das Werk auf der Bühne

Brinks, Helmut W.: Ade, mein Weib, lebwohl Paris. Schauspiel zu Heinrich Heine in drei Teilen und einem Nachspiel. Von Willem de Haan [d.i. Helmut W. Brinks]. Göttingen 2009. 136 S.

4 Rezensionen

Bernstein, Susan: Virtuosity of the nineteenth Century. Performing Music and Language in Heine, Liszt, and Baudelaire. Stanford, CA 1998. IX, 239 S. – Rez.: Thomas A. Downing in: Comparative Literature 52, 2000, 3. S. 261–263. – Rez.: Kevin McLaughlin in: Comparative Literature 53, 2001, 2. S. 181–182.

Boyer, Sophie: La femme chez Heinrich Heine et Charles Baudelaire. Le langage moderne de l'amour. Paris [u. a.] 2004. XI, 322 S. (Allemagne d'hier et d'aujourd'hui). – Rez.: Paul Rowe in: Modern Language Review 101, 2006, 4. S. 1079.

Cook, Roger F.: By the Rivers of Babylon. Detroit, MI 1998. 399 S. (Kritik). – Rez.: Jefferson S. Chase in: Modern Language Review 96, 2001, 2. S. 571–573.

Decker, Kerstin: Heinrich Heine. Narr des Glücks. Berlin 2005. 448 S.: Ill. – Rez.: Lech Kolago in: Studia niemcoznawcze 2009, 43. S. 516–518.

Ghetto Writing. Traditional and eastern Jewry in German-Jewish Literature from Heine to Hilsenrath. Ed. by Anne Fuchs and Florian Krobb. Columbia, SC 1999. 231 S. (Studies in German Literature, Linguistics, and Culture). – Rez.: Jeffrey L. Sammons in: The German Quarterly 73, 2000, 1. S. 94–95.

Goetschel, Willi: Spinoza's Modernity. Mendelssohn, Lessing, and Heine. Madison, WI; London 2003. 430 S. (Studies in German Jewish cultural History and Literature). – Rez.: Michah Gottlieb: Defending Spinoza? in: AJS review 30, 2006, 2. S. 427–433.

Hachmeister, Gretchen L.: Italy in the German Literary Imagination. Goethe's »Italian Journey« and its Reception by Eichendorff, Platen, and Heine. Rochester, NY; Woodbridge, Suffolk 2002. XII, 217 S.: Ill., Kt. (Studies in German Literature, Linguistics, and Culture). – Rez.: Astrida Orle Tantillo: Northern Dreams of the South. Imagining Italy in the eighteenth Century in: Eighteenth-Century Studies 37, 2004, 2. S. 311–313.

Heine und die Nachwelt. Geschichte seiner Wirkung in den deutschsprachigen Ländern. Texte und Kontexte, Analysen und Kommentare. Dietmar Goltschnigg und Hartmut Steinecke (Hrsg.). Bd. 2: 1907–1956. Berlin 2008. – Rez.: Patrizio Collini in: Rivista di letterature moderne e comparate 64, 2011, 1. S. 89–90. – Bd. 3: 1957–2006. Berlin 2011. – Rez.: Peter Stein in: Wissenskulturen des Vormärz. Forum Vormärz-Forschung: Jahrbuch 17, 2011. S. 411–413.

Heine, Heinrich: Deutschland. Ein Wintermärchen. Mit e. Komm. von Joseph A. Kruse, Christian Liedtke und Marianne Tilch. Berlin 2010. 135 S. (Suhrkamp BasisBibliothek; 106). – Rez.: Tim-Florian Goslar in: Literatur in Wissenschaft und Unterricht 42, 2009, 4. S. 285–286.

Heine, Heinrich: Französische Zustände. Artikel IX vom 25. Juni 1832, Urfassung. Mit einem Essay von Martin Walser. Hrsg. von Christian Liedtke. Faks.-Ed. der Hs. Hamburg 2010. 40 S., Kommentar (154 S.: Ill.). – Rez.: Martin Bollacher in: Germanistik 51, 2010. S. 828. – Rez.: Claas Morgenroth in: HJb 50 (2011). S. 222–223.

Heine, Heinrich: Ludwig Börne. A memorial. Transl. with commentary and an introd. by Jeffrey L. Sammons. Rochester, NY 2006. XL, 137 S. (Studies in German Literature, Linguistics, and Culture). – Rez.: Willi Goetschel in: Goethe Yearbook 18, 2011. S. 335–337.

Heine, Heinrich: »... und grüssen sie mir die Welt«. Ein Leben in Briefen. Hrsg. von Bernd Füllner u. Christian Liedtke. Hamburg 2005. 557 S. – Rez.: Ludger Heid in: Das historisch-politische Buch 54, 2006. S. 311–312.

Heinrich Heine – ein Wegbereiter der Moderne. Hrsg. von Paolo Chiarini und Walter Hinderer. Würzburg 2009. 379 S. (Stiftung für Romantikforschung; 47). – Rez.: Richard Figge in: Arbitrium 29, 2011, 2. S. 192–196.

Heinrich Heine und die Kunstkritik seiner Zeit. Akten des Internationalen und interdisziplinären Kolloqiums, Paris, 26.–30. April 2006. Hrsg. von Ralph Häfner. Heidelberg 2010. 254 S.: zahlr. Ill. (Euphorion/Beihefte; 57). – Rez.: Michel Espagne in: Romantisme 2011, 152. S. 161–162.

Heinrich Heine's contested Identities. Politics, Religion, and Nationalism in nineteenth Century Germany. Ed. by Jost Hermand & Robert C. Holub. New York, NY [u. a.] 1999. IX, 199 S. (German Life and Civilization; 26). – Rez.: George F. Peters in: German Studies Review 23, 2000, 2. S. 340–341.

Höhn, Gerhard; Liedtke, Christian: Auf der Spitze der Welt. Mit Heine durch Paris. Hamburg 2010. 126 S. – Rez.: Clemens Klünemann in: Dokumente 2011, 1. S. 88. – Rez.: Norbert Waszek in: HJb 50 (2011). S. 226–228.

Hohendahl, Peter Uwe: Heinrich Heine. Europäischer Schriftsteller und Intellektueller. Berlin 2008. 248 S. (Philologische Studien und Quellen; 212). – Rez.: Katy Heady in: German Quarterly Book Reviews 84, 2011, 3. S. 374–375.

Kilchmann, Esther: Verwerfungen in der Einheit. Geschichten von Nation und Familie um 1840. Heinrich Heine, Annette von Droste-Hülshoff, Jeremias Gotthelf, Georg Gottfried Gervinius, Friedrich Schlegel. Paderborn, München 2009. 203 S. [Zugl.: Zürich, Univ., Diss., 2007]. – Rez.: Cornelia Ilbrig in: Droste-Jahrbuch 8, 2009/2010. S. 278–287. – Rez.: Ruth Whittle in: German Quarterly 84, 2011, 4. S. 501–503.

Morawe, Bodo: Citoyen Heine. Das Pariser Werk. Bd. 1 u. 2. Bielefeld 2010. – Rez.: Jürgen Jacobs in: Germanistik 52, 2011, 1–2. S. 304. – Rez.: Ortwin Lämke in: HJb 50 (2011). S. 231–232. – Rez.: Arnold Pistiak in: Das Argument <Berlin> 53, 2011, 1. S. 97–99. – Rez.: Janina Schmiedel in: Wissenskulturen des Vormärz. Forum Vormärz-Forschung: Jahrbuch 17, 2011. S. 414–416.

Nickel, Jutta: Revolutionsgedanken. Zur Lektüre der Geschichte in Heinrich Heines »Ludwig Börne. Eine Denkschrift«. Bielefeld 2007. 274 S. [Zugl.: Hamburg, Univ., Diss., 2005]. – Rez.: Patrick Fortmann in: German Quarterly Book Reviews 82, 2009, 3. S. 398–399.

Rispoli, Marco: Parole in guerra. Heinrich Heine e la polemica. Macerata 2008. 291 S. (Quodlibet Studie: lettere). – Rez.: Fabrizio Cambi in: Osservatorio critico della germanistica 12, 2009, 30. S. 9–12.

Robertson, Ritchie: Mock-epic Poetry from Pope to Heine. Oxford [u. a.] 2009. 456 S. – Rez.: anonym in: Forum for Modern Language Studies 47, 2011, 1. S. 116.
Sammons, Jeffrey L.: Heinrich Heine. Alternative Perspectives 1985–2005. Würzburg 2006. 301 S. – Rez.: Willi Goetschel in: Goethe Yearbook 18, 2011. S. 335–337.
Simon, Ralf: Die Bildlichkeit des lyrischen Textes. Studien zu Hölderlin, Brentano, Eichendorff, Heine, Mörike, George und Rilke. München 2011. 436 S. – Rez.: Lawrence Ryan in: Germanistik 52, 2011, 1–2. S. 144–145.
Steinecke, Hartmut: Unterhaltsamkeit und Artistik. Neue Schreibarten in der deutschen Literatur von Hoffmann bis Heine. Berlin 1998. 226 S. (Philologische Studien und Quellen; 149). – Rez.: Wulf Koepke in: German Studies Review 23, 2000, 1. S. 133–134.
Stuhlmann, Andreas: »Die Literatur – das sind wir und unsere Feinde«. Literarische Polemik bei Heinrich Heine und Karl Kraus. Würzburg 2010. 284 S. (Epistemata / Reihe Literaturwissenschaft; 594). [Zugl.: Hamburg, Univ., Diss., 2010]. – Rez.: Martin Stingelin in: Germanistik 52, 2011, 1–2. S. 165.
Virtuosity of the nineteenth Century. Performing Music and Language in Heine, Liszt, and Baudelaire. Stanford, CA 1998. IX, 239 S. – Rez.: Thomas A. Downing in: Comparative Literature 52, 2000, 3. S. 261–263. – Rez.: Kevin McLaughlin in: Comparative Literature 53, 2001, 2. S. 181–182.

5 Allgemeine Literatur mit Heine-Erwähnungen und -Bezügen

Baltes, Gisbert: Rheinland. Hamburg 2012. 127 S.
Bartel, Christian: Rheinland. Für eine Handvoll Kamelle. Meerbusch 2011. 255 S. (Ein Heimatbuch).
Beckershaus, Horst: Die Hamburger Straßennamen. Woher sie kommen und was sie bedeuten. (Komplett von A bis Z). Unter Mitarb. von Hans Otto Möller. 3., überarb. Aufl. Hamburg 1999. 399 S. (Hamburger Abendblatt).
Bohlmann-Modersohn, Marina: London. Eine Stadt in Biographien. Hrsg. von Norbert Lewandowski. München 2012. 174 S., Ill. (Merian Porträt).
Bohlmann-Modersohn, Marina: Paris. Eine Stadt in Biographien. Hrsg. von Norbert Lewandowski. München 2012. 174 S., Ill. (Merian Porträt).
D-Journal 32, 2011. [darin: »WDR & Heinrich Heine« S. 56 und »Die Heinrich Heine Gärten« S. 98].
Dannenbaum, Marc: Auf dem Brocken. Hexen, Harz und Heine. Berlin 2012. 79 S., Ill.
Delle Cave, Ferruccio: Südtirol. Ein literarischer Reiseführer. Bozen 2011. 317 S.
Deutscher, Guy: Im Spiegel der Sprache. Warum die Welt in anderen Sprachen anders aussieht. Aus dem Engl. von Martin Pfeiffer. 3. Aufl. München 2011. 320, [8] S., Ill. [EST: Through the Language Glass].
Fleischmann, Dorothee: Berlin. Eine Stadt in Biographien. Hrsg. von Norbert Lewandowski. München 2012. 176 S.: Ill. (Merian Porträt).
Gerda-Henkel-Stiftung <Düsseldorf>: Jahresbericht 2010, 2011.
Gerste, Ronald D.: Düsseldorf. Hamburg 2008. 96 S., Ill. (Eine Bildreise).
Groß-Benrather 2011, Dez. = 59. [darin: Ausstellung »Heines Reisen durch Europa«, S. 10].
Großer Stadtverführer Düsseldorf. City-Guide mit Stadtplan, Rommé-Spiel und Geschichten. Idee: Lutz Müller. Dresden 2011. 110 Karten.

Hoppe, Ralph; Klünner, Hans-Werner: »Unter den Linden« in Berlin. Panoramen, Pläne, Perspektiven. Berlin 2010. 80 S., Ill., Kt.
Kein falsches Bild. Deutsch-jüdische Literatur und eine Universitätsstadt. Hrsg. und eingel. von Ingeborg von Lips. Halle (Saale) 2011. 240 S., Ill.
Kleiner Stadtverführer Düsseldorf. City-Guide mit Stadtplan, Skat-Spiel und Geschichten. Idee: Lutz Müller. Dresden 2011. 33 Karten.
Kortländer, Bernd: Arno Schmidts Bewerbung um den Düsseldorfer Immermann-Preis 1948. − In: Bargfelder Bote Lfg. 345–346, 2011. S. 18–21.
Liedtke, Christian: Das Heinrich-Heine-Institut und ehem. Wohnhaus von Clara u. Robert Schumann. − In: Orte der Düsseldorfer Malerschule. Spuren der Künstler in Düsseldorf. [Red.: Karl Peter Wiemer]. Köln 2011. S. 24–25. (Rheinische Kunststätten; 528).
Paris, Liebe, Moden, Tete-a-Tetes. Gastgeber Georg Stefan Troller. [Hrsg. Rainer Groothuis, Christoph Lohfert. Mitarb.: Carolin Beck ...] Hamburg 2011. 173 S., Ill. (Corsofolio).
Plachta, Bodo: Dichterhäuser in Deutschland, Österreich und der Schweiz. Stuttgart 2011. 352 S., Ill. (Reclam-Taschenbuch; 20239).
Schlechter Stil. Sprachkritik aus fünf Jahrhunderten. Hrsg. von Norbert Rehrmann. Vollst. überarb. Fassung. Darmstadt 2011. 207 S.
Stieleke, Fritz: Die Blicke, die dir folgen. Ein Roman. Düsseldorf 2011. 198 S.
Stieleke, Fritz: Madulain. Eine Erzählung. Aachen 2009. 66 S.
Studemund-Halevy, Michael: Im jüdischen Hamburg. Ein Stadtführer. Mit Porträts von Otto Quirin und Fotografien von Rabbiner Eduard Duckesz, Gesche Cordes und Jürgen Faust. München 2011. 240 S.
Voss, Bastienne: Drei Irre unterm Flachdach. Eine Familiengeschichte. Hamburg 2007. 237 S.
55 Dinge, die man in Düsseldorf erlebt haben soll. Hans Onkelbach, Christian Herrendorf (Hrsg.). Düsseldorf 2012. 267 S., überw. Ill.

Veranstaltungen des Heinrich-Heine-Instituts und der Heinrich-Heine-Gesellschaft e. V.

Januar bis Dezember 2011

Zusammengestellt von Karin Füllner

16.1.2011	Liedermatinee: Samuel Barber und Robert Schumann. Mit Laurie Gibson (Sopran) und Ulrich Raue (am Flügel). Veranstalter: Heinrich-Heine-Institut und Heinrich-Heine-Gesellschaft.
20.1.2011	»Hurra, du Schwarz, du Rot, du Gold!« Vom Exotismus zum Patriotismus in Ferdinand Freiligraths Lyrik. Vortrag von Prof. Dr. Florian Vaßen. Veranstalter: Heinrich-Heine-Institut.
27.1.2011	»In großartiger Naturumgebung« – Die Tradition der literarischen Landschaftsdarstellung und Heinrich Heine. Vortrag von Dr. Kurt-H. Weber. Veranstalter: Heinrich-Heine-Gesellschaft.
29./30.1.2011	Reihe: Text&Ton. Heinrich-Heine und Felix Mendelssohn Bartholdy. Sektfrühstück in der Bibliothek des Heine-Instituts mit musikalisch-literarischem Programm. Moderation und Rezitation: Dr. Karin Füllner und Dr. Ursula Roth. Am Flügel: Helmut Götzinger. Veranstalter: Heinrich-Heine-Institut und Heinrich-Heine-Gesellschaft.
1.2.2011	»Kann man Bücher lieben? Vom Umgang mit neuer Literatur«. Mit Hubert Winkels und Denis Scheck. Veranstalter: Heinrich-Heine-Institut und Kulturamt der Landeshauptstadt Düsseldorf.
10.2.2011	Reihe: Universität in der Stadt. Franz Liszt – Musik in sozialer Verantwortung. Vortrag von Prof. Dr. Volker Kalisch. Veranstalter: Heinrich-Heine-Universtität Düsseldorf, Heinrich-Heine-Institut, Evangelische Stadtakademie, VHS Düsseldorf.

17.2.2011	»Im Herzen trag' ich Welten«. Romantische Lieder und Balladen. Musikalische Soirée mit Prof. Sabine Ritterbusch und Hans Hermann Jansen. Am Flügel: Prof. Matitjahu Kellig. Veranstalter: Heinrich-Heine-Institut und Heinrich-Heine-Gesellschaft.
20.2.2011	»Wir kommen weit her, liebes Kind, und müssen weit gehen«. Der Schauspieler Herbert Kromann liest Heinrich Böll. Veranstalter: Heinrich-Heine-Gesellschaft.
24.2.2011	Heine und Ferdinand Freiligrath. Führung durch die Freiligrath-Ausstellung. Mit dem Kurator Dr. Bernd Füllner. Veranstalter: Heinrich-Heine-Institut.
10.3.2011	»›Die Freiheit ist die Republik‹ – Schumann, Freiligrath und ein ganz klein bisschen Chopin«. Vortrag von Dr. Matthias Wendt. Veranstalter: Heinrich-Heine-Institut.
20.3.2011	»Ein Märchen aus alten Zeiten...«. Märchen vom Wasser zum Weltgeschichtentag. Mit Elisabeth Beckmann und Hannelore Rehm. Am Flügel: Da-Hee Jeong. Veranstalter: Heinrich-Heine-Institut und Heinrich-Heine-Gesellschaft.
22.3.2011	»Bebelplatz«. Lesung mit Chaim Be'er und Anne Birkenhauer. Moderation: Dr. Karin Füllner. Veranstalter: Heinrich-Heine-Institut und Heinrich-Heine-Gesellschaft. Mit freundlicher Unterstützung im Rahmen der Jüdischen Kulturtage 2011.
24.3.2011	Internationaler Frauentag 2011: Fanny Lewald zum 200. Geburtstag. Mit Dr. Gabriele Schneider und Claudia Burckhardt. Musikalische Umrahmung: Studierende der Robert Schumann Hochschule Düsseldorf. Veranstalter: Heinrich-Heine-Institut und Heinrich-Heine-Gesellschaft.
27.3.2011	»Kein Leben mehr für mich ohne Freiheit!« Finissage der Freiligrath-Ausstellung. Mit Dr. Peter Schütze und Dr. Bernd Füllner. Veranstalter: Heinrich-Heine-Institut.
31.3.2011	Mitgliederversammlung der Heinrich-Heine-Gesellschaft e. V. Veranstalter: Heinrich-Heine-Gesellschaft.
31.3.2011	Reihe: Heine heute. »Andernorts« – Lesung mit Doron Rabinovici. Moderation: Prof. Dr. Hartmut Steinecke. Veranstalter: Heinrich-Heine-Institut und Heinrich-Heine-Gesellschaft. Mit freundlicher Unterstützung im Rahmen der Jüdischen Kulturtage 2011.
2.4.2011	Nacht der Museen im Heine-Institut. »Mein lieber Harry«. Themenführungen durch die Ausstellungen: »Heines Frauen« (Dr. Karin Füllner), »Heines Handschriften« (Dr. Sabine Brenner-Wilczek), »Heines Politik« (Dr. Ursula Roth),

Veranstaltungen

»Heines Frankreich« (Prof. Dr. Bernd Kortländer), »Heines Reisen« (Christian Liedtke).
Heine-Bilder. Dokumentationsfilme im Sonderausstellungsraum.
»Bilder einer Ausstellung«. Klavierkonzert mit Rada Pogodaeva.
Jazz-Musik und Heine-Texte in den Ausstellungsräumen mit Wolfgang Wittmann (Texte, Gitarre) und Robert Scholtes (Klavier, Akkordeon).
Tina Teubner: »Aufstand im Doppelbett«. Kabarettprogramm mit Ben Süverkrüp (am Klavier).
Veranstalter: Heinrich-Heine-Institut.

5.4.2011 »Der jüdische Mensch. Eine Selbstbegegnung deutsch-jüdischer Dichter«. Vortrag von Prof. Dr. Daniel Hoffmann.
Veranstalter: Heinrich-Heine-Institut und Heinrich-Heine-Gesellschaft. Mit freundlicher Unterstützung im Rahmen der Jüdischen Kulturtage 2011.

7.4.2011 Reihe: Universität in der Stadt. Teufelsbündner und Heines »Doktor Faust«. Vortrag von Prof. Dr. Dr. h.c. mult. Volkmar Hansen.
Veranstalter: Heinrich-Heine-Universität Düsseldorf, Heinrich-Heine-Institut, Evangelische Stadtakademie, VHS Düsseldorf.

8.–10.4.2011 Fahrt der Heinrich-Heine-Gesellschaft nach Hamburg.
»Meine Addresse ist Dr. H. H. auf der Esplanade in H.« Programm: Empfang im Hamburger Heine-Haus an der Elbchaussee, »Himmel und Hölle. Heinrich Heines Hamburg«. Vortrag von Prof. Dr. Joseph A. Kruse, Besuch in der Hamburger Kunsthalle, Stadtführung auf den Spuren Heines durch Hamburg mit Sylvia Steckmest.
Veranstalter: Heinrich-Heine-Gesellschaft in Zusammenarbeit mit dem Verein Heine-Haus, Hamburg.

9.4.2011 »Abenteuer Schrift« mit Spiel, Spannung und Spaß. Kindererlebnistag für 6- bis 12-Jährige. Mitmachstationen, Workshops und Rahmenprogramm mit Aufführungen von Kindern für Kinder.
Veranstalter: Heinrich-Heine-Institut. Mit freundlicher Unterstützung der Heinrich-Heine-Gesellschaft und der Kunst- und Kulturstiftung der Stadtsparkasse Düsseldorf.

13.4.2011 Hetjens-Museum
»Heine meets Hetjens«. Führung durch die Ausstellungen des Hetjens-Museums mit Dr. Sally Schöne.
Veranstalter: Heinrich-Heine-Gesellschaft und Freundeskreis des Hetjens-Museums.

14.4.2011 Ausstellungseröffnung. »Gustav Sack – Ein verbummelter Student. Enfant terrible und Mythos der Moderne«. Begrüßung: Dr. Sabine Brenner-Wilczek. Vortrag: Dr. Steffen Stadthaus. Musik: Gregory Gaynair.
Veranstalter: Heinrich-Heine-Institut und Literaturkommission für Westfalen, Münster.

15.4.2011	Kafkas Bibliothek. Der Prager Kreis und die Frage nach dem freien Willen. Vortrag und Gespräch von und mit Axel Grube und Dr. Marco Sorace. Veranstalter: Heinrich-Heine-Institut und onomato-Verlag. Mit freundlicher Unterstützung im Rahmen der Jüdischen Kulturtage 2011.
23.4.2011	Tag des Buches. Bücherflohmarkt im Heine-Institut. Veranstalter: Heinrich-Heine-Institut.
3.5.2011	»Caf'Conf Aragon«. Musikalische Lesung in französischer Sprache. Mit Magali Herbinger, Bernard Vasseur und Véronique Pestel. Veranstalter: Institut français und Heinrich-Heine-Institut.
5.5.2011	Reihe: Universität in der Stadt. Sinn und Unsinn der Energiepolitik in Deutschland. Vortrag von Prof. Dr. Justus Haucap. Veranstalter: Heinrich-Heine-Universität Düsseldorf, Heinrich-Heine-Institut, Evangelische Stadtakademie, VHS Düsseldorf.
7.5.2011	Norbert Burgmüller zum 175. Todestag. Konzert und Buchvorstellung. Mit Elisabeth von Leliwa (Tonhalle Düsseldorf), Dr. Joachim Draheim und Eva Koch (Sopran). Veranstalter: Heinrich-Heine-Institut und Norbert-Burgmüller-Gesellschaft.
8.5.2011	»Gustav Sack in seiner Zeit«. Führung durch die Gustav Sack-Ausstellung mit dem Kurator Dr. Steffen Stadthaus. Veranstalter: Heinrich-Heine-Institut.
19.5.2011	Stéphane Hessel liest »Empört Euch!«. Moderation: Dr. Lothar Schröder. Veranstalter: Institut français, Deutsch-Französischer Kreis, Heinrich-Heine-Gesellschaft, Heinrich-Heine-Institut, Verein Heine Haus.
22.5.2011	Finissage der Gustav Sack-Ausstellung. Lars Helmer liest Gustav Sack. Veranstalter: Heinrich-Heine-Institut. Mit freundlicher Unterstützung der Kulturstiftung Schermbeck.
28./29.5.2011	Reihe: Text&Ton. Heinrich Heine und Felix Mendelssohn Bartholdy. Sektfrühstück in der Bibliothek des Heine-Instituts mit musikalisch-literarischem Programm. Moderation und Rezitation: Dr. Karin Füllner und Dr. Ursula Roth. Am Flügel: Helmut Götzinger. Veranstalter: Heinrich-Heine-Institut und Heinrich-Heine-Gesellschaft.
30.5.2011	Reihe: Heine heute. Uwe Timm liest »Freitisch«. Moderation: Dr. Karin Füllner. Veranstalter: Heinrich-Heine-Institut und Heinrich-Heine-Gesellschaft. Mit freundlicher Unterstützung des Kulturamtes der Landeshauptstadt Düsseldorf.
31.5.2011	»Hetjens meets Heine«. Führung durch die Ausstellungen des Heine-Instituts mit Dr. Sabine Brenner-Wilzek. Veranstalter: Heinrich-Heine-Gesellschaft und Freundeskreis des Hetjens-Museums.

Veranstaltungen

3.6.2011	Enoch Arden – Ein Melodram des 19. Jahrhunderts. Zum Japan-Jahr mit dem Rezitations-Duo Euphonoi (Wehwalt Koslovsky und Takashi Miyawaki). Veranstalter: Heinrich-Heine-Institut und Heinrich-Heine-Gesellschaft.
5.6.2011	Ausstellungseröffnung. »Heines Reisen durch Europa«. Begrüßung: Hans-Georg Lohe, Kulturdezernent. Einführung: Dr. Sabine Brenner-Wilczek. Rezitation: Katrin Röver. Musik: Désirée Brodka (Gesang) und Frederike Möller (Klavier). Anschließende Führung durch die Ausstellung: Jan von Holtum. Veranstalter: Heinrich-Heine-Institut.
8.6.2011	Thomas Bernhard und Siegfried Unseld. Der Briefwechsel. Szenische Lesung. Mit den Schauspielern Helmut Mooshammer und Moritz Dürr. Veranstalter: Heinrich-Heine-Institut. Mit freundlicher Unterstützung des Kulturamtes der Landeshauptstadt Düsseldorf im Rahmen der Düsseldorfer Literaturtage.
9.–13.6.2011	Bücherbummel auf der Kö. Heinrich-Heine-Institut und Heinrich-Heine-Gesellschaft präsentieren sich. Veranstalter: Heinrich-Heine-Institut und Heinrich-Heine-Gesellschaft.
9.6.2011	Reihe: Universität in der Stadt. 150 Jahre deutsch-chinesische Beziehungen. Vortrag: Dr. Cord Eberspächer. Veranstalter: Heinrich-Heine-Universität Düsseldorf, Heinrich-Heine-Institut, Evangelische Stadtakademie, VHS Düsseldorf.
10.6.2011	Kulturzentrum zakk, Fichtenstraße 40 Compete 20.11. Internationales Autorentreffen NRW. Veranstalter: Heinrich-Heine-Institut und zakk. Mit freundlicher Unterstützung des Kulturamtes der Landeshauptstadt Düsseldorf im Rahmen der Düsseldorfer Literaturtage und des Ministeriums für Familie, Kinder, Jugend, Kultur und Sport des Landes Nordrhein-Westfalen.
12.6.2011	Paris/Treffpunkt: Passage des Panoramas »Die Musik ist vielleicht das letzte Wort der Kunst«. Literarischer Heine-Spaziergang in Paris. Leitung: Dr. Bernd Füllner und Dr. Karin Füllner. Veranstalter: Maison Heinrich Heine, Paris, Heinrich-Heine-Institut und Heinrich-Heine-Gesellschaft.
12.6.2011	Hofgarten, vor dem Theatermuseum. Reihe: Reisebilder – Literatur im Hofgarten. Peter Richter liest »Gran Via – Spanische Vorkommnisse«. Veranstalter: Literaturbüro NRW, Heinrich-Heine-Institut, Theatermuseum, Kulturzentrum zakk und Kulturamt der Landeshauptstadt Düsseldorf.

12./13.6.2011	Auf Heines Spuren in Düsseldorf. Literarische Stadtführungen. Leitung: Wulf Metzmacher. Veranstalter: Heinrich-Heine-Institut und Heinrich-Heine-Gesellschaft.
14.6.2011	30 Jahre Heine-Denkmal. Bert Gerresheim im Gespräch mit Michael Serrer. Veranstalter: Heinrich-Heine-Institut und Literaturbüro NRW.
16.6.2011	Reihe: Nähe und Ferne. Leidenschaften. 99 Autorinnen der Weltliteratur. Mit Verena Auffermann und Elke Schmitter. Moderation: Dr. Karin Füllner. Veranstalter: Heinrich-Heine-Institut, Literaturbüro NRW und Heine Haus. Mit freundlicher Unterstützung des Kulturamtes der Landeshauptstadt Düsseldorf.
17.6.2011	Österreich im Blick. Franzobel, Dieter Sperl und Max Höfler. Moderation: Paul Pechmann, Lektor des Ritter Verlages. Veranstalter: Heinrich-Heine-Institut. Mit freundlicher Unterstützung des Kulturamtes der Landeshauptstadt Düsseldorf im Rahmen der Düsseldorfer Literaturtage.
18.6.2011	Heimspiel. Lange Nacht der Düsseldorfer Literatur auf der Bilker Straße. Mit Lesungen von Christos Yiannopoulos, Hannah Brebeck, Barbara Ming, Martin Conrath, Horst Eckert und Iris Schmidt. Veranstalter: Gemeinschaftsprojekt von Literaturbüro NRW, Galerie Tedden, Institut français, Heinrich-Heine-Institut, Robert-Schumann-Gedenkstätte, Destille und Evangelischer Stadtakademie. Mit freundlicher Unterstützung des Kulturamtes der Landeshauptstadt Düsseldorf.
19.6.2011	Theatermuseum, Düsseldorf Reihe: Reisebilder – Literatur im Hofgarten. Kristof Magnusson liest »Gebrauchsanweisung für Island«. Veranstalter: Literaturbüro NRW, Heinrich-Heine-Institut, Theatermuseum, Kulturzentrum zakk und Kulturamt der Landeshauptstadt Düsseldorf.
20.6.2011	Savoy-Theater, Graf-Adolf-Straße 47 Nobelpreisträgerin Herta Müller liest. Abschlussveranstaltung der Düsseldorfer Literaturtage 2011. Begrüßungen: Hans-Georg Lohe, Kulturdezernent; Prof. Joseph A. Kruse, Vorsitzender der Heinrich-Heine-Gesellschaft. Moderation: Ernest Wichner. Veranstalter: Heinrich-Heine-Institut und Heinrich-Heine-Gesellschaft. Mit freundlicher Unterstützung des Kulturamtes der Landeshauptstadt Düsseldorf im Rahmen der Düsseldorfer Literaturtage.
25./26.6.2011	Reihe: Text&Ton. Heine, Paris und die Musik. Sektfrühstück in der Bibliothek des Heine-Instituts mit musikalisch-literarischem Programm. Moderation und Rezitation: Dr. Karin Füllner und Dr. Ursula Roth. Am Flügel: Helmut Götzinger. Veranstalter: Heinrich-Heine-Institut und Heinrich-Heine-Gesellschaft.

Veranstaltungen

30.6./1.7.2011	Tagung: Dokumentationsprofil kultureller Überlieferung. Mit Katharina Tiemann, Dr. Peter Weber, Jan Richarz, Dr. Gisela Fleckenstein, Dr. Enno Stahl, Dr. Jochen Grywatsch, Dr. Ulrich von Bülow, PD Dr. Volker Kaukoreit, Dr. Sabine Brenner-Wilczek, Prof. Dr. Bernd Kortländer, Sabine Wolf, Prof. Dr. Günter Herzog, Huub Sanders, Julia Landsberg. Veranstalter: Heinrich-Heine-Institut in Verbindung mit dem Westfälischen Literaturarchiv im LWL-Archivamt für Westfalen.
3.7.2011	Theatermuseum, Düsseldorf Reihe: Reisebilder – Literatur im Hofgarten. Nadja Klinger liest »Über die Alpen«. Veranstalter: Literaturbüro NRW, Heinrich-Heine-Institut, Theatermuseum, Kulturzentrum zakk und Kulturamt der Landeshauptstadt Düsseldorf.
6.7.2011	Literatur-Salon in Heines Gesellschaft. Veranstalter: Heinrich-Heine-Gesellschaft.
7.7.2011	Eröffnung der Treppenhaus-Ausstellung. Martin Lersch: Illustrationen zu Heines »Wallfahrt nach Kevlaar«. Musik: Gesine van der Grinten und Martin Lersch. Veranstalter: Heinrich-Heine-Institut.
10.7.2011	Rezitationsmatinee. Witzig, lyrisch, ironisch: Mit Heinrich Heine durch den Harz. Mit dem Schauspieler Axel Gottschick. Veranstalter: Heinrich-Heine-Institut.
13.7.2011	Reiseländer neu entdecken – »Heines Reisen durch Europa«: Italien. Mit Dr. Karin Füllner in Kooperation mit Dr. Notburga Bäcker. Veranstalter: Heinrich-Heine-Institut und Deutsch-Italienische Gesellschaft, Düsseldorf.
14.7.2011	Literatur und Kritik. Kathrin Röggla und Hubert Winkels. Lesung und Gespräch. Veranstalter: Heinrich-Heine-Institut und Heinrich-Heine-Universität Düsseldorf.
20.7.2011	Reiseländer neu entdecken – »Heines Reisen durch Europa«: Frankreich. Mit Prof. Dr. Bernd Kortländer in Kooperation mit Dr. Pierre Korzilius. Veranstalter: Heinrich-Heine-Institut und Institut français, Düsseldorf.
23.7.2011	Reiseländer neu entdecken – »Heines Reisen durch Europa«: Deutschland (Harz). Mit Dr. Ursula Roth. Veranstalter: Heinrich-Heine-Institut.
30.7.2011	Reiseländer neu entdecken – »Heines Reisen durch Europa«: England. Mit Dr. Sabine Brenner-Wilczek. Veranstalter: Heinrich-Heine-Institut und British Women's Club Düsseldorf e. V.

8.8.2011	Sommerferienprogramm 2011 für alle 6–12-Jährigen. Altstadt-Rallye auf Heines Spuren. Veranstalter: Heinrich-Heine-Institut.
10.8.2011	Sommerferienprogramm 2011 für alle 6–12-Jährigen. Federkiel, Buch und Pergament. Veranstalter: Heinrich-Heine-Institut.
10.8.2011	Reiseländer neu entdecken – »Heines Reisen durch Europa«: Heine und die Nordsee. Mit Jan von Holtum. Veranstalter: Heinrich-Heine-Institut.
15.8.2011	Sommerferienprogramm 2011 für alle 6–12-Jährigen. Gedichtetag. Veranstalter: Heinrich-Heine-Institut.
17.8.2011	Reiseländer neu entdecken – »Heines Reisen durch Europa«: Heine und Italien. Mit Christian Liedtke. Veranstalter: Heinrich-Heine-Institut.
21.8.2011	Finissage der Ausstellung »Heines Reisen durch Europa«. Mit Heine über die Alpen nach Italien. Bilder-Show mit Lesung: Achill und Aaron Moser. Moderation: Christian Liedtke. Veranstalter: Heinrich-Heine-Institut.
27.8.2011	Abschlussparty Hörbar-Mobil. Musik: Adrian Pauly. Moderation: Enno Stahl. Veranstalter: Heinrich-Heine-Institut. Das Hörbar-Mobil wurde unterstützt von der Landesregierung NRW.
4.9.2011	Ausstellungseröffnung. »Pinsel, Pult und Piano. Innenansichten der Düsseldorfer Malerschule«. Mit den Kuratoren Christian Liedtke und Dr. Sabine Schroyen. Begrüßung: Dr. Sabine Brenner-Wilczek. Rezitation »Von Käfern und Künstlern – Literarisches zur Düsseldorfer Malerschule«, mit Markus von Hagen und Christian Liedtke. Veranstalter: Heinrich-Heine-Institut in Kooperation mit dem Malkasten Archiv.
8.9.2011	Schloss Dyck Reihe: Universität in der Stadt. Exkursion nach Schloss Dyck. Veranstalter: Heinrich-Heine-Universität Düsseldorf, Heinrich-Heine-Institut, Evangelische Stadtakademie, VHS Düsseldorf.
11.9.2011	Tag des Offenen Denkmals. Führungen: Prof. Dr. Bernd Kortländer: »Konsul, Kaiser, Welteroberer« – Heine und Napoleon; Christian Liedtke: »Pinsel, Pult und Piano – Innenansichten der Düsseldorfer Malerschule«. Veranstalter: Heinrich-Heine-Institut.

Veranstaltungen

14./28.9.2011	»Pinsel, Pult und Piano. Innenansichten der Düsseldorfer Malerschule«. Sonderführungen durch die Ausstellung. Mit Christian Liedtke und Dr. Sabine Schroyen. Veranstalter: Heinrich-Heine-Institut in Kooperation mit dem Malkasten Archiv.
15.9.2011	Herbert Asbeck zum 75. Geburtstag. »Corrida – Ein Andalusien-Roman«. Buchpremiere mit Herbert Asbeck, Dr. Karin Füllner, Regina Ray, Michael Serrer und einer Flamenco-Musik-Überraschung. Veranstalter: Heinrich-Heine-Institut, Heinrich-Heine-Gesellschaft, Literaturbüro NRW und VS Düsseldorf.
20.9.2011	Zwischen Eminescu und Enescu. Rumänische Weltkunst auf Deutsch. Mit Geraldine Gabor-Dreyer und Dr. Ernst-Jürgen Dreyer. Am Flügel: Tobias Koch. Veranstalter: Heinrich-Heine-Gesellschaft in Kooperation mit dem deutsch-rumänischen Kulturverein »Atheneum«.
23.9.2011	Das Mendelssohn-Denkmal in Düsseldorf. Vortrag von Dr. Yvonne Wasserloos. Musikalische Umrahmung: Studierende der Robert Schumann Hochschule Düsseldorf. Veranstalter: Heinrich-Heine-Institut in Kooperation mit dem Förderverein zur Wiederaufstellung des Mendelssohn-Denkmals e. V.
1.10.2011	Workshop »Die Kunst des Handels« – Briefe der Düsseldorfer Malerschüler an ihre Kunsthändler. Mit Dr. Nadine Oberste-Hetbleck und Christian Liedtke. Veranstalter: Heinrich-Heine-Institut.
5.10.2011	Eröffnung der Treppenhaus-Ausstellung. »Sprachinstallation«. Thomas Klings Lyrik. Veranstalter: Heinrich-Heine-Institut in Kooperation mit der Stiftung Insel Hombroich.
6.10.2011	Reihe: Universität in der Stadt. Jüdische Erzählungen und jüdische Traditionen. Vortrag von Prof. Dr. Daniel Hoffmann. Veranstalter: Heinrich-Heine-Universität Düsseldorf, Heinrich-Heine-Institut, Evangelische Stadtakademie, VHS Düsseldorf.
15./26.10.2011	»Pinsel, Pult und Piano. Innenansichten der Düsseldorfer Malerschule«. Sonderführungen durch die Ausstellung. Mit Christian Liedtke und Dr. Sabine Schroyen. Veranstalter: Heinrich-Heine-Institut in Kooperation mit dem Malkasten Archiv.
16.10.2011	»Guten Morgen, kleiner Beethoven!« Zum 200. Geburtstag Ferdinand Hillers. Mit Tobias Koch, Tobias Kolten (Klavier), Sibylla Maria Müller, Sebastian Seitz (Gesang) und Christian Liedtke (Moderation). Veranstalter: Heinrich-Heine-Institut.

19.10.2011	Reihe: Isländische Literatur in Düsseldorf. Steinunn Sigurdardóttir liest »Der gute Liebhaber«. Moderation: Dr. Coletta Bürling. Veranstalter: Heinrich-Heine-Institut. Mit freundlicher Unterstützung des Kulturamtes der Landeshauptstadt Düsseldorf.
22.10.2011	»... wenn nur der Sinn meiner Worte unerschrocken und frisch bleibt!« Wilhelm Gössmann zum 85. Geburtstag. Mit Holger Ehlert, Dr. Karin Füllner, Prof. Dr. Wilhelm Gössmann, Kamini Govil-Willers, Christoph Hollender, Dr. Cordula Hupfer, Uwe Krause, Prof. Dr. Joseph A. Kruse, Iris Rogge, Dr. Monika Salmen, Doris Sessinghaus, Dr. Heike Spies, Dr. Bernd Springer, Andreas Turnsek, Angelika Waschinsky, Ulrike Wehres. Veranstalter: Heinrich-Heine-Gesellschaft.
29.10.2011	Dieter Fohr zum 70. Geburtstag. Mit Dr. Wolfgang Cziesla, Dieter Fohr, Dr. Karin Füllner, Helmut Götzinger, Sandra Schösser und Michael Serrer. Veranstalter: Heinrich-Heine-Institut, Heinrich-Heine-Gesellschaft, Literaturbüro NRW und VS Düsseldorf.
30.10.2011	Peter Michalzik liest »Kleist. Dichter, Krieger, Seelensucher«. Einführung: Dr. Karin Füllner und Anne Kalender-Sander. Musikalische Umrahmung: Dozenten der VHS Düsseldorf. Veranstalter: Heinrich-Heine-Institut und VHS Düsseldorf.
2.11.2011	Herbstferienprogramm für alle 6–12jährigen. Kunst zwischen den Buchdeckeln. Veranstalter: Heinrich-Heine-Institut.
3.11.2011	Reihe: Universität in der Stadt. Das Japan-Bild in Deutschland – Zwischen Fremdheitserfahrung und Japan-Boom. Vortrag von Prof. Dr. Michiko Mae. Veranstalter: Heinrich-Heine-Universität Düsseldorf, Heinrich-Heine-Institut, Evangelische Stadtakademie, VHS Düsseldorf.
7.11.2011	Eduard Bendemann. Ein jüdischer Maler der Düsseldorfer Malerschule. Vortrag von Prof. Dr. Hans Körner. Veranstalter: Heinrich-Heine-Gesellschaft und Gesellschaft für Christlich-Jüdische Zusammenarbeit.
10.11.2011	Inge Jens und Uwe Naumann lesen. Klaus Mann: »Lieber und verehrter Onkel Heinrich«. Moderation: Dr. Karin Füllner. Veranstalter: Heinrich-Heine-Institut und Heinrich-Heine-Gesellschaft in Kooperation mit dem Kulturamt der Landeshauptstadt Düsseldorf.
12.11.2011	LATINALE 2011. Lesungen und Begegnungen. Mit Swantje Lichtenstein, Marie T. Martin, Maricela Guerrero und Martin Gambarotta. Moderation: Dr. Enno Stahl. Gefördert vom NRW KULTURsekretariat (Wuppertal) und vom Ministerium für Familie, Kinder, Jugend, Kultur und Sport des Landes Nordrhein-Westfalen.

Veranstaltungen

Der NRW-Part der Latinale 2011 ist eine Kooperation des Instituto Cervantes Berlin und des Verlags KRASH Neue Edition.

13.11.2011 Finissage der Ausstellung »Pinsel, Pult und Piano«. »Maskenball und Männerchor« – Musikalisches zur Düsseldorfer Malerschule mit Yasemin Akbas, Michaela Krämer (Gesang), Franz Klee (Klavier), Christian Liedtke (Moderation).
Veranstalter: Heinrich-Heine-Institut.

15.11.2011 Emine Sevgi Özdamar liest »Die Brücke vom goldenen Horn«.
Moderation: Prof. Dr. Volker Dörr.
Veranstalter: Heinrich-Heine-Institut in Kooperation mit der Fachstelle Integration des Amtes für soziale Sicherung und Integration und dem Düsseldorfer Appell.

16.11.2011 Klaus G. Saur liest »Traumberuf Verleger«. Moderation: Dr. Jan-Pieter Barbian.
Veranstalter: Heinrich-Heine-Institut und Heinrich-Heine-Gesellschaft.

19./ 20.11.2011 Reihe: Text&Ton. Heinrich Heine und Franz Liszt in Paris. Sektfrühstück in der Bibliothek des Heine-Instituts mit literarisch-musikalischem Programm. Moderation und Rezitation: Dr. Karin Füllner und Dr. Ursula Roth. Am Flügel: Helmut Götzinger.
Veranstalter: Heinrich-Heine-Institut und Heinrich-Heine-Gesellschaft.

21.11.2011 Bezirksregierung – Plenarsaal, Cecilienallee 2, 40474 Düsseldorf
»100 Jahre »Schloss am Rhein« – Das Düsseldorfer Regierungspräsidium und sein erster Regierungspräsident Francis Kruse. Vortrag von Dr. Susanne Schwabach-Albrecht.
Veranstalter: Düsseldorfer Geschichtsverein in Kooperation mit dem Heinrich-Heine-Institut.

22.11.2011 Wulf Noll liest. Flanieren auf der Seidenstraße – Eindrücke aus dem alten und dem neuen China. Moderation: Regina Ray.
Veranstalter: Heinrich-Heine-Institut, Konfuzius-Institut und VS Düsseldorf.

27.11.2011 Ausstellungseröffnung. Russkij Gejne. Der russische Heine. Russlands Blick auf Heine. Begrüßung: Dr. Sabine Brenner-Wilczek und Evgeny Bogatyrev. Einführung in die Ausstellung: Prof. Dr. Bernd Kortländer. Führung: Dr. Ursula Roth. Musikalisches Programm mit Maria Kataeva, Dimitry Lavrov und Christoph Stöcker (Opernstudio der Deutschen Oper am Rhein).
Veranstalter: Heinrich-Heine-Institut in Kooperation mit dem Staatlichen A. S. Puschkin-Museum in Moskau. Im Rahmen der Städtepartnerschaft zwischen Düsseldorf und Moskau.

1.12.2011 Reihe: Universität in der Stadt. Zwischen Ideal und Wirklichkeit. Vortrag von Prof. Dr. Eva Schlotheuber.
Veranstalter: Heinrich-Heine-Universität Düsseldorf, Heinrich-Heine-Institut, Evangelische Stadtakademie, VHS Düsseldorf.

2.12.2011	Der Briefwechsel Max Herrmann-Neißes. Vortrag von Dr. Klaus Völker. Veranstalter: Max Hermann Neiße Institut in Verbindung mit dem Heinrich-Heine-Institut.
3.12.2011	Heinrich Heine und Friedrich Nietzsche. Vortrag von Dr. Simon Wortmann. Veranstalter: Heinrich-Heine-Institut und Heinrich-Heine-Gesellschaft.
7.12.2011	Eröffnung der Treppenhausausstellung. »Franz Liszt« . Mit Dr. Sabine Brenner-Wilczek, Helga Elben, Dr. Karin Füllner und Dr. Ursula Roth. Am Flügel: Hanni Liang. Veranstalter: Heinrich-Heine-Institut.
10.12.2011	14. Internationales Forum Junge Heine Forschung. Neue Arbeiten über Heinrich Heine. Vorträge und Diskussionen. Vorträge: Andreas Turnsek, M.A.: Das Reise-Thema bei Heinrich Heine und Kurt Tucholsky – Literarisch; Nora Ramtke, M.A.: Der Goethekritiker Johann Friedrich Wilhelm Pustkuchen in Heines Kritik; Joachim Franz, M.A.: Sylvester Jordan – Publicist mit Gänsefeder und bisweilen ungemäßigter Liberaler; Kathrin Nühlen: Briefe von Ferdinand Freiligrath an Levin Schücking 1839–1845; Dr. Katy Heady: Nicht nur Ideenschmuggel – Heine und die Zensur in den 1820er Jahren. Moderation: Dr. Karin Füllner. Veranstalter: Heinrich-Heine-Institut, Heinrich-Heine-Gesellschaft und Heinrich-Heine-Universität Düsseldorf.
10.12.2011	»Heine und die Nachwelt«. Vortrag von Prof. Dr. Hartmut Steinecke. Veranstalter: Heinrich-Heine-Gesellschaft.
13.12.2011	Peter Maiwald zum 65. Geburtstag. Mit Dr. Olaf Cless, Dr. Karin Füllner, Dr. Agnes Hüfner, Michael Serrer und Fritz Wolf. Veranstalter: Heinrich-Heine-Institut, Heinrich-Heine-Gesellschaft, Literaturbüro NRW und VS Düsseldorf.
15.12.2011	Wohin mit dem ganzen Papier? Informationsveranstaltung des Archivs des Heinrich-Heine-Instituts mit Dr. Sabine Brenner-Wilczek, Dr. Enno Stahl und Dr. Hubert Winkels. Veranstalter: Heinrich-Heine-Institut. Gefördert vom Literaturrat NRW e. V. und vom Ministerium für Familie, Kinder, Jugend, Kultur und Sport des Landes Nordrhein-Westfalen.
17.12.2011	Heine im Sinn ... Die erste Heine-Nacht. Lesungen mit Martin Walser, Ingrid Bachér, Stan Lafleur und Jan Skudlarek, Performances von Gerhard Stäbler, Kunsu Shim, Niklas Stiller und Marc Matter, Führungen und Präsentationen. Veranstalter: Heinrich-Heine-Institut, Heinrich-Heine-Gesellschaft, Institut français. Mit freundlicher Unterstützung des Ministeriums für Familie, Kinder, Jugend, Kultur und Sport des Landes Nordrhein-Westfalen.

Ankündigung des 16. Forum Junge Heine Forschung 7. Dezember 2013 im Heine-Institut in Düsseldorf

Zum 216. Heine-Geburtstag 2013 veranstalten das Heinrich-Heine-Institut der Landeshauptstadt Düsseldorf, die Heinrich-Heine-Gesellschaft e. V. und die Heinrich-Heine-Universität Düsseldorf gemeinsam das 16. Forum Junge Heine Forschung mit neuen Arbeiten zu Heinrich Heine und zur Heine-Zeit. Es findet statt am Samstag, den 7. Dezember 2013, 10–18 Uhr im Heinrich-Heine-Institut. Für das beste vorgetragene Referat, das von einer Jury ausgewählt wird, stiftet die Heinrich-Heine-Gesellschaft einen Geldpreis.

Zur Information über Konzeption und Ausrichtung des Forum Junge Heine Forschung verweisen wir auf die Berichte in den Heine-Jahrbüchern 2001, 2002, 2003, 2004, 2005, 2006, 2007, 2008, 2009, 2010, 2011 und 2012. Anmeldungen für Referate (30 Min.) sind mit einem kurzen Exposé (1 Seite) bis zum 9. September 2013 per Mail zu richten an:

Dr. Karin Füllner
Heinrich-Heine-Institut
Bilker Str. 12–14
D – 40213 Düsseldorf
Email: karin.fuellner@duesseldorf.de

Abbildungen

S. 7 Die Königliche Universität Berlin. Stahlstich von F. Hirchenhein nach einer Zeichnung von C. Würbs (um 1830)
© Heinrich-Heine-Institut, Düsseldorf

S. 22 Erstdruck von Heinrich Heines »Reise nach Italien«
© Heinrich-Heine-Institut, Düsseldorf

S. 68 Denkmal für Fedor Ivanovič Tjutčev im Münchener Dichtergarten
© Rufus46, GNU-Lizenz für freie Dokumentation, Version 1.2

S. 90 Eintrag von César Franck im Album der Clara Beaumarié
© Heinrich-Heine-Institut, Düsseldorf

S. 93 Unbekannter Künstler: Karikatur des Literaturkritikers Jules Janin [?] im Album der Madame Beaumarié
© Heinrich-Heine-Institut, Düsseldorf

S. 95 Eintrag im Reisetagebuch der Clara Beaumarié
© Francis Maillard, Paris

S. 105 Fanny Lewald. Stahlstich von Auguste Hüssener nach einer Zeichnung von Eduard Ratti (ca. 1846)
© Heinrich-Heine-Institut, Düsseldorf

S. 105 Adolf Stahr. Zeichnung von Elisabeth Baumann-Jerichau (1846)
Aus: Fanny Lewald: Römisches Tagebuch 1845/46. Hrsg. von Heinrich Spierer. Leipzig 1927

S. 138 Fremdenbuch der Grube Dorothea mit dem Eintrag von Heinrich Heine
© Ludmila Schmidt, Landesamt für Bergbau, Energie und Geologie Niedersachsen, Clausthal-Zellerfeld

S. 146　　　Matthias Jacob Schleiden. Lithographie von Rudolf Hoffmann nach einer Fotografie von C. Schenk (1856)
© Heinrich-Heine-Institut, Düsseldorf

S. 180　　　Dževad Karahasan bei der Verleihung der Ehrengabe der Heinrich-Heine-Gesellschaft
© Ina-Maria von Ettingshausen, Düsseldorf

S. 187　　　Brief von Heinrich Heine an Charlotte Embden, 23. Juni 1842
© Heinrich-Heine-Institut, Düsseldorf

S. 205　　　Brief von Giacomo Meyerbeer an Heinrich Heine, 1. April 1836 [?]
© Heinrich-Heine-Institut, Düsseldorf

Hinweise für die Manuskriptgestaltung

Für unverlangt eingesandte Texte und Rezensionsexemplare wird keine Gewähr übernommen.

Es gelten die Regeln der neuen deutschen Rechtschreibung.

Bei der Formatierung des Textes ist zu beachten:

Schriftart Times New Roman 14 Punkt, linksbündig, einfacher Zeilenabstand, Absätze mit Einzug (erste Zeile um 0,5 cm); ansonsten bitte keine weiteren Formatierungen von Absätzen oder Zeichen vornehmen, auch keine Silbentrennung.

Zitate und Werktitel werden in doppelte Anführungszeichen gesetzt. Langzitate (mehr als drei Zeilen) und Verse stehen ohne Anführungszeichen und eingerückt in der Schriftgröße 12 Punkt. Auslassungen oder eigene Zusätze im Zitat werden durch eckige Klammern [ ] gekennzeichnet.

Außer bei Heine-Zitaten erfolgen die Quellennachweise in den fortlaufend nummerierten Anmerkungen. Die Anmerkungsziffer (Hochzahl ohne Klammer) steht vor Komma, Semikolon und Doppelpunkt, hinter Punkt und schließenden Anführungszeichen. Die Anmerkungen werden als Endnoten formatiert und stehen in der der Schriftgröße 10 Punkt am Schluss des Manuskriptes. Literaturangaben haben die folgende Form:

Monographien: Vorname Zuname des Verfassers: Titel. Ort Jahr, Band (römische Ziffer), Seite.

Editionen: Vorname Zuname (Hrsg.): Titel. Ort Jahr, Seite.

Artikel in Zeitschriften: Vorname Zuname des Verfassers: Titel. – In: Zeitschriftentitel Bandnummer (Jahr), Seite.

Artikel in Sammelwerken: Vorname Zuname des Verfassers: Titel. – In: Titel des Sammelwerks. Hrsg. von Vorname Zuname. Ort Jahr, Band, Seite.

Verlagsnamen werden nicht genannt.

Bei wiederholter Zitierung desselben Werks wird in Kurzform auf die Anmerkung mit der ersten Nennung verwiesen: Zuname des Verfassers: Kurztitel [Anm. XX], Seite.

Bei Heine-Zitaten erfolgt der Nachweis im laufenden Text im Anschluss an das Zitat in runden Klammern unter Verwendung der Abkürzungen des Siglenverzeichnisses (hinter dem Inhaltsverzeichnis) mit Angabe von Band (römische Ziffer) und Seite (arabische Ziffer), aber ohne die Zusätze »Bd.« oder »S.«: (DHA I, 850) oder (HSA XXV, 120).

Der Verlag trägt die Kosten für die von der Druckerei nicht verschuldeten Korrekturen nur in beschränktem Maße und behält sich vor, den Verfasserinnen oder Verfassern die Mehrkosten für umfangreichere Autorkorrekturen in Rechnung zu stellen. Ein Honorar wird nicht gezahlt.

Das Manuskript sollte als »Word«-Dokument oder in einer mit »Word« kompatiblen Datei per E-Mail (an: christian.liedtke@duesseldorf.de) eingereicht werden.

Mitarbeiter des Heine-Jahrbuchs 2012

Prof. Dr. Philippe Alexandre, Université Nancy 2, 3, place Godefroy de Bouillon, 54015 Nancy cedex
Dr. Sabine Brenner-Wilczek, Heinrich-Heine-Institut, Bilker Str. 12–14, 40213 Düsseldorf
Elena Camaiani, Heinrich-Heine-Institut, Bilker Str. 12–14, 40213 Düsseldorf
Dr. Karin Füllner, Heinrich-Heine-Institut, Bilker Str. 12–14, 40213 Düsseldorf
Prof. Dr. Wilhelm Gössmann, Graf-Recke-Str. 160, 40237 Düsseldorf
Dr. Katy Heady, 21 Appleton Road, Southampton SO18 1LB, Großbritannien
Sandra Heppener, Heinrich-Heine-Universität Düsseldorf, Universitätsstr. 1, 40225 Düsseldorf
Dr. Martin Hollender, Staatsbibliothek zu Berlin, Unter den Linden 8, 10117 Berlin
Jan von Holtum, Heinrich-Heine-Institut, Bilker Str. 12–14, 40213 Düsseldorf
Dževad Karahasan, Suhrkamp Verlag, Pappelallee 78–79, 10437 Berlin
Prof. Dr. Bernd Kortländer, Heinrich-Heine-Institut, Bilker Str. 12–14, 40213 Düsseldorf
Prof. Dr. Joseph A. Kruse, Heylstraße 29, 10825 Berlin
Prof. Dr. Renate Lachmann, Universität Konstanz, Fachbereich Literaturwissenschaft, 78457 Konstanz
Christian Liedtke, Heinrich-Heine-Institut, Bilker Str. 12–14, 40213 Düsseldorf
Francis Maillard, 14 rue des Sablons, 75116 Paris
Prof. Dr. Lothar Müller, Süddeutsche Zeitung GmbH, Französische Str. 47, 10117 Berlin
Dr. Madleen Podewski, Bergische Universität Wuppertal, FB A, Gaußstraße 20, 42119 Wuppertal
PD Dr. Carsten Rohde, Karlsruher Institut für Technologie, Institut für Literaturwissenschaft, Kaiserstr. 12, 76131 Karlsruhe
Dr. Gabriele Schneider, Gartenkampsweg 13 d, 40822 Mettmann
Sylvia Steckmest, Heegbarg 9, 22391 Hamburg
Dr. Robert Steegers, Aloys-Schulte-Str. 3, 53129 Bonn
Prof. Dr. Peter Stein, Lüner Weg 30a, 21335 Lüneburg
Renate Sternagel, Sieglindestraße 8, 12159 Berlin

MIX
Papier aus verantwortungsvollen Quellen
Paper from responsible sources
FSC® C105338

If you have any concerns about our products,
you can contact us on
ProductSafety@springernature.com

In case Publisher is established outside the EU,
the EU authorized representative is:
**Springer Nature Customer Service Center GmbH
Europaplatz 3, 69115 Heidelberg, Germany**

Printed by Libri Plureos GmbH
in Hamburg, Germany